C·H·Beck
PAPERBACK

Seit mehr als 3000 Jahren werden von Indien über Persien bis nach Europa indoeuropäische Sprachen gesprochen. Wo liegen die Ursprünge dieser Sprachfamilie? Wie und wann sind die unterschiedlichen Sprachzweige entstanden? Der renommierte Indogermanist Harald Haarmann schildert anschaulich, was wir heute über die Entstehung der indoeuropäischen Sprachen und Kulturen und ihre frühen Verbreitungswege wissen. Dabei gelingt es ihm eindrucksvoll, linguistische Befunde mit archäologischen Erkenntnissen und neuesten humangenetischen und klimageschichtlichen Forschungen in Beziehung zu setzen. Über sprachliche Verwandtschaften hinaus zeigt er, welche Wirtschaftsweisen, Gesellschaftsformen und religiösen Vorstellungen die frühen Sprecher indoeuropäischer Sprachen vom östlichen Mittelmeer bis zum Indus gemeinsam hatten. Besondere Beachtung finden dabei die Verschmelzungsprozesse mit vorindoeuropäischen Sprachen und Zivilisationen. So entsteht ein faszinierendes Panorama der frühen «indoeuropäischen Globalisierung» vom Ende der letzten Eiszeit bis zu den frühen Hochkulturen in Griechenland, Italien, Kleinasien, Persien und Indien.

Harald Haarmann gehört zu den weltweit bekanntesten Sprach- und Kulturwissenschaftlern. Er wurde u.a. mit dem Prix Logos der Association européenne des linguistes, Paris, sowie dem Premio Jean Monnet ausgezeichnet. Seine Bücher wurden in viele Sprachen übersetzt. Bei C.H.Beck erschienen u.a. «Geschichte der Schrift» (6. Aufl. 2021), «Das Rätsel der Donauzivilisation» (4. Aufl. 2020), «Geschichte der Sintflut» (4. Aufl. 2023) sowie zuletzt «Die Erfindung des Rades» (2023).

Harald Haarmann

Auf den Spuren der Indoeuropäer

Von den neolithischen Steppennomaden
bis zu den frühen Hochkulturen

C.H.Beck

Mit 26 Karten und 24 Abbildungen

Lektorat: Petra Rehder

Originalausgabe

2., durchgesehene Auflage. 2023

www.chbeck.de
Umschlaggestaltung: Geviert, Grafik und Typografie, Christian Otto
Umschlagabbildungen: *Vorne:* Thrakischer Rhyton mit Pferdeprotome aus dem Schatzfund von Borowo. © akg-images/De Agostini Picture Library/A. Dagli Orti. *Hinten:* Dionysos, Darstellung auf einer thrakischen Kanne aus dem Schatzfund von Borowo. Aus: Gold der Thraker. Schätze aus Bulgarien (Ausstellungskatalog), Mainz: von Zabern, 1979, Nr. 288 und 292
Satz: C.H.Beck.Media.Solutions, Nördlingen
Druck und Bindung: GGP Media GmbH, Pößneck
Printed in Germany
ISBN 978 3 406 80502 8

myclimate

klimaneutral produziert
www.chbeck.de/nachhaltig

Inhalt

Einleitung:
Das Rätsel der Indoeuropäer

Zwei Drittel der Weltbevölkerung sprechen heute indoeuropäische Sprachen, als Primärsprachen, Zweitsprachen, Verkehrssprachen, Bildungssprachen oder Staatssprachen. Das Spektrum der rund 440 Einzelsprachen reicht von Großsprachen wie Hindi mit rund 550 Mio. Sprechern (davon ca. 430 Mio. Primärsprachler) bis zu Kleinsprachen wie Veddah im Bergland von Sri Lanka mit weniger als 300 Sprechern.

Die meisten historischen und rezenten Weltsprachen, d.h. Sprachen mit globalem Kommunikationspotential, gehören genealogisch zur indoeuropäischen Sprachfamilie: Griechisch und Lateinisch in der Antike; Spanisch, Portugiesisch, Französisch und Englisch in der Neuzeit (in chronologischer Abfolge seit dem 16. Jahrhundert). Die heiligen Schriften verschiedener Weltreligionen sind in indoeuropäischen Sprachen aufgezeichnet worden: in Griechisch, Lateinisch, Sanskrit, Pali u. a. Wie kam es zu dieser Erfolgsgeschichte der indoeuropäischen Sprachen? Wo liegen ihre Ursprünge?

Auf der Suche nach Sprachverwandtschaften

Über die Verwandtschaft von Sprachen und die Gründe ihrer Unterschiedlichkeit wird seit den frühen Hochkulturen nachgedacht, ohne dass es schon zu systematischer Forschung gekommen wäre. Im Mittelalter identifizierten Gelehrte erstmals die Gruppen der romanischen und germanischen Sprachen, ohne zu erkennen, dass es auch eine Verwandtschaft zwischen diesen Gruppen gab. Rodrigo Jiménez de Rada unterteilte in seinem Werk *De rebus Hispaniae* (1243) die Sprachen Europas in drei Hauptgruppen: die romanischen, slawischen und germanischen Sprachen. Es sollte aber bis zum 17. Jahrhundert dauern, bis die ersten ernst zu nehmenden Versuche unternommen wurden, übergreifende Sprachfamilien zu identifizieren.

Der Impuls dazu kam von der intensiveren Beschäftigung der Europäer mit Sprache und Kultur Indiens seit der frühen Neuzeit. 1544 übermittelte der des Griechischen und Lateinischen kundige Jesuit und Missionar Francis Xavier die ersten Sprachproben des Sanskrit, den Text einer religiösen Invokation (*Om Srii naraina nama*), brieflich nach Europa. Thomas Stevens (1583) und Filippo Sassetti (1585) stellten erstmals Vergleiche zwischen dem Sanskrit und europäischen Sprachen an. Nun entstanden umfangreichere Sammlungen von Proben aus zahlreichen Sprachen. Zu den frühesten Projekten, die Sprachen der Welt zu katalogisieren und zu klassifizieren, gehören die Werke von Theodor Bibliander (*De ratione communi omnium linguarum*, 1548) und Conrad Gesner (*Mithridates*, 1555). Gesner stützt seine Sammlungen von Sprachmaterial auf Übersetzungen des *Vaterunsers*.

Gottfried Wilhelm von Leibniz (1646–1716) regte rund 150 Jahre später Zar Peter I. an, die Sprachen seines Reichs zu sammeln, aber seine Anregung wurde erst von der deutschstämmigen Zarin Katharina II. (reg. 1762–1796) umgesetzt. Sie engagierte sich zielstrebig für die Sprachforschung und förderte ein geradezu imperiales Projekt zur Sammlung von Sprachproben aus ihrem Vielvölkerstaat und aus aller Welt. Wegen der Erweiterung ihrer Sammlungen korrespondierte Katharina auch mit George Washington, der daraufhin einen Forscher mit der Inventarisierung der nordamerikanischen Indianersprachen beauftragte. Die Sammlungen wurden von dem deutschen Forscher Peter Simon Pallas in zwei Bänden mit dem Titel *Linguarum totius orbis vocabularia comparativa* (1786, 1789) zusammengestellt (Adelung 1815, Haarmann 1999). Den Höhepunkt erreichte diese Art des Sprachensammelns in dem vierbändigen Monumentalwerk *Mithridates oder allgemeine Sprachenkunde* (1806–1817), das von Johann Christoph Adelung begonnen und von Johann Severin Vater fortgesetzt und beendet wurde. Das Hauptanliegen dieser Dokumentationen war es, die Sprachen der Welt nach Sprachkreisen oder Sprachfamilien zu klassifizieren.

Der erste Gelehrte, dem es gelang, die Konturen dessen zu umreißen, was man mehr als zwei Jahrhunderte später «indogermanische Sprachfamilie» nannte, war Marcus van Boxhorn aus Leiden. Er stellte um die Mitte des 17. Jahrhunderts Vergleiche zwischen dem Lateinischen, Griechischen, Germanischen, Slawischen, Baltischen, Persischen und dem Sanskrit an und berücksichtigte dabei erstmals auch die Morphologie, d. h. den grammatischen Bau, der Sprachen. Er war überzeugt davon, dass alle diese Sprachen einen gemeinsamen Ursprung haben, den er in

Anlehnung an Herodots Beschreibung der Steppenbewohner Osteuropas und Zentralasiens «Skythisch» nannte (Beekes 2011: 12).

Im 18. Jahrhundert entstanden, begünstigt durch das Interesse der jesuitischen Missionare an den Sprachen und Kulturen Asiens, weitere Traktate zu Sprachverwandtschaften. Der Jesuit Gaston Coeurdoux stellte nicht nur systematische Vergleiche von Wörtern in verschiedenen Sprachen an (z. B. Sanskrit *padam* ‹Fuß› – latein. *pes, pedis* – griech. *pous, podis*), sondern fand auch heraus, dass Sanskrit und Griechisch die grammatische Kategorie des Dual (neben Singular und Plural) kennen, und entdeckte Ähnlichkeiten bei den Zahlwörtern und Pronomina. Er erkannte auch die Verwandtschaft des Verbs ‹sein› und dessen Formenschatz in den verglichenen Sprachen. Dem Manuskript von Coeurdoux, das er 1767 dem damaligen Institut Français präsentierte, wurde jedoch nicht die Aufmerksamkeit zuteil, die es verdient hätte. Das Werk wurde erst 1808 gedruckt.

Im Verlauf des 18. Jahrhunderts rückten Überlegungen zum Konzept einer ‹Ursprache› in den Vordergrund, und die Suche nach den Ursprüngen der alten bekannten Sprachen wurde immer intensiver vorangetrieben. Noch immer war der einzige Anhaltspunkt für die Sprachentwicklung der biblische Mythos von der babylonischen Sprachverwirrung. Die Suche nach der «vorbabylonischen» Ursprache brachte so manche Blüte hervor. So war Katharina II. im Einklang mit einem sich verstärkenden sprachorientierten Nationalismus in Russland davon überzeugt, die Ursprache müsse das Altslawische gewesen sein, da es eine so ehrwürdige Sprache war. Im Herbst 1784 versuchte sie, «Grimm mit der vertraulichen Kunde zu beeindrucken, sie habe geographische Namen in Frankreich, Spanien und Schottland, in Indien und Amerika und merowingische, wandalische und gar altbabylonische Herrschernamen als slavischen Ursprungs identifiziert» (Scharf 1995: 270). In ihren Gesprächen mit Pallas verflog allerdings Katharinas Enthusiasmus in Sachen slawischer Ursprache bald. Am französischen Hof war man anderer Meinung darüber. Voltaire berichtet, eine Hofdame habe ihn auf die Ursprache angesprochen, und diese sei sicherlich das Französische gewesen, denn mit dieser Zivilisationssprache sei doch die ganze Welt gesegnet worden (Voltaire in einem Brief an Katharina vom 26. Mai 1767).

Auch seriöse Forscher begaben sich auf die Suche nach der Ursprache. Der Jesuit Lorenzo Hervás y Panduro gab eine mehrbändige Sprachenenzyklopädie heraus (*Catalogo delle lingue conosciute*, 1784, *Trattato dell'origine ... dell'idiomi*, 1785, *Aritmetica di quasi tutte le nazioni conosciute*, 1785, *Divisione del tempo fra le nazioni Orientali*, 1786, *Vocabolario poligloto*, 1787, *Saggio pratico delle lingue*, 1787). Ihm fiel auf, dass die Vielfalt der Sprachen sich nicht mit einer einzigen Ursprache erklären ließ. Er vermutete mehrere Ursprachen in verschiedenen Regionen der Welt, die er *matrices* nannte. Damit stand er im Widerspruch zur Bibel, nach der es nur eine einzige vorbabylonische Ursprache gab, und galt als Ketzer. Hervás musste befürchten, den Unwillen der katholischen Amtskirche auf sich zu ziehen, verließ Italien und ging nach Spanien «ins Exil» (Haarmann 1997).

Die Bemühungen, die Verwandtschaft des Sanskrit mit den Sprachen Europas zu erforschen, waren weniger dramatisch. Die verstreuten Beobachtungen zur Sprachverwandtschaft des Sanskrit mit Sprachen Europas (Griechisch und Lateinisch) wurden auf eine neue Ebene gehoben, als William Jones, britischer Hauptverwalter (Chief Magistrate) von Calcutta, 1786 in einem Vortrag vor der von ihm gegründeten «Asiatic Society» die verwandtschaftlichen Beziehungen des Sanskrit zu verschiedenen anderen alten Sprachen erklärte: «Die Sanskrit-Sprache – wie alt sie auch immer sein mag – ist von wunderbarer Bauart. Diese ist vollkommener als das Griechische, formenreicher als das Lateinische und feiner gegliedert als beide, und doch zeigt sie zu beiden eine zu starke Ähnlichkeit – sowohl in den Verbstämmen als auch in den grammatischen Formen –, als dass sie auf zufällige Weise hätte hervorgebracht werden können. Diese Ähnlichkeit ist in der Tat so deutlich, dass kein Sprachforscher sie alle drei untersuchen könnte, ohne zu glauben, sie seien irgendeiner gemeinsamen Quelle entsprungen, die vielleicht nicht mehr existiert: es gibt entsprechenden Grund zu der Annahme – wenn auch nicht ganz so zwingend –, dass sowohl das Gotische als auch das Keltische, trotz unterschiedlicher Sprachformen, gleichen Ursprungs sind wie das Sanskrit. Und das Persische könnte derselben Familie zugeordnet werden.» (Zitiert nach Mallory/Adams 2006: 5) Jones arbeitete seine Beobachtungen, die in die richtige Richtung zielten, selbst nicht weiter aus. Andere setzten seine Arbeit fort.

Die Entdeckung der Verwandtschaft des Sanskrit mit anderen Sprachen Asiens (Persisch) und mit den alten Kultursprachen Europas (Griechisch und Lateinisch) löste einen Forschungsboom aus, der nicht nur immer weitere Erkenntnisse über die Verzweigungen der indoeuropäischen Sprachfamilie brachte, sondern auch die Entwicklung ganzer Wissenschaftszweige wie der Sprachwissenschaft, Mythenforschung, Literatur- und Religionswissenschaft entscheidend lenkte.

Geographische Zusammenhänge wurden erstmals zu Beginn des 19. Jahrhunderts erörtert. Die Identifizierung der Sprachfamilie als «indoeuropäisch» (Indo-European) stammt von Thomas Young. Die Bezeichnung fand sich zuerst in einem Artikel der *London Quarterly Review* (1813) und hat sich in der englischsprachigen Welt allgemein durchgesetzt. Auf ihrer Basis wurde die Terminologie in anderen Sprachen gebildet (franz. *indo-européen*, ital./span. *indo-europeo*, russ. *indoevropejskij*, finn. *indoeurooppalainen* u.a.). In Franz Bopps sprachvergleichender Studie *Über das Conjugationssystem der Sanskritsprache in Vergleichung mit jenem der griechischen, lateinischen, persischen und germanischen Sprache* aus dem Jahr 1816 findet man den Ausdruck «indisch-europäisch». Im deutschen Sprachraum bürgerte sich jedoch der Ausdruck «indogermanisch» ein, den Friedrich von Schlegel erstmals 1823 verwendete. Als sich das vergleichende Studium der indoeuropäischen Sprachen in Deutschland als selbständiger Wissenschaftsbereich etablierte, wurde diese Disziplin «Indogermanistik» genannt (Kuryłowicz/Mayrhofer 1986, Szemerényi 1996, Meier-Brügger 2010, Kausen 2012).

Gegen den Begriff «indogermanisch» sind schon früh Einwände erhoben worden. Wenn er darauf abzielt, die Peripherien des Verbreitungsgebiets zu benennen, dann trifft dies auf «germanisch» nicht zu, denn an der westlichen Peripherie in Europa sind keine germanischen Sprachen verbreitet, sondern keltische im Nordwesten (Irland, Schottland) und romanische im Südwesten (Spanien, Portugal). Dieser Logik folgend müsste man von «indokeltischen» oder «indoromanischen» Sprachen reden. Gegen «indoeuropäisch» wandten sich einige Forscher mit dem Hinweis darauf, dass es in Europa nicht nur indoeuropäische, sondern auch andere Sprachen gebe (finnisch-ugrische, Baskisch). Dieser Einwand ist wenig überzeugend, denn auch in Indien sind andere als indoeuropäische Sprachen verbreitet, nämlich die dravidischen Sprachen. In der Terminologie der modernen Forschung wird – in Anlehnung an internationale Konventionen – «indoeuropäisch» bevorzugt. Der englische Ausdruck «Indo-Aryan» wird in der Sprachwissenschaft in der Regel für den indischen Zweig der indoeuropäischen Sprachfamilie verwendet.

Der Terminus «proto-indoeuropäisch» bezieht sich auf die Frühphase des Indoeuropäischen vor der Ausgliederung regionaler Sprachen und Kulturen. Das Proto-Indoeuropäische ist das Stadium der hypothetischen Ursprache aller Idiome der indoeuropäischen Sprachfamilie. Elemente des Wortschatzes und die grammatischen Formen dieser Ursprache können aus einem Vergleich der historisch überlieferten und rezenten Sprachen rekonstruiert werden. Sie sind aber nicht inschriftlich belegt, da die Verschriftung selbst der ältesten indoeuropäischen Sprachen zeitlich mehrere Jahrtausende später als der Zeithorizont der Ursprache einsetzt.

In der historisch-vergleichenden Sprachwissenschaft werden Wörter und grammatische Formen des Proto-Indoeuropäischen mit einem Asterisk (Sternchen) versehen (z. B. **mehater* ‹Mutter›, **wodr* ‹Wasser›, **penkwe* ‹fünf›). Solche lexikalischen Rekonstruktionen werden durch die Vergleiche lautlicher und morphologischer Eigenheiten historischer und/oder rezenter Einzelsprachen gestützt, etwa:

> **septm* ‹sieben› > altir. *sechtn*, mittelkymr. *seith*, latein. *septem*, altnord. *sjau*, altengl. *seofon*, got. *sibun*, litau. *septynì*, altkirchenslav. *sedmi*, russ. *sem'*, alban. *shtate*, griech. *hepta*, armen. *ewt'n*, hethit. *sipta-*, avest. *hapta*, altind. *saptá*, tochar. *spät*, u. a.

Vom Volk zur Rasse: Indoeuropäer und Arier

Aus der Entdeckung der Sprachverwandtschaft wurde im 19. Jahrhundert, das in Geschichte und Gegenwart Völker und Nationen als Subjekte der Geschichte entdeckte, schnell gefolgert, dass es auch ein Volk der Indoeuropäer gegeben haben müsse. Diese Annahme wird in diesem Buch nicht geteilt. Wenn hier von «Indoeuropäern» die Rede ist, sind die Sprecher einer gemeinsamen Sprachfamilie gemeint, deren Kulturen ebenfalls gemeinsame Merkmale aufweisen. Ein indoeuropäisches Volk im biologischen oder politischen Sinne soll damit nicht unterstellt werden.

Im 19. Jahrhundert wurde jedoch nach einem solchen Volk gesucht. Lange Zeit glaubte man, das Sanskrit sei die Mutter aller indoeuropäischen Sprachen und Indien die Urheimat des Indoeuropäertums. Da die nach Indien eingewanderten Indoeuropäer sich selbst «Arier» (altind. *arya* ‹Arier, freier Mann, jemand, der die vedische Religion und Kulturtradition pflegt›) nannten, wurden zunächst die hypothetischen Sprecher des Altindischen als Arier bezeichnet. Der Begriff wurde außerhalb der Sprachwissenschaft jedoch bald zu einer ethnischen Bezeichnung für alle Sprecher «indogermanischer» Sprachen, die von den hellhäutigen, edlen Ariern abstammen sollten. Dass der Genealogie der Sprachen eine Genealogie der Völker entspricht, galt als ausgemacht. Der Gedanke, dass die altindischen Arier und ihre indoeuropäischen Nachkommen eine «Rasse» seien, lag von hier aus nicht mehr fern.

Die historisch-vergleichende Sprachwissenschaft kam zwar schon in den 1860er Jahren durch die Arbeiten der Junggrammatiker zu der Erkenntnis, dass das Sanskrit selbst eine Tochtersprache des Indoeuropäischen ist und es nicht einmal eine sprachliche Genealogie von den «Ariern» zu den anderen Sprechern indoeuropäischer Sprachen gibt, aber diese Einsicht konnte die Verbreitung und Radikalisierung des Glaubens an eine arische Rasse nicht aufhalten. Ähnliches gilt für die Erkenntnis, dass «Arier» in den indischen Quellen nicht ein Volk bezeichnet, sondern eine soziale und kulturelle Oberschicht in Indien. «Wenn eine Person den richtigen Göttern in der rechten Art opferte, wobei sie die korrekten Formeln der traditionellen Hymnen und Poesie verwendete, dann war diese Person ein Arier. ... Rituale, die mit den richtigen Worten ausgeführt wurden, waren die Quintessenz dessen, was es hieß, Arier zu sein» (Anthony 2007: 408 f.). Nicht-Arier, «Dasyu» genannt, erkannten die Arier nach alter Überlieferung daran, dass sie nicht die wahren Rituale ausführten und damit die kosmische Ordnung gefährdeten. Die Dasyu waren demzufolge aus der Sicht der Arier Leute, die nicht wie sie selbst vertrauenswürdig waren (Parpola 1988). Bereits Martin Haug hat 1850 gefordert, den Begriff des Ariers aus dem Kontext des *Rig Veda* zu definieren (Marchand 2009: 296 f.). Seine Mahnung verhallte außerhalb der Sprachwissenschaft jedoch ungehört.

Der Franzose Arthur de Gobineau sprach Mitte des 19. Jahrhunderts in seinem *Essai sur l'inégalité des races humaines* (1853–1855) als erster von einer «arischen Rasse». Der Begründer des Sozialdarwinismus, Herbert Spencer (*Social statics* von 1851, *Synthetic philosophy*, geplant seit 1860, vollendet 1896), predigte den Kult der Weltherrschaft der weißen Rasse aufgrund ihrer vermeintlichen sozialen Überlegenheit. Spencers Gedanken fanden bereitwillige Aufnahme vor allem in den Ländern des britischen Kolonialreichs (Ballantyne 2002). Der Arier-Mythos legitimierte um die Wende zum 20. Jahrhundert die imperial-koloniale Herrschaft der Europäer in der Welt und gipfelte nach dem Ersten Weltkrieg in der NS-Rassenideologie mit ihren unmenschlichen Folgen.

Die deutschen «Rassenhygieniker» der 1934 gegründeten «Rassenhygienischen Forschungsstelle» oder die 1935 gegründete Organisation «Deutsches Ahnenerbe – Studiengesellschaft für Geistesurgeschichte» orientierten sich zunächst an einem «nordischen Ariertum». Während des Zweiten Weltkriegs verlagerte sich der Fokus der deutschen Ideologen allerdings zu den Ariern als Trägern einer Hochkultur in Indien. Man hoffte, die indischen Arier nach einem deutschen Sieg über Großbritannien vom Joch der britischen Kolonialherrschaft zu befreien.

Nicht nur in Deutschland und Europa wird der Ariermythos bis heute weiter verbreitet, sondern auch in Nordamerika. Die Nordmänner, die im 11. Jahrhundert die amerikanische Ostküste (Vinland) erkundeten, werden als große Entdecker gefeiert, denen weite Expeditionen ins Hinterland, bis nach Minnesota, nachgesagt werden. Diese Vorstellung wird vor allem von amerikanischen Historikern skandinavischer Abstammung gefördert. Bis heute ist allerdings nur eine einzige saisonale Niederlassung der Vinland-Fahrer auf Neufundland bekannt (Davis 2009). Eine permanente Belastung der US-amerikanischen Gesellschaft ist der Rassismus bestimmter Randgruppen von weißen Amerikanern, die zum Kreuzzug gegen die Überfremdung der «arischen Rasse» aufrufen.

Am populärsten ist der Arier-Mythos heute jedoch in Indien. Der Hindu-Nationalismus hat schon vor Jahren Front gemacht gegen das Prinzip demokratischer Toleranz und sich eine «arische» Ikone geschaffen: Hitler und sein Buch *Mein Kampf*. Zu Beginn dieses Jahrhunderts erschien in Indien eine englische Ausgabe (*My Struggle*), von der mittlerweile mehr als 100000 Exemplare verkauft wurden. Auch T-Shirts, Taschen und Schlüsselanhänger mit Hitlers Konterfei verkaufen sich in Indien gut. Hitler wird von den Hindu-Nationalisten als Held gefeiert, weil er den Mut hatte, gegen die verhasste britische Kolonialmacht aufzubegehren und sie mit Krieg zu überziehen. Der Völkermord an Juden und anderen wird dabei als *quantité négligeable* übergangen.

Das Hakenkreuz, ein arisches Symbol?

Als ein Symbol der «Arier» galt lange das Hakenkreuz, das 1920 zum Parteizeichen der NSDAP und 1935 zentraler Bestandteil der Flagge des Deutschen Reiches wurde. Die Nationalsozialisten griffen damit auf ein in völkischen Kreisen bereits verbreitetes Symbol zurück. Der 1912 gegründete antisemitische «Germanenorden» und die 1918 daraus hervorgegangene «Thule-Gesellschaft» verwendeten das Hakenkreuz. Hitler setzte jedoch durch, dass es in umgekehrter Drehrichtung verwendet wurde. Er hat später berichtet, dass er schon als Schuljunge von dem Kreuzzeichen über dem Portal des Klosters Lambach (Österreich) tief beeindruckt war, wo er im Kirchenchor gesungen hat. Die Kreuzform im Wappen des Abtes Theoderich Hagn ähnelt der Grundform des Hakenkreuzes in der Tat verblüffend.

Für die Nationalsozialisten war das Hakenkreuz ein nordisches, germanisches Zeichen, es war jedoch in vielen alten Kulturen Europas und Asiens verbreitet. Wenn man die Kulturen, in denen das Hakenkreuz auftritt, nach Zeit und Raum kategorisiert, ergibt sich das folgende Spektrum:

- Die vorindoeuropäische Zivilisation Alteuropas (Donauzivilisation): Dies ist die älteste Hochkultur Europas, aufgebaut von frühen Ackerbauern (Alteuropäern). Der Name Donauzivilisation verweist auf die große Wasserstraße, über die der damalige Handel abgewickelt wurde. Das Handelsnetz (unter Einschluss der regionalen Nebenflüsse der Donau) dehnte sich über den größten Teil Südosteuropas bis in die westliche Ukraine aus (Anthony 2009b, Haarmann 2011a). Die Blütezeit fällt in das Spätneolithikum (5. Jahrtausend v. Chr.) und in die Kupferzeit (4. Jahrtausend v. Chr.). Die alteuropäischen Ackerbauern waren die ersten Nicht-Indoeuropäer, mit denen die indoeuropäischen Steppennomaden in Kontakt traten. Das Hakenkreuz tritt in der Ikonographie seit Ende des 6. Jahrtausends v. Chr. auf.
- Die vorindoeuropäische (altdravidische) Induszivilisation (Harappa-Zivilisation): Diese älteste Zivilisation Südasiens entfaltete sich in einer Großregion, die sich auf die Territorien zweier moderner Staaten verteilt, Indien und Pakistan. Die Induszivilisation hat ihren Namen nach dem Indus, an dessen Ufern die meisten der alten Siedlungen angelegt waren. Die Induszivilisation hatte Bestand von ca. 2600 bis ca. 1750 v. Chr. (Parpola 1994, 2012b). Das Hakenkreuzmotiv ist dort seit dem 3. Jahrtausend v. Chr. dokumentiert.
- Die Zivilisation Altchinas: Das Hakenkreuz ist dort seit dem 2. Jahrtausend v. Chr. bezeugt.
- Die Kulturen der Uralier, die sich in finnisch-ugrische Völker im östlichen Europa (Finnland, Estland, Minoritäten im europäischen Teil Russlands, Ungarn) sowie in Westsibirien (Chanten und Mansen) und in samojedische Völker im nördlichen Sibirien (vom Ural bis nach Kamtschatka) gliedern. In der Überlieferung dieser Völker spielt das Hakenkreuz als Kultursymbol seit ältester Zeit und bis heute eine bedeutende Rolle.
- Vorindoeuropäische Kulturen im Mittelmeerraum: Das Motiv des Hakenkreuzes ist in den Felsbildern im Val Camonica in den italienischen Alpen wie auch in der Ikonographie der Iberer Hispaniens zu finden.
- Die frühen indoeuropäischen Regionalkulturen: Das Hakenkreuz lässt sich nicht für die Periode der proto-indoeuropäischen Kultur nachweisen. Offensichtlich haben Indoeuropäer das Motiv von nicht-indo-

a)
b)
c)

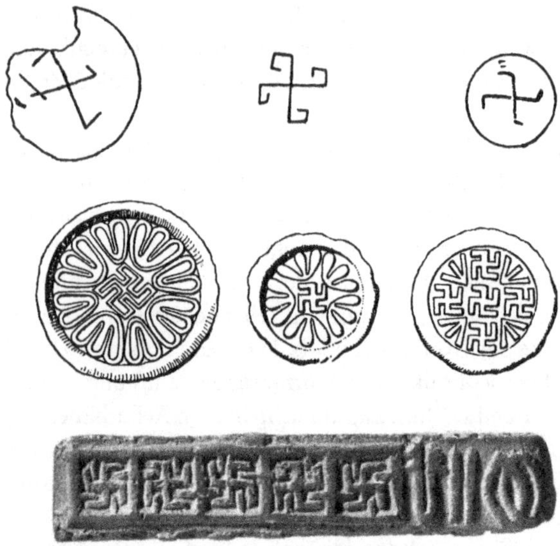

Das Hakenkreuz
a) Alteuropäische Keramik, 5. Jahrtausend v. Chr.
b) Vorgriechische Siegel, Lerna 3. Jahrtausend v. Chr.
c) Altindisches Siegel, 3. Jahrtausend v. Chr.

europäischen Lokalkulturen übernommen, mit denen die indoeuropäischen Migranten in Kontakt traten. Die früheste Dokumentation des Hakenkreuzes in einer indoeuropäischen Regionalkultur (Andronovo) stammt aus Zentralasien (2. Jahrtausend v. Chr., Kuzmina 2008: 168). Die Andronovo-Leute haben das Motiv in Zentralasien adaptiert, die helladischen Migranten in Griechenland und die Arier in Indien.

In zwei alten Kulturen an der Peripherie des eurasischen Areals wurde das Symbol des Hakenkreuzes in den Zeichenschatz lokaler Schriften integriert. Dies gilt für die (noch nicht entzifferte) sogenannte Donauschrift und für die altchinesische Schrift. Das Symbol des Hakenkreuzes in der altchinesischen Schrift (mit dem Lautwert *fang*) bedeutete ‹Gegend› (die Arme des Balkenkreuzes deuten die Himmelsrichtungen an).

Seine größte Popularität hat das Hakenkreuz als sakrales Symbol des Hinduismus im indischen Subkontinent und des Buddhismus in weiten Teilen Ostasiens gewonnen und in diesen Religionen seine ursprüngliche Bedeutung bewahrt: Sanskrit *svasti* bedeutet ‹Glück; gute Fügung; Wohlbefinden›, *svastika* heißt ‹Alles ist gut; Harmonie›. Rechtsdrehung bedeutet ‹Glück› (*svastika*), während Linksdrehung mit ‹Unglück› (*sauvastika*) konnotiert wird.

Die Geschichte des Hakenkreuzes zeigt die große Bedeutung vorindoeuropäischer Kulturen für die indoeuropäische Sprache und Kultur. Sie zeigt exemplarisch, dass sich die Geschichte der indoeuropäischen Sprachen und Kulturen nur dann angemessen rekonstruieren lässt, wenn man immer auch die komplexen Austauschprozesse mit den nicht-indoeuropäischen Kulturen im Blick hat. Das vorliegende Buch will hierzu einen Beitrag leisten.

1. Die Urheimat in der südrussischen Steppe
(11.–8. Jahrtausend v. Chr.)

Wissenschaftler waren sich schon vor mehr als hundert Jahren darüber im Klaren, dass die komplexe Thematik des Ursprungs der indoeuropäischen Sprachen und ihrer Ausbreitung über Europa und Asien nicht allein mit den Methoden der Sprachwissenschaft zu bewältigen ist. Erst im Zuge der Auswertung von Erkenntnissen aus den verschiedensten Disziplinen und deren Integration in eine Gesamtschau kann es gelingen, den historischen Prozessen, denen die moderne Kultur- und Sprachenlandschaft ihr Profil verdankt, gerecht zu werden.

An Spekulationen über die Herkunft der Indoeuropäer hat es nicht gefehlt. Rund zehn Theorien zur Urheimat sind in die wissenschaftliche Forschung eingegangen. Die meisten davon stützen ihre Argumentation jeweils auf die Erkenntnisse einer bestimmten Einzeldisziplin, sei es Sprachwissenschaft, Kulturforschung oder Archäologie. Auf diese Weise tun sich schnell Probleme auf, wenn sich die Erkenntnisse nicht in Einklang bringen lassen.

Um die Frage nach der Urheimat zu klären, müssen die Forschungsergebnisse der verschiedensten wissenschaftlichen Disziplinen berücksichtigt werden. Dies erfordert Analysen zur Wirtschaftsform als Existenzgrundlage sowie zu damit assoziierten Lebensweisen (Anthropologie), zur materiellen Hinterlassenschaft der prähistorischen Populationen (Archäologie), zu älteren Sprachstadien (historisch-vergleichende Sprachwissenschaft), zu den kulturellen Traditionen (Kulturgeschichte), zum prähistorischen Weltbild in seinen Umrissen (Mythologie und Religionsgeschichte) und nicht zuletzt zur genetischen Charakteristik der Populationen (Humangenetik).

In den vergangenen Jahren sind nurmehr zwei Hypothesen ernsthaft diskutiert worden: die von der anatolischen Urheimat, initiiert von Colin Renfrew in den 1980er Jahren, und die von Migrationen aus der eurasischen Steppe, initiiert von Marija Gimbutas in den 1950er Jahren, ausgearbeitet als Hypothese von den Kurgan-Migrationen in den 1970er Jahren.

Mit seiner Studie *Archaeology & language* (1987) belebte Colin Renfrew eine Migrationsthese wieder, die Gordon Childe in den 1920er und 1930er Jahren aufgestellt hatte. Demnach wäre der Ackerbau und damit auch der Kulturhorizont agrarischer Lebensweisen von Migranten aus Anatolien in Europa verbreitet worden. Das Neue an Renfrews Ansatz war, dass er den Strang der archäologischen Beweisführung über die Ausbreitung des Ackerbaus mit zwei anderen Strängen verknüpfte: mit Wanderbewegungen der Indoeuropäer und mit der Verbreitung genetischer Muster (*gene pools*), wie sie von der Humangenetik kartiert werden.

Die von Renfrew entwickelte Hypothese über die Ursprünge der Indoeuropäer prägte die Position der Diffusionisten, wonach verschiedene Prozesse der Sozial- und Kulturgeschichte komplementär und gleichgerichtet gewesen wären. Dies waren aus ihrer Sicht ein ethnisch-demographischer Prozess (die Migration von Populationen aus Anatolien nach Südosteuropa), ein sozioökonomischer Prozess (die Verbreitung des «Agrarpakets» von Anatolien nach Europa entsprechend einem Wellenmodell, dem *wave of advance model*) und ein humangenetischer Prozess (die Diffusion bestimmter genetischer Muster – *gene flow* – von Westasien nach Europa). Demnach hätten die Migranten aus Anatolien den Europäern nicht nur agrarische Lebensweise und Anbautechniken vermittelt, sondern auch ihre indoeuropäische Kultur und Sprache nach Europa transferiert.

Was die Bestätigung der Hypothese von der gleichgerichteten Diffusion betrifft, so fehlen archäologische Spuren für eine frühe Präsenz (8. und 7. Jahrtausend v. Chr.) von Indoeuropäern in Anatolien. Die Kultur der Einwohner der ältesten Stadt der Region, Çatalhöyük, zeigt aber keine für die Proto-Indoeuropäer charakteristischen Eigenschaften (Hodder 2006). Es gibt auch keine Hinweise auf weiträumige und bevölkerungsreiche Migrationen von Kleinasien nach Südosteuropa.

Bis heute haben sich die Erkenntnisse dergestalt verdichtet, dass nur eine Theorie als Spitzenkandidat für die Urheimat übrig bleibt. Dies ist die ältere Hypothese, wonach die Urheimat der Indoeuropäer in Europa, und zwar in der Zone der südlichen Steppe und Wald-Steppe zwischen Wolga und Don lag (Gimbutas 1974, 1991, 1992). Eine der typischen Hinterlassenschaften der frühen Steppennomaden sind Kammergräber, über denen monumentale Erdhügel aufgeschüttet wurden. Diese Hügel werden mit einem aus dem Tatarischen stammenden Wort als Kurgane bezeichnet, und dieser Ausdruck wurde ins Russische und in andere Sprachen entlehnt. Aus der Sicht von Gimbutas waren die Kurgan-Leute frühe

Nomaden aus der Steppe, ihre Kultur und Sprache identifizierte sie als proto-indoeuropäisch. In der geographischen Verbreitung der Kurgane, die sich als markante Formationen in der Landschaft abheben, weit verstreut bis ins Kaukasusvorland, über Zentralasien und rings um das Schwarze Meer bis nach Südosteuropa, erkannte Gimbutas die frühen Wanderwege der Steppennomaden.

Inzwischen hat sich die frühere extreme Polarisierung von Kurgan-Hypothese (Abwanderung aus Südrussland) und Anatolien-Hypothese (Abwanderung aus Kleinasien) abgeschwächt, vor allem deshalb, weil die Kurgan-Hypothese durch die Ergebnisse der neueren Forschung in ihren Umrissen bestätigt worden ist (Anthony 2007, Dergachev 2007, Haarmann 2012 u.a.). Es ist inzwischen auch sinnvoller, von der Kurgan-Theorie zu sprechen, denn die Argumentationsbasis hat sich zunehmend erweitert. Als Fazit ist kürzlich zum bleibenden Wert von Gimbutas' Kurgan-Theorie festgestellt worden: «... ihr Kernkonzept zur Region und zum Zeitrahmen des PIE [Proto-Indoeuropäischen] hat den Test der Zeit bestanden» (Manco 2013: 122).

Die Geschichte der Indoeuropäer beginnt nicht erst mit den frühen Migrationen von Viehnomaden aus der eurasischen Steppe nach Südosteuropa um 4500 v. Chr. Vor dieser Zeit hatten sich deren proto-indoeuropäische Kultur und Sprache in ihrer Urheimat in einem langwierigen Prozess voll ausgebildet. Die sozioökonomischen Bedingungen, die die Lebenswelt der frühen Indoeuropäer und deren Sprache entscheidend prägten, sind nicht erst in einer Zeit zu suchen, als anderswo bereits Ackerbau betrieben wurde. Vielmehr ist die Entstehung von Pastoralismus (Viehnomadismus bzw. Hirtennomadentum) in der eurasischen Steppe als ein Prozess zu verstehen, der im Wesentlichen unabhängig von der Verbreitung des Ackerbaus ablief.

Neolithische Übergänge: Viehnomaden im Osten, Ackerbauern im Westen

Der folgenreiche Übergang vom Jäger-und-Sammler-Dasein zu einer neuen Wirtschaftsform zielte in zwei Richtungen: zur Pflanzenkultivation (Ackerbau) und zum Viehnomadentum. Die sogenannte «neolithische Revolution», ein Begriff, der in den 1920er Jahren von dem einflussreichen Archäologen Gordon Childe geprägt wurde, ist allerdings ein Mythos. Der Umschwung, der sich mit dem Ernten der Samen von Wildgräsern anbahnte und bis zur effektiven Feldbebauung fortentwickelte, zog sich über einen Zeitraum von mehr als zwei Jahrtausenden hin, von ca. 11 000 bis ca. 8500 v. Chr. Daher sprechen Archäologen inzwischen von einem Übergangsprozess (engl. transition) mit zahlreichen lokalen Rückschlägen (Bailey/Spikins 2008 u. a.). Ob und wie erfolgreich die Entwicklung in bestimmten Regionen war und in anderen nicht, hing mit klimatischen Fluktuationen sowie mit den adaptiven Strategien lokaler Bevölkerungsgruppen zusammen, mit dem Agrarpaket (engl. *agrarian package*) umzugehen.

Aus globaler Perspektive haben wir es bei der Ablösung des Jäger-und-Sammler-Stadiums mit zwei sozioökonomischen Basismodellen zu tun. Das eine Modell, der Ackerbau, entstand im Nahen Osten und breitete sich nach Europa aus. Das andere Modell, der frühe Hirtennomadismus oder Viehnomadismus, bildete sich in Europa aus, seine Anfänge sind in der Steppe Südrusslands zu suchen. Er breitete sich von dort nach Zentralasien und in andere Regionen aus. Die Töpferei entwickelte sich in beiden Modellen, und zwar unabhängig voneinander. In Europa haben die Träger beider Wirtschaftssysteme seit dem 5. Jahrtausend v. Chr. in Kontakt miteinander und auch in Konfrontation zueinander gestanden.

Lange Zeit glaubte man, Viehnomadismus als Wirtschaftsform habe sich sekundär entwickelt, und zwar als Ableger des Ackerbaus. Gemäß dieser Annahme wären die Menschen erst sesshaft geworden, hätten Feldbau betrieben und Vieh gehalten. In Regionen, wo sich der Naturraum für Pflanzenkultivation wenig eignete oder wo Ernteerträge zu gering waren, habe sich als Alternative eine nomadische Lebensweise entwickelt, mit Viehhaltung als hauptsächlicher oder ausschließlicher Wirtschaftsform. Diese Hypothese lässt sich im Licht neuerer archäologischer Erkenntnisse nicht mehr halten.

Die Voraussetzungen für die Entstehung des Hirtennomadismus waren mit den klimatischen Veränderungen gegen Ende der letzten Eiszeit gegeben. Die arktische Kaltfront zog sich nach Norden zurück und die Kontinentalplatten schmolzen ab. Weite Teile Osteuropas, die bis dahin von Eis bedeckt waren, wurden für Vegetation und Lebewesen zugänglich und öffneten sich für die Erschließung durch Menschen. In das frei werdende Gelände stießen nacheiszeitliche Bevölkerungsgruppen aus ihrem früheren Refugium im Küstengebiet des Schwarzen Meers nach Norden vor. Diese frühen Populationen waren ethnisch wie sprachlich noch wenig ausgegliedert.

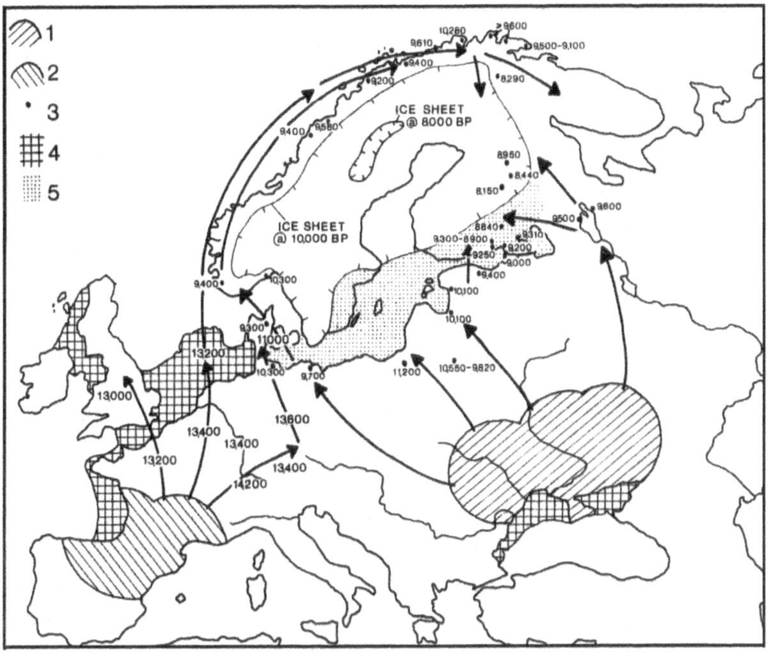

Routen der Landnahme in Europa nach der Eiszeit
1 – Rekolonisation von Osteuropa aus; 2 – Rekolonisation von Südwesteuropa aus; 3 – Älteste regionale Siedlungsplätze; 4 – Küstenlinie gegen Ende der Eiszeit; 5 – der Yoldia-See (vor dem Durchbruch der Ostsee in die Nordsee)

Noch Anfang der 1990er Jahre gab es nicht viel Gesichertes über die frühen Nomadenkulturen Eurasiens zu berichten. Erst dann gewann ein neuer Zweig der Altertumsforschung Eigenprofil, die Archäologie von Nomadenkulturen. Begünstigt wurde dies durch die Öffnung osteuropäischer Staaten nach Westen. Archäologen aus den USA und Westeuropa erhielten nun die Möglichkeit, in Kooperationsprojekten mit ukrainischen und russischen Kollegen Grabungen an jahrtausendealten Lagerplätzen von Nomaden durchzuführen. Die Forschung zu den alten Nomadenkulturen Eurasiens ist inzwischen aus ihren Kinderschuhen herausgewachsen und hat ernst zu nehmende Ergebnisse vorzuweisen.

Die Datierungen zum Viehnomadentum der Steppenbewohner in Osteuropa weisen auf Ursprünge, die zeitgleich mit der Verbreitung des Ackerbaus in Westeuropa liegen. Diese beiden Prozesse, die zunächst unabhängig voneinander abliefen, sind für das 7. und 6. Jahrtausend v. Chr.

anzusetzen. Dies bedeutet, dass es in Europa zwei parallele Übergänge vom Mesolithikum (mittlere Steinzeit) zum Neolithikum (jüngere Steinzeit) gab, jeweils mit unterschiedlicher Ausrichtung.

In Südosteuropa nahmen die einheimischen (alteuropäischen) Jäger und Sammler im Lauf des 7. Jahrtausends v. Chr. die Impulse zur Pflanzenkultivation von einigen Pioniergruppen aus Anatolien an, die sich in Thessalien niederließen (Davison u. a. 2007: 139 f.). Über anfängliche Handelskontakte hinaus entfalteten sich auch soziale Kontakte und familiäre Bindungen. Die bikulturellen und bilingualen Nachkommen solcher Familien waren die Vorreiter für die Akkulturation der Alteuropäer und die Annahme des «Agrarpakets». Mit der weiteren Verbreitung des Ackerbaus in Europa haben die Indoeuropäer gar nichts zu tun, und es gab auch keine Migrationen von anatolischen Ackerbauern nach West- und Mitteleuropa (Budja 2007: 196 ff.).

In einem langen Akkulturationsprozess wurden aus den alteuropäischen Jägern und Sammlern sesshafte Ackerbauern und Viehzüchter, die nicht nur einheimische Wildtiere zähmten (Rind, Schaf), sondern auch den europäischen Auerochsen mit eingeführten anatolischen Rindern kreuzten. Die Nachkommen aus diesen frühen europäischen Kreuzungsexperimenten sind die Vorfahren des europäischen Viehbestands. Von Südosteuropa aus verbreiteten sich sesshafte Lebensweise und Feldbau nach Mitteleuropa und Westeuropa, mit einiger Verzögerung auch weiter nach Norden, nach Skandinavien.

Unter den ökologischen Bedingungen im östlichen Europa konnten sich keine Formen von Pflanzenkultivation entfalten. Jagen und Sammeln dominierte seit jeher in den Wäldern Russlands und in der Wald-Steppen-Zone. Im Südosten allerdings waren die Jäger und Sammler früher oder später zur Umstellung auf eine neue Wirtschaftsform gezwungen. Der Grund dafür war eine zunehmende Austrocknung der Gebiete nördlich des Schwarzen Meers bis zum Kaspischen Meer, und das aride Klima der südlichen Steppe war für ein allmähliches Abwandern des Wilds verantwortlich. Das einzige größere Tier, das in der Steppe verblieb, war das Wildpferd, auf das sich die Aufmerksamkeit der Jäger konzentrierte. Die mesolithischen Jäger und Sammler blieben mobil, begannen aber allmählich, Wildziegen und Wildschafe in Herden zu halten, um ihre in der Steppe karg werdende Jagdbeute durch Viehhaltung zu ergänzen.

Die Region, die später zum Ausgangspunkt für die Migrationen wurde, die Urheimat der Indoeuropäer, umfasst die Zone der Wald-Steppe und

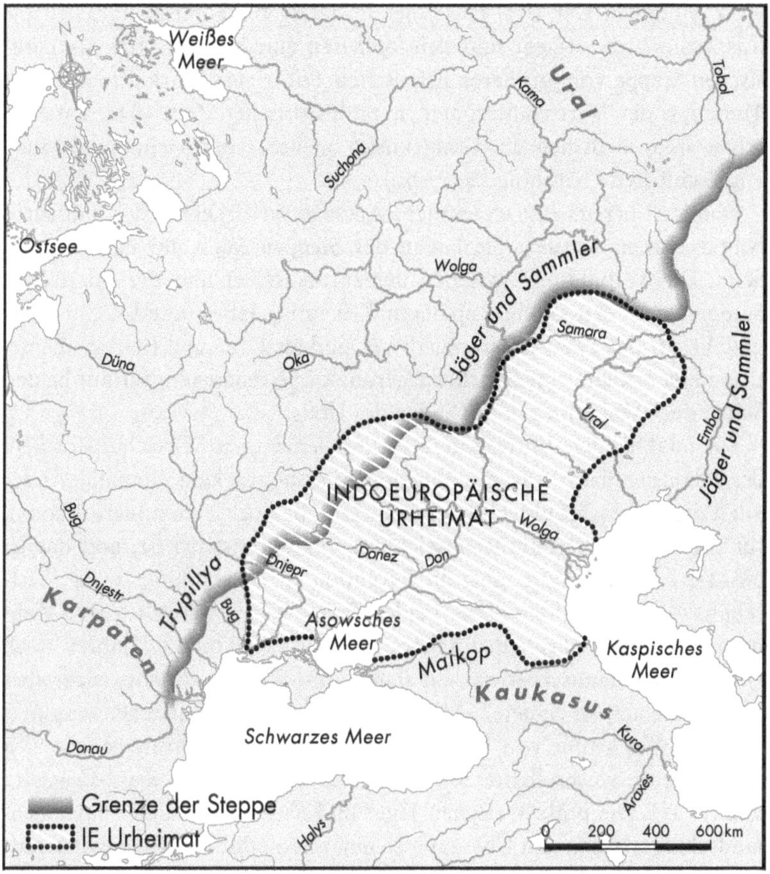

Geographische Umrisse der indoeuropäischen Urheimat

Steppe und grenzt im Westen an das Gebiet mit Ackerbau in der heutigen Ukraine, das Gebiet der historischen Trypillya-Kultur.

Der eurasische Steppengürtel zieht sich über Tausende von Kilometern in west-östlicher Richtung, von den westlichen Ausläufern in der Ukraine bis weit nach Asien hinein, in die Mongolei und das westliche China (Xinjiang). Es stellt sich die Frage: Wenn sich der Übergang vom Jäger-und-Sammler-Dasein zum Pastoralismus in der Steppe vollzogen hat, geschah dies dann im gesamten Steppengürtel, d. h. sowohl auf europäischer als auch auf asiatischer Seite, oder nur in einer bestimmten Region? Die moderne Archäologie der Nomadenkulturen hat hierauf eine klare Antwort gefunden. Der Ural-Fluss, der im Uralgebirge entspringt, sich ins Kaspische Meer ergießt und den kleineren europäischen Teil der eurasischen Steppe vom größeren asiatischen Teil trennt, markierte auch die Trennung der Wirtschaftszonen in prähistorischer Zeit. «Die kasachischen Steppen östlich des Uralgebirges bleiben (vom Viehnomadismus) ausgeschlossen» (Anthony 2007: 92).

Damit ist bereits eine wesentliche Aussage zur Urheimat der Indoeuropäer getroffen worden: Sie lag in der Steppenregion auf europäischer Seite. Die Verbindung zwischen der europäischen und der asiatischen Steppe wurde erst zu einer späteren Zeit (im 4. Jahrtausend v. Chr.) hergestellt, als das Pferd domestiziert war und als Last- und Reittier diente. Dann erst erfolgte eine Synchronisierung der Nomadenkultur auf beiden Seiten der «Völkerpforte» im Süden des Urals.

Die unabhängige Entwicklung zweier elementarer Wirtschaftsformen, des Pflanzenanbaus und des Viehnomadismus, ist kein einmaliges oder auf Europa beschränktes Phänomen. Es gibt noch eine andere Region, für die eine solche Parallelentwicklung charakteristisch ist, und das ist Nordafrika. Auch dort führt die Evolution zur Ausbildung zweier Wirtschaftszonen. Die ältere dieser beiden Zonen ist die Umwelt früher Viehnomaden in der nördlichen Sahara, die vor siebentausend Jahren noch eine Savannenlandschaft war, die sich gut für Weidewirtschaft, nicht aber für Pflanzenanbau eignete. «Milchpastoralismus mit einem Schwerpunkt auf dem Wachstum von Herden ist eine Anpassungsstrategie, die sich gut für eine wechselhafte Savannen-Steppe eignet» (Gifford-Gonzalez 2005: 191). Die prähistorischen Jäger und Sammler in dieser Savannenlandschaft erlebten den Übergang zu einer nomadischen Weidewirtschaft im 5. Jahrtausend v. Chr. Die andere Wirtschaftsform, die Pflanzenkultivation, entwickelte sich im Verlauf des 4. Jahrtausends v. Chr. im Niltal.

Die Parallelentwicklung der Wirtschaftsformen in Afrika ist zeitlich etwas später als die in Europa zu datieren. Insofern reicht die Kulturchronologie des Pastoralismus im Osten Europas weiter in die Prähistorie zurück als die in Nordafrika.

Urheimat Anatolien? Neue humangenetische Erkenntnisse

Seit den 1990er Jahren hat die Humangenetik gewaltige Fortschritte gemacht, und die neueren Erkenntnisse haben frühere Gemeinplätze über die Genprofile der europäischen Bevölkerung revidiert (Semino u.a. 2000, Budja 2005). Inzwischen ist geklärt, dass die Strukturen und Kombinationsmuster der Gene der modernen Europäer im Wesentlichen autochthon sind, das heißt, in unseren Adern fließt sozusagen das Blut einer ununterbrochenen Kette von Vorfahren, deren Anfänge bis in die Zeit der paläolithischen Jägerkulturen zurückgehen. Genetische Beimischungen gibt es wenige, und diese sind regional begrenzt (Vonderach 2008: 65 ff., Haak u.a. 2015). Ältere Vorstellungen von bevölkerungsstarken Migrationen von Anatolien nach Europa sind aus dieser Sicht überholt. Insofern weichen die Hypothesen, wie sie im Sammelband von Renfrew/Boyle (2000) zur älteren Genforschung der 1990er Jahre zu finden sind, deutlich von den heutigen Auffassungen ab.

Solche neueren Erkenntnisse verdanken wir einem speziellen Trend in der Genforschung. Während sich die älteren Studien auf die Untersuchung des weiblichen X-Chromosoms konzentriert hatten, ermöglicht das Studium des männlichen Y-Chromosoms, in dem Erbinformationen zu rund 90% gespeichert sind und das nur zu etwa 10% mit dem weiblichen rekombiniert, Aussagen über die Stabilität von Populationen. Die Kontinuität der männlichen Erbinformationen ist somit als diagnostischer Indikator für die Stabilität von Populationen in Zeit und Raum zu werten.

Aus diesen neuen humangenetischen Erkenntnissen lässt sich somit schließen, dass das Agrarpaket nicht von anatolischen Migranten in Europa verbreitet wurde, sondern dass die Technik des Pflanzenanbaus und eine an Sesshaftigkeit gebundene Lebensweise den autochthonen Populationen von Jägern und Sammlern über Akkulturationsprozesse vertraut wurden, die im Wesentlichen unabhängig von migrierenden Bevölkerungsgruppen verliefen (Budja 2007). Lokale Gruppen europäischer Jäger lernten Agrarprodukte im Tauschhandel mit Ackerbauern kennen und nahmen im Lauf der Zeit selbst nahrungsproduzierende Lebensweisen an (Sériadès 2007). Die Akkulturation beschränkte sich allerdings auf die Wirtschaftsform und die Lebensweise, denn die Jäger behielten ihre alteuropäischen (= vorindoeuropäischen) Sprachen bei.

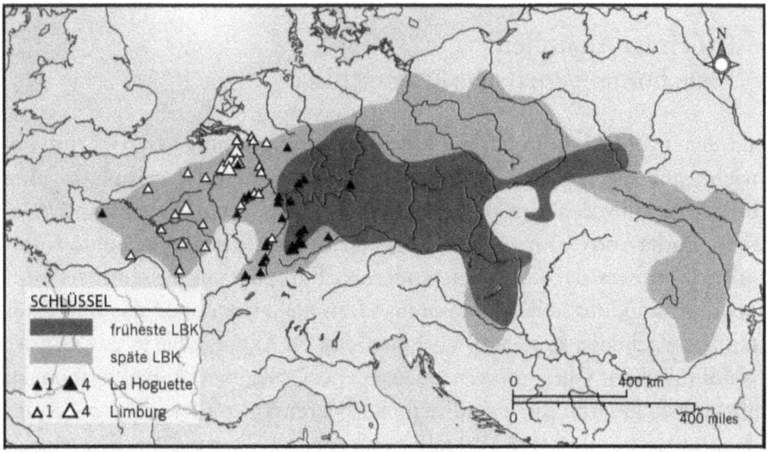

Das Verbreitungsgebiet der Kultur der Linearbandkeramik (LBK)

Für das Neolithikum sind keine archäologischen Spuren einer größeren Migration von Kleinasien nach Südosteuropa zu finden. Vielmehr blieb die vorindoeuropäische Sprachenwelt bis zum Beginn der Bronzezeit im Wesentlichen intakt. Kleinräumige Wanderbewegungen gab es, sie beschränkten sich aber auf die Ebene von Thessalien in Zentralgriechenland. Es ist wahrscheinlich, dass die dort im 7. Jahrtausend v. Chr. entstehenden Siedlungen (Sesklo, Achilleion, Larissa u. a.) Gründungen anatolischer Ackerbauern sind, die aus Kleinasien herübergekommen waren (Cunliffe 2008: 101 f).

Das Agrarpaket wurde von Migranten mitgebracht, die gegen Ende des 8. Jahrtausends v. Chr. über die Landbrücke kamen, die damals noch Europa mit Asien verband (Marler/Haarmann 2006). Erst um 6700 v. Chr. ist diese Landbrücke am Bosporus von der Schwarzmeerflut durchbrochen worden. Die frühesten Spuren von Pflanzenanbau auf europäischem Boden (in Thessalien) datieren in die Zeit vor der Zerstörung der Landbrücke.

Es gab eine innereuropäische Migration von Bevölkerungsgruppen, die den Ackerbau verbreiteten. Von den Archäologen werden sie nach dem typischen Dekor ihrer Keramik (Linearband-Muster) Bandkeramiker genannt. Dabei handelt es sich wahrscheinlich um Nachkommen alteuropäischer Jäger und Sammler, die das Agrarpaket angenommen hatten und deren Siedlungen expandierten. Die um 5800 v. Chr. einsetzende Klimaerwärmung, die die kalte Periode in den Jahrhunderten davor ablöste, hat die Expansionsbewegung dieser alteuropäischen Ackerbauern begünstigt.

Für die Periode um 5600 v. Chr. ist eine demographische Drift zu beobachten, die Siedler aus der östlichen Ukraine (d.h. von der Peripherie des Ackerbaugebiets) nach Westen brachte. Innerhalb weniger Jahrhunderte verbreitete sich die Kultur der Linearbandleute bis nach Nordfrankreich (Scarre 2005a: 407 ff.). Die Motivation für ihre Westbewegung mag die Erkenntnis gewesen sein, dass sich Pflanzenanbau in der Steppe weiter östlich nicht lohnte und die Erschließung neuer Anbaugebiete in Mitteleuropa mehr Aussicht auf Erfolg versprach.

Wenn sich der Ackerbau nicht mit migrierenden Indoeuropäern verbreitet hat, dann besteht auch keine Veranlassung, die indoeuropäische Urheimat in Anatolien zu suchen. Als einzige schlüssige Alternative bleibt die Annahme von Migrationen aus dem Osten Europas, und zwar nicht von Ackerbauern, sondern von Viehnomaden, die sich im Zuge ihrer Westbewegung akkulturierten. Als zum Beispiel die indoeuropäischen Kelten vom europäischen Festland nach Irland und auf die britischen Inseln gelangten, trafen sie dort auf die vorindoeuropäische Urbevölkerung, und dies waren sesshafte Ackerbauern. Diese Alteuropäer – deren Vorfahren Stonehenge errichteten – hatten sich bereits lange vor Ankunft der Kelten akkulturiert und das Agrarpaket mitsamt der Technologie des Pflanzenanbaus angenommen (Mallory 2013: 87).

Naturraum Steppe

Die Bedeutung des Pferdes für die frühen Hirtennomaden

Bei allen Überlegungen zur Urheimat der Indoeuropäer geht es unmittelbar immer auch um die Grundbeziehung zwischen Mensch und Tier, insbesondere die zwischen den prähistorischen Hirtennomaden und dem Pferd.

Das Wildpferd Eurasiens, das später domestiziert wurde, war die Spezies Equus ferus. Das Pferd ist nicht irgendeines der vielen Tiere, mit denen die frühen Indoeuropäer zu tun hatten, als Jagdwild, als Herdenvieh oder als Haustier. Da gab es Füchse, Wölfe, Steppenantilopen (saiga tatarica) und Wildziegen. Als Nutztier war das Pferd unverzicht-

Detailausschnitt von einem goldenen Pektoral aus einem skythischen Kurgangrab

bar: für den Transport von Lasten, das Ziehen von Wagen und zum Reiten.

Die zentrale Bedeutung des Pferdes für die frühen Indoeuropäer ist allein schon aus seiner Rolle als Motiv in der bildenden Kunst sowie im alten Mythenschatz zu erschließen. Ein Modell der Urheimat, in dem es keinen Platz für das Pferd als Wirtschaftsfaktor und als Leitmotiv der Mythologie gibt, ist unstimmig und muss verworfen werden. In der Migrationstheorie von Gimbutas wird dem Pferd die wichtige Rolle zuerkannt, die ihm gebührt, denn im prähistorischen Anatolien (jedenfalls bis um 3000 v. Chr.) gab es keine Pferde. Verbreitet war damals in Kleinasien der Esel. Pferde wurden erst von den Hethitern eingeführt, also zu einer Zeit, als die Indoeuropäer gar nicht mehr ihre Ursprache sprachen, sondern bereits regionale Dialekte. Ein einheitlicher Ausdruck für Pferd, den es im Indoeuropäischen gab (s. u.), hätte sich zu so später Zeit (d. h. während der Periode der Migrationen) nicht mehr in allen Sprachen verbreiten können.

Ebenso ist es abwegig, die Wiege des Proto-Indoeuropäischen auf dem Balkan zu suchen (so Renfrew 1999), denn dort fehlt das Pferd als so wichtiges Symbol soziokultureller Identifikation des Indoeuropäertums in alter Zeit. Das Pferd ist archäologisch erst relativ spät in Südosteuropa bezeugt, im nördlichen Balkan (eingeführt von den Steppennomaden) ab dem 4. Jahrtausend v. Chr., auf dem griechischen Festland im 2. Jahrtausend v. Chr.

Die ältesten Kontakte zwischen Mensch und Pferd waren die von Jägern und Wildpferden. Die Beobachtung ihrer weiträumigen Bewegungen und Weidegewohnheiten mag die prähistorischen Jäger auf Vorteile für sie selbst aufmerksam gemacht haben. Wildpferde bevorzugen das beste Gras, das in Gegenden mit reichhaltigen Wasserreserven wächst. Sie werden von ihrem Instinkt geleitet, Wasserquellen wie Bäche oder feuchte Niederungen auszumachen, und dadurch von einem Weideplatz zum anderen gelenkt. Pferde bevorzugen den oberen Teil von Grasbüscheln. Der Rest bleibt stehen und dient kleineren Tieren als Futter. Wenn sich Wildziegen und wilde Schafe zu den Pferden gesellten, gab es keinen Grund zur Rivalität um Nahrung. Die Jäger profitierten davon, wenn sie ihre Jagdunternehmungen auf die Züge der Wildpferde abstimmten. Dieses Verhalten – dass die Menschen den Jagdtieren folgten – kennzeichnet das Stadium der Transhumanz, die der eigentlichen Domestizierung vorausging.

So liegt es auf der Hand, dass in der Kultur der frühen Indoeuropäer zahlreiche Elemente und Symbole zu finden sind, die mit dem Pferd assoziiert sind. Auch in den mythischen Vorstellungen, die sich anhand der Kleinplastik und des Wortschatzes der proto-indoeuropäischen Grundsprache rekonstruieren lassen, spiegelt sich die besondere Rolle des Pferdes in der Gesellschaft. Das Pferdemotiv wurde auch bedeutend in der Symbolik der nomadischen Herrschaftsstruktur und in der hierarchischen Clanordnung.

Das Verhältnis der indoeuropäischen Steppennomaden zum Pferd hat sich im Verlauf von Tausenden von Jahren über verschiedene sozioökonomische und kulturell-mythologische Entwicklungsstufen entfaltet. Auch während der Periode der Expansion indoeuropäischer Populationen, ihrer Sprachen und Kulturen, verliert sich die traditionsreiche Bedeutung des Pferdes nicht. Im Gegenteil, die archäologische Hinterlassenschaft und die spätere schriftliche Überlieferung einzelner Völker unterstreichen seine Bedeutung und seine spezialisierten Rollen für Wirtschaft und Kultur. Es lässt sich folgende funktional-kulturelle Chronologie des Pferdes bei den Viehnomaden Eurasiens und in den frühen Zivilisationen nachweisen:

1. Transhumanzerfahrungen der nacheiszeitlichen Jäger mit Wildpferden und Wissenszuwachs über deren Verhaltensweisen (ab ca. 11 000 v. Chr.): Das Verhältnis von Jäger und Jagdtier setzt Traditionen der Eiszeit fort. Das Wildpferd bot reichlich Fleisch und eine Vielfalt von Rohmaterial wie Haar, Sehnen und Knochen. Wildpferde durch-

streiften die Steppe Eurasiens auch noch zu einer Zeit, als die Nomaden das Pferd längst domestiziert hatten. Das Gebiet, wo Wildpferde gejagt wurden, erstreckt sich über das proto-indoeuropäische Kernland (Manco 2013: 127). In einigen Regionen hielten sie sich bis in historische Perioden. Beispielsweise gehörte die Jagd auf Wildpferde zu den Vorlieben der persischen Könige.

2. Stadien einer ökologischen Partnerschaft von Mensch und Pferd (sukzessive ab ca. 8000 v. Chr.): Die frühen Viehnomaden haben Wildpferde ebenso sorgfältig beobachtet wie die mesolithischen Jäger. Dies brachte verschiedene Vorteile für die Weidewirtschaft mit sich: Wildpferde bewegen sich auf und über Weiden mit hochwertigem Nahrungsangebot, d. h. hochständigen Gräsern, und sie können mit ihren harten Hufen in strengen Wintern verharschte Schneedecken aufbrechen, so dass sie selbst und auch kleinere Tiere Futter finden.
3. Stadien einer graduellen Domestizierung (ab dem 7. Jahrtausend v. Chr.): Das Pferd wurde früh im Gebiet zwischen Wolga und Don domestiziert (Dergachev 2007: 461 f.). Um größere Herden von Ziegen und Schafen zu kontrollieren, reichten Hunde nicht aus: eine entscheidende Motivation dafür, Wildpferde zu zähmen und zu reiten. Berittene Hirten konnten die Bewegungen ihrer Herden weiträumig überwachen. Stuten wurden wegen ihrer Milch gehalten (als Trinkmilch, für Butter, Käse und spezielle Getränke).
4. Verwendung von Pferden als Pack- und Zugtiere (ab dem 5. Jahrtausend v. Chr.): Pferde wurden schon früh als Packtiere für den Transport von Lasten verwendet, noch bevor sie als Zugtiere eingesetzt wurden, denn das setzte die Verwendung des Wagens mit Rädern voraus. Diese technologische Innovation lässt sich für das 4. Jahrtausend v. Chr. und für die Kontaktzone von akkulturierten Steppennomaden und Ackerbauern in der Ukraine nachweisen (s. Kap. 4). Als Zugtiere für das Wagenmodell mit Vollrädern kamen Pferde oder Ochsen infrage. Nach der Ikonographie von Fahrzeugen mit Rädern zu schließen, wurden beide Alternativen genutzt (Kuzmina 2008: 163 f.).
5. Systematische Verwendung von Pferden als Reittiere für Kriegereliten (ab dem 3. Jahrtausend v. Chr.): Im Laufe der Zeit diente das Pferd auch als Reittier für Schutzpatrouillen der Nomadensippen. Ganze Reiterformationen wie zur Zeit der Skythen im 1. Jahrtausend v. Chr. oder des legendären Mongolenführers Dschingis Khan im 13. Jahrhundert hat es bei den prähistorischen Nomaden der südrussischen Steppe nicht gegeben. Es bestand damals auch kein Bedarf für den Unterhalt größe-

rer militärischer Einheiten. Die erfolgreiche Übernahme von Handelszentren jenseits der Steppe, wie in Varna, verdankten die indoeuropäischen Steppennomaden ihrer Kriegerkaste, und dies waren kleine, gut organisierte Abteilungen berittener Elitekrieger.

6. Spezialisierte Verwendung von Pferden als Zugtiere für Streitwagen (ab dem 2. Jahrtausend v. Chr.): Kriegseinsätze unter nennenswerter Beteiligung von Streitwagen sind aus Zentralasien und Indien (frühe Arier), Anatolien (Hethiter), aus dem Mittleren und Nahen Osten (Assyrer, Mitanni) und aus dem Neuen Reich Ägyptens bekannt.

Die Terminologie für das Pferd und sein wirtschaftliches wie kulturelles Umfeld ist fest im Wortschatz des Proto-Indoeuropäischen verankert (Mallory/Adams 1997: 273 f.):

Aus Proto-Indoeuropäisch: *$^*h_1$ékuos* wurde über rekonstruierte Zwischenformen

- in den Sprachen des Westens: z. B. latein. *equus*, altir. *ech*, gall. *epo-* (davon abgeleitet der Name der keltischen Pferdegöttin *Epona*)
- in den Sprachen des Nordens: z. B. lit. *ašvíenis* ‹Hengst›
- in den Sprachen des Südens: z. B. griech. *hippos*, luw. *azu(wa)*, lyk. *esbe-*, armen. *eš*
- in den Sprachen des Ostens: z. B. altpers. *asa-*, altind. *áśva-*, tochar. *yakwe*.

Hirtentum und Weidewirtschaft

Die soziale und kulturelle Geschichte der frühen Indoeuropäer (d. h. der Proto-Indoeuropäer) ist aufs Engste mit den sich wandelnden Bedingungen ihrer natürlichen Umgebung verknüpft. Die Landschaft zwischen Kaspischem Meer und Schwarzem Meer, die in der Nachfolge der Eiszeit zunehmend austrocknete und versteppte, eignete sich nicht für den Pflanzenanbau. Als sich der Ackerbau im Laufe des 6. Jahrtausends v. Chr. allmählich ins östliche Europa ausbreitete, geschah dies in der Zone der Wald-Steppe mit ihrem lichten Baumbestand, die sich nördlich der Steppe wie ein Gürtel von der Ukraine bis zum Ural und darüber hinaus nach Westsibirien zieht. Im breiten Steppengürtel Südrusslands hat Ackerbau dagegen in prähistorischer Zeit keine Rolle gespielt. Dort war den Menschen der Übergang vom Stadium des Jagens und Sammelns zum frühen Viehnomadismus von den ökologischen Existenzbedingungen praktisch vorgegeben.

Auf ihren Beutezügen hatten die prähistorischen Jäger ausgiebig Gelegenheit, sich mit den Gewohnheiten der Wildtiere vertraut zu machen. Die Steppe war mit ihren grasbestandenen Weiden ein bevorzugtes Terrain für Wildschafe und insbesondere für die zahlreichen Wildpferde, deren Knochen sich in großer Zahl an den alten Siedlungsplätzen finden. Wildpferde waren in der Steppe und in der Wald-Steppen-Zone verbreitet, nicht aber in der Wald- und Flusslandschaft, die sich weiter im Norden ausdehnte und von den Proto-Uraliern bewohnt wurde.

Die Anfänge des Viehnomadismus in der Steppenregion, die bis ins 7. Jahrtausend v. Chr. zurückdatiert werden, sind als aktives Eingreifen der Menschen in die natürlichen Weidegewohnheiten derjenigen Tiere zu verstehen, die für die sich entwickelnde nomadische Wirtschaftsform eine Schlüsselrolle einnehmen sollten. Die Herden bestanden vor allem aus Ziegen und Schafen. Es ist allerdings nicht möglich, genaue Angaben zur Übergangsphase vom Stadium der freien Bewegung von Wildtieren zu deren Haltung in mobilen Herden zu machen. Sehr wahrscheinlich liegen die Anfänge der Domestizierung von Ziege und Schaf in der eurasischen Steppe zeitgleich mit der Domestizierung des Pferdes, also im frühen Neolithikum (7. und 6. Jahrtausend v. Chr.).

Pferde, Ziegen und Schafe werden in vielen Nomadenkulturen in einer gemischten Herde gehalten. Dies kann man beispielsweise in der Mongolei oder auch bei kalmykischen Nomaden am Rande der kaspisch-pontischen Steppe bis heute beobachten. Die Haltung von Kleinvieh, die Kontrolle der Bewegungen von Herden und die nomadische Weidewirtschaft spiegeln sich im proto-indoeuropäischen Wortschatz in einer Bündelung allgemein gebräuchlicher und spezialisierter Ausdrücke. Die Tierhaltung ermöglichte das Wirtschaften mit Milch und Milchprodukten: «Wir können ein reiches Vokabular für das Proto-Indoeuropäische mit Bezug auf Milch und Milchprodukte rekonstruieren, dies ist ein Beweis für die Bedeutung dieser Dinge für Menschen, die in starkem Maße abhängig von der Viehhaltung als Wirtschaftsform waren» (Mallory/Adams 1997: 381).

Ziegen geben in der Regel mehr Milch als Schafe und spielten daher für die Milchwirtschaft die größere Rolle. Im östlichen Europa waren verschiedene Unterarten der Wildziege verbreitet. Die häufigste war *capra aegagrus*; von ihr stammt die domestizierte Ziege, *capra (aegagrus) hircus*, ab. Das Verbreitungsgebiet dieser Unterart überlappte sich mit dem der ostkaukasischen *capra caucasica cylindricornis*. Die Benennungen der Ziege im Proto-Indoeuropäischen beziehen sich auf die *capra hircus*

(Mallory/Adams 1997: 229 f.). Interessanterweise kennt das Proto-Indoeuropäische keinen generischen Ausdruck für ‹Ziege›, sondern es lassen sich verschiedene Bezeichnungen mit jeweils lokaler Verbreitung rekonstruieren. Dieser Sachverhalt wird von einigen Forschern dahingehend interpretiert, dass domestizierte Ziegen vielleicht aus verschiedenen Regionen zu den Steppennomaden gelangten. Allerdings sind die Ausdrücke sämtlich einheimisch indoeuropäisch und nicht entlehnt.

Auch für den Begriff ‹Schaf› gibt es verschiedene Ausdrücke im Proto-Indoeuropäischen, aber anders als bei der lokalen Vielfalt für ‹Ziege› ist einer der Ausdrücke für ‹Schaf› in allen indoeuropäischen Sprachzweigen verbreitet (Mallory/Adams 1997: 510 ff.), nämlich *h2óuis.

Das ursprüngliche Verbreitungsgebiet des Wildschafs (*ovis orientalis*) ist das westliche Asien. Von dieser Art stammen alle domestizierten Unterarten ab, so auch das domestizierte Schaf (*ovis aries*) in Südosteuropa, von wo aus dieses Tier in die eurasische Steppe gelangte. Eine andere Route, über die Wildschafe oder entlaufene domestizierte Schafe ihren Weg in die osteuropäische Steppenlandschaft finden konnten, waren die Täler des Kaukasus.

Ziege	
*díks	‹Ziege›
*bhuĝos	‹Ziegenbock, männl. Ziege›
*h$_a$eiĝs	‹Ziege›
*h$_a$eiĝós	‹männl. Ziege›
Schaf	
*h$_2$óu̯is	‹Schaf›
*h$_2$óu̯ikéh$_a$	‹Mutterschaf›
*h$_a$eg^{w}hnos	‹Lamm›
*u̯rh$_1$én	‹Lamm›
*h$_1$er-	‹Lamm, Junges›
Weide	
*lendh-~ *londh-	‹offenes Land, Ödland›
*póh$_x$iu̯eh$_a$-	‹offenes Weideland›
?*u̯élsu	‹Weide, Wiese›
Herde	
*u̯rētos (oder *u̯eruh$_1$tos?)	‹Herde von Kleintieren (Schafe, Ziegen)›
*kerdheh$_a$-	‹Herde, Schar›

Für die Ausbreitung der proto-indoeuropäischen Kultur aus dem Steppengürtel nach Westen sind Beobachtungen zu spezifischen rituellen Praktiken in Verbindung mit dem Schaf als Opfertier von Bedeutung. In den Regionalkulturen (Jamnaja- und Katakombenkultur), zu deren Charakteristika die Grabhügel der Kurgane gehören, finden sich Knöchelknochen von Schafen unter den Grabbeigaben. Solche Knochen (Astragale genannt) spielten im Zusammenhang mit Wahrsagepraktiken eine wichtige Rolle. Ein aus Gold gefertigtes Astragal findet sich in einem Grab der Nekropole von Varna (Slavchev 2009: 196).

Zur Terminologie der frühen Hirtenkultur gehören auch Bezeichnungen der Weidewirtschaft im Zusammenhang mit der Nutzung des ökologischen Umfelds: Herde, Wiese, Weide und offenes Grasland.

Vom Honigsuchen zum Honigsammeln

Eine andere Form der Transhumanz ist die Honiggewinnung von Bienen, die in Baumhöhlen gehalten wurden. Honig war bereits für die Menschen im Paläolithikum eine begehrte Zusatzspeise. Anfangs wurde der Honig aus den Nestern von Wildbienen geholt, wobei solche Nester immer wieder neu gesucht werden mussten. In einer weiteren Entwicklungsstufe wurde die Honigproduktion der Wildbienen teilweise von den Menschen gelenkt, die davon profitierten. Wilde Bienen wurden in Baumhöhlen angesiedelt, wo sie Nester bauten und dann unter der Kontrolle der Menschen Honig produzierten. Das Honigsuchen (*honey-hunting*) ist also organisatorisch etwas anderes als das Honigsammeln (*honey-gathering*).

Beide Formen der Honiggewinnung waren den Menschen in Europa schon früh vertraut. Honigsuchen lohnte sich, als sich im Zuge der Erwärmung nach der letzten Eiszeit die Bedingungen für die Verbreitung von Pflanzen und Tieren im Allgemeinen und von Blütenpflanzen und Bienen im Besonderen verbesserten. Honigsuchen wurde wahrscheinlich bereits vor 13 000 Jahren betrieben. Der früheste Hinweis auf Honigsammeln ist in Felsbildern der spanischen Levante aus der Zeit um 7000 v. Chr. zu finden. Allgemein wird das Motiv einer Frau, die auf einen Baum geklettert ist, Honigwaben aus einem Baumhöhlennest holt und in einen Korb packt, als älteste Bilddokumentation gewertet. Diese Szene ist in einem Felsbild in der Gegend von Cuevas de la Araña zu sehen (Ehrenberg 1992: 56).

Die Honigbiene (*apis mellifera*) war seit Ende der Eiszeit im östlichen Europa verbreitet, wo sich die von ihr bevorzugten Baumarten, die Eiche (*quercus robur*) und die Linde (*tilia cordata*), rasant verbreiteten. Diese Arten dominierten den Baumbestand in der Wald-Steppen-Zone Eurasiens, und die prähistorischen Jäger und Sammler förderten den Nestbau der Honigbienen in der Nähe ihrer Lagerplätze, indem sie Bienenkolonien in passende Baumhöhlen umsiedelten. In der proto-indoeuropäischen Sprache entwickelte sich eine Spezialterminologie für das Honigsammeln.

Basiselemente dieser Terminologie sind **medhu-* ‹Honig›, die Bezeichnung für die Honigbiene (**meksi-*) und die für Bienenwachs (**wosko-/*wokso-*). Das ursprachliche Wurzelwort **meksi* ist in keiner der indoeuropäischen Tochtersprachen erhalten, lebt aber im Indischen in einer Zusammensetzung weiter (Sanskrit *madhu-maksika* ‹Honigbiene›, wörtl. ‹Honig-Fliege›). Ein jüngerer Ausdruck für ‹Honigbiene› tritt in den indoeuropäischen Sprachen in zwei Varianten auf: **melit-* > Sanskrit *madhulih* (Kompositum mit *medhu-*), wörtl. ‹Honig-Lecker›; **melitiha* > griech. *melissa*, alb. *bletë*.

Indoeurop. **meksi* wurde in die Sprache der nördlichen Nachbarn der Indoeuropäer, der Uralier, entlehnt: ural. **mesi* (Parpola 2012a: 161). Im Prozess der Übernahme veränderte sich die Bedeutung des Wortes zu ‹Nektar›. Im Finnischen heißt der Nektar *mesi* und die Biene *mehiläinen* (eine Ableitung von der Variante *mehi-* für *mesi*). Auch der Ausdruck für Bienenwachs wurde entlehnt: indoeurop. **wokso-* erscheint im Finnischen *vaha*. Die Vertreter beider Populationen standen in der Wald-Steppen-Zone in regem Kontakt miteinander. Offensichtlich lernten die Uralier das Honigsammeln von ihren südlichen Nachbarn und übernahmen deren Terminologie. Da diese frühen Entlehnungen Bestandteile des Wortschatzes der uralischen Ursprache sind, müssen sie auf die ältesten Sprachkontakte zwischen beiden Gruppen zurückgehen.

Pflanzen und Tiere als Hinweise auf die Urheimat

Das Studium der prähistorischen Verbreitung von Pflanzenarten ist ein Aufgabenbereich der Archäobotanik, für die Erforschung prähistorischer Tierarten ist die Archäozoologie zuständig. Erkenntnisse aus früherer Zeit relativieren sich heute durch intensive Sedimentforschung und Pollenanalyse sowie durch Knochenfunde an archäologischen Grabungsstätten. Auch die genetische Forschung hat wesentlich zur Kenntnis von Vegetation und Tierwelt in prähistorischer Zeit beigetragen. Die Methoden der vergleichenden Sprachforschung sind verfeinert worden, und das Risiko vereinfachender Schlussfolgerungen zur Lokalisierung der Urheimat hat sich vermindert. Dies sind gute Voraussetzungen für eine erfolgreiche Spurensuche.

Es gab eine Zeit, da hat man die Urheimat der Indoeuropäer in Mitteleuropa gesucht. Für den proto-indoeuropäischen Wortschatz lässt sich ein Stammwort rekonstruieren (**bhago-*), das in vielen indoeuropäischen Sprachen die Rotbuche (*fagus silvatica*) bezeichnet. Diese Baumart ist in Osteuropa nicht verbreitet, was die Sprachforscher zu dem Schluss veranlasste, dass somit das östliche Europa als Urheimat ausgeschlossen bleibt. Schaut man genauer hin, stellt sich heraus, dass die Äquivalente des Ausdrucks **bhago-* in den historischen Einzelsprachen verschiedene Bedeutungen haben können und nicht nur die Buche bezeichnen. Im Albanischen (*bug*) und im Griechischen (*phegos*) wird damit die Eiche benannt. Die Eiche war nach der Eiszeit in Osteuropa weit verbreitet. Außerdem gibt es bestimmte lokale Buchenarten, die in Osteuropa wachsen. Diese sind im Kaukasus (*fagus orientalis*) und auf der Krim (*fagus taurica*) bezeugt. Die sogenannte «Buchenlinie» der älteren Sprachwissenschaft als Ausgrenzungsmarkierung ist somit unhaltbar geworden.

Die Verbreitung von Birkenarten in Osteuropa lässt sich seit der Klimaerwärmung nach dem Ende der letzten Eiszeit nachweisen. Vor allem zwei Arten sind besonders häufig: *betula pendula* (hochstämmig) und *betula humilis* (von niedrigem Wuchs). Die proto-indoeuropäische Bezeichnung für die Birke, **bhergos*, ist in den meisten Sprachen dieser Familie verbreitet. Eine Ausnahme macht das Griechische. Das Fehlen einer alten indoeuropäischen Bezeichnung für die Birke im Griechischen erklärt sich aus der Seltenheit dieser Baumart in Südosteuropa. Anatolien scheidet als Kandidat für die Urheimat aus, denn auch dort waren (und sind) Birken eine Seltenheit.

Bestimmte Tierarten sind ebenfalls als diagnostische Marker für die geographische Lage der Urheimat herangezogen worden. Eines dieser Tiere ist der Biber (**bhebhrus*), der in prähistorischer Zeit vor allem wegen seines Fells gejagt wurde. Die Matrix für das Verbreitungsgebiet des Bibers überlappt sich mit der für das Pferd und die Honigbiene. Der Biber war und ist in Anatolien nicht verbreitet.

Die Summe der Forschungsergebnisse zur Verbreitung von Pflanzen- und Tierarten, die nach den Erkenntnissen der Sprachwissenschaft charakteristisch für die Umwelt der Proto-Indoeuropäer waren, deutet auf das östliche Europa als Urheimat. Gleichzeitig dienen solche Beobachtungen zum Ausschluss anderer Urheimatpostulate, deren ökologische Bedingungen nicht förderlich waren für die Verbreitung dieser Arten. Tatsache ist, «dass die Fauna und Flora, die mit dem rekonstruierten Vokabular bezeichnet wurden, typisch sind für die gemäßigte Klimazone (Birke, Otter, Biber, Luchs, Bär, Pferd), nicht mediterran (keine Zypresse, Olive oder Lorbeer) und auch nicht tropisch (kein Affe, Elefant, Palme oder Papyrus). Die Wurzelwörter für Pferd und Biene sind sehr hilfreich» (Anthony 2007: 90).

Indoeuropäer und Uralier: Frühe Konvergenzen

Das ursprüngliche Verbreitungsgebiet der proto-indoeuropäischen Hirtennomaden kann in seinen Umrissen rekonstruiert werden, und zwar aufgrund der Erkenntnisse zu den ökologischen Bedingungen in der eurasischen Steppenlandschaft, zur Nomenklatur der prähistorischen Umwelt im proto-indoeuropäischen Wortschatz sowie zur materiellen Hinterlassenschaft der dortigen prähistorischen Bevölkerung. Kartographische Darstellungen der Urheimat weisen Markierungen auf, die man sich nicht als territoriale Abgrenzungen vorzustellen hat, sondern als Hinweise auf Kontaktzonen, wo Proto-Indoeuropäer an den Peripherien ihrer Urheimat mit benachbarten Bevölkerungsgruppen interagiert haben. Diese Gruppen jenseits des Nomadengebiets unterschieden sich ethnisch von den Indoeuropäern, und sie sprachen auch andere Sprachen als die Viehhirten. Zu diesen nicht-indoeuropäischen Populationen gehörten die Proto-Uralier in der nördlichen Waldzone, die Proto-Kaukasier im Süden, im Kaukasusvorland, und die Alteuropäer im nordwestlichen Küstengebiet des Schwarzen Meers.

Die ethnischen Divergenzen zwischen diesen prähistorischen Populationen lassen sich in Form humangenetischer Matrizen problemlos identifizieren. Die Gruppen sind jeweils durch individualisierende Genpools auf den genetischen Verbreitungskarten zu erkennen. Die proto-indoeuropäische Bevölkerung war in der Region nördlich des Schwarzen Meers konzentriert, das Genprofil der Uralier ist an den Rändern nördlich davon zu erkennen. Das Verbreitungsgebiet der Paläokaukasier reichte bis zur Krim und rings um die südliche Küstenregion des Schwarzen Meers, und die genetischen Marker der Alteuropäer konzentrieren sich im Nordwesten des Schwarzen Meers und in Südosteuropa (s. Haarmann 2012: 21 ff. und Manco 2013: 63 ff. zur Interpretation humangenetischer Verbreitungskarten).

Die prähistorische Nomadenkultur entwickelte sich nicht in Isolation, also keineswegs in einer Art soziokulturellem Vakuum, wie es angesichts traditioneller Darstellungen der Geschichte der Indoeuropäer scheinen mag. Die neuere Forschung berücksichtigt die Rolle, die Kontakte mit der Außenwelt für die Kulturökologie in der Region und für die Entwicklung der Protosprache hatten. Die Ausbildung einer proto-indoeuropäischen Terminologie für den Ackerbau spiegelt frühe Bedingungen im Kontakt mit den Ackerbauern im Westen (s. Kap. 2). Es ist sinnvoll, Betrachtungen zur Struktur und zur Differenzierung des Wortschatzes des Proto-Indoeuropäischen in einen größeren Bezugsrahmen zu stellen und die prähistorische Interaktion der Proto-Indoeuropäer mit benachbarten Populationen einzubeziehen.

Die Interaktion zwischen den sprachlich divergenten Kontaktgruppen entfaltete sich auf unterschiedlichen Ebenen, und dies war hauptsächlich abhängig von der Wirtschaftsform und den Lebensweisen der Menschen, die nicht wie die Hirtennomaden in der Steppe lebten. Die Gewohnheiten der Jäger und Sammler in der nördlichen Waldzone hatten sich seit dem Ende der Eiszeit nicht wesentlich verändert, außer dass sich nach dem Abschmelzen der Kontinentalgletscher ihr Jagdgebiet immer weiter nach Norden ausdehnte. Die Umstellung der südlichen Nachbarn auf die Wirtschaftsform der Viehhaltung und eine nomadische Lebensweise hatte zwar keine unmittelbaren Auswirkungen auf die Uralier, aber durch die Kontakte mit den Proto-Indoeuropäern lernten sie neue Technologien sowie Verbesserungen ihres Nahrungsangebots kennen: Die Kenntnis des Honigsammelns – wie auch die damit assoziierte Terminologie – wurde den Uraliern von den Hirtennomaden vermittelt.

Die Urheimat der Uralier liegt ebenso wie die der Indoeuropäer westlich des Uralgebirges, also auf europäischem Boden. Auch die Uralier sind migriert, im Unterschied zu den Indoeuropäern aber lediglich in zwei Richtungen: nach Norden (bis nach Fennoskandien) und nach Osten (bis nach Nordsibirien). Die uralische Sprachfamilie gliedert sich in zwei Zweige auf: in die finnisch-ugrischen Sprachen auf europäischer Seite und die samojedischen Sprachen in Sibirien. Die uralischen Völker und Sprachen im östlichen Europa haben von Beginn ihrer formativen Periode im Kontakt mit Indoeuropäern gestanden, und diese Kontakte dauern ohne Unterbrechung bis heute an.

Die formative Periode sowohl für den uralischen wie für den indoeuropäischen Kulturkomplex ist sehr früh anzusetzen, d.h. bereits in der Phase der Ethnogenese der indoeuropäischen Populationen. Das Indoeuropäertum entfaltete sich unter bestimmten sozioökonomischen Bedingungen aus einer älteren Einheit mit den Uraliern.

Die Epizentren beider Populationen liegen im östlichen Europa und heben sich auf den genetischen Karten deutlich ab (Cavalli-Sforza 2000: 114, 117), wobei die Urheimat der Uralier im Norden des indoeuropäischen Verbreitungsgebiets zu lokalisieren ist. Selbst wenn es keine zwingenden humangenetischen Gründe gäbe, die Urheimat sowohl der Indoeuropäer als auch der Uralier in Osteuropa zu suchen, würde sich eine rein sprachliche Argumentation aufdrängen, die unzweifelhaft dafür spricht. Für den Wortschatz und die grammatischen Strukturen sowohl der indoeuropäischen als auch der uralischen Sprachen lassen sich konvergente Elemente rekonstruieren, lexikalische Stammformen, grammatische Bauformen und diverse Pronominalstämme. Sie alle beruhen eindeutig nicht auf wechselseitiger Entlehnung, sondern für ihre Existenz gibt es nur eine sinnvolle Erklärung: es handelt sich um Konstituenten einer Urverwandtschaft zwischen beiden Sprachfamilien (Hajdú/Domokos 1987: 234 f., Makkay 2001: 320).

Konvergenzen gibt es u. a. auch beim Demonstrativpronomen: PIE **te-/to-* versus PU **tä-/to-* ‹dies/das›; beim Fragepronomen: PIE **kwe/o-* versus PU **ke-/ku-* ‹wer/was› sowie im grammatischen Bau: etwa die Endung des Akkusativ Sg.: PIE *-*m* versus PU *-*m* oder der Genitiv Pl.: PIE *-*om* versus PU *-*n*.

Diese Urverwandtschaft, die auf genealogische Beziehungen nicht nur zwischen einzelnen Sprachen oder Sprachzweigen, sondern zwischen ganzen Sprachfamilien hindeutet, ist schon seit Langem bekannt und erforscht. Seit den 1990er Jahren hat die Sprachursprungsforschung (Glottogonie) einen besonderen Aufschwung genommen, weil sie neuerdings durch Erkenntnisse der Humangenetik untermauert werden kann (s. Ruhlen 1994 zu dieser Renaissance). Was die Konvergenzen im Wortschatz und im grammatischen System betrifft, so muss man für die Entwicklung von Urverwandtschaften mit langen Zeiträumen rechnen.

a)

*Indoeuropäisch/Indo-Iranisch	Uralisch/ Finnisch-Ugrisch (Finnisch)	Ungarisch	Deutsch
*wedh-	*wetä	vezet	führt
*wegh	*wiγge-	visz	trägt
*doγw- < *dō, *toγe-	*toke- (finnisch tuo)	hoz	bringt
*mozge-	*mośke- *muśke	mos	wäscht
*dh3k-	*teke	te-sz	macht
*nōmn-	*nime	név	Name
*wed-	*wite, *wete	víz	Wasser
*kot-	*kota	báz	Haus
*sńew-, *sen-, *son-	*sōne, *sįne-, *senę-	ín	Sehne (Körperteil)

b)

Personalpronomen	*Proto-Uralisch	*Proto-Indoeuropäisch
Singular		
1. Pers.	*-me	*-me
2. Pers.	*-te	*-tu
3. Pers.	*-se	*-se (Reflexivpronomen)
Plural		
1. Pers.	*-met	*-mes/*nes
2. Pers.	*-tet	*yu-
3. Pers.	*-set (?)	keine rekonstruierte Protoform

Sprachliche Konvergenzen zwischen dem Proto-Indoeuropäischen (PIE) und Proto-Uralischen (PU)
a) Konvergente lexikalische Stammformen
b) Konvergenzen im Pronominalsystem

Diejenigen Populationen, die Vorstadien indoeuropäischer und uralischer Sprachen gesprochen haben, haben mit Sicherheit enge Kontakte unterhalten, und dies über Tausende von Jahren. Die Sprachform, die in ihren Kohabitaten gesprochen wurde, war die gemeinsame Vorstufe sowohl für das spätere Proto-Indoeuropäische als auch das Proto-Uralische. Aufgrund der ökologischen Bedingungen der Jägerkulturen im östlichen Europa können die Anfänge einer gemeinsamen Sprach- und Kulturentwicklung in die Endperiode der letzten Eiszeit (ca. 15 000–10 000 v. Chr.) datiert werden. Dies ist das sprachliche Entwicklungsstadium des Nostratischen, einer prähistorischen Makrogruppierung, der zahlreiche historische Sprachfamilien angehörten. Eine nostratische Sprachfamilie ist bereits Anfang des vergangenen Jahrhunderts postuliert worden, konnte aber erst in den vergangenen zwei Jahrzehnten zufriedenstellend rekonstruiert werden (Dolgopolsky 1998, 2008, Bomhard 2008, 2014).

Der indoeuropäisch-uralische Komplex war im nordwestlichen Areal des Nostratischen lokalisiert, wo Sprachen der eurasiatischen Urfamilie verbreitet waren (s. Greenberg 2000–2002 zum «ancient Eurasiatic super phylum»), und die indoeuropäisch-uralischen Konvergenzen sind inzwischen abgeklärt (Carpelan u.a. 2001, Haarmann 2012: 36ff., Anthony 2007: 93ff.). Bis ins 7. Jahrtausend v. Chr. kann man noch von einer gemeinsamen Entwicklung der Ursprachen ausgehen. Bedingt durch die Veränderungen in der Ökologie des östlichen Europa kam es danach allerdings zu einer Spaltung: Der südliche Kultur- und Sprachkomplex driftete ab und entwickelte das Eigenprofil, das als Proto-Indoeuropäisch rekonstruiert werden kann.

Zur Zeit der Eisschmelze während des 10. und 9. Jahrtausends v. Chr. war die Region wasserreich. Dann allerdings setzte eine kontinuierliche Austrocknung ein, als deren Folge sich bis zum 7. Jahrtausend v. Chr. die typischen Vegetationsgürtel der Landschaften Südrusslands und der Ukraine ausbildeten: Steppe und Wald-Steppe. In den von Flussläufen durchzogenen Wäldern der nördlichen Zone veränderte sich die Lebensweise der Proto-Uralier nicht nennenswert; sie setzten ihre traditionelle Kultur als Jäger, Fischer und Sammler fort. Die Proto-Indoeuropäer im Süden dagegen erlebten einen fundamentalen Wandel ihrer Lebensweise: Aus den mesolithischen Jägern wurden Viehnomaden. Im Prozess der Indoeuropäisierung des östlichen Europa zogen sich die uralischen Populationen, die sich sukzessive in regionale finnisch-ugrische Völker ausgliederten, immer weiter nach Norden und Nordosten zurück. Allerdings leben Finno-Ugrier bis heute im Gebiet der uralischen Urheimat, so die Mordwinen, Mari und Udmurten (Carpelan u.a. 2001).

2. *Proto-indoeuropäische Sprache und Kultur*
(ab dem 7. Jahrtausend v. Chr.)

Sprache ist ein unverzichtbares Medium im Sozialkontakt und dient als Instrument für den Aufbau von Kultur. Das ist heute so, und das war bei den Proto-Indoeuropäern vor vielen Tausend Jahren nicht anders. In den Strukturen einer Sprache sind die Erfahrungen vieler Generationen von Sprechern akkumuliert (nicht nur im Wortschatz, sondern auch in der Wortbildung und Stilistik). Eine Sprache reagiert – gleichsam seismographisch – auf Veränderungen der kulturellen und ökologischen Umwelt. Über die Sprache lassen sich daher viele Erkenntnisse zur Geschichte ihrer Sprecher gewinnen, und man erfährt viel darüber, wie diese ihrer kulturellen Umwelt mit Hilfe ihrer Sprachen Profil gaben. Auf diesem Weg gelangt man zu den Ursprüngen der Indoeuropäer, und auch die Konturen ihrer Migrationen werden über die Ausgliederungsmuster regionaler Sprachzweige transparent.

Beobachtungen zu Ähnlichkeiten zwischen Sprachen, zum Wortschatz oder zum grammatischen Bau waren die Ausgangsbasis dafür, nach einer möglichen Sprachverwandtschaft zu suchen. Die genealogische Zusammengehörigkeit von Sprachen wie den romanischen, germanischen oder slawischen zu erkennen war relativ leicht, und im Reihenvergleich hat man schon im 18. Jahrhundert systematische Lautveränderungen aufgespürt. Eine Beweisführung, dass die Sprachen Europas mit denen Indiens und Persiens verwandt sein könnten, erforderte allerdings einen ganz anderen Aufwand. Die Methoden der historisch-vergleichenden Sprachwissenschaft sind im Lauf des 19. Jahrhunderts exemplarisch im Rahmen des Studiums der indoeuropäischen Sprachfamilie entwickelt und verfeinert und nach und nach auf die Erforschung anderer Makrogruppierungen (uralische Sprachen, afro-asiatische Sprachen, u. a.) übertragen worden.

Bevor die Methoden der historisch-vergleichenden Sprachforschung präzise genug waren, die zeitliche Tiefe von Sprachwandel zu bestimmen, kursierten allerlei Spekulationen über die Urmutter der Sprachen. Das Sanskrit mit seiner alten schriftsprachlichen Tradition schien ein guter

Kandidat zu sein, und jahrzehntelang gingen die Forscher davon aus, dass sich alle indoeuropäischen Sprachen von dieser Quelle ableiteten. Es bedeutete einen erheblichen Sprung für das Ideengebäude der historischen Sprachforschung, als man herausfand, dass das Sanskrit selbst eine Tochtersprache der Ursprache ist. Was im Dunkel der Vorgeschichte verborgen war, wurde in mühevoller Kleinarbeit rekonstruiert. Die ersten Rekonstruktionsversuche der proto-indoeuropäischen Ursprache stammen aus den 1860er Jahren, und eine Voraussetzung dafür war die Entdeckung gesetzmäßiger Lautveränderungen in der Sprachgeschichte (Beekes 2011: 16f.).

Elementare Strukturen und Eigenschaften

Von den zahlreichen Sprachfamilien der Welt gehört die indoeuropäische Makrogruppierung zu den am besten erforschten. Die Entfaltungsprozesse ihrer historischen Einzelsprachen können über einen Zeitraum von mehr als 6000 Jahren zurückverfolgt werden, und zwar bis maximal 4500 v. Chr. Zu jener Zeit setzten Ausgliederungsprozesse ein, in deren Folge sich die Grundsprache allmählich auflöste. Dies war lange vor dem Beginn der schriftlichen Überlieferung. Die indoeuropäischen Schriftsprachen mit der längsten Tradition sind das Mykenisch-Griechische (bezeugt seit dem 17. Jahrhundert v. Chr.), das Hethitische und das Luwische (beide bezeugt seit dem 16. Jahrhundert v. Chr.).

Die Rekonstruktion einer indoeuropäischen Grundsprache – im älteren Sprachgebrauch «Urindogermanisch» und heute «Proto-Indoeuropäisch» genannt – reicht zeitlich bis um die Wende vom 8. zum 7. Jahrtausend v. Chr. zurück. Anhand von Reihenvergleichen zu den lautlichen, grammatischen und lexikalischen Strukturen indoeuropäischer Einzelsprachen ist es möglich, das Proto-Indoeuropäische zu rekonstruieren. Die auf solche Weise identifizierte Grundsprache ist ein theoretisches Konstrukt ohne historische Dokumentation.

Das Lautsystem

Das mit den vergleichenden Methoden der Sprachwissenschaft rekonstruierte Proto-Indoeuropäische des 7. und 6. Jahrtausends v. Chr. besaß ein differenziertes Lautsystem (Beekes 2011: 119ff.). Es wurden fünf Vokale (i, e, a, o, u) unterschieden, wobei die Kurzvokale auch als Lang-

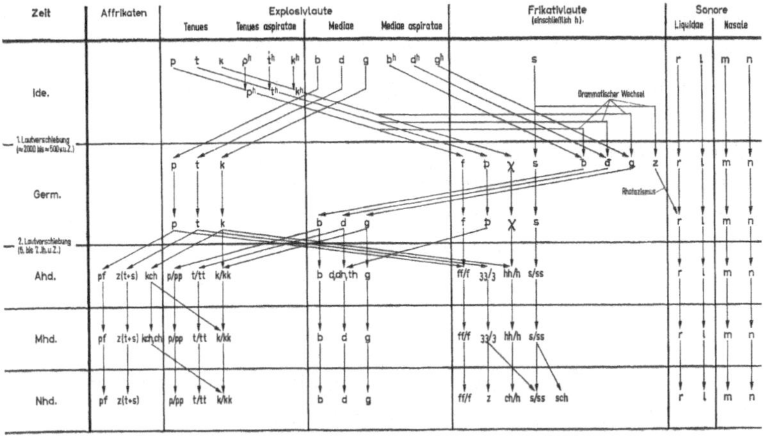

Entwicklung des Konsonantismus vom Indoeuropäischen zum Germanischen (bis zum Neuhochdeutschen)

vokale auftreten konnten. Mit fast 30 Einheiten war das Inventar der Konsonanten relativ komplex. Spezifische Kombinationsregeln erlaubten die Häufung von bis zu drei Konsonanten in Clustern (z. B. *plth$_2$u ‹breit› > Sanskrit *prthu*, griech. *platys*). Charakteristisch für das Proto-Indoeuropäische ist der Ablaut, d. h. eine systemhafte Veränderung der Lautung in den Silben von Wortstämmen. Sowohl historische als auch heutige indoeuropäische Sprachen kennen das Phänomen des Ablauts (bzw. Umlauts: z. B. dt. *Huhn: Hühner; finden: fand: gefunden*; kymr. *ffordd* (Sg.): *ffyrdd* (Pl.) ‹Straße›).

In bestimmten Sprachzweigen des Indoeuropäischen zeigt die Lautentwicklung mehrere periodische Veränderungen, es kam zu sukzessiven Umstrukturierungen. Beispielsweise ist das Lautsystem des Germanischen durch zwei regelhafte Umwandlungsprozesse (die germanischen Lautverschiebungen) in einer Weise umstrukturiert worden, dass ursprüngliche (proto-indoeuropäische) Sprachzustände verdeckt werden.

Der grammatische Bau

Der grammatische Bau des Proto-Indoeuropäischen war komplex (Beekes 2011: 171 ff.). Die Verwendung einer Vielzahl von grammatischen Formen, die an den Wortstamm geheftet werden (z. B. Kasusendungen), deutet auf hochgradig flektierende Sprachtechniken und ist Ausdruck des synthetischen Prinzips in der Architektur der Sprachen. Wenn man davon ausgeht, dass sich der Formenbestand vieler indoeuropäischer Sprachen mit zunehmender Entwicklung vereinfacht hat, so ist damit zu rechnen, «dass das Proto-Indoeuropäische selbst hochgradig flektierend war» (Mallory/Adams 1997: 464).

Die Flexion der proto-indoeuropäischen Substantive unterschied acht Kasus (Nominativ, Vokativ, Akkusativ, Genitiv, Ablativ, Dativ, Lokativ, Instrumental). Welche grammatischen Genera das Proto-Indoeuropäische kannte, ist bis heute umstritten. Insbesondere besteht Uneinigkeit darüber, ob es außer einem Maskulinum und einem Neutrum auch ein grammatisches Femininum gab. Natürlich unterschieden die Steppennomaden begrifflich zwischen Lebewesen mit männlichem und weiblichem Geschlecht, aber im grammatischen Bau finden solche von der Natur vorgegebene Differenzierungen kein Äquivalent. Beispielsweise ist die Bildung der Wortstämme bei Bezeichnungen für Personen beiderlei Geschlechts die gleiche: _*ph$_a$tér_ ‹Vater›, _*dhugh$_a$tér_ ‹Tochter›. Der o-Stamm konnte im Proto-Indoeuropäischen feminin sein (z. B. _*snusos_ ‹Schwiegertochter› > griech. _nuos_). Die Unterscheidung von maskulinen o-Stämmen und femininen a-Stämmen ist sekundär und entwickelte sich erst zu einer Zeit, als sich die Regionalsprachen ausgliederten. Das Hethitische kennt ein Genus communis und unterscheidet formal nicht zwischen Maskulinum und Femininum.

Der Formenschatz des Verbalsystems war nach folgenden grammatischen Kategorien differenziert: Aussageform (Aktiv, Medium), Tempus (Präsens, Imperfekt, Aorist, Perfekt, Plusquamperfekt), Modus (Indikativ, Konjunktiv, Optativ, Imperativ, Injunktiv, d. h. ein Aufforderungsmodus). Die Rekonstruktion eines selbständigen Plusquamperfekts für die Grundsprache ist umstritten. Die Infrastruktur des proto-indoeuropäischen Verbalsystems ist am besten in den Sprachen an den Peripherien erhalten, und zwar im Sanskrit und im Griechischen. Auch Hethitisch ist eine alte indoeuropäische Sprache. Allerdings weicht dessen Verbalsystem stärker von dem der Grundsprache ab.

Im Kreis der indoeuropäischen Sprachen sind das Sanskrit und das Litauische (eine Sprache des baltischen Zweigs) besonders konservativ. In diesen Sprachen ist der ursprüngliche Formenreichtum des Proto-Indoeuropäischen weitgehend bewahrt, und dies entspricht einem hohen Grad an synthetischer Flexion.

In der Flexion von Verben sind in der Regel vergleichsweise mehr Informationen verkapselt als in der von Substantiven, denn Verben weisen auf handelnde Subjekte ebenso wie auf Objekte, die von einer Handlung betroffen sind. In einer Form wie latein. *cantabo* wird die Grundbedeutung (*canta-* ‹singen›) erweitert durch Hinweise auf die Zeitform (*-b-* als Marker des Futurs) und die handelnde Person (*-o* = 1. Pers. des Personalpronomens, ‹ich›). Diese Form entspricht in analytischer Ausdrucksweise (d. h. in getrennten Wörtern) zum Beispiel dem deutschen *ich werde singen*.

	Sanskrit	Griechisch	Lateinisch	Gotisch	Litauisch
Sg.					
Nom.	dán	odṓn	dēns	*tunþus	dantìs
Gen.	datás	odóntos	dentis	*tunþáus	dantiẽs
Dat.	daté	odónti	dentī	tunþáu	dañčiui
Akk.	dántam	odónta	dentem	tunþu	dañtį
Abl.	datás		dente		
Lok	datí				dantyjè
Instr.	datā́				dantimì
Vok.	dan	odṓn	dēns	*tunþu	dantiẽ
Pl.					
Nom.	dántas	odóntes	dentēs	*tunþjus	dañtys
Gen.	datā́m	odóntōn	dentium	tunþiwē	dantų̃
Dat.	dadbhyás	odoûsi	dentibus	tunþum	dantìms
Akk.	datás	odóntas	dentēs	tunþuns	dantìs
Abl.	dadbhyás		dentibus		
Lok.	datsú				dantysè
Instr.	dadbhís				dantimìs
Vok.	dántas	odóntes	dentēs	*tunþjus	dañtys

Der Formenreichtum im grammatischen Bau indoeuropäischer Sprachen (Beispiel: Nominalflexion; Beispielwort ‹Zahn›)

Das Extrem einer Akkumulation synthetischer Formen (einschließlich der Technik der Wortzusammensetzung) hat der griechische Dichter Aristophanes (448–ca. 380 v. Chr.) in seiner Komödie *Ekklesiazusen* («Die Frauen der Nationalversammlung») spielerisch kreiert und damit gezeigt, wozu das Griechische technisch in der Lage war. Der Name für ein Fischgericht mit zahlreichen Zutaten ist mit 170 Buchstaben das längste Wort der griechischen Geschichte. Es beginnt mit *lopas/lopados* ‹flacher Teller› und hört auf mit *opterugon* ‹am Spieß Gebratenes›:

Lopadotemachoselachogaleokranioleipsanorimupotrimmatosilphiiokarabomelitokatakechumenokichlepikossuphophattoperisteralektruonoptokephalliokinklopeleiolagoiosiraiobaphetraganopterugon.

Die Entwicklung der grammatischen Formen des Proto-Indoeuropäischen ging in den einzelnen Sprachzweigen in zweierlei Richtung. Zum einen ist ein Trend zur Bewahrung – oder sogar zur Verstärkung – des synthetischen Baus zu beobachten, zum anderen ein entgegengesetzter Trend zu analytischen Ausdrucksweisen. Sprachtypologen wie J. Greenberg und V. Krupa haben in den 1960er Jahren eine Methode erarbeitet, wie das Verhältnis von Synthetismus zu Analytismus formal zu beschreiben ist. Der Synthetismus kann aufgrund des Maßes für M/W (morphemes per word) berechnet werden. M bezieht sich auf die Morpheme (= bedeutungstragende Einheiten wie Wortstamm oder grammatische Endung) und W auf das Wort als kleinste selbständige Spracheinheit. Greenberg identifiziert Sprachen mit einem Durchschnittswert (für M/W) über 2,0 als synthetisch, solche unter 2,0 als analytisch.

Sprachprinzip	*Sprache*	*Synthetismusindex M/W*
Analytismus	Vietnamesisch	1,06
	Neupersisch	1,52
	Neuenglisch	1,68
	Neugriechisch	1,82
	Ungarisch	1,91
Synthetismus	Mari bzw. Tscheremissisch	2,05
	Altgriechisch	2,07
	südliches Saamisch	2,09
	Altenglisch	2,12
	Jakutisch	2,17
	Finnisch	2,22
	Altpersisch	2,41
	Swahili	2,55
	Sanskrit	2,59
	Eskimo	3,72

Synthetismus. In verschiedenen indoeuropäischen Sprachen wird die synthetische Architektur beibehalten. Eine mit der proto-indoeuropäischen Grundsprache konvergierende Bewahrung des Synthetismus ist charakteristisch für den slawischen und indo-arischen Sprachzweig. Das Slawische verdeutlicht mit seiner Entwicklung sogar eine Verstärkung des synthetischen Trends. Im Proto-Indoeuropäischen entspricht einem Suffix ein einziger bedeutungsunterscheidender Laut (Phonem). Dagegen besteht die Mehrheit der Suffixe im Urslawischen aus zwei Phonemen, und in den slawischen Einzelsprachen kann die Zahl sogar auf bis zu vier anwachsen. Dies bedeutet, dass die Suffixe nicht abgeschliffen werden und wegfallen wie in der Entwicklung zum Analytismus, sondern im Sinne des Synthetismus verstärkt werden. Der Index für synthetischen Sprachbau zeigt im Altkirchenslawischen das M/W-Maß 2,29; damit liegt dieser Wert höher als zum Beispiel beim Finnischen (2,22), einem Vertreter der uralischen Sprachfamilie.

Auch der indo-arische Sprachzweig zeigt eine Verstärkung des Synthetismus. In der Entwicklung vom altindischen zum mittelindischen Sprachstadium spiegelt sich die Zunahme des Synthetismus im Pali mit Werten, die je nach Textgenre zwischen minimal 2,81 und maximal 3,30 schwanken (Elizarenkova/Todorov 1976: 245). Damit übersteigen sie den Wert für das Sanskrit (2,59). In der typologischen Charakteristik des Sprachbaus geht man davon aus, dass Werte über 3,0 auf Polysynthetismus deuten. Dies ist das Phänomen eines sehr hohen Maßes an Bindung einzelner Morpheme an den Wortstamm. Die Verstärkung des Synthetismus im Altindischen zum Polysynthetismus des Pali wird verständlich, wenn man die Sprach- und Kulturkontakte zwischen arischen Einwanderern und dravidischen Einheimischen in der Sprachenlandschaft Indiens berücksichtigt (s. Kap. 14), denn Polysynthetismus ist auch charakteristisch für die Strukturtypik der dravidischen Sprachen (z. B. Tamil: 3,18).

Die Strukturen des Gotischen sind ebenfalls durch hochgradig flexivische Sprachtechniken gekennzeichnet. Grammatische Beziehungen werden in den drei elementaren Bereichen der Nominal-, Pronominal- und Verbalflexion mit synthetischen Kategorien (d. h. mit flexivischen Endungen) zum Ausdruck gebracht. Der Synthetismus gibt dem Einzelwort im Satz eine entsprechende Autonomie, denn Subjekt- und Objektfunktionen sind ebenso an den flexivischen Elementen zu erkennen wie die Beziehungen, in denen Verbformen stehen. Mit seinem Charakter als Vertreter des flektierenden Sprachtyps ähnelt das Gotische strukturell den Sprachzuständen des Altenglischen, Althochdeutschen und Altniederdeutschen.

Analytismus. Der Reichtum synthetischer Formen (flektierender Sprachtechniken) ist in anderen indoeuropäischen Sprachzweigen verloren gegangen. Analytische Ausdrucksweisen haben viele frühere synthetische Konstruktionen ersetzt. Solche Transformationsprozesse lassen sich durch Vergleiche der Werte für das M/W-Maß veranschaulichen: z. B. Altgriechisch (2,07) vs. Neugriechisch (1,82); Altpersisch (2,41) vs. Neupersisch (1,52); Altenglisch (2,59) vs. Neuenglisch (1,68); Altirisch (3,57) vs. Neuirisch (1,94). Die verschiedenen Entwicklungsstadien des Irischen zeigen eine stetige Abnahme des Grades an Synthetismus, die man im Einzelnen verfolgen kann: Altirisch (3,57) > Mittelirisch (3,23) > Klassisches Irisch (2,14) > Neuirisch (1,95) (Tristram 2009: 262 f.).

Die Umgestaltung der flektierenden Architektur der proto-indoeuropäischen Grundsprachen zu analytischen Ausdrucksweisen ist eindeutig eine sekundäre Innovation, und sie manifestiert sich in unterschiedlicher Stärke in den Sprachen Europas. Hier können sprachgeographisch folgende Zonen unterschieden werden (nach Hinrichs 2004a: 19 f.):

- Nordwesten, Englisch als Dominante in einer «Zone der isolierenden Ausprägung des Analytismus»;
- Mitteleuropa, dominiert von Sprachen der Typik «Standard Average European» (Deutsch, Französisch, Niederländisch, nördliches Italienisch), mit Ausdehnung in die skandinavischen Sprachen und ins Iberoromanische (Katalanisch, Spanisch, Portugiesisch, Galicisch);
- Periphere Sprachen (konservativ mit Beibehaltung synthetischer Baupläne), darunter die ost- und westslawischen sowie die baltischen Sprachen in Osteuropa, das Isländische im Norden, außerdem nicht-indoeuropäische Sprachen (Finnisch, Estnisch, Ungarisch).

Der graduelle Strukturwandel in Richtung Analytismus kann exemplarisch für das Englische aufgezeigt werden. Ursprünglich war das Englische nach seiner Strukturtypik eine flektierende Sprache (wie das Deutsche oder Russische). Dieser Sprachzustand ist noch im Altenglischen erhalten. Die Entwicklung zum Neuenglischen ist durch einen radikalen Strukturwandel gekennzeichnet, in dessen Verlauf das Englische Eigenheiten des isolierenden Sprachtyps annimmt.

Im modernen Englisch werden grammatische Beziehungen im Wesentlichen durch selbständige Hilfswörter (z.B. Präpositionen) ausgedrückt (z.B. *of* zum Ausdruck des Genitivs, *of the house*), und es gibt nur noch wenige flexivische Elemente (z.B. die Endung *-s* in der 3. Pers. Sg. der Verbformen im Präsens: *he/she/it makes*; die Pluralbildung auf *-s*: *houses*). Im Hinblick auf seinen grammatischen Bau steht das Englische heute dem Chinesischen typologisch näher als dem sprachverwandten Deutschen.

Die Tendenzen zum Analytismus setzen sich also über die Formation der indoeuropäischen Sprachzweige hinaus in die historischen Einzelsprachen fort. Das synthetische Lateinisch gliedert sich aus in die romanischen Sprachen, die alle hochgradig analytisch sind. Die komplexe Kasusflexion ist im Altfranzösischen auf ein Zwei-Kasus-System reduziert und hat sich im Neufranzösischen endgültig aufgelöst. Diese Reduktionsdynamik ist verglichen worden mit späteren Prozessen von Kreolisierung, die die romanischen Weltsprachen außerhalb Europas durchgemacht haben (etwa das Französische auf Haiti oder Mauritius) und in deren Verlauf Varianten von Pidgin und Kreolsprachen entstanden sind (s. Kap. 5 zur Entstehung des Morisien, der Kreolsprache auf Mauritius).

Auch für das Persische lässt sich der Prozess der Analytisierung gut verfolgen. Im Verlauf seiner Geschichte hat es sich strukturell von den anderen iranischen Sprachen abgesetzt. Das Altpersische wandelt sich zum Mittelpersischen (3.–10. Jahrhundert n. Chr.); in der Entwicklung zum Neupersischen (Farsi) verliert das Persische die meisten seiner flektierenden Sprachstrukturen und nimmt ähnlich analytische Charakteristika an wie das Neuenglische. Die für indoeuropäische Sprachen charakteristische synthetische Nominal- und Verbalflexion ist ganz aufgegeben worden; auch gibt es keine Genusunterscheidung mehr. Das Neupersische kennt keinen Artikel, auch wenn das Suffix *-e* in der Umgangssprache die Bestimmtheit eines Objekts im Singular markiert.

Die Vereinfachung des Formensystems in Sprachen wie dem Hethitischen, Persischen, Englischen oder Irischen und der Wandel vom Sprechlateinischen zum romanischen Sprachstadium mögen formal dem Strukturwandel ähneln, der den Prozess der Kreolisierung charakterisiert, aber es besteht ein elementarer Unterschied: Im Fall der Kreolisierung bleibt die Basissprache erhalten, und eine kreolisierte Sprachform mit vereinfachter Struktur zweigt sich ab. Alte und neue Sprachform existieren zeitgleich weiter. Im Fall der Entwicklung vom Sprechlateinischen zum Romanischen vereinfachen sich die Strukturen der Basissprache selbst, sie löst sich im Wandlungsprozess auf und schwindet. Wir haben es also mit zwei verschiedenen Reduktionsmustern zu tun.

Die Syntax

Die Wortordnung in der indoeuropäischen Grundsprache war frei. Dies bedeutet, dass die Position von Subjekt (S), Verb (V) und Objekt (O) keinen festen Regeln unterworfen war. Allerdings scheint es eine Tendenz in der proto-indoeuropäischen Syntax gegeben zu haben, wonach die Wortfolge SOV die häufigste Konstruktion war.

In den indoeuropäischen Sprachzweigen sind folgende Wortfolgemuster tradiert worden (Mallory/Adams 1997: 464). Sie zeigen auch den Nachhall der Mobilität der Satzglieder:

- Keltisch (Altirisch) – VSO;
- Italisch (Lateinisch) – SOV;

- Germanisch (Runeninschriften) – SOV;
- Baltisch (Litauisch) – SOV/SVO;
- Slawisch (Altkirchenslawisch) – VSO;
- Albanisch – SVO;
- (Alt)Griechisch – SOV/SVO;
- Armenisch – SVO;
- Anatolisch (Hethitisch) – SOV;
- Iranisch (Avestisch) – SOV;
- (Alt)Indisch – SOV;
- Tocharisch (Tocharisch B) – SOV.

In anderen Sprachfamilien ist die Wortfolge weniger variantenreich und weitaus stärker durch syntaktische Regeln festgelegt (Haarmann 2004: 21 ff.). In den uralischen Sprachen, mit denen die Indoeuropäer in Osteuropa lange in Kontakt standen, ist die historische Wortfolge SOV (wie auch in der proto-uralischen Grundsprache) vorherrschend, obwohl sich in den modernen Sprachen aufgrund von Sprachkontakten die Wortfolge SVO durchgesetzt hat, z. B. im Finnischen, Estnischen und Ungarischen (hier alternativ zu SOV).

Namen als ethnische Identitätsmarker

In Namen kristallisiert sich Identität aus, und dies gilt für individuelle Personennamen ebenso wie für Namen ethnischer Gruppen (Ethnonyme bzw. tribale Namen). «Alle Arten von Namen besitzen Assoziationen, Konnotationen; sie evozieren und beinhalten Bedeutungsvolles» (Wilson 1998: xi).

Ethnonyme

Wir wissen nicht, wie sich die Steppennomaden selbst nannten und ob es überhaupt einen kollektiven Namen für die lokalen Gemeinschaften der Viehhirten gab. Vorsicht ist geboten, wenn es darum geht, irgendeine Namenform für eine Population zu rekonstruieren, deren Sprache nur als theoretisches Konstrukt beschrieben werden kann. Wir können nur Vermutungen darüber anstellen, ob die Proto-Indoeuropäer in ihrer Urheimat ein Bewusstsein kulturell-sprachlicher Zusammengehörigkeit entwickelt haben, d. h. ein Bewusstsein, anders zu sein als etwa ihre nördlichen Nachbarn, die Uralier.

Die frühesten Hinweise auf ethnische Selbstbenennungen bei den Indoeuropäern stammen aus der Zeit der Ausgliederung regionaler Sprachzweige. Der älteste ist der indo-iranische Zweig, der sich noch in der Urheimat ausbildete. Die älteste Gruppe der Indoeuropäer, deren Selbstbenennung bekannt ist, waren die Arier, deren Name (*Arja*) sich aufgrund der Kenntnis alter Entlehnungen dieser Namenform in uralischen Sprachen rekonstruieren lässt. Im Finnischen und Saamischen gibt es den Ausdruck *orja*. Die Bedeutung von *orja* im Finnischen ist ‹Sklave›, im Saamischen auch ‹Diener, Helfer›. Es ist in der etymologischen Forschung die Hypothese vertreten worden, dass wir es hier mit einem späten Widerhall aus einer Zeit zu tun haben, als die Uralier in den Kämpfen mit den Hirtennomaden Gefangene machten, die als Sklaven gehalten wurden. Diese Deutung wird neuerdings in Frage gestellt, allerdings ohne Alternativvorschlag für die Herkunft des Wortes (Itkonen/Kulonen 2001: 271).

Die Proto-Arier nannten die Jäger aus der nördlichen Region **ugra*. Dieser Ausdruck war mit sozialem Prestige konnotiert, bedeutete ‹mächtig›, ‹vornehm›, ‹herausragend› und bezog sich offensichtlich auf die Geschicklichkeit der uralischen Krieger. Die Uralier, die den ugrischen Zweig bilden, sind die Ungarn in Europa und die Ob-Ugrier in Westsibirien. Die Ob-Ugrier gliedern sich in zwei ethnische Gruppen, die Mansen (Wogulen) und Chanten (Ostjaken). In der altrussischen *Nestorchronik* (1096) werden diese Völker als Jugra benannt. Die Namenform *ugra lebt auch im Indo-Iranischen weiter und ist zur Benennung ethnischer Gruppen wie auch von Gottheiten überliefert (z. B. Rudra-Ugra ‹Herr der Berge›; Coleman 2007: 890). Bei den Skythen an der Nordküste des Schwarzen Meers war der Name *Aspourgos* bekannt, der sich aus den Elementen altiran. *aspa* ‹Pferd› + *ugra* zusammensetzt.

Zu den frühen Entlehnungen proto-indoeuropäischer Herkunft in uralischen Ethnonymen gehört proto-indoeurop. **merjo* (> ural. **marja*) mit der allgemeinen Bedeutung ‹Mensch; Mann›. Die Mari sind eines der finnisch-ugrischen Völker im Wolgagebiet. Es gibt zwei Gruppen, die Tiefland-Mari und die Bergland-Mari (die sich Märe nennen). «Die Mari haben kontinuierlich im Gebiet der mittleren Wolga gesiedelt, das zum Einzugsgebiet der Abashevo-Kultur gehörte. Es ist gut möglich, dass ihr ethnischer Name aus der Bronzezeit stammt, denn *marja* wird in der arischen Sprache der Mitanni Syriens (ca. 1500–1300 v. Chr.) für die aristokratische Oberschicht mit ihren von Pferden gezogenen Streitwagen verwendet und in vedischen Texten für ‹junger Mann, Kämpfer; Brautwerber, Liebhaber; Hengst›» (Carpelan/Parpola 2001: 111). Von protoarisch **marja* abgeleitete Namenvarianten für finnisch-ugrische Völker sind seit dem Mittelalter in byzantinischen Quellen bezeugt. Folgende Namen für ethnische Gruppen der Finno-Ugrier gehen auf **marja* zurück (Haarmann 2012: 65):

- *Mordva* ‹Mordwinen›, die hauptsächlich im Gebiet westlich der Mittleren Wolga siedeln; die älteste rekonstruierbare Namenform ist **mord* (Hajdú/Domokos 1987: 93);
- **mertä* bedeutet im Wolga-Permischen ‹Mann; Mensch›, davon abgeleitet Erza-Mordwin. *mirde*, Mokscha-Mordwin. *mirdä*, Udmurt. *murt*, Komi *mort;*
- *mrtá* bedeutet im Alt-Indo-Arischen ‹Mann; Sterblicher›, erhalten im Völkernamen Udmurten als Eigenbenennung der Wotjaken.

Personennamen

In den indoeuropäischen Sprachen sind die verschiedensten Namentypen überliefert, und es ist schwierig, aus der Namenvielfalt mit historisch-vergleichenden Methoden Urformen zu erschließen, wie sie vielleicht von den Steppennomaden verwendet wurden. Was die chronologische Einordnung von Namenformen betrifft, so lassen sich keine konkreten protosprachlichen Formen rekonstruieren. Allerdings gibt es unter den Namentypen einige, deren Begriffswelt prähistorische Vorstellungen evozieren, so dass man diesen ein hohes Alter zusprechen kann (Haarmann 2012: 66):

- Namen, die eine Bezeichnung für ein Tier enthalten (z. B. altir. Eochu wörtl. ‹Pferd›, altind. Vŕka ‹Wolf›);
- Namen, die eine Bezeichnung für eine Pflanze enthalten (z. B. latein. Cicero wörtl. ‹Kichererbse›);
- Namen, die in Beziehung zu einer Gottheit stehen (z. B. gall. Lugus ‹zum keltischen Gott Lug gehörend›, Lugenicus ‹geboren von Lug›, Lugudeca ‹auserwählt von Lug›);
- Namen, die sich auf Attribute von Gottheiten beziehen (z. B. altir. Bodb ‹Rabe›, Attribut des Gottes Lug);
- Namen, die mit dem Übersinnlichen und Trancezuständen assoziiert sind (z. B. altir. Medb ‹durch eine halluzinogene Substanz in Trance versetzt›, latein. Augustus ‹der Erhabene/Großgemachte›);
- Namen, die den Begriff ‹Ruhm› zum Ausdruck bringen (z. B. altind. Susrava ‹dessen Ruhm groß ist›, griech. Sophokles ‹weise-ruhmvoll›);

- Namen in Verbindung mit Waffen (z. B. altind. Jyamagha ‹der mit dem Bogen kämpft›);
- Namen mit Bezug auf physische Eigenschaften (z. B. latein. Dentatus ‹mit großen Zähnen›, altnord. Grani ‹schlank›).

Sehr wahrscheinlich gehören die Personennamen, die mit Tieren assoziiert sind, zu den allerältesten Namenbildungen. Die Bezüge zur Fauna sind metaphorisch zu verstehen und spiegeln totemistische Vorstellungen wider. So bezieht sich der altirische Name Eochu auf ‹jemanden vom Pferde-Clan›. Es kann auch der Bezug auf ein Tier als Attribut einer Gottheit vorliegen wie beim oben erwähnten altir. Bodb (der Rabe des keltischen Gottes Lug).

Namentypen in den Regionalkulturen

Die Identitätsfindung der Hirtennomaden, die im 5. Jahrtausend v. Chr. aus der eurasischen Steppe abwanderten, sich auf die Wirtschaftsform des Ackerbaus umstellten und neue Lebensweisen annahmen, war ebenso wie ihre Kultur einem tiefgreifenden Wandel unterworfen. Dies betraf auch die Art und Weise, wie Namen gebraucht wurden. Alte Namenformen blieben erhalten, aber es entfaltete sich ein ganzes Panorama neuer Namensstrategien, die in vielen Regionen von den Traditionen der Namengebung bei der vorindoeuropäischen Bevölkerung inspiriert waren. Neuere Namenformen findet man unter den historischen Namen ethnischer Gruppen wie auch bei den Personennamen.

An der Peripherie des Steppengürtels gingen die Steppennomaden Sozialkontakte mit der einheimischen Bevölkerung ein, auch in Gebieten, wo sich indoeuropäische Gruppen als Eliten etablierten. Dadurch ergaben sich Sprachkontakte, die keineswegs einseitig vom Indoeuropäischen als Gebersprache auf die Sprache der Alteuropäer als Nehmersprache gerichtet waren, sondern es kam zu Einflüssen in beide Richtungen. Unter den sprachlichen Innovationen des Indoeuropäischen finden sich zahlreiche aus den einheimischen Sprachen übernommene Namen, die von den ehemaligen Nomaden im Akkulturationsprozess adaptiert und im Generationenwechsel tradiert wurden. Die ursprünglich fremden Namen wurden den Lautstrukturen des Indoeuropäischen angepasst und in einer Weise absorbiert, dass die Fremdheit nurmehr mittels etymologischer Analysen aufgezeigt werden kann, die darzustellen aber diesen Rahmen sprengen würde. Kein Grieche dürfte sich bewusst sein, dass ein populärer Name wie Achille(u)s ursprünglich nicht griechisch, sondern vorgriechisch ist (Beekes 2010: 183). In der schriftlichen Überlieferung ist dieser Name seit der mykenisch-griechischen Ära (d. h. seit über 3500 Jahren) dokumentiert.

Auch viele weitere geläufige Namen der klassisch-griechischen Antike stammen aus der Sprache der vor-griechischen Bevölkerung Griechenlands: beispielsweise Eirene (wörtl. ‹Friede›), Glaukos, Helene und Penelopeia. Überdies gehen einige aus der Antike bekannte Ethnonyme auf vor-griechische Ursprünge zurück: z. B. Achäer (Achaioi), Ionier (Iones/Iaones), Lakonier (Lakon/Lakaina), Makedonier (Makedones). Im Lauf der Zeit ist es auch zu Bedeutungsverschiebungen einzelner Ethnonyme gekommen. Dies ist beispielsweise der Fall, «wo der Name (Achaioi), den einige auf die gesamte Gruppe in der Bronzezeit beziehen würden, in der frühen Eisenzeit verwendet wird, um eine Unterkategorie dieser Gruppe zu beschreiben – z. B. die Achäer der nördlichen Peloponnes und Süditaliens, deren Ansprüche auf vornehme Herkunft von Personen des Heroischen Zeitalters sicherlich kein Einzelfall waren» (Hall 2002: 55).

Selbst der Name der wohl bekanntesten griechischen Landschaft, Attika, stammt aus vor-griechischer Zeit. Seine Fremdheit ist unter anderem daran zu erkennen, dass es in der Antike keine standardisierte Form gab, sondern mehrere Varianten. Das Adjektiv *Attikós* tritt in den Quellen in verschiedener Form auf, als *Atthikós*, *Athikós* und mit einer besonderen femininen Form: *Atthís* (auch verwendet als Alternativform für den Namen der Landschaft).

Die Adaption fremder Namen weitete sich in Domänen aus, die über den persönlichen Sprachaustausch im bikulturellen Sozialkontakt hinausreichten, nämlich in die mythische Überlieferung und in religiöse Netzwerke. Mächtige Gottheiten der Indoeuropäer waren nicht selten Gestalten aus der Vorstellungswelt derjenigen, die lange vor den Indoeuropäern in deren neuer Heimat gesiedelt hatten. Die hethitische Sonnengöttin Wurushemu (mit ihrem Hauptheiligtum Arinna) stammt aus dem hattischen Götterpantheon, und die wohl mächtigste Göttin der Griechen, Athene, hatte schon lange auf der Akropolis in Athen residiert, bevor die helladischen Migranten diesen Ort für sich beanspruchten (vgl. Kapitel 7).

Funktionale Varianten des Proto-Indoeuropäischen

Jede Sprache weist gewisse Variationen auf, seien es intern-strukturelle oder extern-soziokulturelle. Die allgemeinsten solcher Variationen sind dialektale Unterschiede im Sprachgebrauch. Andererseits gibt es vielfältige Formen soziolektaler Varianz wie den Unterschied zwischen einer allgemeinen Umgangssprache und spezialisierten Sprachdomänen (Handwerkssprache, Frauensprache, Ritualsprache u.a.).

Keine Sprache bleibt über einen längeren Zeitraum einheitlich, und so darf man sich das Proto-Indoeuropäische und die Kultur seiner Sprecher in der Periode zwischen ca. 7000 und ca. 4500 v. Chr. – die Zeit der Auflösung wird mit dem Beginn der Ausgliederung in regionale Sprachzweige gleichgesetzt – nicht als einheitlich vorstellen. Während der rund zweieinhalb Jahrtausende ihrer Existenz hat diese Grundsprache etliche Variationen hervorgebracht, und zwar solche in Zeit und Raum wie auch solche, die sozial und rituell motiviert waren. Da das Proto-Indoeuropäische ausschließlich in gesprochener Form existierte, stützen sich Postulate zur soziolektalen Variation des Proto-Indoeuropäischen auf die Verwendung von gesprochener Sprache in bestimmten Kontexten.

Mythopoetischer Sprachstil

Die neuere Forschung hat Annahmen von der Existenz einer mythopoetischen Sprachform in prähistorischer Zeit bekräftigt. Die Steppennomaden pflegten – dies gilt ebenso für andere traditionelle Gesellschaften – eine Erzähltradition. Man erzählte sich Geschichten über die Welt: wie sie entstanden ist und welche Mächte das Schicksal der Menschen bestimmen. Der mythische Erzählstoff machte die Ausbildung sprachlicher Sonderformen erforderlich (z.B. bestimmte narrative Strategien und formelhafte Wendungen, ein Vokabular mit Bezeichnungen für übersinnliche Phänomene). Der mythopoetische Stil war auf bestimmte Kontexte (z.B. festliche Anlässe) beschränkt, deren Sprachgebrauch von der Alltagskommunikation abgekoppelt war.

Die poetische Sprache, wie sie uns in der narrativen Überlieferung der frühen Literatur entgegentritt, besaß zwei elementare Ausdrucksformen: Prosa und gereimte Dichtung. Ursprünglich wurden beide Formen mündlich präsentiert. Erzählungen in Prosaform können je nach Erzähler und Vorlieben des Auditoriums variieren. Im Unterschied dazu ist die gereimte

Dichtung beständiger, weil sie sich an poetischen Ausdruckskonventionen orientiert, formelhafte Wendungen bevorzugt und an Reimschemata gebunden ist. Die formelhaften Wendungen in der epischen Literatur der griechischen Antike und in den altindischen Veden weisen auf das hohe Alter eines spezialisierten poetischen Sprachgebrauchs. Aus dem Vergleich solcher poetischer Formeln lassen sich einige Schemata für die proto-indoeuropäische Grundsprache rekonstruieren (Beekes 2011: 42 f.):

PIE:	*kleuos *ndhg^{w}hitom
Sanskrit:	*áksitam śrávas*
Griechisch:	*kleos aphthiton*
Bedeutung:	‹unsterblicher Ruhm›

PIE:	*kleuesh$_{2}$ *h$_{2}$nróm
Sanskrit:	*śrávas nrnám*
Griechisch:	*klea andron*
Bedeutung:	‹die berühmten Taten von Männern›

PIE:	*sh$_{2}$uens *k^{w}ek^{w}los
Sanskrit:	*súryasya cakrás*
Griechisch:	*heliou kyklos*
Altisländ.:	*sunnu hvél*
Altengl.:	*sunnan hweogul*
Bedeutung:	‹Sonnenrad›

Es gibt auch Spuren für ein archaisches metrisches Schema, in das die poetische Sprache der Erzählkunst bei den Steppennomaden eingepasst wurde. Jedenfalls tritt ein solches Schema sowohl in der altindischen als auch in der altgriechischen Poesie auf, und die auffälligen Ähnlichkeiten in beiden Erzähltraditionen können nicht auf Zufälligkeiten beruhen. Das metrische Schema ist aus der äolischen Lyrik der Dichterin Sappho und aus dem *Rig Veda*, dem ältesten Teil der vier Veden, bekannt. Es handelt sich dabei um eine Zeile mit elf Silben, wobei kurze und lange Silben in bestimmter Distribution auftreten. Zwischen langen Silben können einfach-kurze oder doppelt-kurze Silben erscheinen. Solche Kombinationen sind im homerischen Hexameter nicht realisiert, und dieses Versmaß der altgriechischen epischen Dichtung weicht von allen bekannten Schemata in anderen indoeuropäischen Sprachen ab (dazu mehr in Kap. 6).

Ritueller Sprachgebrauch

Die proto-indoeuropäischen Viehnomaden kannten die Institution des Schamanen, einer Autoritätsperson, die für die Ausführung ritueller Handlungen und für die Kommunikation mit dem Übersinnlichen zuständig war. Es ist keine einheitliche Bezeichnung für den Schamanen im proto-indoeuropäischen Wortschatz zu erschließen. In den späteren Regionalkulturen finden wir jeweils lokale Benennungen für die Priester, die die Autorität der Schamanen der Frühzeit tradierten: Brahmanen (bei den Indern), Flamines (bei den Römern), Druiden (bei den Kelten), Magi (bei den Persern). Auch die Institution weiblicher religiöser Würdenträger ist von alters her bekannt: Orakel und Sibyllen (bei den Griechen), Vestalinnen (bei den Römern), Völvas (bei den Germanen).

Die rituellen Aktivitäten der Schamanen konnten nicht mit dem Wortschatz der Normalsprache beschrieben werden. Es entwickelte sich eine besondere Ritualsprache des Schamanentums, eine Sondersprache, deren Nomenklatur bewusst abwich von den lexikalischen Ressourcen der Alltagssprache. Archaische Formen einer proto-indoeuropäischen Ritualsprache lassen sich aus dem sprachlich-kulturellen Erbe des indoeuropäischen Ritualwesens eruieren (Mallory/Adams 1997: 496f.).

Der religiös motivierte Sprachgebrauch kennt auch die Technik der Tabuisierung. Im Zusammenhang mit dem Bärenkult in Eurasien, der auf paläolithische Ursprünge zurückgeht, kann aufgezeigt werden, wie sich althergebrachte Konventionen von Tabuisierung bis in den heutigen Sprachgebrauch fortsetzen. In Eurasien ist der Braunbär (*ursus arctos*) verbreitet. Er wurde nicht nur als jagbares Tier betrachtet, sondern auch als mythologisches Wesen. Bei den westsibirischen (obugrischen) Völkern (Chanten und Mansen) wird der Bär bis heute als Totemtier verehrt; er ist Teil der mythisch verklärten Ursprünge der Sibirier: Der Bär, Sohn des Himmelsgottes und der Sonnenmutter, wurde auf die Erde geschickt. Dort nahm er sich eine Frau, einen weiblichen Schutzgeist, der in manchen Mythen die Gestalt eines weiblichen Rentiers annimmt. Deren Nachkommen waren die ersten Menschen und Begründer der sibirischen Clans.

Alles, was mit dem Bären zu tun hat, wird sprachlich tabuisiert. In den Sprachen der Obugrier wird der Bär ‹der Alte aus dem Wald› oder ‹alter Liebling› genannt. Das Vokabular der Tabuwörter, die mit dem Bären, seinen Körperteilen und Gewohnheiten assoziiert sind, umfasst rund 360 Ausdrücke (Bakró-Nagy 1979). In den frühen indoeuropäischen Regionalkulturen waren ebenfalls Tabuwörter für den Bären verbreitet: altind. *madhv-ád* ‹Honigesser› (ebenso altkirchenslaw. *medvedi*), lit. *lokỹs* ‹Eisbrecher›, altnord. *bjǫrn* ‹der Braune›.

Spezialterminologien für Weidewirtschaft und Pflanzenkultivation

Die Kultur der Hirtennomaden in der Steppe entwickelte ihre eigene Nomenklatur, mit Ausdrücken für die Aktivitäten, die die Viehhaltung betrafen (Haarmann 2007: 163 f.). Die Sprache der Hirten war allen Mitgliedern der nomadischen Gemeinschaften verständlich und wurde von allen gebraucht. Die Kinder lernten das Wissen über die Viehwirtschaft von den Eltern. Die Väter unterwiesen die Jungen im Umgang mit den Herden, und die Mütter zeigten ihren Töchtern, wie man Felle gerbt und aus Milch Käse herstellt. All dies und die sozialen Verhältnisse der Nomadengesellschaft spiegelten sich im Wortschatz. Diese an nomadischer Weidewirtschaft orientierte Terminologie gehört zu den ältesten Schichten des proto-indoeuropäischen Wortschatzes und «ist offensichtlich weit verbreitet im gesamten Spektrum indoeuropäischer Sprachen» (Mallory/Adams 1997: 7).

Über den Kontakt mit den Ackerbauern im Westen und die Akkulturation der westlichen Nomadengruppen an agrarische Lebensweisen erweiterte sich der Erfahrungsbereich der Proto-Indoeuropäer in einer Weise, dass sich auch der Wortschatz durchgreifend wandelte. Die neuen Dinge und Vorgänge in der Welt der Ackerbauern erforderten neue Begriffe, und die so entstehende Nomenklatur der Pflanzenkultivation war den Steppennomaden weiter östlich nicht vertraut. Elemente der Ackerbauterminologie stellen die jüngste lexikalische Schicht des Proto-Indoeuropäischen dar (Mallory/Adams 2006: 164 ff.):

*_yéw(e)s_ ‹Korn› > griech. _zeiai_, Sanskrit _yáva-_
*_grhanóm_ ‹Korn› > latein. _granum_, neuengl. _corn_
*_haekes_ ‹Ähre› > latein. _acus_, griech. _akhn_, proto-german. _aHaz_, althochdt. _ahir_, neuhochdt. _Ähre_, altsächs. _ahar_, neuengl. _ear (of grain);_ dies hat einen anderen Ursprung als die heute gleichlautende Bezeichnung für ‹Ohr› _(ear)_
*_ghrésdh(i)_ ‹Gerste› > latein. _hordeum_, griech. _krithe_
*h_2_élbhit_ ‹Gerste› > griech. _alphi_
*_kéres_ ‹Hirse› > latein. _ceres_
*_haewis_ ‹Hafer› > latein. _avena_
*_kaulós_ ‹Kohl› > latein. _caulis_, griech. _kaulos_
*_seh_$_1$ ‹säen› > neuengl. _sow_, latein. _sero_
*_prkeh_ ‹Furche› > kymr. _rhych_, neuengl. _furrow_, latein. _porca_

*$h_2$meh ‹mäen› > griech. *amao*, neuengl. *mow*
**kerp* ‹ernten; pflücken› > neuengl. *harvest*, latein. *carpo*, griech. *karpos*, Sanskrit *krpani*
**peis* ‹dreschen› > latein. *pinso*, griech. *ptisso*, Sanskrit *pinasti*
*melh$_2$ ‹mahlen› > neuengl. *meal*, latein. *molo*, griech. *myle*, Sanskrit *mrnati*

3. *Frühe Steppennomaden: Gesellschaftsformen und Weltbilder*

(ab dem 7. Jahrtausend v. Chr.)

Während über das Ausmaß an sprachlicher Variation in der proto-indoeuropäischen Grundsprache nur wenig Konkretes gesagt werden kann, ist die archäologische Dokumentation regionaler Differenzierungen der materiellen Kultur in Zeit und Raum wesentlich dichter. Anhand bestimmter Leitformen kann die geographische Ausdehnung und zeitliche Abfolge proto-indoeuropäischer Regionalkulturen im Areal der Urheimat näher bestimmt werden.

Die prähistorischen Gemeinschaften der Steppennomaden entwickelten ihre eigene Gesellschaftsordnung, mit sozialen Institutionen und einem kulturellen Wertesystem, das von dem der Ackerbauern im Westen verschieden war. Das nomadische Gesellschaftsmodell spiegelt sich im mythischen Weltbild, das für die Steppennomaden rekonstruiert werden kann.

Proto-indoeuropäische Regionalkulturen

Eine elementare Voraussetzung für die Entstehung dialektaler Differenzierungen einer Sprache sind die gegenseitigen Abgrenzungen regionaler Kulturkomplexe. Die Interaktion innerhalb einer Regionalkultur spiegelt deren Besonderheiten wider, und diese werden auch sprachlich verankert. Eine regionale Sprachlandschaft bringt spezifische Ausdrucksweisen hervor, die anderswo entweder wenig gebräuchlich oder sogar unbekannt sind. Welche Voraussetzungen für sprachlich-kulturelle Differenzierungen im Gebiet der proto-indoeuropäischen Urheimat gegeben waren, kann man anhand der Unterschiede in der materiellen Kultur aufzeigen. Ein Vergleich der archäologischen Funde lässt die folgende Ausgliederung in Regionalkulturen erkennen (Haarmann 2012: 62 ff., Parpola 2012a: 122 ff.).

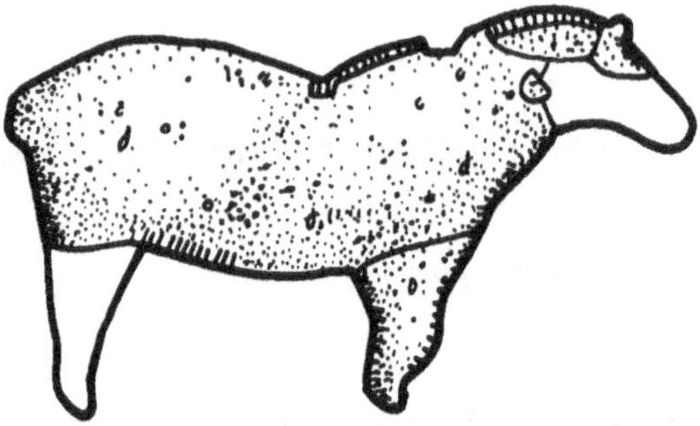

Miniaturskulptur (Figurine) eines Pferdes aus Knochen

Elshan-Kultur (spätes 8. und 7. Jahrtausend v. Chr.)

Diese frühe Steppenkultur entwickelt sich während der Übergangszeit vom Jäger-und-Sammler-Stadium zum Viehnomadismus. In ihren materiellen Hinterlassenschaften spiegeln sich interne kulturelle Veränderungen, nicht aber Einflüsse fremder Bevölkerungsgruppen, denn in jenen Zeiten gab es keine Migrationen von außerhalb in die Wohngebiete der Indoeuropäer. Der Übergang vom Stadium der Jäger und Sammler zum Viehnomadismus erfolgte in der kaspisch-pontischen Steppe direkt und ohne Zwischenstadium einer Berührung mit der Technologie des Pflanzenanbaus und der damit assoziierten Viehhaltung (Mamonov 1995).

Die typische Leitform der Elshan-Kultur ist einfache Tonware, die an offenen Feuerstellen gebrannt wurde. Die Produktion von Tongefäßen setzte um 7000 v. Chr. ein (Carpelan/Parpola 2001: 70). Die Töpferei entwickelte sich weiter, erreichte aber nicht den Standard wie in der Donauzivilisation. Später, als die Steppennomaden mit den Ackerbauern Handel trieben, lernten sie auch hochwertige Keramik kennen, die in speziellen Brennöfen hergestellt wurde.

Samara-Kultur (ca. 6000 – ca. 5000 v. Chr.)

Diese proto-indoeuropäische Regionalkultur war im Tal der Samara verbreitet, einem Nebenfluss der Wolga (Vasilev/Matveeva 1979). Die Samara-Kultur wurde bekannt wegen der ältesten Pferdeskulpturen, die in die Endphase um 5000 v. Chr. datieren.

Chvalynsk-Kultur (ca. 5000 – ca. 4500 v. Chr.)

Das Verbreitungsgebiet dieser Regionalkultur lag in der Waldsteppe an der mittleren Wolga, mit Ausdehnung in den Steppengürtel (Vasilev 2003). Eine typische Leitform dieser Kultur sind frühe Statussymbole der Hirtennomaden: Szepter mit Pferdekopfverzierung. Die stilisierten Köpfe sind aus Stein modelliert. Die Funde solcher Szepter außerhalb des Gebiets der Chvalynsk-Kultur sind jünger, und an ihrer Verbreitung kann man die Migrationsbewegung der Steppennomaden erkennen (s. Kap. 5).

Srednij Stog (ca. 4500 – ca. 3350 v. Chr.)

Von den Proto-Indoeuropäern waren die Träger dieser Regionalkultur die ersten, die in Kontakt mit den Ackerbauern im Gebiet der Trypillya-Kultur (südwestliche Ukraine) traten (s. Kap. 4).

Jamnaja-Kultur (ca. 3600 – ca. 2000 v. Chr.)

Diese Regionalkultur war die am weitesten verbreitete. Siedlungsplätze (saisonale Lagerplätze der Viehnomaden) sind über ein weites Gebiet verstreut, von der mittleren Wolga bis ins nördliche Vorland des Kaukasus (Maikop).

Im Nordwesten ist die materielle Hinterlassenschaft der Jamnaja-Kultur bis ins Gebiet der Trypillya-Kultur nachzuweisen. Im Südwesten finden sich Jamnaja-Siedlungen bis nach Moldawien hinein. In der südwestlichen Kontaktzone von Steppennomaden und Alteuropäern wurden die ersten Wagen mit vier Rädern gebaut. Sie wurden zunächst von Ochsen gezogen, später wurden auch Pferde als Zugtiere angeschirrt.

Vom Gebiet der Jamnaja-Kultur gingen Migrationen aus, wodurch die Usatovo-Leute (s. u.) in die dritte Migrationswelle (Kurgan III) hineingezogen wurden.

Die Bewegung von Steppennomaden aus dem Gebiet der Jamnaja-Kultur nach Westen ist durch neue Erkenntnisse der Humangenetik bestätigt worden (Haak u. a. 2015). Es ist eine Ausdehnung der geographischen Verbreitung des Genpools prähistorischer Populationen von der eurasischen Steppe nach Mitteleuropa zu erkennen. Diese Bewegung wird als Migration gedeutet, die ins 3. Jahrtausend v. Chr. zu datieren ist, und weist auf die dritte Kurgan-Migration (s. Kap. 6).

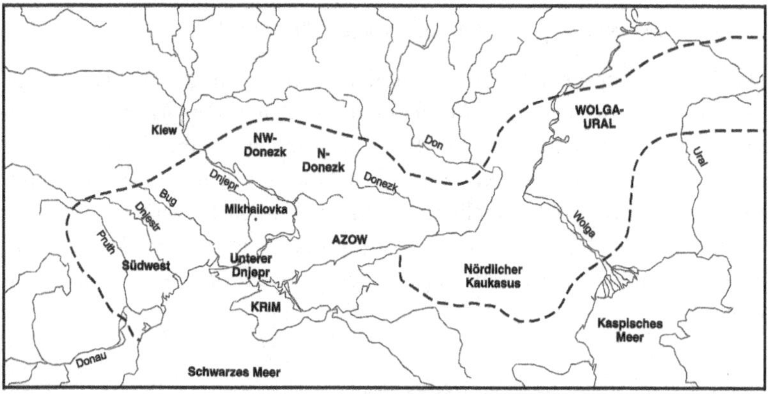

Die Ausdehnung der Jamnaja-Kultur

Usatovo-Kultur (ca. 3300 – ca. 2900 v. Chr.)

Diese Kultur im Südwesten der Ukraine und in Moldawien ist benannt nach einem Fundort östlich des Dnjestr an der Schwarzmeerküste. Es ist eine Mischkultur, deren vorindoeuropäische Basis überformt wurde von kulturellen Eigenschaften, die mit Zuwanderern aus dem Gebiet der Jamnaja-Kultur transferiert wurden. Die Usatovo-Kultur ist der letzte Ausläufer der alteuropäischen Trypillya-Kultur in der Ukraine.

In den Siedlungen der Usatovo-Kultur findet man die Spuren zweier Kulturen. Kurgan-Bestattungen und flache Erdgräber nach alteuropäischer Art liegen im selben Areal. Die traditionellen Kunstformen Alteuropas, deren Manifestationen sich bis in die Trypillya-Region verbreitet hatten (z. B. aus der Donauzivilisation bekannte Basismotive des Dekors auf Keramik und Skulpturen; Figurinen; Miniaturaltäre), lebten weiter. Das indoeuropäische Element in dieser kulturellen Fusion ist leicht an der Präsenz einer besonderen Kategorie von Artefakten erkennbar: an den für Alteuropa untypischen, aber für die indoeuropäische Kunst so charakteristischen skulpierten Äxten mit stilisierten Pferdeköpfen, dem aus der Steppe bekannten diagnostischen Indikator der indoeuropäischen Nomadenkultur.

Es ist aber auch mit einer Einflussnahme von Seiten der Nomaden auf die Kultur der lokalen Ackerbauern zu rechnen. Die materielle Hinterlassenschaft der Kulturfusion spricht dafür, «dass die einwandernden Chiefs aus der Steppe nicht beabsichtigten, die Tripyllya-Kultur zu zerstören, sondern vielmehr, daran teilzuhaben und sie zu kontrollieren. Die Einführung des Chiefdom-Herrschafts-Systems in die Trypillya-Kultur hat wohl auch einen effektiven Sprachwechsel eingeleitet» (Parpola 2008: 37). Die Überformung der lokalen Sprache in der Trypillya-Region durch das Indoeuropäische, die Sprache der Elite, setzt in kleinem Maßstab den Prozess der Indoeuropäisierung in Gang, der schon bald immer weitere Kreise zog und sich zu einem eigentlichen Makroprozess entfaltete.

Der Warenaustausch mit den Siedlungen im Nordwesten war rege, und der politische Einfluss, der von Usatovo ausstrahlte, machte sich bis weit in die Trypillya-Region bemerkbar. «Die Chiefs von Usatovo waren wahrscheinlich Patrone, die Tribut von den Handelspartnern im Hochland von Trypillya erhielten, darunter hochwertige bemalte Keramik. Diese Beziehung hat möglicherweise ein Prestige- und Statusgefälle hervorgerufen, das die Bewohner in den Dörfern der späten Trypillya-Ära bewegt haben könnte, die Usatovo-Sprache anzunehmen» (Anthony 2007: 351).

Die Usatovo-Region kann als eigentlicher Impulsgeber für die dritte Migration der Indoeuropäer gelten, die auf das Gebiet der mittleren Donau und nach Südungarn gerichtet war. Die formative Frühphase der ältesten indoeuropäischen Kulturkomplexe in Westeuropa steht vielleicht im Zusammenhang mit dieser Bewegung. Dies gilt für das Italische, Germanische und Keltische (s. Kap. 8 und 10).

Jamnaja-Leute waren es, die weit ins Donautal vordrangen und auch in Gebiete südlich dieser Wasserstraße wanderten. Die Stoßrichtung nach Süden führte durch die Region um Varna bis zum Bosporus. Diejenigen, die übersetzten und sich in Kleinasien neue Heimstätten erschlossen, waren die Nachfahren dieser Migranten (s. Kap. 12).

Frühe soziale Hierarchien und patriarchalische Herrschaftsstrukturen

Wenn sich die Wirtschaftsformen des Viehnomadismus und des Ackerbaus unabhängig voneinander entwickelt haben, stellt sich die Frage, ob auch die Formen des Sozialkontakts und der Gemeinschaftsbildung unterschiedliche Gesellschaftsmodelle hervorgebracht haben. Dies ist in der Tat der Fall. Ältere Annahmen über eine geradlinige soziale Evolution hin zu komplexen Gesellschaften, von der die soziostrukturellen Bedingungen bei Nomaden angeblich eine sekundäre Abzweigung wären, sind nicht mehr aufrechtzuerhalten. In der Vorgeschichte haben sich verschiedene Modelle sozialer Gemeinschaftsbildung entwickelt, von denen die hierarchisch gegliederte Gesellschaft lediglich eine Variante ist. Und diese hat sich bei den frühen Steppennomaden ausgebildet.

Bis heute hält die traditionelle Sozialforschung und halten die meisten Anthropologen, Archäologen und Kulturwissenschaftler an einer hierarchischen Abfolge gesellschaftlicher Entwicklung fest. Demnach steht die Jagdgemeinschaft am Anfang sozialer Ordnung. Eine höhere soziale Organisationsform wird mit dem Sippenverband oder Clan erreicht, wobei diese jeweils ein Oberhaupt (engl. *chief*) haben. Die Stufe akkumulierter Autorität in Händen einer Person mit Führungsrolle wird in der englischen Terminologie *chiefdom* genannt. Die Interaktion zwischen Sippenverbänden ermöglicht Zusammenschlüsse zu Stämmen. Auf dieser Entwicklungsstufe wird das Kriterium politischer Autorität relevant, die im Stammesverband beim politischen Oberhaupt (Häuptling, König u.ä.) liegt. In diesem Konstrukt sozialer Hierarchie ist die nächsthöhere Stufe eine Frühform staatlicher Ordnung (Kristiansen 1998:44ff., Meyer 2004:130ff.).

Die Annahme einer hierarchischen Stufengliederung sozialer Ordnung assoziiert «soziale Stratifikation» direkt mit der Kontrolle von Ressourcen durch wenige. Die Kontrolle kennt nun aber zwei Möglichkeiten: Der Zugang kann allen Mitgliedern der Gemeinschaft gewährt sein, nämlich im Fall einer kommunalen Verfügbarkeit von Ressourcen – dies setzt Strukturen einer egalitären Gesellschaft voraus. Der Zugang kann aber auch auf eine Elite beschränkt bleiben und ist dann ungleichgewichtet und zentralisiert – dies ist in der Kulturgeschichte der häufigere Fall. Dennoch ist die kommunale Nutzung wirtschaftlicher Ressourcen (ohne Elite) nicht nur ein theoretisches Konstrukt. Wir wissen heute, dass auch diese Alternative in den frühen Zivilisationen der Alten Welt vertreten ist.

Die Gesellschaft der Donauzivilisation etwa war komplex, mit einer differenzierten Arbeitsteilung und Spezialisierung der verschiedensten Handwerksbereiche sowie mit einer Sippenordnung, die viel Spielraum für Kooperation und Wettbewerb einzelner Gruppen bot. Wir können nach heutigem Wissensstand davon ausgehen, dass die Donauzivilisation eine egalitäre Gesellschaft war (Haarmann 2011a:147ff.). Diese Zuordnung ist in der Archäologie dann unumstritten, wenn folgende Indikatoren gegeben sind: das Fehlen einer Differenzierung zwischen Arm und Reich, etwa in den Grabbeigaben, das Fehlen von Herrscherinsignien, das

Fehlen von Zeremonialbauten zur Verherrlichung einer politischen Elite (z. B. Paläste oder reich ausgestattete Häuser) in den Siedlungen, das Fehlen einer ökonomischen Kontrolle der Städte über die Dörfer der Region u. a.

Auch die Gesellschaftsordnung in der alten Induszivilisation spiegelt die Bedingungen einer egalitären Nutzung wirtschaftlicher Ressourcen. Nach Maisels (1999: 231 ff.) kannte die dortige frühe Agrargesellschaft weder eine soziale Stratifikation noch eine staatliche Organisation, und die Städte kontrollierten nicht den wirtschaftlichen Überschuss der Dörfer (wie dies in Mesopotamien durch das Steuerwesen praktiziert wurde). Da uns modernen Betrachtern die soziale Eliteordnung vertrauter ist als die egalitäre Gesellschaftsordnung, tendieren wir dazu, Komplexität nur in der hierarchischen Ordnung zu erkennen.

Die Entstehung des Gesellschaftsmodells in Nomadenkulturen verlief auf einer anderen Bahn als in den frühen agrarischen Gemeinschaften. Soziale Kontrolle, das Eliteprinzip einer stratifizierten Gesellschaft und damit soziale Hierarchie waren in den Gemeinschaften der Viehnomaden von Anbeginn stärker ausgeprägt.

Die frühesten Hinweise auf Gemeinschaften mit sozialen Statusmarkern für bestimmte Individuen (in einer Führungsrolle) stammen aus der mittleren Steinzeit (Mesolithikum), datieren also in die nacheiszeitliche Periode. Es ist die Rede davon, dass «eine bestimmte Form von sozial dominanter Autorität» (Spikins 2008: 15) existierte, und diese Verhältnisse sind für die Jägergemeinschaften in Osteuropa rekonstruiert worden.

Im Übergangsprozess von der Jäger- und Sammlerkultur zum Hirtennomadismus verstärkte sich dieser Trend, und die Zuweisung sozialer Autorität an bestimmte Personen wurde institutionalisiert. Die Archäologie der eurasischen Nomadenkulturen hat den Nachweis für die Existenz von sozialen Statusinsignien erbracht, die ins 6. Jahrtausend v. Chr. datieren. «Die Sprecher des Proto-Indoeuropäischen kannten institutionalisierte Machtfunktionen und soziale Ränge, ... Oberhäupter (chiefs) treten in der archäologischen Dokumentation der pontisch-kaspischen Steppen nach ca. 5200–5000 v. Chr. auf, als die Verbreitung von domestiziertem Vieh, Schafen und Ziegen einsetzte» (Anthony 2007: 160). Zu den Statusinsignien gehörten Gürtel und Schnüre mit polierten Muschelperlen, mit Anhängern aus Biber- und Pferdezähnen. Weiterhin trugen die Chiefs (proto-indoeurop. **weik-potis*) polierte Steinarmbänder und Kupferringe.

Es gab bestimmte Anforderungen an das Nomadenleben, die die Ausbildung hierarchischer Sozialstrukturen förderten, mit einer Einzelperson oder einer Gruppe als Führungselite. Diese Anforderungen sind von Kristiansen (1998: 186) für die prähistorischen Nomadenkulturen Eurasiens folgendermaßen spezifiziert worden:

- Aufgaben von zentraler Bedeutung wie die Sicherung der Wasserreserven und des Weidelands sowie Schutz der Herden gegen räuberische Übergriffe;
- Soziale Netzwerke, wozu Modalitäten der Vererbung des Viehbestands gehörten, der Brautkauf und die Abwicklung von Tauschhandel;
- Arbeitsstrukturen wie Aufsicht über und Pflege von Herden sowie die Ausbildung des Nachwuchses in elementaren Kampftechniken (insbesondere bei jungen Männern für den Herdenschutz);
- ein starkes Bewusstsein für Unabhängigkeit sowie die Wertschätzung von Personen mit sozialer Autorität;
- Pflege religiöser Praktiken mit besonderer Beachtung von Übergangsriten (mit Körpermodifikation wie beispielsweise Narbenschneiden und Tests physischer Ausdauer) und der Anrufung übersinnlicher Mächte.

Die Existenzbedingungen in den prähistorischen Nomadenkulturen – wie in Nomadenkulturen überhaupt – waren durch ein relativ hohes Maß an Instabilität gekennzeichnet. Die Nomaden und ihre Herden waren klimatischen Fluktuationen unterworfen, und extreme Wetterbedingungen wie lange Dürreperioden oder harsche Winter waren keine Seltenheit. Entscheidungen über den Wechsel der Weide- und Lagerplätze mussten unter Umständen kurzfristig getroffen werden, und dies erforderte eine straffe Führung mit weitreichender Autorität und Entscheidungskompetenz. Diese Rolle war Männern vorbehalten, denn Frauen konnten sich nicht gleichzeitig um die Familie im Lager und um die Herde außerhalb des Lagers kümmern.

Das Wohl der Sippen und Clans lag in den Händen entscheidungsfreudiger und willensstarker Anführer, die von Helfern umgeben waren, bereit, der Autorität Nachdruck zu verleihen. Hier ist der Kern für die Organisation späterer Eliten mit politischer Macht zu suchen. Die Grundlagen einer hierarchischen Gesellschaft haben sich bei den Steppennomaden bereits im Verlauf des 6. Jahrtausends v. Chr. ausgebildet.

Familien, Sippen, Clans

Soziale Beziehungen sind kulturspezifisch organisiert, aber wie immer sie strukturiert sein mögen, alle haben mit dem Prinzip der Blutsverwandtschaft zu tun. Alle Individuen sind über ihre Beziehungen zu Eltern und Großeltern eingebunden in ein Netzwerk verwandtschaftlicher Positionen. Blutsverwandtschaft kann zwar mittels humangenetischer Methoden nachgewiesen werden, dies sagt aber noch wenig aus über die Konventionen, wie Verwandtschaft kulturell definiert wird. In der westlichen post-industriellen Gesellschaft gilt das Primat der Kernfamilie, wozu Eltern und Kinder, allenfalls noch die Großeltern gehören. In den sozialen Konventionen mediterraner Kulturen (z. B. in Spanien, Italien oder Griechenland) dominiert dagegen das Prinzip der erweiterten Familie, wozu sämtliche Verwandte zweiten und dritten Grades gerechnet werden.

Eine Verwandtschaftsterminologie gibt es in jeder Sprache, gewöhnlich mit einem Inventar von zwanzig bis dreißig Ausdrücken (Godelier 2011: 183). Die Art und Weise aber, wie die einzelnen Begriffe miteinander interagieren und welches lexikalische Netzwerk sie bilden, ist nicht universell, sondern kulturspezifisch. Es gibt relativ einfach strukturierte Systeme (z. B. im Inuit), andererseits auch äußerst komplexe (z. B. im Aranda, einer Sprache in Zentralaustralien; Region von Alice Springs).

In den Kulturen der Welt findet man mehrere Dutzend verschiedener Typen von Verwandtschaftsterminologie. Für das Proto-Indoeuropäische wurde ein System erschlossen, das zuerst für eine Kultur einheimischer Amerikaner (Indianer) identifiziert und daher Omaha-Typ der Verwandtschaftsterminologie genannt worden ist. Dieses System wird von Anthropologen als «halb-komplex» bezeichnet.

Die Orientierung der verwandtschaftlichen Beziehungen im Omaha-System ist patrilinear (bzw. patriarchalisch) geprägt, d. h. mit dem Hauptaugenmerk auf männlichen Vertretern in der Familie und Sippe (Parkin 1997: 110ff.).

Es gibt ein terminologisches Äquivalent zum patriarchalischen Omaha-System: das matrilineare Crow-System. Das Omaha-System ist charakteristisch für Nomadenkulturen, aber untypisch für agrarische Gesellschaften. Wären die Proto-Indoeuropäer von Anbeginn Ackerbauern gewesen, so würde man eine anders strukturierte Verwandtschaftsterminologie in ihrer Sprache erwarten als die, die mit den Methoden der vergleichenden Sprachwissenschaft für die Ursprache rekonstruiert wor-

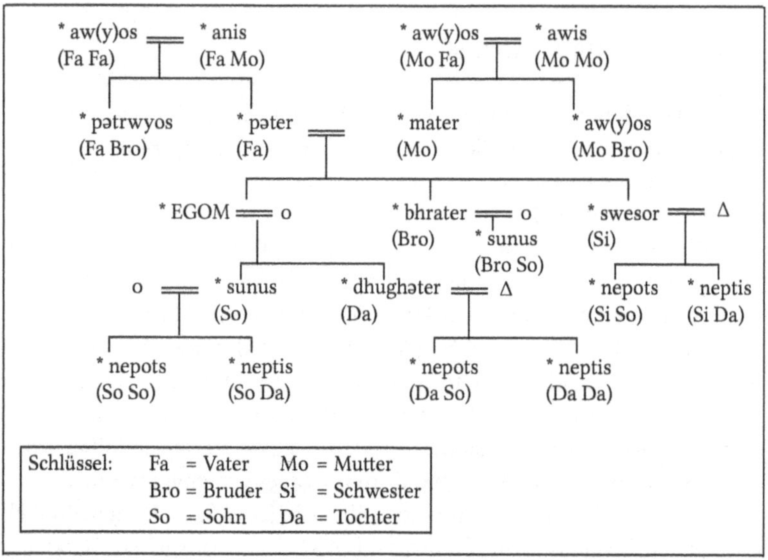

Rekonstruktion des proto-indoeuropäischen Systems der Verwandtschaftsterminologie

den ist. Es finden sich keine Spuren irgendeines anderen Systems von Verwandtschaftsterminologie außer dem Omaha-System im Proto-Indoeuropäischen.

Für die prähistorische proto-indoeuropäische Nomadengesellschaft ist die Sitte des Brautkaufs als Mittel des Wechsels von Frauen aus der eigenen Sippe in die des Mannes postuliert worden. Es ist unwahrscheinlich, dass es bei den frühen Steppennomaden die Institution der Mitgift gab. «Weltweit ist Brautkauf allgemein [verbreitet] und Mitgift selten; ... Mitgift ist ein relativ rezentes Phänomen» (Fortunato 2011: 193). Durch Brautkauf vergrößerte sich das Eigentum der Sippe der Braut. Die Sitte des Brautkaufs wird auch für die prähistorischen Sozialkontakte zwischen indoeuropäischen und ostseefinnischen Bevölkerungsgruppen im Baltikum angenommen (s. Kap. 11). In den indoeuropäischen Regionalkulturen fand später ein Wechsel statt. Bei den iranischen Bevölkerungsgruppen herrschte die Sitte des Brautkaufs noch länger vor, während Mitgift bereits charakteristisch ist für die germanische, keltische und slawische Bevölkerung (Fortunato 2011: 196).

Familien waren in Sippen zusammengeschlossen, und diese in größeren

Einheiten, in Clans. Eine Gliederung der Proto-Indoeuropäer nach Stämmen, also der nächsthöheren sozialen Einheit, ist nicht zu ermitteln. Sehr wahrscheinlich war das Bewusstsein ethnischer und kulturell-sprachlicher Zusammengehörigkeit bei den Hirtennomaden in der Urheimat noch nicht so weit entwickelt wie später während der Migrationen und Sesshaftwerdung außerhalb der Steppe.

Umrisse einer proto-indoeuropäischen Mythologie

Das Wissen prähistorischer Menschen über ihre Welt, über ihre kulturellen Errungenschaften, über ihre Sitten und Bräuche blieb über das kulturelle Gedächtnis in späteren Generationen erhalten. Das wichtigste Medium, über das Inhalte nützlichen Wissens tradiert wurde, war die mythische Erzähltradition. «Der Mythos ist das prototypisch-integrative mentale Instrument; damit wird versucht, die verschiedensten Ereignisse in einen zeitlichen und kausalen Rahmen einzupassen» (Donald 1991: 215).

Vergleicht man die Inhalte des Mythenschatzes in den Kulturen der frühen Indoeuropäer, so lassen sich zumindest in Umrissen ihre Gesellschaft und ihre geistige Welt erschließen. Mythen zu vergleichen klingt allerdings einfacher, als es ist. Sie wandeln sich im Lauf der Zeit, das kann den Stoff und den Inhalt oder auch die Art und Weise betreffen, wie erzählt wird, und vor allem können sich Zweck und Einbettung verändern. «Wie Metalle, so werden auch Mythen recycelt. Umgeformt und so reich geschmückt, dass sie fast nicht mehr zu erkennen sind, werden Geschichten, mit denen irgendwann einmal vielleicht echt historische Begebenheiten wiedergegeben wurden, von späteren Generationen erneut verwendet, und zwar in einem vollkommen anderen Kontext und für Zwecke, die ziemlich andere sind als die, für die sie ursprünglich gedacht waren» (Keay 2000: 37).

Es ist sehr schwierig, das wirkliche Alter eines Mythenstoffs zu bestimmen. Früher hat man Ähnlichkeiten in den Mythen einzelner indoeuropäischer Kulturen leichthin als Ausdruck von Traditionen gewertet, die auf die Zeit der Urheimat zurückgehen. Davon ist man inzwischen abgekommen. Die Indoeuropäer haben, nachdem sie ihre Heimat in der Steppe verlassen hatten, viele Innovationen erlebt, nicht nur technologische, sondern auch solche in ihrer Erzähltradition und in der Art und Weise, Erfahrungen ihrer Umwelt geistig zu verarbeiten. So sind viele neue regionale Mythen entstanden. Es gibt eigentlich nur wenige mythische Stoffe, die sicher als solche der Urheimat, also als proto-indoeuropäisch, zu identifizieren sind. Hierzu gehört die Spiegelung der Sozialhierarchie in einer mythisch verankerten Dreigliederung sozialer Klassen (s. u.).

Der Ausdruck Mythologie (griech. *mythologia*) tritt zuerst im philosophischen Werk Platos auf, und zwar in seinem Dialog *Politeia* («Staat»). Zwar existierte der Begriff ‹Mythos› schon lange vorher, aber diese spezielle Ableitung vom griechischen Stammwort *mythos* geht auf Plato zurück. Mit *mythologia* meint Plato die Art und Weise, wie man in der Philosophie mit dem Wissensgut der Vorfahren umgehen soll, das über das kulturelle Gedächtnis an die gegenwärtige Generation vermittelt worden ist. Der Mythologe Plato war sich des kulturellen Werts der alten Mythen und ihres historischen Kerns bewusst (Janka/Schäfer 2002; Haarmann 2015: 209 ff.). Es ging für ihn darum, das nützliche Wissen über die Welt, das die Alten gesammelt hatten, zu rationalisieren und weiterzuentwickeln. Fantastische Geschichten ohne Wahrheitsgehalt, mit denen mythische Themen ausgeschmückt werden, schloss er daher aus seiner Betrachtung aus.

Wie Plato versucht auch der moderne Mythenforscher, aus vielfach recyceltem Mythenstoff nützliches Wissen über ferne Ereignisse und Zeitperioden herauszufiltern.

Sozialstrukturen im Spiegel der mythischen Überlieferung

In den alten Mythen sind Kernelemente der sozialen Stratigraphie der prähistorischen Hirtennomaden «verkapselt», die Auskunft über die interne Gliederung der proto-indoeuropäischen Gesellschaft geben.

Das vergleichende Studium von Georges Dumézil in den 1930er Jahren zu den Mythen der indischen, iranischen und europäisch-antiken Kulturen führte zur Identifizierung von drei sozialen Schichten. Diese Dreigliederung manifestiert sich ebenso in den religiösen Vorstellungen und im Ritualwesen der Indoeuropäer. Die elementaren Funktionen der sozialen Gruppen in der Gesellschaft sind mit bestimmten Gottheiten und mit spezifischen Opferhandlungen assoziiert, wobei folgende Polaritäten zu erkennen sind:

- Souveränität, rechtmäßige Ordnung und Führung (vertreten durch eine priesterliche Oberschicht, deren Vertreter sowohl religiös-rituelle als auch juridische bzw. rechtsprechende Autorität genießen). Die Gottheiten, die mit dieser sozialen Schicht assoziiert sind, treten zumeist paarig auf und repräsentieren die Dualität von religiöser Autorität und Rechtsordnung (z.B. das indische Götterpaar Varuna und Mitra oder die nordischen Gottheiten Odin und Tyr). «In der mittelvedischen Periode war das Pferd das bevorzugte Opfertier in den bedeutendsten königlichen Opferritualen» (Parpola 1994: 158). Als Opfertiere für die Gottheiten der obersten Sozialschicht wurden in der indischen Tradition auch Schafe und hornlose Widder verwendet.

- Schutz der Gemeinschaft (vertreten durch eine aristokratische Kriegerkaste). Die Ausbildung von Kriegern folgte der Notwendigkeit, das Gemeinwesen gegen Übergriffe von außen zu schützen. Schutztruppen wurden in der Geschichte der eurasischen Hirtennomaden schon früh auch für Kriegshandlungen gegen Konkurrenten genutzt (z.B. Kampf um die Kontrolle von Weideland, Übernahme von Handelszentren durch eine Kriegerelite). Die Polarität von defensivem und aggressivem Aspekt beim Einsatz einer Kriegerelite spiegelt sich in den Funktionen der indoeuropäischen Kriegsgötter (Indra, Mars, Thor). Den Kriegsgöttern wurden Pferde und Stiere als Opfertiere dargeboten.
- Fruchtbarkeit und Sicherung der wirtschaftlichen Existenzgrundlage (vertreten durch Hirten und Ackerbauern). In der Mythologie wird diese Sozialkategorie mit göttlichen Zwillingen beiderlei Geschlechts in Verbindung gebracht, wobei der Bruder mit Pferden assoziiert ist. In Indien gibt es etwa die Ashvins, ein göttliches Zwillingspaar zu Pferde, mit ihrer Schwester Sarasvati. Sie sind den griechischen Dioskuren vergleichbar, den Zwillingsbrüdern Kastor und Polydeukes (Pollux) mit ihrer Schwester Helena, die in manchen Überlieferungen aus einem Zwillingsei entstanden ist. Ähnlich begegnen in der nordischen Mythologie die Zwillinge Freya und Freyr mit ihrem Vater Njǫrðr; Freyr und Njǫrðr sind beide eng mit Pferden verbunden. Diesen Göttern mit «volkstümlichem» Status opferte man Ziegen oder Schweine.

Die Zuordnung von Gottheiten zu einzelnen Funktionen ist nicht stabil und kann sich im Lauf der Zeit verändern. Beispielsweise übernimmt die indische Göttin Sarasvati verschiedene Funktionen, je nach dem mythischen Kontext (Coleman 2007: 908). In ihrer frühen Rolle als Flussgöttin und Muttergöttin ist sie mit der dritten Funktion assoziiert. In der mythischen Tradition späterer Zeit erlebt Sarasvati einen «Aufstieg» in die soziale Schicht der Elite. Sie ist die Tochter von Brahma, der sie später zu seiner Gemahlin wählt, denn sie ist ihrem Vater ebenbürtig an Intelligenz und personifiziert die höchste Weisheit. In ihrer Rolle als Schutzpatronin der Künste ist sie mit der griechischen Athene vergleichbar. Sarasvati wird die Erfindung der Sakralsprache Sanskrit und der Devanagari-Schrift zugeschrieben, in der Sanskrit-Texte aufgezeichnet werden. Die Göttin ist in bestimmten mythischen Kontexten auch mit der zweiten Funktion verbunden, nämlich als Schützerin, die den Dämon Ahi tötet.

In der altindischen (vedischen) Gesellschaft tritt uns die Dreigliederung in folgender Form entgegen: (1) *brahmanas* (die Brahmanen, Mitglieder der Priesterkaste als soziale Führungselite); (2) *ksatriyas* (Angehörige der Kriegerkaste als Schützer des Gemeinwesens); (3) *vaisyas* (die Mehrheitsbevölkerung der Hirten und Ackerbauern).

Die Gliederung in drei soziale Schichten (bzw. Gruppierungen) ist auch noch in anderen alten Kulturen der Indoeuropäer erhalten, so bei den frühen Griechen. Hier sind folgende Gruppen vertreten: (1) *hieropoioi* (Priester); (2) *phylakes* (Wächter, aristokratische Kriegerelite); (3) *georgoi* (Ackerbauern).

Die Entstehungsperiode der Dreigliederung im stratifizierten Gesellschaftsmodell der Proto-Indoeuropäer weist in eine Zeit zurück, die lediglich mit archäologischen Methoden erschlossen werden kann, denn die mythische Überlieferung der Indoeuropäer – so alt sie auch sein mag – ist uns nur aus einer Zeit erhalten, als Schrift verwendet wurde (d. h. seit dem 2. Jahrtausend v. Chr.). Als Folge der Migrationen der Steppennomaden in Gebiete mit nicht-indoeuropäischer Bevölkerung entfalteten sich Kontakte zu Kulturen, die zunächst für die Viehhirten fremdartig waren, mit denen sie aber bald vertraut wurden. In den alten Mythen findet man zusätzlich zu der ursprünglichen Dreigliederung eine Erweiterung, sozusagen eine vierte Kategorie in der sozialen Stratigraphie: die ethnisch «Anderen» in denjenigen Regionen, wo sich die Migranten niederließen.

Für die altindische Gesellschaft wird diese vierte Kategorie als *sudras* identifiziert. Dies war eine in ethnischer Hinsicht von den Ariern verschiedene Gruppe und bildete die unterste Schicht der vedischen Gesellschaft. Zu den *sudras* gehörten die Angehörigen der vorindoeuropäischen Bevölkerung Indiens, also die ethnischen Gruppen der Urbevölkerung (Adivasi) und die Dravida-Völker (s. Kap. 14).

Eine vierte Sozialkategorie wird neuerdings auch für die Gesellschaft der griechischen Antike unterschieden, und zwar die Pelasger. Wie die *sudras* Indiens waren auch die Pelasger in Südosteuropa Angehörige der einheimischen vorindoeuropäischen Bevölkerung, mit denen die eingewanderten Indoeuropäer in Kontakt traten und die sie in ihre Gesellschaft eingliederten. Die Einheimischen – in Indien die Draviden, in Griechenland die Pelasger – waren Träger einer hochentwickelten Kultur, von deren Errungenschaften die Einwanderer profitierten (s. Kap. 7 und 14).

Beseelte Natur: Geister, Bären, Flussgöttinnen

Die Mythologie der frühen Hirtennomaden ist nicht aus dem Nichts entstanden, sondern hatte Vorläufer. Die ältesten Motive und Stoffe sind solche, die ursprünglich weite Verbreitung in den prähistorischen Kulturen der Jäger und Sammler Eurasiens hatten. Bei der autochthonen Bevölkerung Sibiriens, den Paläosibiriern, sind Schamanentum und Geisterglaube bis heute lebendig geblieben, und in den sibirischen Mythen sind animistische Vorstellungen von übernatürlichen Mächten erhalten und darüber, wie diese die Schicksale der Menschen bestimmen und wie die Menschen mit anderen Lebensformen interagieren. Tiere und Pflanzen in der Welt des Schamanismus sind beseelt und beherbergen Schutzgeister, die die Fruchtbarkeit gewährleisten und den Lebensrhythmus im Vegetationszyklus bestimmen. Auch Gewässer, Quellen, Flussläufe und Seen sind beseelt (Haarmann/Marler 2008: 33 ff.).

Bär und Bärenrituale. Bestimmte Tiere, die den eurasischen Hirtennomaden aus ihrer heimischen Umgebung vertraut waren, spielten von alters her eine religiöse Rolle im Ritualwesen. Der Bär (**hartkos*) ist das größte und stärkste Tier in der Zone der eurasischen Waldsteppe und in der Waldregion, und seine Bedeutung wurde sowohl von den Indoeuropäern als auch von deren nördlichen Nachbarn, den Uraliern, erkannt. Die weite Verbreitung von Vorstellungen über den «König des Waldes» in Osteuropa und Sibirien ist ein Zeichen für die Bedeutung des Bären als mythisches Wesen (Pentikäinen 2007). Für die Völker Westsibiriens spielt der Bär die Rolle eines Totems. In der Mythologie der Chanten (Ostjaken) und Mansen (Wogulen) gilt er als Urvater des ältesten Clans.

Nach Aussage archäologischer Funde von Grabbeigaben wie «dem Gebrauch von Bärenzähnen in Anhängern oder Bestattungen mit Bärenklauen – sowohl in der Steppenregion als auch in der Fatyanovo-Kultur in der Waldzone – ist klar, dass Bären wohl auch bestimmte rituell-symbolische Funktionen in der prähistorischen Gesellschaft erfüllten» (Mallory/Adams 1997: 56). Die althergebrachte Vorstellung vom Bären als mythischem Wesen setzt sich in den indoeuropäischen Regionalkulturen fort. Die griechische Naturgöttin Artemis ist mit dem Bären assoziiert (so in ihrem Heiligtum in Brauron). Aus Anatolien stammen Hinweise auf einen Ritualtanz bei den Hethitern, bei dem die Tänzer, die im Luwischen *hartagga* ‹Bärenleute› hießen, in ein Bärenfell gekleidet waren. Aus der altnordischen Mythologie ist der Berserker (altnord. *berserkr*) bekannt. Dies war ein Held, der im Eifer des Kampfes über sich hinauswuchs und wild wie ein Bär kämpfte.

Die Erde als weibliche Gottheit. Proto-Uralier und Proto-Indoeuropäer hatten ähnliche Vorstellungen von der Erde als weiblicher Gottheit. Dies zeigt sich in der uralischen wie in der indoeuropäischen Mythologie. Bei den Slawen wurde die Mat' Syra Zemlja verehrt. Bei den baltischen Völkern war «Mutter Erde» als Zemes Mate (lettisch) und als Žemyna (litauisch) bekannt. Im vorchristlichen Götterpantheon der Ostslawen nahm die Erdgöttin Mokosh eine führende Rolle ein. Diese Gestalt geht als Kultursubstrat auf einen alten finnisch-ugrischen Göttinnenkult zurück. Eine Erdgöttin findet man auch in der Mythologie der Phryger und Thraker. Der Name dieser Gottheit (Semel) wie auch ihr Kult wurde von den frühen Griechen als Semele adaptiert. In Griechenland selbst gab es eine alte einheimische Erdgöttin. Auch deren Name (Gaia/Ge) und Kult wurden von den Griechen übernommen.

Flussgöttinnen. Das lebensspendende Wasser war den Proto-Indoeuropäern durch die großen Flussläufe vertraut. Zu den ältesten Flussnamen Osteuropas gehören solche, die auf den Wortstamm **dehanu-* zurückgehen. Dessen Ableitungen sind besonders zahlreich in iranischen Sprachen, die ihrerseits die Quelle für Flussnamen bei den Slawen sind (Don, Dnepr, Dnestr, Donau, skyth. Tanaïs), denn iranische Völkerschaften waren die Nachbarn der Slawen im Süden von deren Urheimat (s. Kap. 11). Auch Benennungen im Baltischen (lit. Dunõjus ‹großer Strom›, lett. Dunavas ‹kleiner Fluss›) sind hiermit assoziiert.

Flüsse werden in der alten indoeuropäischen Mythologie als weibliche Gottheiten (ursprünglich wohl Schutzgeister) personifiziert. Die Namen von mit Flussläufen assoziierten Göttinnen oder mythischen Gestalten finden wir im Altindischen (Danu, Mutter von Vrtra, der die himmlischen Wasser zurückhält), im Irischen (Danu, Mutter des Urclans der Tuatha De Danann), im Griechischen (Danaë, Mutter des Helden Perseus, der die Prinzessin Andromeda aus den Fängen eines Meerungeheuers befreit).

Hirtengott und Pferdegöttin

Als sich die Jäger und Sammler der Steppe auf die Hirtenkultur, also die Haltung von Herden, umstellten, veränderte sich auch das Bild, das sie sich von ihrer Umwelt machten. Die älteren animistischen Vorstellungen wurden nicht aufgegeben, wohl aber ergänzt und überlagert durch neuartige Konzepte nomadischer Lebensweisen. Die übernatürlichen Mächte treten in personifizierter Gestalt auf, obwohl der Grad der Personifizierung keiner rationalen Identifizierung mit einer menschlichen Gestalt entspricht. Göttliche Gestalten sind hybride Wesen mit anthropomorphen und zoomorphen Merkmalen.

Die meisten der weiblichen Gottheiten, die aus den indoeuropäischen Regionalkulturen außerhalb der Urheimat bekannt sind, sind jüngeren Ursprungs, stammen also nicht aus der proto-indoeuropäischen Periode (Robbins [Dexter) 1980). Solche Göttinnen wie Athene in Griechenland, Wurushemu in Anatolien oder Kali in Indien stammen aus vorindoeuropäischer Zeit und wurden von den indoeuropäischen Migranten in ihren Pantheon aufgenommen.

Pan, der alte Hirtengott. Der Prototyp solcher Hybridgestalten ist sicher der alte Hirtengott, wahrscheinlich die älteste Gestalt in der indoeuropäischen Götterwelt. Das kulturelle Erbe des alten Hirtengottes ist in der Mythologie peripherer indoeuropäischer Völker erhalten, am besten bei den alten Indern und frühen Griechen, in anderen Kulturen dagegen nur in Relikten.

Die proto-indoeuropäische Namenform für den Hirtengott ist als **pehauson* rekonstruiert worden (Mallory/Adams 1997: 415). Als Göttergestalt lebt dieses mythische Wesen weiter im griechischen Pantheon (als Pan) und in der altindischen Götterwelt (als Pusan) (West 2007: 281 f.). Auch Personennamen wie Puso (im Venetischen) und Pauso (im Messapischen) gehören hierzu.

In der äußeren Gestalt des griechischen Pan spiegeln sich animistische Vorstellungen von der Verbundenheit aller Lebensformen, denn Pan ist halb Mensch und halb Tier. Im Homerischen Hymnus 19 wird berichtet, dass Pan einer Liaison von Hermes mit der Tochter von Dryops entsprungen sei. Das Kind sah fremdartig aus, «mit seinen Ziegenfüßen, Hörnern und einem Bart» (Gantz 1993: 110). Der griechische Dichter Pindar (5. Jahrhundert v. Chr.) erzählt, dass Pan der Partner der Großen Mutter sei. In der vedischen Tradition Indiens wird Pusan mit der Sonne assoziiert. Hier ist die Tochter des Sonnengottes Surya seine Gemahlin (Polomé 1997: 415).

Pan wurde als Schutzpatron der Herden und insbesondere als Garant für die Fruchtbarkeit der Ziegenherden verehrt (Bader 1989). Die Bedeutung dieser Gottheit kann man daran ermessen, dass Pan eine heilige Grotte im Nordhang der Akropolis in Athen geweiht war. Andererseits hat der indoeuropäische Pan die vor-griechische Göttin Athene, die Herrin der Akropolis, nicht verdrängen können. Dies hat nicht einmal der griechische Göttervater Zeus geschafft. Im Südosten Athens, nahe dem Fluss Ilyssos, der das Stadtgebiet im Süden begrenzte, wurde Pan ein Schrein errichtet, den er sich mit den Nymphen (*nysai*) teilte. Diese innige Verbindung des Hirtengottes mit den weiblichen Schutzgeistern des Berglandes und der Auen bringt symbolisch die Fusion mythischer Gestalten verschiedener Herkunft zum Ausdruck, von denen ein Teil indoeuropäisch war (die Gestalt Pans), ein anderer Teil vorindoeuropäische Traditionen fortsetzte (die Nymphen).

Die Altertümlichkeit des Pan kommt auch in der mit ihm assoziierten wild-ekstatischen Musik zum Ausdruck. Im kulturellen Vokabular unserer modernen Sprachen lebt die Erinnerung an die antike Mythologie weiter, und zwar im Ausdruck für einen extremen Erregungszustand (dt. *Panik*, engl. *panic*, franz. *panique*, usw.). Diese Kulturwörter sind vom griechischen Adjektiv *panikos* (‹von Pan›) abgeleitet. Nach antiker Vorstellung ist ein solcher mentaler Zustand von Pan induziert.

Die kollektive Erinnerung an das Hirtenleben wird später nicht marginalisiert, auch wenn die Bedeutung des Ackerbaus in den meisten Regionalkulturen – also in Regionen außerhalb der Urheimat – dominiert. Dem Hirten kommt in der griechischen epischen Dichtung die Rolle des weisen Sehers zu, so in Homers Epen (z. B. *Ilias* I.263, II.243, *Odyssee* IV.148, IX.508 u. a.), und die Herrscher der griechischen Stämme werden als «Hirten des Volkes» angesprochen. Solche Hirtengestalten sind mythisch verklärt, mit ihnen wird eine pastorale Tradition in der Literatur geschaffen, und die Beschäftigung mit ihnen hält die Wertschätzung wach, die dem Hirtentum bei den indoeuropäischen Völkern zuteil wird. Es ist schlüssig, dass die prähistorischen Hirtennomaden einen Gott kannten, den man sich als Schutzpatron ihrer Herden vorstellte. Es ist ebenso schlüssig, dass in der proto-indoeuropäischen Mythologie keine alte Gottheit des Ackerbaus existiert.

Pferdeopfer und Pferdegöttin. In einigen Regionalkulturen der Indoeuropäer sind rituelle Residuen erhalten, die an die frühe Assoziation des Pferdes als Reittier mit der Kriegerkaste und mit der Manifestation politischer Herrschaft erinnern. Die Inder und die Römer kannten ein rituelles Pferdeopfer. «Das indische *aśvamedha*, eine Krönungszeremonie, und der römische *Equus October* beinhalten beide die Opferung eines Pferdes, entweder einer Kriegergottheit gewidmet oder für die Kriegerkaste» (Mallory/Adams 2006: 437). Teile des Opfertieres wurden abgetrennt und an verschiedenen Orten verschiedenen Gottheiten geweiht. Ein später Nachklang ist wohl auch die mittelalterliche Sitte der Königsweihe im County Donegal. Vom zukünftigen König wurde erwartet, dass er in einem großen Kessel badete, in dessen Sud die abgetrennten Teile eines Pferdekadavers schwammen. Dies ist vermutlich metaphorisch als «heilige Hochzeit» des Herrschers mit dem mythischen Tier (einer Stute) zu interpretieren. In dieser Konstellation wäre die Stute sozusagen eine Epiphanie der Gottheit, die ihn mit herrschaftlicher Autorität segnet.

Das Pferd erscheint auch als Element in der Gründung königlicher Dynastien, etwa in den indischen Mythen um die epische Heldin Madhavi, deren Vater – ein Brahmane – sie einem König zur Frau gibt unter den schwierigsten Bedingungen des Brautkaufs. Der Preis sind zweihundert Pferde in der Farbe des Mondes und mit einem schwarzen Ohr. Bei Indo-Ariern und Kelten war das Pferd das edelste Opfertier.

In den Mythen der Indoeuropäer findet man auch Hinweise auf eine prähistorische weibliche Gottheit, die mit dem zentralen Symbol der eurasischen Hirtenkultur assoziiert ist, dem Pferd. Es sind zahlreiche lokale Varianten von Gottheiten entstanden, die den Kult dieses Tieres verkörpern oder aufs Engste mit dessen Attributen assoziiert sind (Mallory/Adams 1997: 279 ff.). Epona, die von den Kelten Britanniens und Irlands ebenso wie von den Festlandkelten verehrt wurde, ist in der Ikonographie und in Beschreibungen antiker Autoren seit der römischen Zeit bezeugt. Die Göttin wird nie ohne ihr wichtigstes Attribut, das Pferd, dargestellt. Die Popularität der Epona war so groß, dass sie auch in Rom eine Kultstätte fand. Der 18. Dezember war ihr geweiht, und an diesem Tag gab es festliche Prozessionen zu ihren Ehren (Green 1992: 90 f.). Die Göttin wird in unterschiedlicher Weise dargestellt, manchmal auf einer Stute sitzend, manchmal von Pferden umgeben. Die Früchte und das Brot als Attribute weisen auf die Funktion der Epona als Fruchtbarkeitsgöttin.

Die Pferdegöttin war bei den Kelten nicht nur als Epona, sondern auch unter anderen Namen bekannt. Die Inselkelten hatten noch andere mäch-

Die Pferdegöttin Epona. Relief aus Ladenburg, um 150 n. Chr.

tige Gottheiten, deren wichtigste Attribute das Pferd sind, die Macha in der irischen Tradition und Rhiannon (wörtl. ‹Große Königin›) bei den Walisern.

Für die Hethiter war das Pferd als Reittier und sakrales Symbol gleichermaßen von Bedeutung. Schutzpatronin war die Göttin Pirwa (auch in den Namensformen Perwa und Peruwa), und das Pferd war ihr Attribut.

Die ältesten Himmelsgötter

Von den indoeuropäischen Gottheiten, die mit Himmelskörpern und dem Kosmos assoziiert werden, können nur zwei Gestalten mit Sicherheit der proto-indoeuropäischen Periode zugeordnet werden. Eine dieser Gestalten ist die Personifikation des Himmels als Göttervater, am bekanntesten in der Person des Zeus. In der griechischen Mythologie ist Zeus allerdings kein göttlicher Urvater, denn er vertritt eine jüngere Generation als den Urzustand. Der Vater von Zeus ist Kronos, seine Mutter Rhea. Es gibt auch in der uralischen Mythologie einen Himmelsgott, aber er ist eher eine marginale Gestalt, die im Vergleich zur lebensspendenden Sonnengöttin keine aktive Rolle in den Mythen spielt. Die Macht des Himmelsgottes der Hirtennomaden ist insofern ein typisch indoeuropäischer Charakterzug; hier ist die Sonnengottheit (mit sowohl männlicher wie weiblicher Assoziation) dem Himmelsgott untergeordnet. Allein in Indien ist der Sonnengott mächtig und überstrahlt die Bedeutung des Himmelsgottes.

Sonne, Sonnengott, Sonnengöttin. Die Sonne spielt in der Mythologie der eurasischen Völker eine zentrale Rolle. Bei den Uraliern wird die Sonne mit einer weiblichen Gestalt identifiziert. In den Mythen der Saamen (Lappen) ist von der ‹Sonnenmaid› (Beaivvi nieida) die Rede. Das Sonnensymbol ist eines der Hauptmotive auf saamischen Schamanentrommeln aus historischer Zeit. Bei den nördlichen Samojeden in Sibirien, den Nganasan, wird die Sonne als Kóu-n'ámy (‹Mutter Sonne›) verehrt (Haarmann/Marler 2008: 91 f.).

Auch bei den Proto-Indoeuropäern lebt die in Eurasien weit verbreitete Assoziation der Sonne mit einer weiblichen Gottheit weiter, obwohl sich in den späteren Regionalkulturen Vorstellungen von der Sonne als männlicher Kraftquelle durchsetzen. Die weibliche Funktion bleibt in Form einer metaphorischen Verwandtschaftsbeziehung erhalten. Die indische Sonnenmaid Surya stellte man sich als Tochter des Sonnengottes vor, und sie war die Braut des Mondgottes (Soma). Ähnliche Vorstellungen von einer Eltern-Kind-Beziehung findet man in der lettischen Mythologie: Hier ist Saules Meita (‹Sonnenmaid›) die Tochter der Sonnengöttin. Auch in den lettischen Mythen ist die Sonnenmaid die Braut des Mondgottes (Menesis). In den indoeuropäischen Regionalkulturen findet man auch Zwillingspaare mit einem männlichen und einem weiblichen Part, die beide mit der Sonne assoziiert sind. In der griechischen Mythologie übernimmt Helios die Rolle des Sonnengottes, während Eos, die Morgenröte, seine Schwester ist. Eos entspricht der römischen Aurora, der indischen Usas, der lettischen Auseklis und der litauischen Ausrine.

Die mächtige Sonnengöttin der Hethiter, Wurushemu, spiegelt nicht das alte eurasische Kulturerbe wider, sondern der Kult dieser Gottheit setzt eine Tradition der prähistorischen Bevölkerung Anatoliens fort. Vorstellungen von der Sonne als Göttin waren auch bei der vorindoeuropäischen Bevölkerung, den Hatti, verbreitet. Es ist bemerkenswert, dass Wurushemu größere Autorität genoss als ihr göttlicher Gemahl Im, der Wettergott. Wurushemu war die Schutzgöttin des hethitischen Königtums. Die Hethiter verehrten auch die Sonnengöttin der Hurriter, Chebat.

Der allmächtige Himmelsgott. In den meisten Regionalkulturen der Indoeuropäer avancierte der Himmelsgott zu ihrem Hauptgott. Eine Ausnahme ist der altindische Himmelsgott Dyaus, dessen Bedeutung sich in der Vaterschaft von göttlichen Zwillingen (den Ashvins) erschöpft. Der Himmelsgott, den wir aus der griechischen Mythologie als Zeus und von den Römern als Iup(p)iter kennen, nahm den obersten Rang in der Götterhierarchie ein.

Der Name des Himmelsgottes gehört zu den wenigen alten Namen, die sich in den indoeuropäischen Regionalkulturen erhalten haben. Die Namensformel **dieus phater* (‹himmlischer Vater›) lässt sich für das Proto-Indoeuropäische rekonstruieren, und von dieser Form leiten sich die Namensformen in den Regionalkulturen ab: altind. *Dyaus pita*, griech. *Zeus pater*, illyr. *Dei-patyros*, latein. *Iuppiter*, hethit. *Siu* (im Ausdruck *attas Isanus* ‹Vater Sonnengott› ist die Namensformel trotz Namenwechsels erhalten), luw. *tatis Tiwaz.*

Die Mythen vom Weltende und der Tochter des Herrschers

Für die geistige Welt der Proto-Indoeuropäer können, wie gezeigt, die verschiedensten Göttergestalten, Grundstrukturen der Gesellschaft in der Urheimat und allerlei mythische Einzelmotive identifiziert werden. Es gibt allerdings nur ganz wenige Themen der Erzähltradition, die mit Sicherheit als proto-indoeuropäisch gelten können. Im Reihenvergleich des Mythenschatzes in den indoeuropäischen Regionalkulturen scheinen die Konturen solcher Grundthemen auf.

Endkampf Gute gegen Böse. Ein elementares Thema in den indoeuropäischen Kulturen, deren Mythen näher bekannt sind, ist das vom Weltende. Es wurde von den Mythenforschern im 19. Jahrhundert «entdeckt» und ist in der Gestalt der altnordischen *Ragnarök* («Götterdämmerung») populär geworden (Olrik 1922). «Die Mitglieder vorwissenschaftlicher Gesellschaften verwenden Mythen über Schöpfung und kosmische Endstadien, um sich den Ursprung und das Schicksal der physischen Welt zu erklären» (Mallory/Adams 1997: 180). Im proto-indoeuropäischen Prototyp des Mythos vom Weltende wird der Kampf zwischen Gut und Böse dramatisiert, und die Agenten dieser schicksalhaften Auseinandersetzung werden entsprechend mit Wesen identifiziert, die die menschliche Vorstellung in die Welt des Übersinnlichen projiziert: mit Ungeheuern, Titanen und göttlichen Heroen.

Die Kraft des Bösen nimmt Gestalt an im Erzdämon, der sich die Macht erschleicht oder usurpiert und die Menschen unterdrückt. Im Augenblick der größten Not erscheint ein Held, der den Widerstand gegen den Tyrannen organisiert und in den Kampf zieht. Der Erzdämon ist unter verschiedenen Namen in den Regionalkulturen bekannt. Diese Rolle übernimmt Bres in Irland, Lucius Tarquinius bei den Römern, Loki in der altnordischen Erzähltradition, Dhrtarastra in der post-vedischen Literatur Indiens. In der iranischen Mythologie ist die Erzählung vom Weltende fast gänzlich vom Weltbild des Zoroastrismus verdrängt worden, und es sind nur Fragmente in einem späteren Text, *Bundahisn*, aus der Mitte des 1. Jahrtausends n. Chr. erhalten. Das dramatische Geschehen, das letztlich zur kosmischen Entscheidungsschlacht führt, ist regional-kulturell stark ausdifferenziert. Einige Mythenversionen bieten einen geradlinigen Handlungsstrang (etwa die irische), andere sind vielschichtig und unübersichtlich (etwa die indische). Die Unterschiedlichkeit in der Ausgestaltung des Grundthemas hängt unter anderem damit zusammen, dass die Motive vom Weltende in einigen Regionalkulturen von verschiedenen narrativen Genres verarbeitet worden sind. In Skandinavien gibt es sowohl einen mythischen als auch einen epischen Erzählstrang, wobei das letztere Genre vielfältige Ausschmückungen kennt (Schjødt 1993: 394 f.).

Der Erzdämon im irischen Mythos ist Bres. Seine Mutter stammt von den Tuatha De Danann ab, den von den Gälen verehrten alten Göttern Irlands. Der Vater von Bres ist ein Formorianer, er stammt aus einem Volk von Riesen, Feinden der Götter. Bres wird König, missbraucht seine Macht aber. Der Gott Lug(us) facht einen Aufruhr gegen Bres an. Dieser wird entmachtet und ins Exil gezwungen. Dort, in der Ebene von Tuired, sammelt Bres eine Armee von Formorianern um sich und zieht in die entscheidende Schlacht gegen die Tuatha De Danann. Viele Götter und Helden werden erschlagen. Magier der Tuatha erwecken ihre erschlagenen Gefährten zu neuem Leben. Am Ende gelingt es Lug, Bres und seine Gefolgsleute zurückzuschlagen. Die irische Göttin Morrigan verkündet den Beginn eines neuen Zeitalters, warnt aber gleichzeitig vor den Gefahren von Naturkatastrophen für die Ackerbauern und vor einer Verwilderung der Sitten.

Die Tochter des Herrschers. Einer der wenigen alten Mythen, die sich mit Gewissheit für die proto-indoeuropäische Periode rekonstruieren lassen, rankt sich um die Sicherung herrschaftlicher Macht in der Erbfolge. Alptraum eines jeden Herrschers war es, keine männlichen Erben zu hinterlassen. Dies bedeutete in der patriarchalischen Hierarchie der Nomadenclans das Ende der Vorherrschaft eines führenden Clans und die Gefahr einer Verfolgung durch rivalisierende Clans. Als Retter in der Not tritt im Mythos die Tochter des Herrschers auf, die in der Vereinigung mit einem fremden Herrscher oder mit einer Gottheit den gewünschten männlichen Nachwuchs in die Welt bringt.

Varianten dieses Mythos vom König und seiner jungfräulichen Tochter, die die männliche Erbfolge «wiederherstellt», findet man in indischen, römischen, nordgermanischen (skandinavischen) und keltischen Quellen (Mallory/Adams 2006: 437). Die bekannteste Version ist mit den mythischen Gestalten von Romulus und Remus assoziiert. Deren Mutter war nach mythischer Überlieferung Rhea Silvia, die ihre Jungfräulichkeit dem Gott Mars opfert, von diesem geschwängert wird und mit der Geburt der Zwillinge der dynastischen Linie ihres Vaters Numitor Kontinuität garantiert.

4. *Kontakte mit Ackerbauern im Westen*

(ab dem 5. Jahrtausend v. Chr.)

Die Kontakte der Proto-Indoeuropäer zu den autochthonen Alteuropäern in der Region, die im Westen an die Waldsteppe angrenzte, waren von anderer Natur als die Kontakte zu den Uraliern, den Jägern und Sammlern des Nordens. Die Alteuropäer hatten im Verlauf des 6. Jahrtausends v. Chr. das «Agrarpaket» angenommen, d. h. sich an eine agrarische Lebensweise mit Pflanzenkultivation gewöhnt. Die Kontakte der Steppennomaden mit den Ackerbauern beschränkten sich lange Zeit auf den Tauschhandel, dennoch hatten sie langfristige Folgen für die Kulturentwicklung der Leute aus der Steppe. An der westlichen Peripherie der proto-indoeuropäischen Urheimat wurden die Weichen für weitreichende Akkulturationsprozesse gestellt, in denen sich die proto-indoeuropäische Kultur wandelte.

Die Agrargesellschaft der Trypillya-Kultur an der Peripherie der eurasischen Steppe hatte bereits im 5. Jahrtausend v. Chr. einen hohen Entwicklungsstand erreicht. Die Alteuropäer hatten hochwertige Glasurtechniken für ihre Keramikherstellung entwickelt, ihnen waren die Geheimnisse der Metallverarbeitung vertraut (zunächst Kupfer, später Gold), sie verfügten über komplexe visuelle Kommunikationssysteme, wozu die Zahlennotation, kalendarische Aufzeichnungen und eine archaische Schrift gehörten. Technologisch waren die sesshaften Ackerbauern den Hirtennomaden in vieler Hinsicht überlegen. Dies äußerte sich in einer klaren Ausrichtung der Einflüsse im Kulturkontakt.

Die frühen Kontakte setzten im 5. Jahrtausend v. Chr. ein und erreichten einen ersten Höhepunkt in der Periode zwischen ca. 4700 und 4500 v. Chr. Sie fanden in der Zone der Waldsteppe statt, wohin sich der Ackerbau allmählich von Südwesten her verbreitet hatte. Anfangs kam es wohl zu Auseinandersetzungen, womöglich über die Kontrolle von Wasserreserven im Weideland, das auch von Ackerbauern beansprucht wurde. Dafür sprechen Funde größerer Mengen von Pfeilspitzen und Schleudersteinen (als Munition für Schleudern) an den Siedlungsplätzen in der Kontaktzone. Die Verteidigung der Siedlungen in der Trypillya-

Region gegen die eindringenden Leute aus der Steppe erlahmte schon bald, denn die Nomaden waren mobiler und besser auf bewaffnete Konfrontationen eingestellt als die sesshaften Ackerbauern. Es ist bereits in der Zeit der frühen Kontakte damit zu rechnen, dass sich einzelne Nomaden-Clans als herrschende Gruppen über die lokale nicht-indoeuropäische Bevölkerung an deren Siedlungsplätzen etablierten.

Die Annahme des «Agrarpakets»

Die Übernahme der Kontrolle über die lokalen Siedlungen fällt in die Spätphase von Trypillya B1 (zwischen ca. 4100 und 4000 v. Chr.; Dergachev 2002: 107). Die Trypillya-Kultur wurde aber nicht verdrängt, vielmehr beeinflusste sie die Kultur der Steppennomaden deutlich. Die archäologische Hinterlassenschaft dieser Fusion nicht-indoeuropäischer mit indoeuropäischen Traditionen vermittelt das Bild einer weitgehenden Akkulturation der Leute aus der Steppe, die sich an Sesshaftigkeit gewöhnten, den Pflanzenanbau von den Einheimischen lernten und agrarische Lebensweisen annahmen.

Synchron damit eröffnete sich für die Leute aus der Steppe auch eine neue sprachliche Orientierung. Die ältesten Elemente der Ackerbauterminologie, die in indoeuropäischen Sprachen überliefert sind, stammen aus jener Periode und datieren in die Spätphase des Proto-Indoeuropäischen. Im Unterschied zur weit verbreiteten Terminologie des Viehnomadismus in der Steppe gehören sie zur chronologisch jüngeren Schicht des proto-indoeuropäischen Wortschatzes, und es sind zudem nur wenige Kernbegriffe des Pflanzenanbaus gemein-indoeuropäisch (s. S. 66 f.).

Die Agrarterminologie verbreitete sich auch nicht vom Westen in alle Regionen der Urheimat, bevor sich die Protosprache auflöste. Viele Ausdrücke der jungen proto-indoeuropäischen Agrarterminologie gehören nicht zum Allgemeinwortschatz. Die Steppennomaden, die noch nicht selbst Ackerbau betrieben hatten, bevor sie aus der eurasischen Steppe abwanderten, erlebten erst danach unter regionalen Bedingungen den Umschwung zur neuen Wirtschaftsform und – damit verbunden – die Ausbildung einer regional-spezifischen Terminologie (z. B. in Indien).

Die relativ begrenzte Anzahl von domestizierten Pflanzen findet erstaunlich viele lexikalische Äquivalente im Wortschatz, was für eine späte Verbreitung der Pflanzenkultivation bei den Proto-Indoeuropäern spricht. Dies wird besonders deutlich bei den Ausdrücken für ‹Korn›, die in den Regionalkulturen stark divergieren. Einige der regionalen lexikalischen Divergenzen veranschaulichen Verzögerungsprozesse in der Verbreitung des Agrarpakets. So ist die Bedeutung des proto-indoeuropäischen Stammwortes **haegros* in den meisten indoeuropäischen Sprachen mit dem Ackerbau assoziiert (vgl. griech. *agros*, latein. *ager*, altengl. *aecer*, armen. *art* ‹Feld für den Anbau von Getreide›), im Sanskrit bedeutet *ájra* dagegen allgemein ‹Ebene› (ohne Bezug zum Ackerbau).

Technologische Innovationen

Eine Vorbedingung für die Entwicklung von Technologien ist, dass sie zu einer bestimmten Zeit und an einem bestimmten Ort gebraucht werden. Die Geschichte der Erfindungen zeigt, welche Rolle das ökologische Umfeld als Impulsgeber für die Schaffung innovativer Technologien spielt. Ein Beispiel: Die Erfindung des von Pferden gezogenen Streitwagens war nur sinnvoll und möglich in einer Region, wo sich das Gefährt und das Zugtier frei bewegen konnten, also nicht in der Wüste, nicht im Regenwald und auch nicht im Bergland, wohl aber in der Steppe mit festem Boden.

Die Fusion von Steppenkultur und agrarischer Lebensweise hatte nicht nur langfristige Folgen für beide Seiten (Akkulturation der Steppennomaden, Übernahme elitärer Sozialstrukturen und indoeuropäischer Sprache durch die sesshaften Alteuropäer), das Kontaktmilieu brachte auch revolutionäre Innovationen hervor, die für die Folgekulturen unverzichtbar werden sollten. Eine davon ist die Verarbeitung von Gold, die andere die Erfindung des Wagens mit Rädern.

Die Verarbeitung von Gold

Vor wenigen Jahren ist endgültig geklärt worden, dass die Anfänge der Metallschmelze in Europa zu suchen sind (Pernicka/Anthony 2009: 168 f.). Damit wird eine lang tradierte Lehrmeinung hinfällig, wonach die Metallverarbeitung vom Nahen Osten nach Europa gelangt sei. Kupfer wurde seit ca. 5400 v. Chr. verarbeitet, Gold seit rund 4500 v. Chr. Die ältesten aus Gold gefertigten Artefakte der Welt stammen aus der kupferzeitlichen Nekropole von Varna (s. Kap. 5). Das Schmelzen von Kupfer und Gold setzt spezialisiertes technisches Knowhow und die Verwendung von Brennöfen voraus, in denen Temperaturen von über 1000° erreicht und kontrolliert werden können. Solche Brennöfen haben die Alteuropäer erfunden und lange Zeit benutzt. Als Substratwort hat sich die Bezeichnung für einen solchen Brennofen im Altgriechischen erhalten: *kaminos*, wovon sich Kulturwörter wie dt. *Kamin*, engl. *chimney*, franz. *cheminée* usw. – mit veränderter Bedeutung – ableiten.

Der Ausdruck für Kupfer im Griechischen, *chalkos* (bzw. *kalchos*), ist ein Lehnwort aus der vorgriechischen Substratsprache (Beekes 2010: 1611 f.). Er steht in Beziehung zu *chalke* (bzw. *kalche*) ‹Purpurschnecke›, und dies ist ebenfalls ein vorgriechisches Lehnwort. Der Name für Kupfer ist also in Anlehnung an die rötliche Farbe des Metalls gewählt worden. Im Altgriechischen hat auch ein altes einheimisches Wort für Gold überlebt, *agchouros* (Beekes 2010: 17 f.). In der Kupferzeit sind mit Gold rituelle Prestigefunktionen assoziiert. Wie später in der griechischen Antike waren Gegenstände aus Gold bevorzugte Opfergaben für die Götter verschiedener Kulte (Noble 2003: 105 ff.).

Das Kerngebiet der Technologie der Metallverarbeitung lag in der karpatisch-balkanischen Region, und dieses Areal dehnte sich allmählich in die Zone der Waldsteppe nach Osten aus. Die helladischen Stämme, die nach Griechenland einwanderten, hatten bereits Kenntnis vom Schmiedehandwerk aus ihren Kontakten mit der alteuropäischen Bevölkerung in der nördlichen Balkanregion (Bulgarien, Transsilvanien). Das handwerkliche Geschick der mykenischen Goldschmiede weist auf eine alte Tradition in Südosteuropa. Das Gold der Mykener kam nämlich überwiegend aus Transsilvanien und dem östlichen Makedonien (Cultraro 2011: 188 f.), und elementare Begriffe der Metallbearbeitung wurden mit Ausdrücken aus der Sprache der Alteuropäer benannt. Die Zange der Kupferschmiede etwa hat eine vorgriechische Bezeichnung: *schendyle*. Gold wurde bis in die klassische Antike aus Flussläufen gewaschen. Auch der Ausdruck für ‹Goldwäscher› im Altgriechischen (*selaggeus*) stammt aus vorgriechischer Zeit.

Neben dem älteren Ausdruck *agchouros* war ein jüngeres Lehnwort semitischer Herkunft in Gebrauch: *chrysos* (‹Gold›). Etwa in der zweiten Hälfte des 2. Jahrtausends v. Chr. modernisierten die mykenischen Griechen ihre von den Alteuropäern übernommene Metallverarbeitung über Technologieimporte aus Anatolien und dem Nahen Osten.

Die Einführung von Rad und Wagen

Bestimmte Erfindungen sind mehrfach – und unabhängig voneinander – an verschiedenen Orten und unter unterschiedlichen kulturellen Bedingungen gemacht worden. Die Technologie der Pflanzenkultivation ist zu verschiedenen Zeiten in der Alten und Neuen Welt entwickelt worden. Ähnliches gilt für die verschiedenen Originalschriften der Welt (s. Kapitel 16). Andere Technologien dagegen werden irgendwann in einem einmaligen Vorgang erfunden und verbreiten sich dann von einem Epizentrum in andere Regionen der Welt. Die Erfindung von Rad und Wagen gehört zu diesen Errungenschaften der Kulturgeschichte.

Die ältesten Hinweise auf die Verwendung von Wagen mit Rädern stammen aus der Trypillya-Region, aus der Kontaktzone von Indoeuropäern und Alteuropäern. Im Wortschatz der indoeuropäischen Grundsprache werden mehrere Ausdrücke für den Begriff ‹Rad› unterschieden (Parpola 2008: 4 ff.). Eine Erklärung dafür mag sein, dass die Radtechnologie auf einer Kette von Experimenten mit Rad und Achse beruht, dies allerdings in derselben Region (Huld 2000: 95). Das Produkt des Wagens mit Rädern wäre damit das Endstadium einer längeren Entwicklungszeit, und in der technischen Terminologie, die in den indoeuropäischen Sprachen erhalten ist, spiegelt sich dieser Sachverhalt (Raulwing 2000):

$*k^{w}ek^{w}los$
altnord. *hvel* ‹Rad›, altengl. *hweohl* ‹Rad›, mndl. *wiel* ‹Rad›, avest. *čaxtra* ‹Rad›, altgriech. *kuklos* ‹Kreis› und *kukla* (Pl.) ‹Räder›, tochar. *kukal* ‹Wagen›

$*rot\text{-}eh_2\text{-}$
altir. *roth* ‹Rad›, latein. *rota* ‹Rad›, ahd. *rad* ‹Rad›, lit. *ratas* ‹Rad›, lett. *rats* ‹Rad› und *rati* (Pl.) ‹Wagen›, alban. *rreth* ‹Ring, Reifen›, avest. *ratha* ‹Karren, Wagen›, altind. *rátha* ‹Karren, Wagen›

$*h_2eks\text{-}$,
lat. *axis* ‹(Rad)Achse›, altengl. *eax* ‹Achse›, ahd. *ahsa* ‹Achse›, altkirchenslaw. *osi* ‹Achse›, altind. *ákṣa* ‹Achse›

Genau betrachtet handelt es sich nicht um eine einzige Erfindung, sondern um mehrere spezifische, die in einen praktischen Zusammenhang gestellt werden. Die Idee des Rades hätte theoretisch überall dort auf der Welt entstehen können, wo es Material zum Bau eines Rades gibt, also überall dort, wo Nutzholz wächst. Die Idee einer runden Scheibe war

Wagen mit Vollrädern in der eurasischen Steppe (4. und 3. Jahrtausend v. Chr.)
a) Rekonstruktion des ältesten Wagenmodells

allen prähistorischen Völkern aufgrund ihrer Beobachtungen der Himmelskörper, insbesondere der Sonne und des Mondes, vertraut. Diese Idee umzusetzen für die Zwecke einer praktischen Technik ist allerdings keineswegs so schlüssig und geradlinig, wie es den Anschein hat. Rad und Wagen sind in einer bestimmten Region erfunden worden, von wo sie sich in alle Welt verbreitet haben. Die Fundstätten mit den ältesten Resten von Wagen und Rädern liegen alle in der eurasischen Steppe, genauer gesagt auf europäischer Seite und im nördlichen Kaukasusvorland.

Der entscheidende Impuls für die Entwicklung des Rades ging nicht von einem möglichen Transportmittel aus, sondern von der Verwendung der Töpferscheibe bzw. von deren Vorläufer. Zweifellos ist das Töpferrad die Vorstufe für die später entwickelte Töpferscheibe. Auch in Mesopotamien experimentierten die Töpfer mit einer ähnlichen Einrichtung, die von den Archäologen *tournette* genannt wird (Nissen 1988: 46). Das Töpferrad wurde im 4. Jahrtausend v. Chr. von den Ubaid Leuten eingeführt, den Vorläufern der Sumerer im Zweistromland. Was die absolute Chronologie betrifft, so ist allerdings in Europa zuerst mit dem Töpferrad experimentiert worden. Der älteste Fund eines Töpferrades stammt von einer Siedlung der Trypillya-Kultur (Varvarovka) und datiert ins 5. Jahrtausend v. Chr. (Videjko 2008: 16). Auch der Entwicklungsgang vom Töpferrad zur Töpferscheibe war in Europa «kürzer» als in Asien.

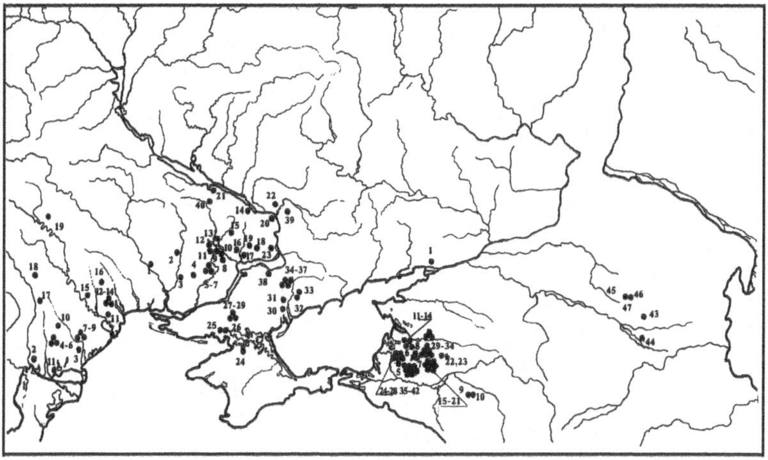

b) Fundstätten nördlich des Schwarzen Meers

Lange Zeit glaubte man, Rad und Wagen seien von den Sumerern erfunden worden – bis älter datierte Funde in der Ukraine gemacht wurden. Die Verwendung des Rades für praktische Zwecke (u. a. für vierrädrige Wagen) ist zuerst für die Peripherie Alteuropas bezeugt (Maran 2004, Anthony 2007: 65 ff.). In Mesopotamien wurde dann der von Ochsen gezogene vierrädrige Wagen als technische Errungenschaft aus dem Norden eingeführt. In der Anfangszeit waren Wagen bei den Sumerern hauptsächlich als Transportfahrzeuge innerhalb der Städte gebräuchlich, nicht aber für Überlandtransporte über Wüstenrouten. In der Frühzeit war der vierrädrige Wagen auch ein Repräsentationsobjekt königlicher Macht, und Wagen finden sich unter den Beigaben in den Königsgräbern.

Die Handelskontakte der Indoeuropäer mit Mesopotamien entfalteten sich über zwei Routen durch den Kaukasus. Die westliche Route führte durch Abchasien und Georgien nach Ostanatolien, die östliche Route mit direkter Verbindung nach Mesopotamien endete in Aserbaidschan. In der Region von Maikop mit ihrer frühen Handelsmetropole waren technisch versierte Handwerker tätig. Maikop entwickelte sich zur wichtigsten Drehscheibe für Waren aus dem Norden (Kupfer, Silber, Gold, Türkis) und aus dem Süden (Keramik, Perlen). Waren aus dem Süden wurden von den Maikop-Kaufleuten weiter nach Norden gehandelt, bis in die Täler des Don und der Wolga. Über diese Handelsroute fanden auch Ideen und Technologien ihren Weg in beide Richtungen: «Leute aus Maikop haben

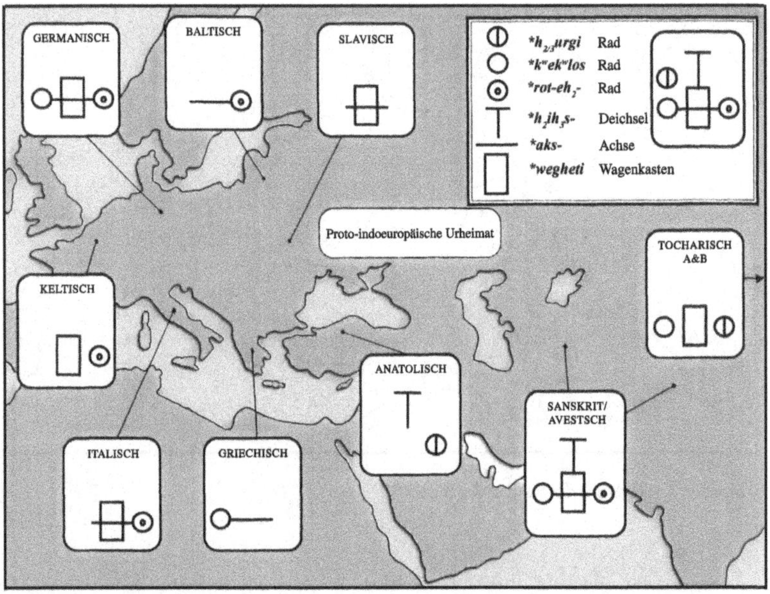

Die sprachgeographische Verbreitung der Terminologie zu Rad und Wagen in den Regionalkulturen

möglicherweise die ersten Kastenwagen in die eurasische Steppe gefahren» (Anthony 2007: 263).

Die Transportterminologie ist für die meisten Sprachzweige des Indoeuropäischen dokumentiert. Am vollständigsten hat sich das ursprüngliche Vokabular für Rad und Wagen im Altindischen erhalten. Auch im Germanischen leben die meisten technischen Ausdrücke weiter. Lediglich fragmentarisch ist die Terminologie in anderen Regionalkulturen bewahrt, so im Keltischen, Baltischen oder Griechischen. Im Fall des Griechischen lassen sich konkrete Gründe anführen, weshalb von der ursprünglichen Terminologie auf indoeuropäischer Basis nur Fragmente tradiert worden sind (s. u.).

Die Waldgebiete Westeuropas waren für Transportmittel wie Radwagen ebenso ungeeignet wie die hügeligen, von Flussläufen durchzogenen Landschaften der Balkanregion. Besonders eignete sich dieses Transportmittel allerdings in der offenen Wald-Steppe mit ihrem lichten Baumbestand und in der Steppe, dem charakteristischen Terrain der östlichen Trypillya-Region. Von dort verbreiteten sich Rad und Wagen ab ca. 3500 v. Chr. Die Träger der Jamnaja-Kultur, die um 3300 v. Chr. aus der pontischen Steppe zogen, Druck auf die Siedlungen der Usatovo-Leute ausübten und deren Westbewegung im Zuge der dritten Kurgan-Migration auslösten, transportierten ihren Tross auf Radwagen (Parpola 2008: 34).

Alteuropäisch-indoeuropäische Kooperation in der Transporttechnologie

Die Anfänge des Gebrauchs von Rad und Wagen lassen sich zwar chronologisch bestimmen und das Ursprungsgebiet geographisch eingrenzen, aber wer waren die erfinderischen Pioniere, denen dieser technologische Durchbruch gelang? Die Existenz einer Spezialterminologie zu Rad und Wagen im Wortschatz des Proto-Indoeuropäischen spricht dafür, dass es eher Leute aus der Steppe waren, die sich daran machten, ihre Transportkapazitäten zu erweitern. Die neuere Forschung zur indoeuropäischen Wortgeschichte vermittelt nun überraschende Erkenntnisse zu Überresten einer vorgriechischen Nomenklatur in der altgriechischen Wagenterminologie. Diese Substratelemente stammen aus der Sprache der Alteuropäer (Datenbank HH-2013 zu Substratelementen):

amanan/amaxan ‹Wagen (mit vier Rädern)›
amaxa ‹Chassis eines vierrädrigen Wagens›
ampyx ‹Reif eines Rades›
apene ‹vierrädriger Kastenwagen›
kamara ‹Wagen mit gewölbtem Dach›
kapan/kapane ‹Wagen (in Thessalien)›
lampene/lapine ‹gedeckter Wagen (in Thessalien)›
morgos ‹Korb eines zweirädrigen Gefährts, mit dem Stroh und Spreu transportiert wurde›
othiza ‹von Maultieren gezogener Wagen›
satinai ‹zweirädriger Wagen; Kutsche (für Frauen)›
smyliche ‹Loch im Joch der Zugtiere, in das die Deichsel für einen zweirädrigen Wagen eingepasst wird›

Vergleicht man das Inventar der indoeuropäischen Ausdrücke mit der Spezialterminologie alteuropäischer Herkunft, stellt man fest, dass diese beiden Reihen nicht äquivalent sind. Vielmehr handelt es sich um selbständige Inventare mit jeweils spezialisierten Ausdrücken, die offensichtlich unabhängige technologische Entwicklungen reflektieren. Die indoeuropäische Reihe enthält elementare Begriffe der Wagenterminologie, während die alteuropäische Reihe eher spezielle Bezeichnungen umfasst.

Wie erklärt sich diese doppelte Wagenterminologie? Haben Indoeuropäer und Alteuropäer unabhängig voneinander mit Rad und Wagen experimentiert, bevor dieses technologische Kompaktpaket unter Führung der Steppennomaden realisiert wurde? Wenn die Idee des Töpferrades die Erfinder des Wagens inspiriert hat, dann geschah dies im bikulturellen Milieu der Trypillya-Kultur. Kooperationsmöglichkeiten zwischen Proto-Indoeuropäern und Alteuropäern boten sich nicht allein im wirtschaftlichen und kulturellen Bereich, sondern insbesondere auch im technologischen Sektor, und zweifellos profitierten beide Seiten von der neuen Erfindung.

Es gibt eine Alternative, die zweisprachige Spezialterminologie zu erklären. Die Experimente mit Radkonstruktionen, mit Mechanismen der Radaufhängung, mit Achsenlagerung und -drehung sowie mit geeigneten Kastenkonstruktionen für Wagen wurden von findigen Steppennomaden durchgeführt. Die Alteuropäer probierten frühe Wagenmodelle aus, sammelten Erfahrungen und machten sich selbst daran, technische Verbesserungen zu erreichen. Auf diese Weise entstanden zwei Terminologien, die sich begrifflich ergänzen und nicht einfach überlappen.

Ob nun in Form von Kooperationsprojekten oder als Weiterentwicklung eines Wagen-Prototyps durch verschiedene Gruppen von Technikern – die Idee eines Transportfahrzeugs mit Rad und Wagen ist assoziiert mit der bikulturellen Kontaktzone im Osten der Trypillya-Kultur. Der Durchbruch wurde erzielt zu einer Zeit, als die alteuropäische Sprache noch von den Trypillya-Leuten gesprochen wurde, d.h. bevor sich diese ans Indoeuropäische assimilierten. Die alteuropäische Wagenterminologie wurde später von der indoeuropäischen überlagert und blieb nur in Resten erhalten, dokumentiert im Altgriechischen.

Das Modell des Kastenwagens mit vier Rädern wurde zum Erfolgsschlager in der Alten Welt, in Europa wie auch in Westasien. Noch Jahrtausende nach seiner Einführung wurde dieses Modell in der Steppe verwendet, so von den Skythen im 1. Jahrtausend v. Chr. (Schiltz 1994: 353).

Der Streitwagen – eine kleine Kulturgeschichte

Die indoeuropäische Basisterminologie bezieht sich auf die Konstruktion des vierrädrigen Wagens, während in der Reihe der alteuropäischen Substratwörter technische Begriffe zu finden sind, die sich auf Wagen mit zwei Rädern beziehen (*morgos, satinai, smyliche*). Die Nomenklatur für zweirädrige Wagen ist jüngeren Datums, denn dieser Wagentyp ist vom Basis-

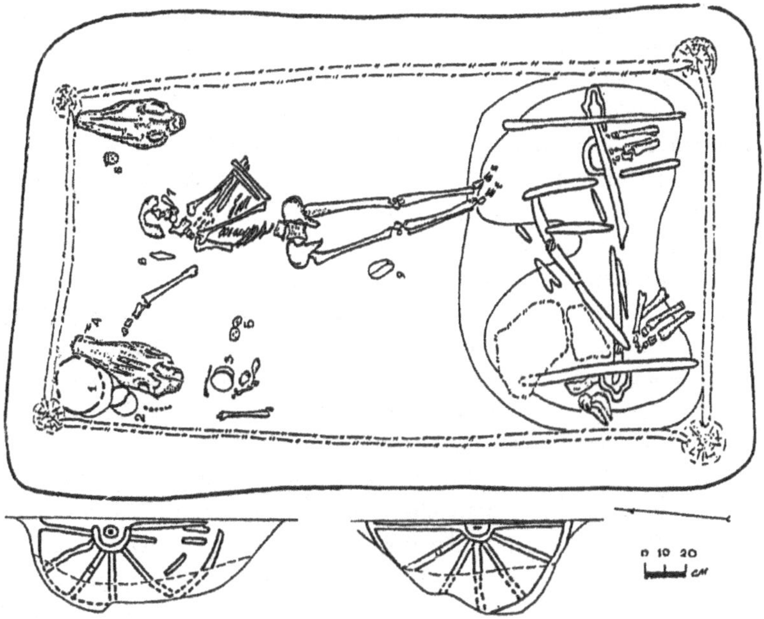

Reste eines Streitwagens aus dem Grabfund von Krivoe Ozero (südlicher Ural; um 2000 v. Chr.)

modell des vierrädrigen Wagens abgeleitet. Die alteuropäischen Substratwörter im Altgriechischen deuten auf eine Verwendung als Transportmittel für zivile Zwecke, nicht auf eine Funktion bei der Kriegführung wie der Streitwagen. Die Bedeutung des Ausdrucks *satinai* verweist auf die Lebenswelt der Frauen in der griechischen Antike. Es gab nämlich einen bestimmten zweirädrigen Wagentyp, der anlässlich von Hochzeiten verwendet wurde, aber nur als Transportmittel für die Braut. Die Szene einer Hochzeitsprozession mit einer solchen «Hochzeitskutsche» ist auf einer attischen Vase aus der Zeit um 490 v. Chr. abgebildet (Oakley 2013: 119).

Wenn Sprache ein Spiegel der Kultur ist, tritt uns hier vielleicht ein Kontrast mit weitreichenden zivilisatorischen Konsequenzen entgegen: Der zweirädrige Wagen wurde von den Alteuropäern für eine friedliche Nutzung geschaffen (noch erkennbar in der Tradition der griechischen Hochzeitskutsche), während eine andere Version dieses Wagentyps, der Streitwagen, für militärische Zwecke adaptiert wurde.

Nach traditioneller Annahme wurde der Streitwagen um 1700 v. Chr. im Nahen Osten entwickelt. Neuere Funde weisen in eine andere Region und in eine andere Zeit: «Zweirädrige Streitwagen wurden zuerst in der Steppenzone erfunden, wo sie im Kriegswesen Verwendung fanden» (Anthony 2007: 403). Die ältesten Reste eines zweirädrigen Gefährtes mit den Eigenschaften eines Streitwagens stammen aus dem südlichen Ural und datieren in das späte 3. Jahrtausend v. Chr.

Das hohe Alter dieses Wagenfundes spricht dafür, dass es sich hierbei um das Protomodell für einen Streitwagen handeln könnte. Offensichtlich war der Fundort das Grab eines Kriegers, denn zu den Beigaben gehören auch Pfeilspitzen und Waffen aus Bronze (Dolch, Axt). Das Grab enthält zudem die Knochen einer rituellen Pferdebestattung. Die Untersuchung dieser wie auch anderer Pferdeknochen aus Wagengräbern zeigt, dass die Steppennomaden ein großes Pferd als Zugtier verwendeten, mit einer Schulterhöhe von 160 cm (Kuzmina 2008: 61). In den Herden wurden dagegen überwiegend kleinere Pferde gehalten.

Aufgrund seiner materiellen Hinterlassenschaft wird der Fundort von Krivoe Ozero der Sintashta-Kultur zugeordnet, einer frühen indoeuropäischen Regionalkultur an der Peripherie der Urheimat. Die Sintashta-Kultur war der älteste lokale Vertreter eines großen Kulturkomplexes, der als Andronovo-Kultur bekannt ist und sich hauptsächlich in der kasachischen Steppe ausdehnte (s. Kap. 6). Es waren Menschen aus Zentralasien, die mit ihren Streitwagen nach Indien aufbrachen.

Der Streitwagen als technologische Innovation verbreitete sich in Windeseile nach Osten und Westen und erlebte vielfache Veränderungen im Hinblick auf Bauart und Ausrüstung (Parpola 2012a: 135). Auch sein taktischer Einsatz als Kampfwagen – entweder als Einzelgefährt oder in der Formation – wandelte sich.

Die indoeuropäische Elite, die Mitanni (s. Kap. 13), die für einige Zeit (von ca. 1500 bis ca. 1350 v. Chr.) in Nordsyrien politisch tonangebend waren, verdankten ihre Vormachtstellung ihrer Streitwagentaktik. Es wurden Formationen von jeweils fünf oder sechs Wagen gebildet. «Sechs solcher Abteilungen (dreißig bis sechsunddreißig Streitwagen) waren mit Infanterie kombiniert unter dem Befehl eines Brigadekommandeurs» (Anthony 2007: 403).

Im 11. Jahrhundert v. Chr. errangen die Zhou-Herrscher in China den Sieg über die Shang-Dynastie dank des taktischen Einsatzes ihrer Streitwagen. Das waren aber die letzten Siege in Ostasien, die mittels Streitwagen erreicht wurden. Gegen Ende der Bronzezeit kam der Streitwagen in den Armeen der meisten damaligen Großmächte (Assyrien, Hethiterreich) außer Gebrauch. Lediglich in Nordafrika diente er weiterhin für die Zwecke der mobilen Kriegführung. In Europa wurden Streitwagen bis in die mykenische Ära verwendet, aber nur noch als eine Art Truppentransporter, um die schwerbewaffneten und gepanzerten Einzelkämpfer (Hopliten) zum Kampfgeschehen zu bringen. In Herodots *Historien* aus dem 5. Jahrhundert v. Chr. ist keine Rede mehr von Schlachten mit Streitwagen. Lediglich in Buch IV (193) findet sich ein isolierter Hinweis auf die Zauekes (ein Nachbarvolk der Libyer), «deren Frauen zu Kriegszeiten als Streitwagenlenkerinnen dienen».

Alexander der Große verdankte seine Siege den Überraschungsangriffen seiner Reiterei, und zu jener Zeit diente der Streitwagen nurmehr als Gefährt für den Oberbefehlshaber der Armee. Im sogenannten Alexandermosaik aus einem Patrizierhaus in Pompeji (datiert um 100 v. Chr.) ist eine Szene der Schlacht von Issos (333 v. Chr.) abgebildet. In der Mitte sieht man den persischen König Dareios III. auf seinem Befehlswagen.

Bereits während der archaischen Periode (vom 8. bis 6. Jahrhundert v. Chr.) diente der Streitwagen als «Rennwagen» in sportlichen Wettkämpfen, und diese Funktion hat sich durch die gesamte Antike erhalten. Die großen Wagenrennen wurden mit Zweispännern (griech. *synoris*) und mit Vierspännern durchgeführt (griech. *tethrippon*), sie waren ein beliebtes Motiv in der darstellenden Kunst (Miller 2012: 13).

In einigen Regionalkulturen der Indoeuropäer wurde die technologische Errungenschaft des Streitwagens als Göttergabe oder als Geschenk mythischer Heldengestalten gefeiert. Im griechischen Mythos wird Athene zur Erfinderin des Streitwagens (Athene Hippia), und sie bildet die besten Wagenlenker aus (Nonnus, *Dionysiaca* 37). Der Erste, der den Streitwagen den Athenern vorstellte, war Erechtheus, der Nachkomme der Erdgöttin Gaia und Adoptivsohn Athenes. Die technische Innovation des Jochs, mit dem die Zugpferde an der Deichsel gehalten werden, geht auf Erechtheus zurück (Connelly 2014: 132). Der zweirädrige, von Pferden gezogene Wagen wurde zum Vehikel der Götter. Helios lenkt den Sonnenwagen in einem weiten Bogen über den Himmel, Poseidon fährt mit einem solchen Wagen, ebenso Athene.

Auch in der indischen Götterwelt ist der zweirädrige Wagen als Transportmittel bekannt, für Surya, den Sonnengott (s. Abb. S. 298). Sein Wagen wird von sieben Pferden gezogen, und die Räder haben zwölf Speichen. Der Wagenlenker für Surya ist Aruna.

Es gibt eine weitere Parallele zwischen der griechischen und der indischen Mythologie, bei der der Streitwagen im Mittelpunkt steht. Sie tritt uns in philosophischen und religiösen Texten entgegen, in denen der Seelenflug thematisiert wird. Dabei steht der Wagen metaphorisch für den Körper, das Transportmittel der Seele, der Wagenlenker für das Individuum, die Zügel für das rationale Handeln, die beiden Pferde für die menschlichen Sinne und Aspirationen: Das schwarze Pferd symbolisiert die gefährlichen Sinne im Menschen: Habgier, sexuelle Begierde, Machtstreben, das weiße die Tugenden: Besonnenheit, Ehrgefühl, Gerechtigkeitssinn. Die Kunst des Seelenflugs, hoch zu den Göttern, besteht darin, insbesondere das schwarze Pferd unter Kontrolle zu halten und die Bewegungen der beiden Pferde harmonisch zu koordinieren.

Dieses mythische Bild vom Streitwagen erscheint in Platos Dialog *Phaidros* (Werner 2012: 110f.) und ganz ähnlich in einem vedischen Text, in Sanskrit verfasst (*Katha Upanishad*). Wie lassen sich solche Parallelen in der mythischen Tradition zweier indoeuropäischer Regionalkulturen an den Peripherien erklären? Weisen sie auf einen gemeinsamen Ursprung, der vielleicht in der Periode der Verbreitung des Streitwagens in Eurasien (d. h. im 2. Jahrtausend v. Chr.) zu suchen ist? Abwegig wäre dies nicht, denn an den Peripherien haben sich auch uralte mythische Gestalten erhalten, so der proto-indoeuropäische Hirtengott (s. Kap. 3). Andererseits kann es sich bei der Streitwagen-Metaphorik um typologische Parallelismen handeln ohne historische Beziehungen zueinander, möglicherweise aber auch um die Spur eines frühen Ideenaustausches zwischen Griechenland und Indien (Schiltz 2006).

5. *Die erste Migration der Steppennomaden*

(ab Mitte des 5. Jahrtausends v. Chr.)

Es liegt nahe, in der Verbreitungsgeschichte von Sprachen Migrationen als einzige Ursache in Erwägung zu ziehen. Tatsächlich lassen sich aber sehr unterschiedliche Szenarien erkennen. Eine Sprache kann sich mit ihren Sprechern im Rahmen der Wanderbewegung einer ganzen Population verbreiten. In diesem Fall ist Migration (z. B. die der Germanen nach Skandinavien) ein maximaler Wirkungsfaktor. Die Verbreitung einer Sprache kann aber auch so erfolgen, dass sich eine relativ kleine soziale Elite irgendwo in sprachlich fremdem Territorium etabliert, ihre Sprache zum Instrument elitärer Machtausübung wird und sich die von dieser Elite kontrollierte Bevölkerung assimiliert (z. B. bei der Übernahme des alteuropäischen Handelszentrums von Varna durch Steppennomaden). In diesem Fall ist Migration ein minimaler Faktor für die Sprachverbreitung.

In den vergangenen zwei Jahrzehnten ist eine Vielfalt von Sprach- und Kulturkontakten erforscht worden, und inzwischen sind auch die Bedingungen von Assimilationsprozessen besser bekannt. Die einheimischen Jäger und Sammler in Südosteuropa nahmen eine agrarische Lebensweise an, Migration spielt in diesem Prozess entweder keine oder nur eine minimale Rolle (regionale Kleinraummigration). Die Verbreitung des Ackerbaus in die Balkanregion hatte keine Sprachverbreitung zur Folge; die akkulturierten alteuropäischen Jäger und Sammler behielten ihre nicht-indoeuropäische Sprache bei.

Die Geschichte der Verbreitung indoeuropäischer Sprachen illustriert eine breite Spanne zwischen minimaler und maximaler Migrationsdynamik.

Migration und ihre Motivation

Es gab Zeiten, da haben die Forscher die Indoeuropäer wandern lassen, und zu anderen Zeiten waren Annahmen zu Migrationen regelrecht verpönt – abhängig vom jeweiligen Zeitgeist. In den 1960er Jahren zum Beispiel waren Migrationsthesen zur europäischen Vorgeschichte nicht aktuell. Aus der Sicht mancher Prähistoriker war die Entwicklung der neolithischen Kulturen in Südosteuropa regional geprägt (Cunliffe 2008: 21).

Inzwischen liegen neueste Erkenntnisse der Humangenetik vor, die die Migrationsbewegung von Steppennomaden nach Westen stützen (Haak u.a. 2015). Aufgrund neuen Wissens über Mobilität von Populationen, ihre Wirtschaftsformen, ihre Sozialstruktur und ihre materielle Hinterlassenschaft ist auch der Migrationsbegriff weiter differenziert worden. Die früher angenommene Opposition von Migration versus Sesshaftigkeit hat sich in eine ganze Skala von verschiedensten Existenzformen ausgegliedert. Mit der Erweiterung des Erkenntnishorizonts ging auch eine Veränderung des wissenschaftlichen Zeitgeistes einher: «Die Forschung über mesolithische und neolithische Gesellschaften zeigt ständig, dass Mobilität und Migration die Norm in Gesellschaften der Steinzeit waren ... und keine seltenen Ausnahmen. ... Das interpretative Klima in der Archäologie ermutigt wieder die Erkundung von Perspektiven der Migrationsforschung» (Prescott/Glørstad 2012: 3).

In stärkerem Maß als Ackerbauern sind nomadische Gemeinschaften mit ihren Viehherden anfällig gegenüber sich verändernden Witterungsbedingungen oder Klimawandel. Perioden mit besonders günstigen Bedingungen sind förderlich für eine Vermehrung der Herden, was wiederum eine Ausdehnung der Weideflächen erforderlich macht. In Trockenperioden wird der Viehbestand wegen Wassermangel dezimiert. Dürre- oder Frostperioden können die Existenz ganzer Populationen gefährden.

Diese Fluktuationen der Nutzung von Weideland bestimmen den Rhythmus der für nomadische Gesellschaften typischen Migrationsbewegungen. Diese können kleinräumig oder großräumig sein. Beobachtungen zur Mobilität nomadischer Gruppen in heutiger Zeit zeigen, dass manche Clans mit ihren Herden mehrere Hundert Kilometer pro Jahr herumziehen. Aus Zentralasien sind sogar Migrationszyklen von über 1000 Kilometern jährlich bekannt.

In schlechten Zeiten kann es notwendig sein, das Weideland für die eigene Herde auszuweiten. Wenn das zusätzlich benötigte Gelände auch für andere Herdenbesitzer als Ausweichmöglichkeit wichtig wird, entstehen Konflikte. Die Suche nach Notweiden wird dann zum Überlebenskalkül. Wo es keine Möglichkeit gibt, das Weidegebiet saisonal im vertrauten Areal auszudehnen, richtet sich die Suche nach außen, also in Gebiete jenseits der Steppenzone. Eine der bevorzugten Notweiden für die Steppennomaden der Urheimat war das Gebiet südlich des Donaudeltas, die Dobrudscha.

In der Epoche nach der Eiszeit waren Klimaschwankungen ausschlaggebend für die klein- und großräumigen Migrationen der Proto-Indoeuropäer. Dazu sind einige allgemeine Szenarien postuliert worden (Carpelan/Parpola 2001: 117 ff., Burroughs 2005: 237 ff., Gronenborn 2005, Budja 2007: 192 f., Anderson u.a. 2007: 148 ff.):

Während der sogenannten atlantischen Periode (ca. 6900–3800 v. Chr.) herrschte feuchtwarmes Klima vor, was die Haltung größerer Herden begünstigte. Für den Zuwachs von Herdentieren mussten weiträumige Weidegründe erschlossen werden. Während dieser Zeit war es den Steppennomaden möglich, ihre Weiden immer weiter nach Westen, bis in die Nachbarschaft der Ackerbauern (d. h. bis zu den Siedlungen der Trypillya-Kultur in der östlichen Ukraine), auszudehnen. Die sich dort entfaltende Kultursymbiose zwischen Viehnomaden und der einheimischen Agrarbevölkerung erweiterte den Erfahrungshorizont der Leute aus der Steppe. Sie erfuhren mehr und mehr über die Handelsgüter und Handelsplätze der Ackerbauern. Das Interesse für diese Waren wuchs offensichtlich, denn die Zunahme von Artefakten aus den Werkstätten der Bauern an den Lagerplätzen der Nomaden ist nachweisbar.

Das Streben danach, die Handelszentren näher kennenzulernen und vielleicht sogar Einfluss auf den Warenverkehr zu nehmen, war sicher neben dem Klimawandel ein weiterer Faktor, der bestimmte Gruppen von Nomaden dazu bewog, die Steppe auf der Suche nach auswärtigen Ressourcen zu verlassen. Und schließlich ging es auch um begehrte Rohstoffe. Einer davon war in der Steppe knapp, stand aber im Nordosten der Balkanregion, in der Gegend von Varna, mehr als ausreichend zur Verfügung: das Salz (Nikolov 2008). Die Stoßrichtung der frühen Migrationen von Steppennomaden zielte nicht zufällig auf Regionen mit Salzvorkommen (Cavruc/Chiricescu 2006).

Es ist nicht präzise zu bestimmen, welche Motivationen überwogen, jedenfalls ist für die zweite Hälfte des 5. Jahrtausends v. Chr. die erste Wanderung der Steppennomaden (Kurgan-Migration I) ermittelt worden (Gimbutas 1991: 361 ff.), und diese war auf die Region im Nordwesten des Schwarzen Meers gerichtet.

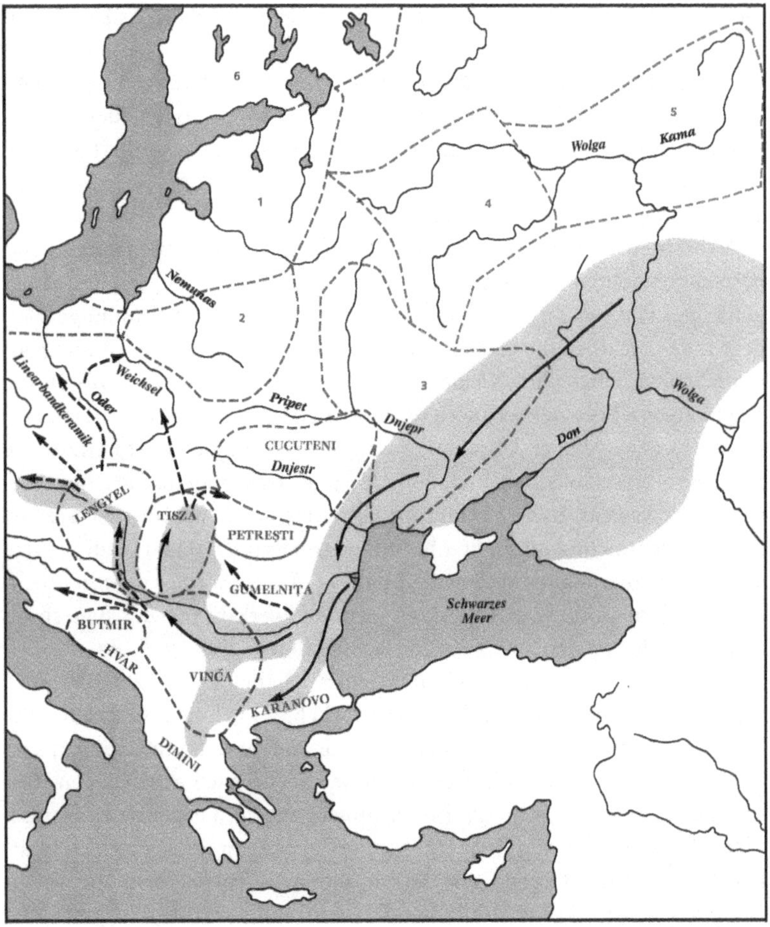

Zielgebiete der ersten Migration aus der Steppe (Kurgan I)

Legende:

Siedlungsreste der Steppennomaden im Horizont von Kurgan I
Migration der Steppennomaden und Ausweichbewegungen der Alteuropäer

Kurgan-Nomaden

Alteuropäer

Regionalkulturen in Nordeuropa:

1. Narva
2. Nemunas
3. Dnjepr-Donez
4. Volosovo
5. Volga-Kama
6. Sperrings

Indizien für die Wanderungen der Nomaden

Proto-indoeuropäische Steppennomaden sind in mehreren Schüben und in größerer Zahl nach Westen abgewandert. Zunächst waren es wohl nur kleine Pioniergruppen, die das Terrain erkundeten, gut organisiert und von berittenen Kriegern begleitet. Wenn sich solche Gruppen irgendwo an günstigen Orten etabliert hatten, zogen andere Steppennomaden hinterher. Die Landnahme der Leute aus der Wald-Steppe war sicher keine Angriffswelle wilder Reiter, die die Siedlungen der Ackerbauern überrannten.

Andere Nomadengruppen verblieben im Areal der Urheimat, ihre Nachfahren waren iranische Bevölkerungsgruppen, die den Kontakt mit denjenigen Migranten aufrechterhielten, die später ins iranische Hochland abwanderten (siehe Kap. 6). Die Richtung der Migrationen kann man an der Siedlungsstratigraphie feststellen, und die periodischen Schübe sind an den Kulturschichten zu erkennen. Wenn man die Migrationsdynamik anhand ihrer Konsequenzen hypothetisch rekonstruieren kann, liegt die Frage nahe, ob es auch Marker gibt, die die Bewegung bestimmter Populationen von bestimmten Epizentren aus in Regionen jenseits der Urheimat ausweisen. Solche Marker gibt es in der Tat: zum einen bestimmte Leitformen in der figurativen Kunst, zum anderen die geographische Verbreitung von Eigenarten eines bestimmten Genoms (genetischen Profils).

Einige Forscher, angefangen mit Maria Gimbutas, sehen die spezifische Grabkultur für die Angehörigen der Elite – die Kurgane, die sich markant im Landschaftsbild abheben – als einen charakteristischen Marker für die Präsenz und die Verbreitung der Indoeuropäer an. Ist es schlüssig, die proto-indoeuropäische Kultur deshalb als typische Kurgan-Kultur zu bezeichnen? Gegen eine solche einseitige Identifizierung sind Bedenken erhoben worden. Die Verbreitung von Kurgan-Grabhügeln allein ist kein definitives Kriterium. In den vergangenen Jahrzehnten sind Hunderte von Kurganen ausgegraben und inventarisiert worden, und sie sind nicht nur mit alten (ursprünglich proto-indoeuropäischen), sondern auch mit viel jüngeren Kulturschichten assoziiert. Die jüngeren Kurgane sind vielfach ein Zeichen der Akkulturation nicht-indoeuropäischer Gruppen an die Lebensweise von Indoeuropäern. «Die Kurgan-Kultur wurde so weitläufig definiert, dass fast jede beliebige Kultur mit Grabhügeln oder sogar (wie die Badener Kultur) ohne solche eingeschlossen werden konnte»

(Anthony 2007: 307). Auch wenn die geographische Verbreitung der Kurgane einen kulturellen Schwerpunkt im östlichen Europa erkennen lässt, ist dieser Marker nur bedingt für die Identifizierung proto-indoeuropäischer Gruppen tauglich.

Szepter mit Pferdekopfverzierung

Deutlich präzisere Marker als die Kurgane sind Artefakte, die einen bestimmten Typ figurativer Kunst repräsentieren. Dies sind Szepter mit Pferdekopfverzierung, die Gimbutas (1991: 362) «Machtsymbole» und Anthony (2007: 234) «Steppensymbole der Macht» nennt. Dergachev (2007: 179) sieht diese Szepter in einem «System von Machtritualen». Ursprünglich war das Szepter mit Pferdekopfverzierung die Insignie der Macht eines Clanchief der Steppennomaden. Später wurde es auch zum Statussymbol eines Warlord oder eines lokalen Stammesführers. Spätestens in Varna hatte das Szepter Bedeutung als Herrschaftssymbol angenommen. Die ältesten Pferdekopfszepter stammen aus den Grabfunden in der Region der Chvalynsk-Kultur und datieren ins 5. Jahrtausend v. Chr. Der Prototyp war wohl eine Art Standarte mit Pferdekopf und Mähne (Dergachev 2007: 211). Dass ausgerechnet das Motiv des Pferdekopfes als Verzierung gewählt wurde, ist schlüssig angesichts der Bedeutung des Pferdes und des damit assoziierten Kults.

Vom Ursprungsgebiet aus verbreiteten sich die Pferdekopfszepter in zwei Hauptrichtungen, nach Süden (ins Kaukasusvorland) und nach Südwesten (in die pontische Steppe). Das Verbreitungsareal weist somit auf die frühen Bewegungen der Viehnomaden in der Steppenzone und darüber hinaus hin.

Merkmale des «indoeuropäischen» Genoms in Ost- und Südosteuropa

Bereits in den 1990er Jahren hat die humangenetische Forschung einen Genpool für das östliche Europa ermittelt: die 3. Hauptkomponente nach Cavalli-Sforza u. a. (1994: 292 f.), deren Epizentrum geographisch innerhalb des Areals der Urheimat der Indoeuropäer zu lokalisieren ist. Inzwischen haben sich die humangenetischen Erkenntnisse dahingehend verdichtet, dass zwei Phasen indoeuropäischer Migrationen anhand von Veränderungen des Genprofils aufgezeigt werden können: eine frühe Phase (4. bis 2. Jahrtausend v. Chr.) und eine späte Phase (1. Jahrtausend

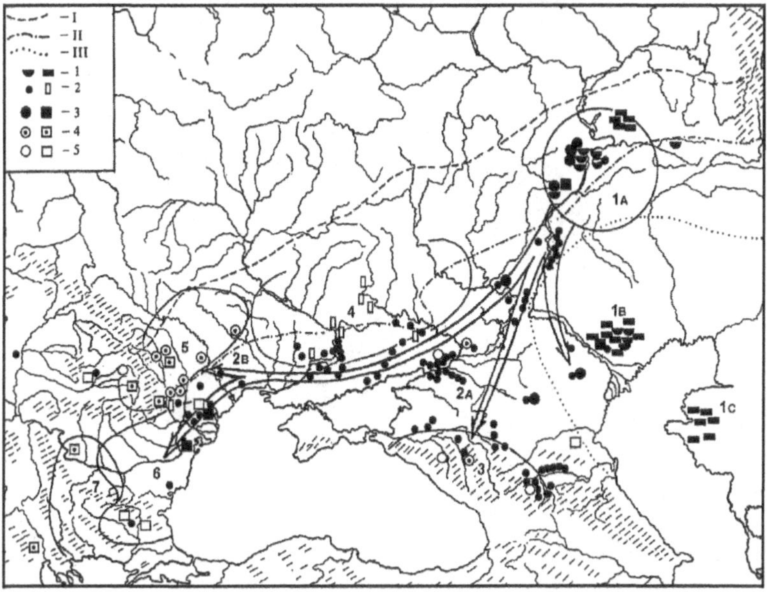

Die Verbreitung von Szeptern aus Stein mit Pferdekopfverzierung
I südl. Grenze der Waldsteppe, II südliche Grenze der Steppe,
III Grenze der Halbwüste
1 Chvalynsk-Kultur (A – mittlere Wolge, B – nordkaspisch, C – ostkaspisch),
2 Danilov-Kultur (A – östlich, B – westlich), 3 Maikop-Kultur, 4 Srednij Stog,
5 Cucuteni-Trypillya, 6 Karanovo-Gumelniţa, 7 Krivodol-Selkuta
Schwarze Symbole weisen auf eine Häufung von Funden,
weiße Symbole auf weniger häufige Funde.

v. Chr. bis Mittelalter). Die sukzessiven Migrationen der Steppennomaden sind kartographisch als ringförmige Wellenbewegungen vom Epizentrum aus nach Westen, Süden und Osten zu erkennen.

Die Humangenetik hat auch Erkenntnisse zu «Beimischungen» im indoeuropäischen Genom geliefert, deren Ursprung nicht-indoeuropäische Gruppen sind. Dies sind Residuen im Genprofil, die von Randgruppen an der Peripherie der proto-indoeuropäischen Urheimat sowie von den bodenständigen Gruppen in den Zielgebieten der Steppenmigranten im Sozialkontakt mit diesen vermittelt worden sind. In dem Maße, wie sich solche periphere Gruppen assimilierten, haben sich auch ihre genetischen

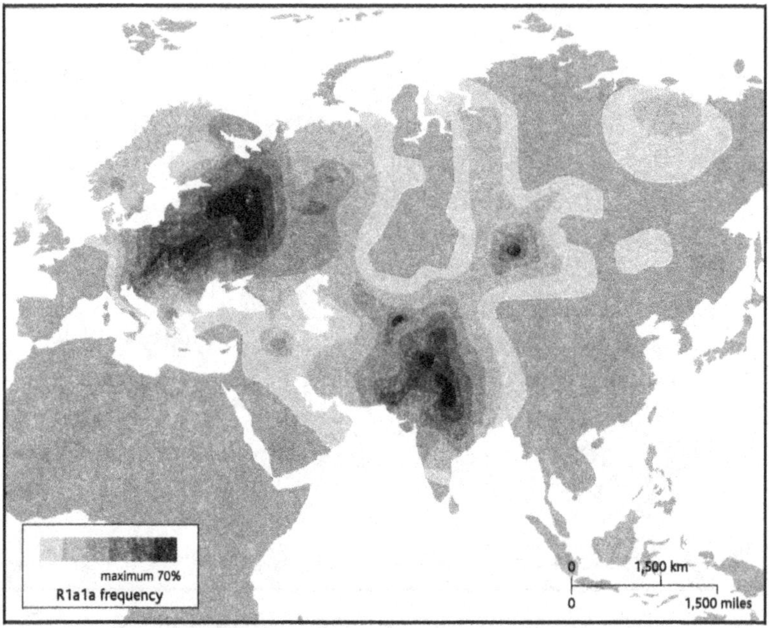

Genprofile indoeuropäischer Bevölkerungsgruppen
a) Frühe Phase (Verbreitung der Y-DNA-Haplogruppe R1a1a)

Eigenschaften fortgesetzt. Ein Beispiel dafür ist die Haplogruppe U2e, deren historische Verbreitung über indoeuropäische Vermittlung bis nach Zentralasien und Westchina (s. Kap. 15 zu den Tocharern) reicht (Zhang u.a. 2010).

Motive in den Felsbildern Eurasiens

Aus verschiedenen Regionen Europas und Asiens sind Felsbilder bekannt, die in der Periode des Holozäns, d.h. nach dem Ende der Eiszeit, entstanden sind. In den älteren Bildkompositionen dominiert die Welt der archaischen Jäger und Sammler. Später treten Motive hinzu, die auf die Verbreitung des Ackerbaus hinweisen, nämlich Pflug und Ochse. Auch die Periode der indoeuropäischen Migrationen kommt in spezifischen Bildmotiven zum Ausdruck, die man als diagnostische Marker der Indoeuropäisierung werten kann. Diese Motive sind Wagen, Pferd und Reiter, und sie werden in den jüngeren Felsbildern Skandinaviens, der Alpen (Val

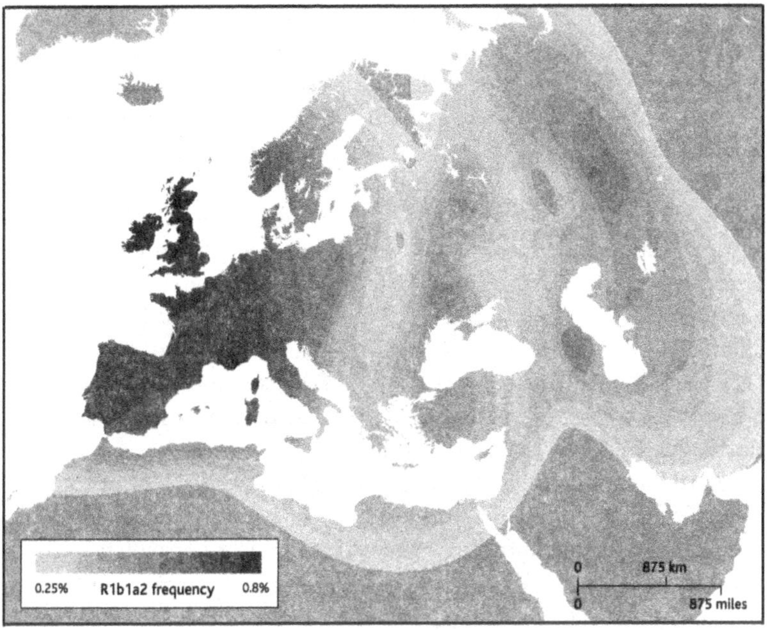

b) Späte Phase (Verbreitung der Y-DNA-Haplogruppe R1b1a2)

Camonica), auf der Iberischen Halbinsel und in Zentralasien immer häufiger (Sansoni 2015: 78 ff.).

Primäre Indoeuropäisierung: Anpassung an die Elite und Sprachwechsel

Die Gemeinschaften im Nordwesten des Schwarzen Meers haben um die Mitte des 5. Jahrtausends v. Chr. einen durchgreifenden Wandel erlebt, der sich nicht anders als durch Fremdeinwirkung erklären lässt. Das neolithische Gräberfeld von Varna an der Schwarzmeerküste, das im Herbst 1972 im dortigen Industriegebiet entdeckt wurde, bietet Neuerungen, die für die früheren Bestattungssitten in Südosteuropa untypisch sind. Zum ersten Mal in der Geschichte Europas lassen die Gräber klare materielle Unterschiede in der Ausstattung erkennen. Wenige Gräber mit reichen Beigaben illustrieren den Kontrast zu den einfachen Beigaben der großen Mehrheit. Zu den wertvollen Grabbeigaben gehören auch die ersten aus Gold gefertigten Objekte der Welt (s.u.). Es hatte sich also in Varna eine Elite gebildet, und nicht nur die Pferdekopfszepter weisen darauf hin, dass sie von den (ehemaligen) Steppennomaden gebildet wurde.

Warum aber haben die sesshaften Ackerbauern die Sprache der Steppennomaden übernommen? In der Forschungsliteratur über die Indoeuropäer ist bereits allgemein auf den Einfluss von lokalen Eliten auf den Sprachgebrauch der von diesen beherrschten Bevölkerung aufmerksam gemacht worden (z.B. von Mallory, Cunliffe, Parpola, Anthony). Als spezifischer Prozess, der den anfänglichen Transfer indoeuropäischer Sprachen nach Westeuropa bedingte, ist die Akkulturation und Assimilation alteuropäischer Bevölkerungen ohne die Existenz staatlicher Organisation anzusetzen (Haarmann 2012).

Man könnte mit einiger Skepsis einwenden, dass langfristige Sprachwechselprozesse, die allein durch das Prestige und die Machtposition von Eliten ausgelöst und aufrechterhalten werden, nicht vorstellbar seien. In der Tat sind die aus der Kulturgeschichte bekannten Fälle von Sprachwechsel durch Eliteeinwirkung solche, wo nicht allein das Prestige einer Elite die Verbreitung von deren Sprache fördert, sondern wo dieser Prozess eingebunden ist in das Bezugsnetz staatlicher Institutionen (s. Kap. 8 zum Assimilationsdruck des Lateinischen im Römischen Reich). Zu der Zeit, als sich die nomadischen Eliten bei den Ackerbauern etablierten, gab es aber noch keine staatliche Organisation. Die ältesten Staatswesen auf europäischem Boden waren die mykenischen Stadtstaaten im 2. Jahrtausend v. Chr. Sie entstanden also viel später als die Westbewegung der Indoeuropäer.

Dieser besondere Typ von eliteorientiertem Sprachwechsel in einem staatsfreien Kontaktmilieu ist als «élite recruitment» beschrieben worden (Anthony 2007: 117f.), womit ganz wörtlich die Anwerbung zur Assimilation und Akkulturation an die Elite zu verstehen ist.

Machtübernahme im Handelszentrum von Varna

Die Menschen in der Lebenswelt Alteuropas trieben nicht nur Handel untereinander, sondern der Warenaustausch erstreckte sich, wie gezeigt, auch bis zu den östlichen Nachbarn, den Viehnomaden in der eurasischen Steppe. Diese Kontakte waren weit verzweigt, und Artefakte alteuropäischer Herkunft – offensichtlich Handelsware – hat man an entfernten

Siedlungsplätzen in den Flusstälern des Don und der mittleren Wolga gefunden.

Für die Leute aus der Steppe ergaben sich zwei Optionen, sich die Vorteile, die der Warenverkehr aus Alteuropa bot, auf Dauer zu sichern. Die eine war eine Intensivierung der sozialen Beziehungen mit den Ackerbauern. Man nimmt an, dass in der Grenzzone zwischen den Wirtschaftsräumen Gemeinschaften mit gemischt-ethnischen Familien entstanden. Steppenbewohner heirateten in die Familien der sesshaften Ackerbauern ein und übernahmen selbst einen Teil der Produktion und des Vertriebs der Waren in die Steppe. Die Alternative hierzu war die politische Kontrolle des Warenverkehrs und der Handelsrouten, über die Güter und technologisches Know-how transferiert wurden. Diese Variante wählten kleinere Gruppen von Steppennomaden, die sich bei den Alteuropäern im Grenzland als Eliten etablierten.

An vielen archäologischen Stätten im östlichen Teil Rumäniens weisen die Siedlungsspuren aus dem 5. Jahrtausend v. Chr. auf die Ankunft von Migranten aus der eurasischen Steppe hin. Die Archäologen, die Siedlungen aus der Anfangsphase der Indoeuropäisierung untersucht haben, sprechen von der «Infiltration kleiner, nicht einheimischer Gruppen in lokale Gemeinschaften der Cucuteni-Kultur, mit denen sie dann zusammenlebten» (Draşovean/Popovici 2008: 34). Kartographisch lassen sich Stoßrichtungen dieses Migrationstrends ausmachen.

Aus der Dobrudscha südlich des Donaudeltas stießen Migranten weiter nach Süden vor, bis in die Region von Varna. Sie war den Leuten aus der Steppe nicht unbekannt, denn dort lag das Handelszentrum, wo der Tauschhandel mit den Alteuropäern abgewickelt wurde.

Es liegt auf der Hand, dass Gruppen von Steppennomaden, die bereits weiter nördlich Erfahrungen mit der Übernahme der Kontrolle über lokale Siedlungen gemacht hatten, die Inbesitznahme von Varna anstrebten. Da sich für diese Periode archäologisch keine Brandspuren nachweisen lassen, ist davon auszugehen, dass die Übernahme nicht über eine kriegerische Auseinandersetzung erreicht wurde. Die Steppennomaden waren nicht daran interessiert, das Gemeinwesen von Varna zu zerstören. Vielmehr dehnte der Clanchief seinen Machtbereich aus, maximierte Reichtum für sich und seine Gefolgsleute und stieg zunehmend in deren Ansehen.

Solche Inbesitznahme ohne Waffengebrauch ist kein Einzelfall in der Geschichte, die Griechen haben sie später im Rahmen ihrer Kolonisation im Mittelmeer mehrfach praktiziert: Um Streitigkeiten oder gar militäri-

Varna und sein Hinterland im 5. Jahrtausend v. Chr.

sche Auseinandersetzungen zu vermeiden, heirateten die Kolonisten in die Sippen der Einheimischen ein. Ein berühmter Fall von «sanfter Domination» durch soziale Integration ist schriftlich dokumentiert worden. In einer der Gründerlegenden von Massalia (dem heutigen Marseille in Südfrankreich), das Anfang des 6. Jahrhunderts v. Chr. als phokische Kolonie entstand, heiratet Euxeinos, der Gründer der Kolonie, Petta, die Tochter der ortsansässigen Sippe, und gründet mit ihr eine Familie. Die einheimische Frau bekam in der neuen Familie einen neuen, griechischen Namen: Aristoxene. Der Namenwechsel steht symbolisch für die neue Zeit, nämlich die politische Kontrolle durch die griechischen Kolonisten (Rihll 1993: 101 f.).

So ähnlich darf man sich für die Zeit um 4500 v. Chr. die sanfte Domination des Handelszentrums von Varna durch Steppennomaden vorstellen. Von Varna ging der Prozess der Indoeuropäisierung aus, der zunächst Europa erfasste, später auch Zentralasien und den indischen Subkontinent.

Auf die postulierte friedliche Übernahme des Handelszentrums gibt es

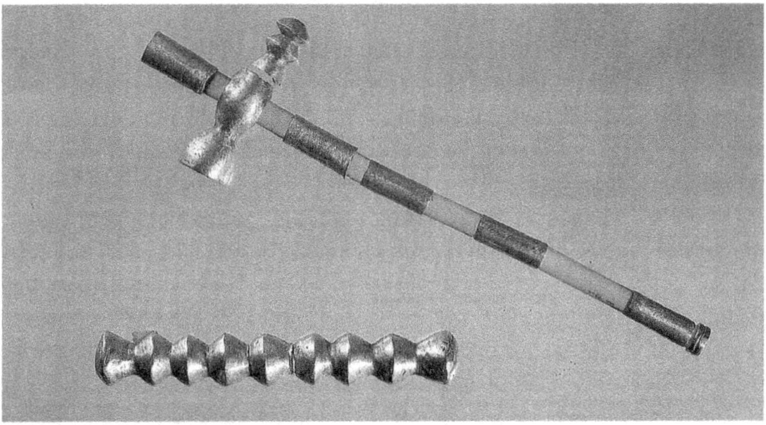

Das goldene Szepter aus Grab 36 in Varna

Hinweise in der Nekropole von Varna. Eines der Gräber enthält die sterblichen Überreste sowohl eines Mannes als auch einer Frau. Zu den Beigaben für den Mann gehören unter anderem die diagnostischen Marker der Steppenkultur wie Statussymbole und Waffen. Der Frau dagegen sind Artefakte mit ins Grab gegeben worden, die aus der Hinterlassenschaft vieler anderer Gräber der Donauzivilisation wohlbekannt sind, nämlich kunstvoll gefertigte Webutensilien und Figurinen.

Einige Gräber waren mit exklusiven Beigaben reich ausgestattet, dazu gehörten auch viele Artefakte aus Gold. Das bemerkenswerteste Fundstück ist ein goldenes Szepter, die älteste Herrschaftsinsignie der Welt. Dieses Statussymbol war den Alteuropäern fremd, sie lernten es erst von den Viehnomaden kennen (s. Kap. 10).

Auch Grab 43 enthält eine beeindruckende Menge – rund 990 – von Gegenständen aus Gold, mit einem Gesamtgewicht von mehr als 1,5 kg (Anthony 2009a: 39). Der Tote liegt ausgestreckt da, mit angewinkelten Armen. In der rechten Hand hält er ein goldenes Szepter. Hier allerdings ist der Schaft aus Gold, das Szepter selbst aus Stein. Angesichts der reichhaltigen Beigaben für den Mann in Grab 43, der ungefähr 45 Jahre alt wurde, nimmt man an, dass er «sowohl religiöse Autorität als auch militärische Macht besaß» (Slavchev 2009: 198). Priesterkönige kannten die Alteuropäer nicht, bevor die Steppennomaden in Varna die Macht übernahmen.

Die Kultur von Varna «liefert Beweise für die Ausbreitung von Steppenvölkern aus dem Osten nach Westen, und sie lässt offensichtlich – entsprechend dem ‹Kurgan-Modell› der indoeuropäischen Ursprünge – die erste Welle der Indoeuropäer erkennen, die ihre Heimatregion in den Steppen der Ukraine und Südrusslands verließen» (Mallory/Adams 1997: 557). Sich als Elite einzurichten und die Kontrolle über den Handel zu übernehmen, das haben Steppennomaden viele Male durch die Jahrtausende wiederholt.

Der gesellschaftliche Umschwung und die politische Neuordnung, die an der materiellen Hinterlassenschaft der Nekropole von Varna abzulesen sind, sind auch an anderen Orten zu beobachten, allerdings nicht so gut dokumentiert wie in Varna. Die Siedlungen von Usatovo, Durankulak, Černavoda und andere zeigen ebenfalls Veränderungen in der Zusammensetzung des Fundmaterials. Im Verlauf der zweiten Hälfte des 5. Jahrtausends v. Chr. (d. h. nach ca. 4400 v. Chr.) treten auch hier neben den diagnostischen Markern Alteuropas die von den Steppennomaden eingeführten Statussymbole auf, zum Beispiel Szepter mit Pferdekopfverzierung und kleinformatige Brustplatten (Dimitrov 2007).

Veränderungen zeichnen sich auch im Siedlungshorizont des Donautals ab. Offensichtlich erkundeten die Nomaden die Ländereien der Ackerbauern und suchten sich Weideplätze für das Vieh, das sie mitbrachten. Die halbnomadische Weidewirtschaft in bestimmten Gegenden der Balkanregion, die sich über die Antike bis in historische Zeiten erhalten hat, geht in ihren Ursprüngen wohl auf die indoeuropäische Landnahme zurück (Arnold/Greenfield 2006). Bis ins 20. Jahrhundert gab es im Karpatenraum einen saisonalen Viehtrieb. Im Frühjahr wurden die Schafe auf die höher an den Berghängen gelegenen Sommerweiden getrieben und im Herbst wieder in die Täler heruntergeholt.

Kulturentwicklung unter einer indoeuropäischen Elite

Die Übernahme der politischen Kontrolle durch die Steppennomaden in Varna setzte neue Akzente. Über einen Zeitraum von einigen Jahrhunderten erlebte die Region an der Schwarzmeerküste eine wirtschaftliche Nachblüte. Die Produktion und der Handel mit Metall intensivierten sich. Es gab keine andere Region in der Welt, wo so viele Metallobjekte (rund 4700 Kilogramm Kupfer und mehr als 6 Kilogramm Gold) in archäologischen Funden zum Vorschein kamen wie in Südosteuropa. Bemerkenswerterweise werden die meisten Gegenstände aus Metall in der Zeit nach 4500 v. Chr. produziert. «Die meisten dieser Objekte (…) datieren in eine 700 Jahre dauernde Periode zwischen 4500 und 3800 v. Chr.» (Pernicka/Anthony 2009: 169).

Die alteuropäischen Siedlungen im Grenzland des Steppengürtels hatten noch jahrhundertelang Bestand. Die Einwohner gewöhnten sich daran, dass sie in der Kontaktzone zweier Kulturen lebten und sich die Traditionen dieser beiden Kulturen in ihrem Alltagsleben konsolidierten. Sie gewöhnten sich auch an die neuen Eliten mit ihren anderen Sitten und Bräuchen, so wie sich Jahrtausende später die Germanen und Kelten an die Bräuche gewöhnten, die die Römer aus Italien in die Provinzstädte ihres Reiches mitbrachten (MacMullen 2000). Die Alteuropäer lernten die fremdartige indoeuropäische Sprache der Steppenleute, behielten aber viele ihrer alten Bräuche bei, so wie später die Iberer in Hispanien die Sprache der einwandernden keltischen Elite annahmen, aber an iberischen Traditionen festhielten (s. Kap. 10).

Auch die Steppennomaden, die nach und nach in die Siedlungen der Alteuropäer zuwanderten, blieben nicht unberührt von den Traditionen, die die Alteingesessenen pflegten. Am deutlichsten schlug sich dies im Wandel der Lebensgewohnheiten nieder. Die Viehhaltung war den Leuten aus der Steppe vertraut, an den für sie zunächst fremden Feldbau gewöhnten sie sich schnell.

Sprachwechsel der alteuropäischen Bevölkerung in Südosteuropa

Von den ersten Kontakten der Steppennomaden mit den Ackerbauern des Westens bis zur vollen Wirkung der Fusionsprozesse vergingen mehrere Jahrtausende. In dieser Zeit vollzog sich aufseiten der alteuropäischen Populationen ein fundamentaler Sprachwechsel – wahrscheinlich über längere Perioden mit Zweisprachigkeit – zu lokalen Varianten des Indoeuropäischen, das sich entsprechend den regionalen Kontaktbedingungen mehr und mehr ausgliederte. In den modernen Sprachen und Kulturen Südosteuropas fallen Gemeinsamkeiten und Parallelitäten auf, die sich als langzeitliche Nachklänge aus jener Periode prähistorischer Kontakte zwischen Alteuropäern und indoeuropäischen Neusiedlern interpretieren lassen.

Nach neueren Erkenntnissen der Namenforschung haben sich bestimmte Residuen der alteuropäischen Substratsprache sogar weit über das altgriechische Sprachstadium hinaus bis in spätere Perioden der sprachlich-kulturellen Entwicklung in der Balkanregion erhalten (Poruciuc 1995: 35 ff.). Solche Spuren lassen sich beispielsweise in Personennamen nachweisen, die im Mykenisch-Griechischen, Illyrischen, Thrakischen und in modernen Balkansprachen vorkommen. Hierzu gehören Namen mit den Elementen *An-* (z.B. myken. A-ne-a, illyr. Ana, rumän. Ana, bulgar. Anko), *Ok-* (z.B. myken. O-ke-te-u, alban. Okiq, rumän. Ocut), *On-* (z.B. griech. Onasis, illyr. Onaion, thrak. Onakarsis, bulgar. Onkov) und *Obr-/Opr-* (z.B. myken. O-pe-ra-no, alban. Opari, rumän. Oprescu).

Eine Herausforderung besonderer Art stellt sich für Kontaktlinguisten und Sprachtypologen im Zusammenhang mit der Konstituenz des Balkansprachbunds. Beobachtungen zu systemhaften Konvergenzen in den Techniken der Sprachen Südosteuropas sind bereits im 19. Jahrhundert gemacht worden, sie wurden als ‹Balkanismen› inventarisiert. Dazu gehören u.a. der postponierte Artikel (ohne Griechisch), die Reduktion einer ehemals synthetischen Kasusflexion, analytische Formen der Komparation (nach dem Muster ‹gut : mehr gut : am meisten gut›), analytische Futurformen mit Hilfe des Modalverbs ‹wollen›, Verlust und Ersatz des Infinitivs und ein komplexes Verbalsystem. Haben wir es bei den strukturellen Konvergenzen in den Balkansprachen mit Erscheinungen zu tun, die aus den frühen Fusionsprozessen der Indoeuropäisierung resultieren, oder sind sie jüngere Innovationen, die in keinem Bezug zur alten Sprachschicht in Südosteuropa stehen?

Die Anfänge für die Ausbildung einer Matrix der Balkanismen werden bis in die römische Ära zurückdatiert (Hinrichs 1999a: 455). Eine postulierte Kontinuität alteuropäischer Sprachtechniken, die im Prozess der Indoeuropäisierung Südosteuropas den sich formierenden indoeuropäischen Regionalsprachen auf dem Balkan residuale Impulse vermittelt haben, würde die Chronologie der Balkanismen erheblich in die Prähistorie erweitern.

Modellfall Mauritius: Die Entstehung einer Kreolsprache

Um die Bedingungen für einen eliteorientierten Sprachwechsel, wie er für die Alteuropäer anzusetzen ist, zu verdeutlichen, lohnt sich ein ethnographischer Vergleich mit Verhältnissen, die gut dokumentiert sind. Es gibt einen historischen Fall von «elite recruitment» der präkolonialen Epoche, an dem mehr als eine halbe Million Sprecher beteiligt waren: die Entstehung der lokalen Kreolsprache auf Mauritius im Indischen Ozean. Die Entstehung des Morisien ist geeignet, die Konstellation «indoeuropäische Sprache mit elitärem Status vs. nicht-indoeuropäische

Sprache» sowie ihre Fusionsdynamik zu veranschaulichen (Haarmann 2012: 112ff.).

Die entscheidenden soziodemographischen Wandlungen auf Mauritius liefen sozusagen im staatslosen Vakuum des 17. und 18. Jahrhunderts ab. Die ersten Zwangsarbeiter wurden aus Madagaskar und Java über die holländische Ost-Indien-Handelsgesellschaft zu den holländischen Siedlern gebracht, auf die Zuckerrohrplantagen, die seit Mitte des 17. Jahrhunderts erschlossen wurden. Auch die Abholzung der Ebenholzwälder war nur mit Sklavenarbeit denkbar. In rascher Folge wurden immer mehr Sklaven von der Ostküste Afrikas und aus Madagaskar nach Mauritius verbracht. Die Holländer verließen Mauritius 1710 und siedelten nach Südafrika über. An ihre Stelle traten französische Siedler, die seit 1715 die alte Sklavenordnung fortsetzten.

Eine funktionierende Kolonialverwaltung wurde auf Mauritius relativ spät aufgebaut, als die Briten 1810 die politische Kontrolle über die Insel übernahmen. Bis dahin unterstand Mauritius französischer Regentschaft, allerdings nur nominell. Daher hatte auch die Revolution von 1789 keine Auswirkungen auf das ferne Mauritius. Als die republikanische Regierung in Frankreich die Sklaverei aufhob, weigerten sich die französischen Siedler auf der Insel, die dortigen Sklaven freizulassen.

Die Sklaven lebten in kleinen Dorfgemeinschaften – jeweils nach Sprach- und Kulturgemeinschaften getrennt – unter sich (L´Estrac 2007). Da sie alle auf ein Minimum an Kommunikation mit den Plantagenbesitzern angewiesen waren, wurde das Französische als Medium der herrschenden Elite zum Verständigungsmittel auch unter den Sklaven selbst, die verschiedene afrikanische Sprachen (vor allem Varianten von Bantu) und das aus Madagaskar importierte Malagasy, eine austronesische Sprache, verwendeten.

Sukzessive verdrängte die Sprache der französischen Plantagenbesitzer die Muttersprachen der Sklaven. Dabei erlebte das Französische selbst einen durchgreifenden strukturellen Wandel, nahm als Sprachform Eigenprofil an und war «im Munde» der Sklaven für die Plantagenbesitzer kaum noch verständlich. Eine neue Sprache war geboren, das Morisien.

Phase 1: Wechsel zur elitären Minoritätssprache. Das Erlernen des Französischen durch die Sklaven erfolgte unkontrolliert, d. h. außerhalb einer geregelten schulischen Erziehung und ohne Beteiligung der französischen

Schriftsprache. Die vielfältigen Selektionstechniken, die dabei zur Anwendung kamen, illustrieren den Prozess des Spracherwerbs ohne irgendwelche Standards (Adone 1994).

Der «Wildwuchs» lässt sich am Kollaps des französischen Artikelsystems veranschaulichen. Im Morisien gibt es keinen bestimmten Artikel. Französische Artikelformen sind allerdings als feste Bestandteile lexikalischer Elemente im kreolischen Wortschatz erhalten; z.B. franz. *la* (feminine Artikelform) wie in kreol. *lavie* ‹Leben› (< *la vie*), franz. *le* (maskuline Artikelform) wie in kreol. *lédoi* ‹Finger› (< *le doigt*), franz. *du* (Teilungsartikel bei Mengenangaben) wie in kreol. *divin* ‹Wein› (< *du vin*), franz. *les* (Pluralform des bestimmten Artikels) wie in kreol. *zanimo* ‹Tier› (< *les animaux*) (Lee 2003: 7 ff.).

Die Sprachen der Sklaven aus Afrika hinterließen ihre Spuren in dem transformierten Französisch, das sich über die Anfänge eines Pidgin hinaus zur Kreolsprache entwickelte. Der Wortschatz des Morisien besteht zu rund 25 % aus afrikanischen Substratwörtern (Carpooran 2005); z.B. *mazavarou* «Chilli-Soße» (< Malagasy) oder *sega* ‹typische Tanzform auf Mauritius› (abgeleitet von einem Bantu-Ausdruck, der ‹spielen›, aber auch ‹tanzen, sich vergnügen› bedeutet). Seit Mitte des 19. Jahrhunderts haben verschiedene Sprachen Indiens sowie das Englische das Morisien beeinflusst (Bollée 1993; s. Phase 3).

Phase 2: Die Transformation der Sprache der Elite. Zunächst entwickelte sich ein Pidgin, das die Sklaven als Zweitsprache im Kontakt mit den Gutsherren verwendeten und unter sich, wenn Sprecher verschiedener Lokalsprachen miteinander zu tun hatten. Innerhalb weniger Generationen jedoch trat ein fundamentaler Wandel ein. Die zweite oder dritte Generation der Sklaven auf der Insel erwarb das Pidgin als Primärsprache, und die Muttersprache(n) der Eltern ging(en) für sie verloren. Als die Briten Mauritius ihrem Kolonialreich anschlossen, hatte sich bereits ein allgemeiner Sprachwechsel vollzogen.

Der Wechsel zur Sprache der französischen Elite vollzog sich bei der Mehrheitsbevölkerung der Insel, das waren zahlenmäßig acht- bis zehnmal so viele wie die Angehörigen der sozialen Oberschicht. Diese demographischen Verhältnisse blieben einigermaßen stabil bis in die ersten Jahre der britischen Kolonialherrschaft. Dann trat ein radikaler sozioökonomischer Wandel ein, der eine explosionsartige Vergrößerung der kreolischen Sprachgemeinschaft zur Folge hatte.

Phase 3: Die Eigendynamik der neu entstandenen Sprache. Die junge Kreolsprache entfaltete eine Eigendynamik und inspirierte Immigranten der britischen Epoche zum Sprachwechsel. Trotz hartnäckiger Bemühungen der britischen Kolonialverwaltung, die Sklaverei aufzuheben, konnten die Plantagenbesitzer erst in den 1830er Jahren gezwungen werden, die Sklaven gegen eine Entschädigung freizulassen. Die allermeisten der ehemaligen Sklaven siedelten sich am Rande der Waldzone an, wo sie eigene Landparzellen bearbeiteten. Der Mangel an Arbeitskräften auf den Plantagen löste einen Zustrom asiatischer Einwanderer aus, und seit 1835 kamen Immigranten aus Indien, Malaysia und China nach Mauritius. Innerhalb weniger Jahrzehnte war die Zahl der asiatischen Immigranten so weit angewachsen, dass sie die Bevölkerungsmehrheit auf der Insel stellten (Selvon 2005: 237 ff.).

Phase 4: Die kreolisierte Sprachform setzt sich durch. Das Kreolische hatte sich in seiner Rolle als interregionales Kommunikationsmedium bereits fest etabliert, so dass auch die Immigranten aus Asien gehalten waren, Morisien zu lernen. Im Unterschied aber zum Sprachwechsel bei den Zuwanderern aus Afrika und Madagaskar bewahrten viele Zuwanderer aus Asien ihre Muttersprachen (Bhojpuri, Tamil, Kantonesisch) und erwarben Kreolisch als Zweitsprache. Heute stellen die Gruppen, deren Vorfahren aus Asien stammen, zwei Drittel der Inselbevölkerung.

Ein Zeichen für die Eigendynamik des Morisien ist dessen allgemeine Verbreitung. Jeder Einwohner von Mauritius kann in dieser Sprache kommunizieren, unabhängig davon, welche anderen Sprachen in der Familie oder im Bekanntenkreis gesprochen werden. Außerdem ist das Morisien das Identitätssymbol *par excellence* für alle Mauritianer, egal welcher Abstammung oder Religionszugehörigkeit.

Der wesentliche Aspekt bei diesem Vergleich mit den kontaktlinguistischen Verhältnissen auf Mauritius liegt in der Vier-Phasen-Entwicklung des Kreolischen, mit dem Sprachwechsel der Bevölkerungsmehrheit zur elitären Minoritätssprache als Ausgangsbasis für die Konsolidierung und Verbreitung der transferierten Sprachform. Ähnliche kontaktlinguistische Bedingungen in staatlosen Gemeinschaften können für die frühen Kontakte der Indoeuropäer an der Peripherie der Siedlungsgebiete der Ackerbauern nordwestlich des Schwarzen Meers im 5. Jahrtausend v. Chr. postuliert werden.

Dies sagt jedoch nichts aus über die konkreten Wechselwirkungen zwischen den Kontaktsprachen jener Epoche. Die indoeuropäischen Sprachen, die sich außerhalb der proto-indoeuropäischen Urheimat entwickelt haben, zeigen vielfältige Phänomene einer Fusion linguistischer Strukturen. Die Erkenntnisse der modernen kontaktlinguistischen Forschung verdichten sich zu der Feststellung, dass in Abhängigkeit von der Intensität wechselseitiger Kontakte prinzipiell alle Konstituenten des Sprachbaus von Fremdeinflüssen berührt und verändert werden können (Curnow 2001, Wiemer u.a. 2012). Der Wandel, den das Indoeuropäische im Kontakt mit den Sprachen Eurasiens erlebte, betrifft den Wortschatz ebenso wie das Lautsystem, die Grammatik und die Syntax.

6. *Die Auflösung des Proto-Indoeuropäischen (ab 4000 v. Chr.)*

Das Ende der atlantischen Periode stand im Zeichen eines drastischen Klimawechsels, der ausnehmend kalte Wetterbedingungen im Zeitraum zwischen 4100 und 3800 v. Chr. hervorrief. Das ökologische Gleichgewicht in der Steppe wurde davon weiträumig betroffen. Wahrscheinlich war diese Klimaschwankung ausschlaggebend für die zweite Migrationsbewegung (Kurgan-Migration II), in deren Verlauf Proto-Indoeuropäer weit ins Gebiet der Ackerbauern der Trypillya-Kultur vordrangen (Parpola 2008: 36 ff.).

Während der subborealen Periode (ca. 3800–600 v. Chr.) trocknete der Steppengürtel kontinuierlich aus, was zu einer Verknappung der nutzbaren Weideflächen führte. Möglicherweise folgte die dritte Migration (Kurgan-Migration III; ca. 3200–2800 v. Chr.) dem ökologischen Druck, neues Weideland im Westen zu erschließen, was die entscheidende Überformung der Ackerbauer-Kulturen zur Folge hatte.

Die Kultursymbiose in der Ukraine, im östlichen Areal der späten Trypillya-Kultur, ist die letzte Phase in der Entwicklung des Proto-Indoeuropäischen. Die Auflösung des Komplexes der Grundsprache zieht sich über einen längeren Zeitraum hin, setzt im späten 5. Jahrtausend v. Chr. ein, verstärkt sich im 4. Jahrtausend v. Chr. und läuft in die Ausgliederungstrends des 3. Jahrtausends v. Chr. aus. Zunächst betrifft die Ausgliederung nur Europa und Anatolien, sie setzt sich aber später in Zentralasien, im Mittleren Osten und in Indien fort.

Richtung Süden: Die Auseinandersetzung mit den Alteuropäern

Die Kontakte der Steppennomaden zu den Alteuropäern an der westlichen Peripherie des ursprünglichen Siedlungsraums entfalteten sich in drei Hauptphasen. In der südwestlichen Ukraine gewöhnten sich die Viehhirten an die agrarische Lebensweise ihrer Nachbarn im Gebiet der

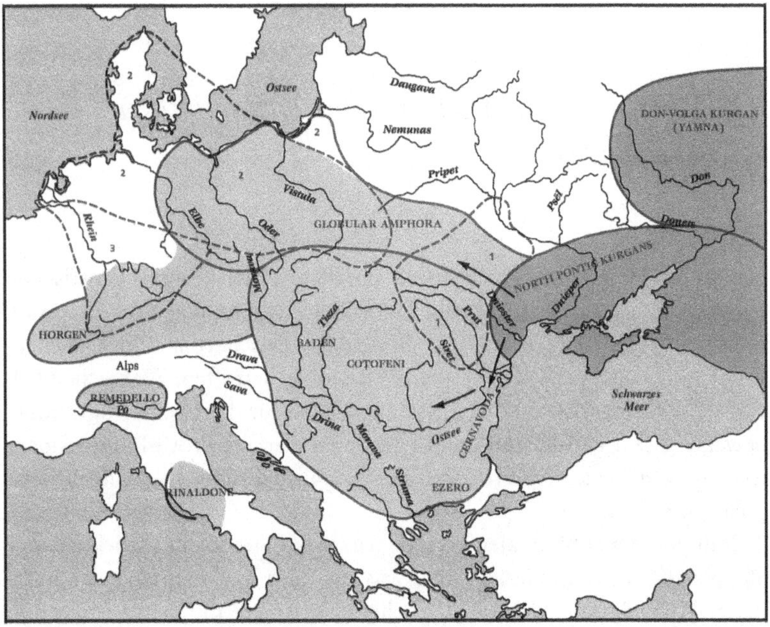

Ziel- und Einflussgebiete der zweiten Migrationswelle (Kurgan II)

Legende:
Kurgan-Nomaden
(im Don-Wolga-Tiefland und nördlich des Schwarzen Meeres)
Zielgebiete der migrierenden Kurgan-Nomaden
Grenzzone des ursprünglichen Kurgan-Gebiets
Einflusskorridore der zweiten Kurgan-Migration (Kurgan II)
Regionalkulturen, die überlagert wurden
1. Cucuteni; 2. Trichterbecher; 3. Michelsberg

Trypillya-Kultur und akkulturierten sich. Die politischen Verschiebungen in der Region von Varna schufen die Voraussetzungen für die Entwicklung einer hierarchisch strukturierten Gesellschaft. Die Kontakte während der dritten Phase entfalteten eine bis dahin unbekannte Dynamik, als deren Fusionsprodukte das Griechentum, dessen Kulturtraditionen und das Altgriechische entstanden.

Früher nahm man an, die Griechen seien als ethnische Gruppe mit kulturellem und sprachlichem Eigenprofil aus dem Norden der Balkanhalbinsel in ihre südliche Heimat (Hellas) migriert. Solche vereinfachende Vorstellungen werden heute nicht mehr vertreten. Die griechische Zivilisation, wie wir sie aus der klassischen Antike kennen, hat sich erst in

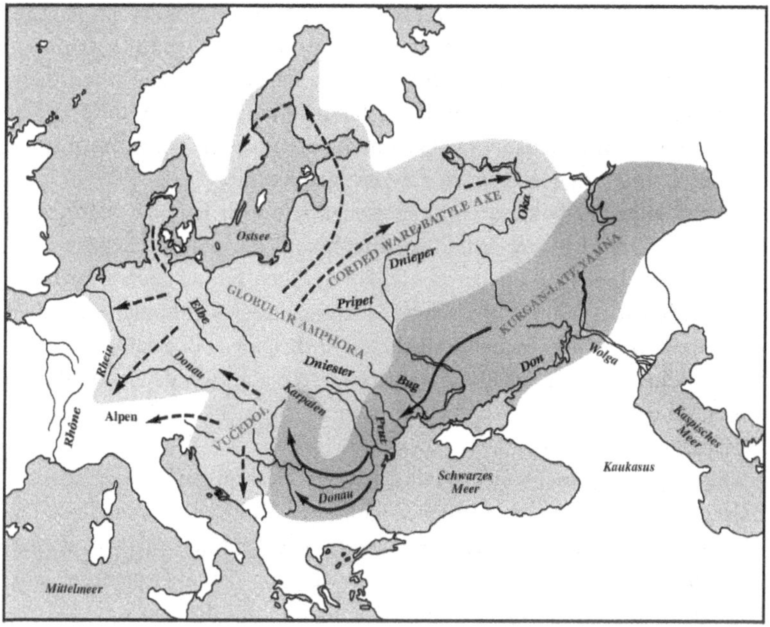

Die dritte Migrationswelle (Kurgan III) aus der Steppe

Legende:

Die Migrationsbewegungen in der Zeit zwischen 3200–2800 v. Chr.

Regionalkulturen vor der dritten Migration (Kurgan III)

Griechenland selbst ausgebildet, und zwar aus der Interaktion der einwandernden Indoeuropäer mit der einheimischen Bevölkerung, den Nachkommen der autochthonen Alteuropäer.

Umbruch und balkanisch-altägäische Kulturdrift

Die Erkenntnis, dass die zivilisatorische Entwicklung in Südosteuropa von ihren Anfängen im 6. Jahrtausend v. Chr. bis in die Periode der mykenisch-griechischen Antike, d. h. bis ins späte 2. Jahrtausend v. Chr., im Wesentlichen von denselben Organisationsprinzipien, von weitgehend identischen Vorstellungen künstlerischer Ästhetik, von sehr ähnlichen religiösen Vorstellungen und von fortschrittlichen Technologien geprägt war, ist Marija Gimbutas zu verdanken, und diese Erkenntnis ist neuerlich bestätigt worden (Haarmann 2011a). Die Fortsetzung alteuropäischer Traditionen über die Kupferzeit hinaus in die Regionalkulturen der Bronzezeit betrifft ein ganzes Spektrum der verschiedensten Kulturmuster, sowohl der materiellen als auch der geistigen Kultur.

Nachklänge der balkanisch-altägäischen Kulturdrift findet man durch alle Epochen der Bronzezeit und darüber hinaus bis in die archaische Periode Griechenlands. Die neueren archäologischen Funde deuten auch auf ein Überleben des alteuropäischen Motivschatzes: «Zahlreiche Zeichen auf Töpferware der frühen, mittleren und späten Bronzezeit (3000–1500 v. Chr.) sind für Ayia Irini auf Keos untersucht worden ..., und viele davon ähneln der alteuropäischen Schrift Serbiens und Rumäniens» (Sampson 2009: 190).

Die indoeuropäische Regionalkultur, die sich im Süden der Balkanhalbinsel entfaltete, wird mit der helladischen Kulturstufe assoziiert. Die Migrationsbewegung, die aus dem Gebiet des heutigen Serbien, Rumänien und Bulgarien nach Süden gerichtet war, zog sich über mehrere Jahrhunderte hin und steht im Zusammenhang mit der zweiten (4100–3800 v. Chr.) sowie dritten und letzten Kurgan-Migration (ca. 3200–2800 v. Chr.).

Das gesellschaftliche Elitemodell, das von den Steppennomaden in Varna eingeführt worden war, entfaltete sich zunächst in Isolation von anderen Gebieten Alteuropas. An der regionalen Begrenzung des Handels mit Gold ist zu erkennen, dass dieses Metall über mehrere Generationen nur in der Varna-Region Verbreitung fand und erst später darüber hinaus in andere Gegenden gelangte. Daraus, dass die Artefakte aus Gold nach Aussage der Grabbeigaben der Nekropole von Varna als Statussymbole der Elite dienten, darf man schließen, dass die begrenzte Verbreitung dieses Metalls auch die geographischen Grenzen der politischen Kontrolle der Elite erkennen lässt. Die Traditionen der alteuropäischen Gemeinwesen mit ihren egalitären Sozialstrukturen blieben anderswo noch für Jahrhunderte intakt. Und das galt für den größten Teil Südosteuropas. Erst die Unruhen der Folgezeit führten zu einem ökologischen und sozialpolitischen Umbruch mit Breiten- und Langzeitwirkung.

Das 4. Jahrtausend v. Chr. brachte klimatische wie demographische Umwälzungen. Während in jener Zeit die Großsiedlungen der Trypillya-Kultur aufblühten, wurden weiter südlich zahlreiche alte Siedlungen aufgegeben, so auch die in der Region von Varna. Der Kulturaustausch hinterließ ab ca. 3500 v. Chr. deutliche Spuren: «eine Amalgamation der kulturellen Systeme Alteuropas und der Kurgan-Leute ist klar erkennbar» (Gimbutas 1991: 371).

Auf den ersten Blick sieht es so aus, als ob damit die Kulturtraditionen Alteuropas erloschen, denn es entstand ein Hiatus zwischen den Kulturschichten der späten Kupferzeit und der frühen Bronzezeit. Diese Perspektive prägt Vorstellungen von der «untergegangenen Welt Alteuropas» (Anthony 2009b). In der Zeitspanne zwischen 4300 und 4100 v. Chr. wurden Hunderte kleinerer und größerer Siedlungen im Tal der unteren Donau und in Ostbulgarien aufgegeben.

Helladische Landnahme

Die Südbewegung der helladischen Migranten war eine eigentliche Landnahme, denn die Neuankömmlinge kamen in Regionen, die bereits besiedelt waren. Die Menschen, die in vorgriechischer Zeit in Attika und anderswo Ackerbau betrieben, Oliven ernteten und Wein kultivierten, nannten die Griechen Pelasgoi (Pelasger; wörtl. ‹die nahebei leben; Leute in der Nachbarschaft›, zu *pelas* ‹nahebei›). Zu Beginn der Landnahme ist es wahrscheinlich zu kriegerischen Auseinandersetzungen zwischen Einheimischen und Zuwanderern gekommen. Sicherlich haben die Pelasger ihre Wohngebiete den helladischen Migranten nicht kampflos überlassen.

Ein später Nachklang der Auseinandersetzungen jener Frühzeit tritt uns vielleicht im mythischen Stoff der griechischen Ependichtung entgegen. Früher glaubte man, die Heldengestalten der epischen Dichtung seien Schöpfungen der Barden aus dem sogenannten «dunklen Zeitalter», d. h. aus der Periode nach dem Niedergang der mykenischen Macht. Die neuere Forschung zu den Frühstadien der griechischen Mythologie datiert die Anfänge des Heldenkults weit zurück ins 3. Jahrtausend v. Chr., in die Zeit der Landnahme der helladischen Stämme (Metzner-Nebelsick 2004). Das Rückgrat dieser erfolgreichen helladischen Immigrationsbewegung war die Kriegerkaste, die zuerst in Varna in Aktion trat und deren Organisationsform bis in die griechische Antike bestehen blieb. Die Krieger rekrutierten sich ursprünglich aus den Reihen der Aristokraten. Noch zur Zeit der Mykener lag die Hauptverantwortung im Kampfgeschehen beim schwer bewaffneten und gepanzerten Einzelkämpfer.

Die Kriegerkaste wurde später gesellschaftlich umfunktioniert zur Bruderschaft (griech. *phratria*). In dieser Bezeichnung ist das indoeuropäische Erbwort für ‹Bruder› erhalten (**bhrehater* > altind. *bhratar*, latein. *frater*, altir. *brathair* usw.). Das Äquivalent im Griechischen (*phrater* oder *phreter*) hat eine spezielle Bedeutung entwickelt, nämlich ‹Mitglied einer Bruderschaft›; Bruder (als Familienangehöriger) heißt im Altgriechischen *adelphos*. In der Bruderschaft wurden die Jungen erzogen und erhielten eine paramilitärische Ausbildung. Die männliche Bevölkerung im ganzen Land gliederte sich in lokale Bruderschaften.

Ein weiteres Indiz spricht für ein hohes Alter des epischen Mythenstoffs. Die Erkenntnisse der modernen Namenforschung weisen auf vorgriechische Herkunft der Namen der Protagonisten Homers hin, von Achilleus in der *Ilias* und von Odysseus in der *Odyssee*. Außerdem hieß das Saiteninstrument, das die Barden zur Begleitung ihrer epischen Gesänge spielten, *phormigx*, eine Bezeichnung aus der vorgriechischen Substratsprache. Warum spielten die Barden der archaischen Zeit ein Instrument, dessen Gebrauch sie von den einheimischen Pelasgern gelernt hatten? Es muss in den Generationen nach der Landnahme zu einem Interessenausgleich zwischen Alteingesessenen und Neusiedlern gekommen sein, und zu der Zeit, als die epischen Geschichten die Runde machten, waren die Erinnerungen an die Frühzeit längst mythisch verklärt, die alten Konflikte hatten sich in den Kohabitaten von Pelasgern und frühen Griechen aufgelöst. Man erzählte sich Geschichten über das «heroische Zeitalter», in denen ebenso vorgriechische wie griechische Heldengestalten agierten.

Interessenausgleich zwischen Indoeuropäern und Alteuropäern

Im Wechsel der Generationen muss es zu einem Interessenausgleich zwischen den beiden Gruppen gekommen sein. Anders ist nicht zu erklären, dass die helladischen Neusiedler einen so tiefgreifenden Akkulturationsprozess durchlebten. Die Intensität der Sozialkontakte zwischen Vertretern der beiden ethnischen Gruppen, der immigrierenden Helladen und der einheimischen Alteuropäer, nahm zu. Unter friedlichen Bedingungen weiten sich Kontakte früher oder später auch zu (einvernehmlichen) sexuellen Beziehungen und Paarbildungen aus. Dass dies auch für die Sozialkontakte der Proto-Griechen mit der einheimischen Bevölkerung galt, kann man daraus schließen, dass im altgriechischen Wortschatz der Intimsphäre eine Vielzahl von Ausdrücken vorgriechischer Herkunft zu finden ist:

Substratelemente im Wortschatz der Intimsphäre:
medea ‹männliche Genitalien›; *phallos* ‹Phallus›; *byttos* ‹weibliche Genitalien›; *sabarichis* ‹Scheide (Vagina)›; *hystax* ‹künstlicher Penis (aus Horn gemacht)›; *kikke* ‹Coitus›; *depho* ‹masturbieren›, u. a.

Als Indikator für die Intensität von Sozialkontakten ist auch die Terminologie von Verwandtschaftsbeziehungen zu werten. Im Griechischen sind viele Elemente dieses Vokabulars verwandt mit entsprechenden Ausdrücken in anderen indoeuropäischen Sprachen. Zusätzlich gibt es aber eine Anzahl von Bezeichnungen, die dort keine Parallelen finden – Verwandtschaftsbezeichnungen aus der vorgriechischen Substratsprache. Auffällig ist die Häufung von Ausdrücken für weibliche Verwandte, was wohl die zentrale Position weiblicher Familienangehöriger im Sozialgefüge der vorgriechischen Gesellschaft widerspiegelt. Offensichtlich waren es insbesondere griechische Männer, die pelasgische Frauen heirateten oder diese als Konkubinen hielten, und nicht umgekehrt.

Substratelemente in der Verwandtschaftsterminologie:
kokuai ‹Ahnen, Vorfahren›; *baia* ‹Großmutter›; *damar* ‹Ehefrau›; *opuio* ‹heiraten, zur Frau nehmen›; *parthenos* ‹Jungfrau, junge (unverheiratete) Frau›; *talis* ‹junges (heiratsfähiges) Mädchen›; *peïskos* (kret.) ‹Nachkomme, Sohn›; *lipernes* ‹verwaist›, u. a.

Im sozialen Milieu der Kohabitate der ethnischen Gruppen entfaltete sich eine Transformation der helladischen Ethnizität. In einem sekundären Prozess bildeten sich eine pan-hellenische Identität und ein Bewusstsein kultureller wie sprachlicher Zusammengehörigkeit heraus (s. Kap. 7). Was wir Griechentum und griechische Zivilisation nennen, ist eine Mosaikkultur mit alteuropäischen und indoeuropäischen Wurzeln. Die Transformationsprozesse des alteuropäischen Kulturerbes spiegeln sich exemplarisch in der Geschichte der Kulturzentren, die für die Identitätsfindung der Griechen von zentraler Bedeutung waren. Die heiligen Bezirke von Olympia im Westen der Peloponnes und von Delphi in Phokien sind nicht von den Griechen eingerichtet worden. Vielmehr waren diese Stätten bereits deren Vorgängern heilig. Die ursprünglichen Schutzgötter sowohl in Olympia als auch in Delphi waren weibliche Gestalten der vorgriechischen Ära, und zwar Hera in Olympia und Gaia sowie ihre Tochter Themis in Delphi.

Der Hera-Tempel in Olympia, das Heraion, ist älter als der spätere Zeus-Tempel. Bevor die Männer die Olympischen Spiele usurpierten und

Frauen ausgeschlossen blieben, wurden sportliche Wettkämpfe zu Ehren der Göttin Hera, die Heraia, veranstaltet, und in der Anfangszeit waren diejenigen, die in Olympia um die Wette liefen, junge Frauen. Das Feuer für die modernen Olympischen Spiele wird am Hera-Altar vor dem Heraion in Olympia entzündet, nicht am Zeus-Tempel. Der Wechsel zu Zeus als Schutzpatron von Olympia ist eine spätere Innovation. Auch in Delphi hat es einen «Wachwechsel» im Patronat gegeben. Die ersten göttlichen «Besitzer» der heiligen Stätte waren die vorgriechische Erdgöttin Gaia und ihre Tochter Themis, Schutzherrin des Gewohnheitsrechts. In historischer Zeit wurde die Schirmherrschaft an Apollo übergeben, aber Gaia und Themis wurden neben Apollo in Delphi weiterhin verehrt.

Erzähltraditionen im Kulturkontakt

Die Mythen der Alteuropäer kennen wir nicht, möglicherweise deuten bestimmte Bildmotive auf sie hin. Viele Elemente im Dekor der alteuropäischen Keramik sehen auf den ersten Blick wie ornamentale Motive aus. Aber dem Betrachter wird bald klar, dass die Motive nicht isoliert sind, sondern in Wechselbeziehungen zueinander stehen. Man hat sie verschiedentlich als narrative Szenen interpretiert, ihr Inhalt bleibt jedoch unklar. Angesichts der Vielzahl an geometrischen Motiven, die mit naturalistischen Darstellungen von Menschen und Tieren auftreten, sind solche narrative Szenen wesentlich schwerer zu deuten als mythologische Szenen auf griechischen Vasen, bei denen zudem die Namen der Protagonisten häufig zusätzlich ausgeschrieben sind. Eine solche Verflechtung von Bildmotiven und Schriftzeichen findet man sehr selten auf alteuropäischen Artefakten, es überwiegen Gruppierungen abstrakter Kultursymbole und Schriftzeichen.

Auch nach dem Umbruch zu Beginn der Bronzezeit wurde der Stoff der alteuropäischen Mythen wie bei allen Völkern, sei es in kohärenter Form oder fragmentiert, weitergegeben an die nachfolgenden Generationen. Gleiches gilt für die alten Kultpraktiken, die später im griechischen Kulturkreis wieder aufleben sollten, etwa die Thesmophoria anlässlich des Mysterienfestes zu Ehren der Demeter (s. Kap. 7). Mit der Kulturdrift nach Süden sind Mythen, Kultursymbole und technisches Know-how auf die Inseln der Ägäis gelangt, wo sie eine glänzende Nachblüte erlebten. Die mykenischen Griechen profitierten seit der Mitte des 2. Jahrtausends v. Chr. von dieser Nachblüte und ließen sich von der minoischen Kultur beeindrucken, nachdem sie Kreta bald nach 1625 v. Chr. erobert hatten.

In den Fresken des Westhauses von Akrotiri auf Thera glauben Forscher Ähnlichkeiten mit den Szenen auf den Schilden von Achille(u)s und Herakles zu erkennen, wie sie von Homer und Hesiod beschrieben werden (Hiller 1990: 230f.). Vielerlei Motive, die in den Fresken von Thera auftreten und die ihre minoische «Patenschaft» erkennen lassen, tauchen in der Kunst der archaischen Periode (9.–7. Jahrhundert v. Chr.) wieder auf und setzen sich fort.

Damals schon hat sicher auch die minoische Erzähltradition auf die mythopoetische Vorstellungswelt der Mykener eingewirkt. Auf verschlungenen Wegen, die immer noch weitgehend im Dunkeln liegen, hat die orale Erzählkunst der Minoer die Mykener offensichtlich so tiefgreifend beeindruckt, dass diese bestimmte narrative Strukturen und Sprachbilder von ihren Nachbarn übernahmen. Für die Entstehung des so beliebten Hexameters, der die altgriechische Literatur noch lange über die archaische Periode hinaus dominierte (Dihle 1994: 9), ist bisher nur eine sinnvolle Erklärung gefunden worden: Dieses komplexe Versmaß, dem sich die griechische Sprache nur schwer anpasst, ist nicht ursprünglich griechisch, sondern von den Minoern übernommen worden.

Die Sprache der frühen Epen, der *Ilias* und der *Odyssee*, ist übersät mit formelhaften Wendungen. In den 28 000 Versen der Werke Homers sind rund 25 000 Sprachformeln enthalten, wie die zahlreichen Attribute der Helden und Götter (z.B. «Hera, die Goldenthronende», «Athene, die Schönhaarige und Eulenäugige», «Demeter, die schöngelockte Herrin», «Aphrodite, die Holdlächelnde», «Achill, der Städtezerstörende», «Hephaistos, der Erfinderische» usw.). Diese Formeln gehören sicher zu den ältesten Versatzstücken mündlich tradierter epischer Literatur. Sie gehen auf ältere Vorbilder zurück, und Kernelemente des vorgriechischen Kulturwortschatzes weisen auf dieselbe Quelle, nämlich auf die Zivilisation Altkretas, die langfristig und nachhaltig auf das Griechentum und sein Kulturschaffen eingewirkt hat.

In den 1920er Jahren sind erstmals Vermutungen geäußert worden, dass auch das so außergewöhnliche Versmaß des daktylischen Hexameters wohl fremder, vor-griechischer Herkunft ist (Meister 1921: 56ff., Meillet 1923: 57ff.). Der Hexameter (nach griech. *hexametros* ‹aus 6 metrischen Einheiten bestehend›), «der längste antike Sprechvers» (Kühnel 1990: 199), steht ohne Äquivalent in irgendeiner anderen bekannten Schrifttradition für sich. Die besondere Rolle des Hexameters in der griechischen Kulturgeschichte wird unterstrichen durch Hinweise auf seinen Gebrauch im Orakelwesen. Nach alter Überlieferung soll Pythia, die

Priesterin des Orakels von Delphi, ihre Sprüche in reimenden Hexametern verkündet haben (Davies 1996: 112).

Die minoische Literatur scheint als einzige Entlehnungsquelle in Frage zu kommen. Wenn der Hexameter einheimisch griechisch, d.h. indoeuropäisch, wäre, dann würde man Anklänge in der vedischen Poetik Indiens erwarten. Aber dort finden sich keinerlei Ähnlichkeiten. Die Annahmen einer Entlehnung des Hexameters als narratives Muster aus der oralen Erzähltradition der Minoer sind dagegen bestätigt worden (Ruijgh 1985: 150f.). «Die Entwicklung der epischen Ausdrucksform wird daher betrachtet als ausgehend von einer hypothetischen minoischen Vorgeschichte, was die metrische Form betrifft, über eine prä-mykenische, dann mykenische, eine äolische und ionische Phase, bis hinunter ins 8. und 7. Jahrhundert v. Chr. in Euboia» (Blok 1995: 188).

Handwerk und Figurinen

Der Umbruch zur Bronzezeit bedeutete für verschiedene Handwerkssparten eine Zäsur. An manchen Orten mit jahrhundertelanger Töpfereitradition wurde keine Keramik mehr hergestellt. Exemplarisch ist dies an den Fundschichten des Hauptortes der Karanovo-Kultur zu erkennen. Zwischen ca. 6500 v. Chr. und ca. 3000 v. Chr. wurden dort Figurinen aus Ton und Keramik produziert. Rund dreieinhalb Jahrtausende spielten Figurinen (die meisten davon weiblich) eine wichtige Rolle im Ritualleben der alteuropäischen Gemeinschaften. Funde von Figurinen aus der Zeit nach 3000 v. Chr. gibt es aus Karanovo nicht.

Die Archäologen haben daraus den Schluss gezogen, dass von dem Umbruch, der von indoeuropäischen Migranten verursacht worden war, auch die Tradition der Figurinenproduktion betroffen wurde und dass diese Tradition endete. Solche Annahmen, wonach angeblich eine lange, fest etablierte Kulturtradition sang- und klanglos verschwinden sollte, erscheinen nicht überzeugend. Es ist davon auszugehen, dass die geistige Kultur der Menschen in der Bronzezeit im Wesentlichen erhalten blieb, denn aus den Ressourcen, die das kulturelle Gedächtnis jener Menschen bewahrte, speiste sich später die Renaissance alteuropäischer Traditionen über den Transfer einer Kulturdrift vom Festland in die Ägäis.

Tatsache ist, dass auch weiterhin Figurinen in Südosteuropa hergestellt und für rituelle Zwecke verwendet wurden. Hinweise darauf findet man aber nicht im Boden mit Hilfe der Spatenarchäologie, sondern in der Erforschung des vorgriechischen Substrats im altgriechischen Wortschatz.

In der altgriechischen Handwerksterminologie sind Fragmente aus vorgriechischer Zeit erhalten, die Auskunft über bestimmte Werkstoffe geben, aus denen Figurinen hergestellt wurden: Holz und Wachs (Haarmann 2014: 168):

> *dagys* ‹Figurine (aus Wachs)›; *kanabos, kinnabos* ‹Rahmenwerk aus Holz, um das der Künstler Wachs oder Ton modelliert; Blockfigur›; *keros* ‹Wachs›; *plaggon* ‹Figurine (aus Wachs)›; *koroplathos* ‹jemand, der Figurinen aus Wachs formt›

Figurinen wurden bis in die christliche Ära aus Wachs hergestellt. Auf der Insel Lesbos wird eine Ikone der Jungfrau Maria verehrt, die aus Wachs geformt ist. Der Legende nach soll der heilige Lukas diese Skulptur für die frühe Christengemeinde in Jerusalem geschaffen haben. Im Mittelalter sei diese Figur von einem Mönch aus Ephesos auf die Insel gebracht worden.

Das Überleben bestimmter Stilformen wie beispielsweise des Typs der weiblichen Figurine mit erhobenen Händen – mit Repräsentanz in der alteuropäischen wie mykenisch-griechischen Kunst – wäre ohne die Kontinuität handwerklichen Know-hows gar nicht vorstellbar. Die Tradition der Figurinen lebte also weiter, nur wurden diese Artefakte aus Materialien hergestellt, die vergänglich sind und daher im archäologischen Erbe keine materiellen Spuren hinterlassen.

Es gibt auch Randgebiete Alteuropas, in denen gar kein Bruch mit alten Traditionen festzustellen ist. Figurinen gehören beispielsweise zu den Funden von Lerna im Osten der Peloponnes aus dem 3. Jahrtausend v. Chr. Figurinen wurden auch auf den Kykladeninseln und im minoischen Kreta seit dem Neolithikum hergestellt, auch während der Bronzezeit. Allerdings fällt auf, dass dieses Kunstgenre auf den Inseln der Ägäis eine Renaissance erlebt, während die Produktion von Figurinen aus Ton auf dem Festland deutlich nachlässt.

Offensichtlich hat die Kulturdrift vom Festland in die ägäische Inselwelt im 4. und 3. Jahrtausend v. Chr. ältere Traditionen verstärkt und deren Formenvielfalt erweitert. Später lebte die Tradition auch auf dem Festland wieder auf und entfaltete in der mykenisch-griechischen Kunst eine neue Blüte. Weder das Kunsthandwerk noch das Kultleben, das mit den Figurinen assoziiert war, wurden von außen, etwa aus Anatolien oder dem Nahen Osten, eingeführt. Vielmehr ist die Erneuerung der Figurinenkultur bei den Mykenern «hausgemacht» und greift auf ältere Entwicklungen des europäischen Kunstschaffens zurück.

Die Kontinuität des vorindoeuropäischen Göttinnenkults

Die Zusammensetzung des antiken griechischen Götterpantheons und die Namen insbesondere der weiblichen Gottheiten passen nicht so recht zur typischen Tradition der indoeuropäischen Mythologie, wohl aber zum Göttinnenkult bei der vorindoeuropäischen Bevölkerung.

Die Gestalten von Göttinnen wie Demeter, Cybele-Artemis, Hestia, Hera, Athene und Themis sind sämtlich vorgriechisch, ebenso wie die Funktionen, die sie für die Menschen erfüllen (Haarmann 2014: 25 ff.). Auch die Dominanz einer weiblichen Gottheit, von Bendis, der Hauptgöttin bei den Thrakern, sowie die Vielfalt der lokalen Göttinnenkulte bei den Illyrern (Ansotica in Liburnien, Ica und Iria in Flanona, Iutossica in Alvona, Latra in Nedinum) weist auf die Kontinuität vorindoeuropäischer Traditionen hin (Wilkes 1992: 245 ff.).

Die Töchter der Großen Göttin Alteuropas sind nicht spurlos mit der alten Kultur untergegangen, sondern sie haben sich auch gegen die männliche Götterwelt der einwandernden Indoeuropäer zu behaupten gewusst (Robbins 1980). Als starke Frauen sind sie in die griechische Mythologie eingegangen, denn das Alter der Kultplätze und deren Vorgeschichte deuten ebenso wie der archaische Charakter mancher Rituale auf eine vorgriechische Herkunft hin.

Vielleicht die strahlendste dieser göttlichen Gestalten ist Athene. «Nach heutigem Verständnis ist A[thene] ursprünglich wohl eine mächtige Schutzgöttin des mykenischen Kriegeradels und eine Schirmherrin von Burg und Stadt (...), die sich mit einer friedfertigen minoischen Haus- und Palastgöttin (Athene Polias) zur Einheit eines Wesens verbindet» (Lücke/ Lücke 1999: 165).

Das zivilisatorische Netzwerk der Göttinnen im griechischen Pantheon (s. Kap. 7) ist die letzte Entwicklungsphase eines weiten kulturhistorischen Bogens, der sich von der Gestalt der allmächtigen Ahnfrau in der Donauzivilisation über die altägäischen Göttinnen auf den Kykladen und im minoischen Kreta, sogar über die Vorstellungen der griechischen und römischen Welt von göttlicher Weiblichkeit hinaus bis in die Epoche des Marienkults in den Mittelmeerländern spannt. Es nicht schwer, im Wesen des Marienkults Transformationen der antiken Göttinnenverehrung zu erkennen. «Wenn wahrhaft archetypische Motive und traditionsreiche Gestalten nicht mehr Gegenstand der Verehrung sind, die ihnen viele Jahrhunderte lang entgegengebracht wurde, kann der Nachglanz manchmal leuchtender wirken als der Glanz selbst» (Pelikan 1996: 165).

Richtung Osten: Die Erkundung Zentralasiens und Südsibiriens

Die Abwanderung aus der Steppe hatte zwar eine deutliche Verminderung der Populationen in jener Region zur Folge, aber Nomadengruppen indoeuropäischer Affiliation durchzogen zu allen Zeiten die Weiten Eurasiens. Diejenigen, die kontinuierlich die Steppenregion bevölkerten, waren Iranier und Arier. Diese Gruppen waren es auch, die die Routen frequentierten, über die später der Warenverkehr und die Kulturkontakte zwischen China, dem Mittleren Osten, Indien, Westasien und Europa organisiert wurden (Parzinger 2006: 239 ff.).

Die Geschichte der Seidenstraße wird traditionell dargestellt als Öffnung chinesischer Handelswege nach Westen (Höllmann 2004 u.a.). Datierungen reichen in die Periode, als Han-China die politische Kontrolle über das Tarimbecken gewann (2. Jahrhundert v. Chr.). Über die Handelsroute durch diese Region gelangte um die Zeitenwende der Buddhismus von Indien über Zentralasien nach China. Viel früher aber hatten in der Region Indoeuropäer gelebt, jene Leute, die die berühmten Mumien von Ürümchi hinterlassen haben (s. Kap. 15). Ihre Vorfahren waren aus der westlichen Steppe dorthin migriert. Die Seidenstraße verdient es, dass auch ihre Vorgeschichte beleuchtet wird, denn sie steht in direkter Verbindung mit den Migrationen der Indoeuropäer.

Die Ausdehnung des Areals, das die Hirtennomaden für die Weidewirtschaft nutzten, nach Osten brachte indoeuropäische Populationen nach Zentralasien und von dort bis ins iranische Hochland und nach Indien (s. Kap. 13 und 14). Die Migration einiger Gruppen folgte eigenen Routen, die von den Hauptrichtungen abwichen. Auf solchen Nebenrouten gelangten Indoeuropäer weit nach Asien hinein, bis in die Region des Altai-Gebirges und ins Flusstal des Jenisej. Dort entwickelte sich auf der Basis der proto-indoeuropäischen Steppenkultur die regionale Afanasevo-Kultur. Ihr Nachfolger ist die Andronovo-Kultur, die sich vom Kaspischen Meer über den größten Teil Zentralasiens ausdehnte.

Die Afanasevo-Kultur (ca. 3500–ca. 2500 v. Chr.)

Im Laufe des 4. Jahrtausends v. Chr. gelangten mobile Gruppen von Steppennomaden bis nach Südsibirien. Westlich des Altai-Gebirges, in der Ebene von Minusinsk am Oberlauf des Jenisej, sind die Reste von rund einem Dutzend früher Siedlungen gefunden worden. In der materiellen Hinterlassenschaft dieser Indoeuropäer ist die traditionelle Wirtschaftsform, die Viehhaltung, vertreten. Aufgrund von Knochenresten lassen sich die typischen Tierarten der nomadischen Weidewirtschaft nachweisen: Ziege, Schaf, Pferd. Geräte für den Alltagsgebrauch wurden aus Stein (Äxte, Pfeilspitzen) und aus Knochen (Fischhaken, Nadeln) hergestellt. Auch Zubehör für das Zaumzeug der Pferde wurde gefunden. Ohrringe waren der bevorzugte Schmuck, und das Material dafür Kupfer, Silber und Gold.

Aufgrund ihrer zahlreichen Ähnlichkeiten mit den Regionalkulturen in der proto-indoeuropäischen Urheimat (z. B. Jamnaja) identifizieren einige Forscher «die Afanasevo-Kultur als die am weitesten nach Osten reichende Ausdehnung der europäischen Steppenkulturen» (Mallory/Adams 1997: 4). In der Gegend mit den Afanasevo-Siedlungen sind Felsbilder von Wagen gefunden worden. Die Indoeuropäer in Südsibirien waren also technologisch auf dem für damalige Verhältnisse neuesten Stand. Auch die Afanasevo-Leute bauten Grabhügel (Kurgane) für ihre Elite. Diese Hügel waren aber wesentlich flacher und kleiner als die der Viehnomaden in der westlichen Steppe.

Die Andronovo-Kultur (ca. 2300–ca. 900 v. Chr.)

Andronovo-Kultur ist der übergreifende Begriff für eine Reihe lokaler Kulturen, die sich im ausgehenden 3. Jahrtausend und im Laufe des 2. Jahrtausends v. Chr. ausgebildet haben, in etwa zeitgleich mit der Ausgliederung der helladischen Kultur in Südosteuropa. Die älteste Lokalkultur war die von Sintashta-Petrovka im südlichen Vorland des Ural. Aus jener Region stammen die Überreste des ältesten zweirädrigen Wagenmodells (s. Kap. 4). Siedlungen der Andronovo-Leute waren weit verstreut, vom Kaspischen Meer bis nach Südsibirien, über große Teile Kasachstans und Turkmenistans.

Das kulturelle Milieu, in dem sich der älteste Makrokomplex des Indoeuropäischen ausgliederte, der arisch-iranische Sprachzweig (s. u.), erstreckt sich in der eurasischen Steppe vom Don bis weit nach Zentralasien

Felsbild der Bronzezeit (2. Jahrtausend v. Chr.) mit Kamel und Wagen (Arpauzen, Zentralkasachstan)

und umfasst auch das Areal der Andronovo-Kultur. Charakteristisch für die Architektur der Andronovo-Siedlungen sind große Hauskonstruktionen mit einer Wohnfläche zwischen 80 und 300 Quadratmetern, die halb unterirdisch angelegt waren. In solchen Behausungen lebten ganze Familien oder Sippen zusammen, und diese Wohnanlage ist der Prototyp für die späteren iranischen und indischen Hauskonstruktionen. Im 2. Jahrtausend v. Chr. sind in der nördlichen Steppe die frühesten iranischen Stämme und Stammesverbände bezeugt (Kimmerier, Sarmaten, Alanen, Saka, u. a.).

Im Verlauf des 2. Jahrtausends v. Chr. erweiterten die Steppennomaden ihren Einflussbereich aus dem nördlichen Zentralasien nach Süden, in die Region der Kultur von Baktrien und der Margiana. Im südlichen Zentralasien erlebten die Leute aus der Steppenzone – wie schon früher an der westlichen Peripherie in der Ukraine – den Kontakt mit Ackerbauern (Parzinger 2014: 444 f.). Eliten von Steppennomaden etablierten sich in den städtischen Zentren Baktriens und kontrollierten den Handel. Hier wiederholt sich ein Prozess, der im Westen zwei Jahrtausende früher eingesetzt hatte (s. Kap. 5 zur Geschichte des Handelszentrums von Varna). «Die Konsequenz solcher Beziehungen war gewöhnlich Zweisprachigkeit bei der bodenständigen Bevölkerung, eine der Voraussetzungen für Sprachwechsel» (Mallory/Adams 1997: 74).

Die typischen Tierarten der Herden waren Ziege und Schaf. Pferde wurden als Lasttiere und zum Reiten verwendet. Die letztere Funktion ist aufgrund der zahlreichen Funde von Verbindungsstücken (aus Knochen oder Metall) für das Zaumzeug belegt. Aus der Kontaktzone im Süden Zentralasiens gelangte ein Tier zu den Nomaden des nördlichen Steppengürtels, das schon bald in viele Herden der Andronovo-Leute aufgenommen wurde: das Kamel. In den Felsbildern gibt es auch Darstellungen von Wagen, die von Kamelen gezogen werden, ein Hinweis darauf, dass das Kamel als Transporttier gezähmt worden war.

Die Auflösung der Grundsprache

Dieser Prozess der Ausbreitung indoeuropäischer Kulturen und Sprachen, der in der Vorgeschichte einsetzt, ist nicht nur charakteristisch für Europa, sondern auch für das südliche Asien, in einer Zone, die sich von Anatolien über das iranische Hochland und Zentralasien bis nach Indien erstreckt. Es mag überraschen, dass die Indoeuropäisierung in historischer Zeit ebenso viele Spaltungs- wie Ausgleichstendenzen in der eurasischen Sprachenlandschaft produziert hat.

Dieser Prozess der Indoeuropäisierung ist nicht als Überlagerung «primitiver» Kulturen misszuverstehen, denn einige vorindoeuropäische Zivilisationen waren Hochkulturen, und zwar die Donauzivilisation und die alte Induszivilisation (bzw. Harappa-Kultur). Städtische Siedlungen, Schriftverwendung und Metallverarbeitung waren alteuropäische bzw. altdravidische Errungenschaften, die lange vor der Zeit existierten, als Indoeuropäer in jenen Regionen heimisch wurden.

Die Ausbreitungs- und Ausgliederungsprozesse der Indoeuropäisierung sind bis heute nicht abgeschlossen (s. u.). Ältere Sprach- und Kulturschichten wurden dabei nicht einfach überdeckt oder verdrängt, sondern es wurden vielfältige Transformationsprozesse in Gang gesetzt, die eine Umschichtung der Vielfalt, nicht aber ihre Auflösung bedingt haben. Die Kulturen Europas und Asiens, die als Folge der Indoeuropäisierung entstanden sind, sind Mosaikkulturen, die alte (vorindoeuropäische) und neue (indoeuropäische) Elemente in sich vereinigen.

Die Kontakte zwischen indoeuropäischen und nicht-indoeuropäischen Sprachen sowie daraus resultierende Assimilationsprozesse dauern an und werden sich in die Zukunft erstrecken. In diesen Prozessen sind indoeuropäische Sprachen häufig dominant. Dies gilt beispielsweise für den situationellen Druck, den das Spanische und Französische seit Langem auf das Baskische ausüben (Haarmann 1998), oder für die Assimilationsprozesse, die das Russische bei den finnisch-ugrischen Minoritätssprachen im europäischen Teil der Russischen Föderation bewirkt (Sarhimaa 1999, Kolga u.a. 2001).

Die Periode einer einheitlichen Grundsprache dauerte vom 7. Jahrtausend v. Chr. bis ins 5. Jahrtausend v. Chr. Der Prozess der Auflösung des Proto-Indoeuropäischen zog sich über ca. 2000 Jahre hin; spätestens um 2500 v. Chr. war er abgeschlossen. Für diese prähistorischen Perioden gibt es zwar keine Dokumentation. Dafür sprechen aber archäologische Funde in den Expansionsgebieten, die lokale Besonderheiten aufweisen, und Erkenntnisse der Lexikostatistik über Spaltungsprozesse, die als ein Abdriften von Elementen des Wortschatzes (d.h. vom Lautstand und den Stammformen der Grundsprache) sowie von Formantien (formbildenden Elementen der Wortbildung) in den Regionalsprachen zu erkennen sind.

Die Ausgliederung in Regionalkulturen und die Differenzierung von Einzelsprachen setzt sich als kontinuierlicher Prozess bis heute fort. Die Abspaltung neuer Einzelsprachen ist bis in unsere Zeit zu beobachten (z.B. die Konsolidierung des Serbischen, Kroatischen und Bosnischen aus dem Serbokroatischen in den 1990er Jahren).

Centum, Satem und der Schwund der Laryngale

Die Sprachzweige haben sich in einem regional spezifischen Rhythmus ausgegliedert (Mallory/Adams 1997: 586). Es entstanden die indischen, iranischen, anatolischen, italischen, germanischen, keltischen, romanischen, slawischen, baltischen Zweige sowie diejenigen Einzelsprachen, die jeweils einen eigenen Zweig repräsentieren, wie Griechisch, Armenisch, Tocharisch u.a. Die Spaltungsprozesse erfolgten in jedem Fall im Verlauf des 2. Jahrtausends v. Chr., in den meisten Fällen bereits im 3. Jahrtausend v. Chr. Die Ausgliederung der slawischen Sprachen setzt erst um 600 n. Chr. ein, und der baltische Sprachzweig gliedert sich erst nach 1000 n. Chr. weiter aus.

Wie die Prozesse der Ausgliederung der regionalen Sprachzweige im Einzelnen abliefen, ist nicht bekannt. Die fortschreitende Lautentwicklung und die sich verändernden morphologischen Sprachtechniken produzierten vom Proto-Indoeuropäischen abweichende neue regionale Muster, die sich in den neuen Verbreitungsgebieten festigten. In der älteren (teilweise auch noch in der modernen) Forschung wird auf eine Differenzierung aufmerksam gemacht, die eine Makrogliederung erkennen lässt. Je nach Entwicklung der stimmlosen palatalen Konsonanten des Proto-Indoeuropäischen unterscheidet man zwei Großgruppen: Centum-

(Kentum)-Sprachen versus Satem-Sprachen. Diese Benennung orientiert sich an der unterschiedlichen Lautentwicklung des Wortes für ‹100› in den indoeuropäischen Sprachen:

‹100›:
PIE **kmtom* > Kentum-Sprachzweige: Italisch – Germanisch – Anatolisch – Tocharisch – Hellenisch
z. B. griech. *hekaton*, got. *hunda*, latein. *centum*, altir. *cet*, kymr. *cant*, tochar. *känt*

PIE **kmtom* > Satem-Sprachzweige: Slawisch – Baltisch – Indo-Iranisch – Armenisch – Albanisch
z. B. altind. *śatám*, avest. *satem*, bulgar. *sto*, litaui. *šim̃tas*, lett. *simts*, lyk. *snta*, alban. *qind* (entlehnt aus latein. *centum*)

Die geographische Verbreitung zeigt allerdings keine eindeutige Trennung in eine westliche (Centum-Sprachen) und eine östliche Gruppe (Satem-Sprachen). Denn der Außenlieger Tocharisch ist eine Centum-Sprache an der östlichen Peripherie (s. Kap. 15), und das Hethitische repräsentiert eine südliche Centum-Sprache (s. Kap. 12). Neuerdings wird betont, dass die spezielle Lautentwicklung in den Satem-Sprachen eher ein sekundäres Phänomen ist, also nicht auf eine ursprüngliche Teilung des Indoeuropäischen hindeutet. Die Grobgliederung in Centum- und Satem-Sprachen verdeckt andererseits engere Beziehungen zwischen den regionalen Zweigen. So sind sich das Griechische (eine Centum-Sprache) und das Armenische (eine Satem-Sprache) ähnlicher als vergleichsweise das Griechische und das Lateinische (ebenfalls eine Centum-Sprache); (Tischler 1990, Meier-Brügger 2010: L339, Beekes 2011: 30f.).

Als die Abwanderung proto-indoeuropäischer Viehnomaden aus der eurasischen Steppe einsetzte, löste dies einen permanenten Wandlungsprozess aus – als ob ein Dominostein umgefallen wäre und viele andere Steine unaufhaltsam mit sich risse. Wie gesehen, änderten sich die Lebensweisen der ehemaligen Viehnomaden im Kontakt mit den Nachbarkulturen, ebenso ihre Sprachen. Im bilingualen Kontaktmilieu mit den Alteuropäern entwickelten sich auch neue Sprechgewohnheiten, als deren Folge sich das Lautsystem des Proto-Indoeuropäischen veränderte. Ein konkretes, gut nachweisbares Beispiel: Es wandelte sich die Artikulationsbasis für eine bestimmte Gruppe von Lauten, die Laryngale (Kehlkopfverschlusslaute), und damit änderten sich die Laute selbst.

Laryngale sind eine typische Eigenart in der Phonetik der proto-indoeuropäischen Grundsprache (Bammesberger 1988). In anderen rekon-

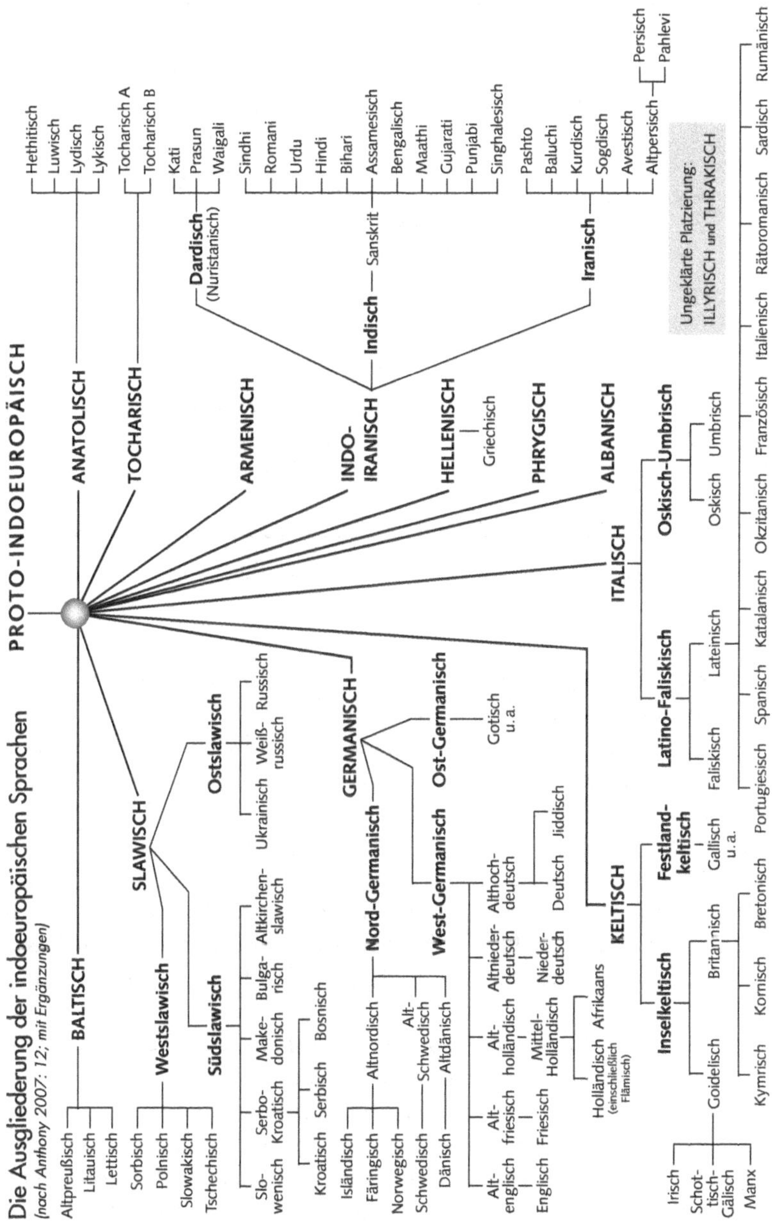

Die Ausgliederung des Proto-Indoeuropäischen

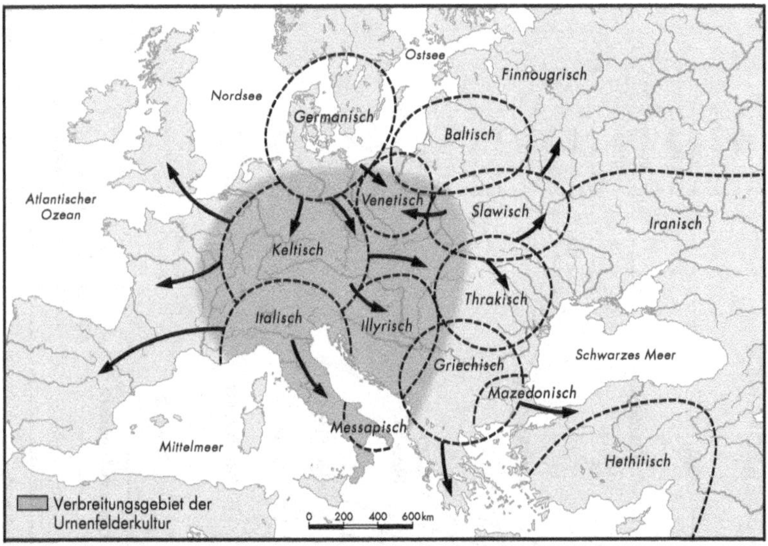

Regionalkulturen: Kulturtraditionen und sprachliche Charakteristik

struierten Grundsprachen fehlen sie. Die Artikulationsstelle der Laryngale liegt im Kehlkopf (lat. *larynx*), und man kann sie sich «als dorsale (palatale, velare, labio-velare) Spiranten (Frikative, Engelaute) vorstellen» (Koivulehto 1991:7). Der bekannteste Kehlkopfverschlusslaut ist der sogenannte «Knacklaut» (engl. glottal stop), der im Deutschen und Dänischen im Wortanlaut auftritt. Es gibt unterschiedliche Annahmen über die Anzahl der Laryngallaute für das Proto-Indoeuropäische. Einige Forscher postulieren lediglich einen Laryngal, die Mehrheit jedoch drei, nur wenige vier. In den Wortrekonstruktionen werden Laryngale durch Nummern bezeichnet: h_1, h_2, h_3 (bzw. h_4), beispielsweise $*h_1$ekuos ‹Pferd›.

Die Existenz der Laryngallaute im Proto-Indoeuropäischen ist hypothetisch, sie lässt sich aber indirekt anhand der alten Entlehnungen in den uralischen Sprachen plausibel machen. Der finnische Ausdruck *kallis* ‹teuer, kostbar; lieb› zeigt im Anlaut den Reflex des Laryngals (in indoeurop. *$*h_2$al-yes*). Der Laryngal ist in den Sprachen der indoeuropäischen Regionalkulturen später geschwunden, das dokumentieren die lexikalischen Äquivalente im Altindischen (*aryá-* ‹gütig, hold, ergeben›) oder im Altnordischen (*elskr* ‹herzlich zugetan, von Liebe erfüllt›). Relikte der

Laryngallaute haben sich nur im Hethitischen, Armenischen und Albanischen erhalten.

Der Auflösungsprozess des proto-indoeuropäischen Komplexes bedeutete die Ausgliederung immer neuer Regionalkulturen in Europa und Asien. Die Typik der Regionalkulturen nach ihrer materiellen Hinterlassenschaft lässt bestimmte Konturen erkennen. Deren Gesamtbild überlappt sich mit dem Kaleidoskop der Sprachen und Kulturtraditionen. So dehnte sich die Urnenfelderkultur über weite Gebiete Mitteleuropas aus und schloss verschiedene Regionen ein, in denen später indoeuropäische Regionalkulturen Eigenprofil gewannen. Sie verdankt ihren Namen der typischen Bestattungssitte, Tote zu verbrennen, die Asche in Urnengefäßen aus Ton zu sammeln und diese auf speziellen Gräberfeldern beizusetzen. Der Zeitrahmen für diese Kultur der späten Bronzezeit ist die Periode von ca. 1300 bis ca. 800 v. Chr.

Die Regionalkulturen differenzierten sich mit der Zeit weiter aus, in die historischen Einzelsprachen und Lokalkulturen.

Die indoeuropäische Restbevölkerung in der eurasischen Urheimat

Mit den periodischen Migrationen von Steppennomaden nach Westen (Südosteuropa) und Osten (Zentralasien) wanderte ein erheblicher Teil der Bevölkerung der Urheimat von dort ab. Andere blieben und setzten ihre traditionelle Wirtschaftsform fort, die Weidewirtschaft mit Ziegen- und Schafherden. Die Ausdehnung der Nomadenkultur nach Zentralasien hinein verband den europäischen Teil der Steppe mit dem asiatischen. Im 3. Jahrtausend v. Chr. ist die Geschichte der eurasischen Steppe geprägt von der Ausbildung des ältesten sprachlich-kulturellen Komplexes des Indoeuropäertums: der Arier. Diese nannten sich von alters her Arya. Davon leiten sich die Fremdbenennungen in anderen Sprachen ab (z. B. dt. Arier, engl. Aryans, französ. Aryens).

Die Vorgeschichte der Indo-Arier beginnt um 2800 v. Chr. in der Steppenregion Südrusslands und im nördlichen Vorland des Kaukasus. Dort hatte sich zu jener Zeit ein regionaler Kulturkomplex der Indoeuropäer ausgebildet, der nach seinen typischen Grabmonumenten als Katakombengräberkultur (Catacomb Grave Culture) bezeichnet wird. Die Träger dieser Kultur, die Proto-Arier, waren Viehnomaden. Die herausragenden Erkennungsmerkmale ihrer Kultur waren die Verwendung von Pferd und Wagen. Die Proto-Arier standen im Kontakt mit den Ураliern in der Waldzone Nordeuropas. Zu den alten proto-arischen Lehnwörtern in den finnisch-ugrischen Sprachen gehören u.a. die Bezeichnung für ‹Hammer(axt)› (vgl. finn. *vasara*) und das Zahlwort für ‹100› (vgl. finn. *sata*, ungar. *száz*: Sanskrit *sátám*); (Lehtinen 2007: 210).

Immer mehr Arier wanderten nach Zentralasien ab, und diese langfristigen Migrationsbewegungen bewirkten die allmähliche Ausgliederung des proto-arischen (indo-iranischen) Komplexes in einen westlichen (Iranisch) und in einen östlichen Zweig (Indo-Arisch bzw. Indisch). Auf europäischer Seite gewannen iranische Kultur und Sprache Eigenprofil. Iranische Gruppen haben die Steppenregion Europas am längsten bevölkert, nämlich bis zum Einbruch türkischer Reiternomaden im 4. Jahrhundert n. Chr. Das erste Turkvolk, das die eurasische Steppe beherrschte, waren die Hunnen.

Frühe iranische Sprachen und Kulturen: Kimmerier, Skythen und Sarmaten

Die Namen der großen Flüsse nördlich des Schwarzen Meers sind iranischen Ursprungs (z. B. Don < *danu* ‹Fluss›; Dnepr < *danu apara* ‹der Fluss hinten›; Dnestr < *danu nazdya* ‹der Fluss vorne›), Donec < *danu* + slaw. Suffix *-ec*; wörtl. ‹kleiner Fluss› (im Vergleich zum großen Fluss, dem Don, in den sich die Wasser des Donec ergießen).

Diese Region haben iranische Völkerschaften bis in die Antike bewohnt. Erst im Verlauf des 2. Jahrtausends v. Chr. gliedert sich der iranische Zweig des Indoeuropäischen in Stämme und Stammesverbände aus, deren Namen überliefert sind und die sich sprachlich wie kulturell von der sie umgebenden Bevölkerung unterscheiden.

Kimmerier. Die älteste Gruppierung, die anhand der alten Quellen zu identifizieren ist, waren die Kimmerier, eine lockere Föderation aus thrakischen und mehrheitlich iranischen Stammesgruppen. Diese wurden von den Assyrern unter einem gemeinsamen Namen als Gimmirraja benannt, in der biblischen Überlieferung hießen sie Gomer. In griechischen Quellen findet man den Namen Kimmerioi. Die Kimmerier setzten die Tradition der nomadischen Weidewirtschaft fort.

Sie waren die ersten Nomaden, die für ihre Kriegszüge ganze Reiterverbände aufstellten. Diese Massierung berittener Krieger in taktischen Formationen unterschied sich von der älteren Kriegsführung, die bis dahin in der Verantwortung von Elitekämpfern, Mitgliedern der Kriegerkaste, lag. Reiterverbände der Kimmerier sind erstmals um 1600 v. Chr.

im Steppengebiet der Ukraine und Südrusslands bezeugt. Die Clans der Kimmerier gliederten sich in westliche und in östliche Gruppen. Angehörige der westlichen Gruppe zogen bis nach Süddeutschland, Norditalien und auf den Balkan (Mazedonien). Diese Kimmerier assimilierten sich schon bald an die lokale Mehrheitsbevölkerung. Die östlichen Kimmerier zogen nach Kleinasien. Zu einer Zeit, als die Kimmerier schon lange nicht mehr in den Annalen erwähnt wurden, erinnerte noch die Benennung der Straße von Kertsch, die das Asowsche Meer vom Schwarzen Meer trennt, an die historische Präsenz jener Nomaden. Bei den Griechen hieß die Meerenge von Kertsch Bosporos Kimmerios (Kimmerischer Bosporus). Diese Region wurde von den Kimmeriern bis ins 8. Jahrhundert v. Chr. dominiert. Danach wurde das Gebiet von den Skythen kontrolliert.

Die kriegerischen Auseinandersetzungen der Kimmerier mit anderen Völkern sind seit dem 8. Jahrhundert v. Chr. dokumentiert. Dies waren nicht nur lokale Auseinandersetzungen, sondern die Kimmerier demonstrierten ihre Stärke als politischer Machtfaktor, so etwa im Jahr 714 v. Chr. mit ihrem Kriegszug gegen das Reich Urartu. Den Quellenberichten zufolge sind die Kimmerier für die Zerstörung des phrygischen Reiches verantwortlich, das sich in den Jahren 696 und 695 v. Chr. auflöste. Im Jahr 652 v. Chr. eroberten die Kimmerier Sardes, die Hauptstadt Lydiens. Es gelang ihnen aber nicht, die Lyder zu unterdrücken, denn diese behielten die Oberhand und vertrieben die Kimmerier aus Anatolien. Nach 600 v. Chr. werden die Kimmerier in den Quellen nicht mehr erwähnt.

Skythen. Auch die Ethnogenese der Skythen steht im Zusammenhang mit Bewegungen iranischer Steppennomaden aus Zentralasien. Deren Migrationen setzten erst Anfang des 1. Jahrtausends v. Chr. ein und waren einerseits auf die südrussische Steppe gerichtet, andererseits ins südliche Sibirien. Die skythische Kultur bildete sich in einem Gebiet aus, das im Westen vom Don, im Norden von der Wolga und im Süden vom Kaukasus begrenzt wurde. Die skythischen Stammesgruppen Südsibiriens sind als Altai-Skythen bekannt. Nachdem die Kimmerier vertrieben waren, erschlossen sich die Skythen auch die Schwarzmeerregion.

In ethnischer Hinsicht waren die Skythen nicht einheitlich, sondern ein lockerer Bund von verschiedenen Stammesgruppen. Hierzu gehörten in der Mehrzahl iranische Volksgruppen, von denen einige – wie die Kallippiden, Agathyrsen («königliche Skythen»), Neuri und Budini – namentlich bekannt sind. Mit diesen Gruppen, die Varianten des Iranischen sprachen, standen auch kaukasische und uralische Völkerschaften in

Kontakt, ihrerseits nicht mit den Indoeuropäern verwandt. In diesem Stämmebund gab die aristokratische Elite der Skythen den Ton an. Später sollte sich daraus ein lose strukturiertes Reich entwickeln (s. Kap. 13).

Die Skythen waren sprachlich und kulturell eng mit den Sarmaten verwandt. Vom Skythischen, das schriftlos blieb, sind nur spärliche Zeugnisse überliefert. Dazu gehören etwa 200 Einzelwörter, außerdem Namen von Personen und Gottheiten, die sich in griechischen Quellen finden. Die historische Präsenz der Skythen in der Steppenregion hat sich in einigen Lehnwörtern skythischer Provenienz im Russischen und Ukrainischen niedergeschlagen (z. B. russ. *sapog* ‹Stiefel›, *topor* ‹Axt›).

Sarmaten. Die Sarmaten (griech. *Sauromatai, Sarmatai*, latein. *Sarmatae*) waren nach den Kimmeriern und Skythen die letzten, die das weite Gebiet von der Wolga bis an die untere Donau beherrschten. Die Griechen kannten die Sarmaten seit den Zeiten Herodots (5. Jahrhundert v. Chr.) als Reiterkrieger und geschickte Bogenschützen.

Aus ihren ursprünglichen Wohnsitzen zwischen Don und Wolga drängten die Sarmaten im 3. Jahrhundert v. Chr. nach Westen und verdrängten die Skythen aus dem Dneprgebiet. Mit den Griechen in den Kolonien an der Nordküste des Schwarzen Meers standen die Sarmaten seit dem 2. Jahrhundert v. Chr. in ständigem – teils friedlichem, teils kriegerischem – Kontakt. Im Unterschied zu den Skythen akkulturierten sich die Sarmaten nicht, sondern behielten ihre nomadische Lebensweise bei. Auch bevorzugten sie den nomadischen Tierstil in der Kunst, und ihre Ästhetik war kaum vom hellenistischen Kunstsinn berührt.

Im 3. Jahrhundert gerieten die Sarmaten unter die Herrschaft der Goten, die sich in der Steppe und auf der Halbinsel Krim niederließen. Die Hunnen vertrieben die Sarmaten schließlich im 4. Jahrhundert aus der Steppe. Ein Teil der sarmatischen Bevölkerung schloss sich den Hunnen an, andere zogen sich ins Kaukasusvorland zurück. Zusammen mit den Resten der Alanen und Skythen ging ihr Volkstum in dem der Osseten auf (Aruz u. a. 2000).

Die Sprache der Sarmaten wie der Skythen gehört zur Gruppe der ostiranischen Sprachen; das Sarmatische repräsentiert eine jüngere Entwicklungsstufe. Es blieb schriftlos und ist lediglich aus einigen Streuwörtern und Namen in den Werken antiker Autoren bekannt. Im Wortschatz des Krimgotischen finden sich einige sarmatische Lehnwörter. Bis heute haben sich verschiedene Entlehnungen sarmatischer Herkunft im Ungarischen erhalten (z. B. *híd* ‹Brücke›, *tölgy* ‹Eiche›).

Kriegerin, bekleidet mit typisch skythischen Leggings (Vasenbild auf einem attischen Krug, 6. Jahrhundert v. Chr.)

Die Amazonen – Mythos und Wirklichkeit

Die griechischen Kolonisten an der Nordküste des Schwarzen Meers wussten von weiblichen Kriegern bei den Skythen in der Steppe, und Herodot berichtet über diese Amazonen (*Historien* 4.110–16). Auf griechischen Vasenbildern sind einige dieser Kriegerinnen in typisch skythischer Kleidung abgebildet.

Ob es außer Einzelkämpferinnen auch ganze Reiterformationen mit weiblichen Kriegern bei den Skythen gegeben hat, ist nicht näher bekannt. Dass es aber berittene Kriegerinnen gab, ist durch Gräberfunde mit weiblichen Skeletten, Waffenbeigaben und Pferdegeschirr nachgewiesen (Busse 2010). Herodot berichtet, dass auch die mit den Skythen eng verwandten Sarmaten Kriegerinnen ausbildeten. Er verweist auf den Ursprungsmythos der Sarmaten, wie ihn die Skythen erzählten. Demnach wären die Sarmaten die Nachkommen von Amazonen und skythischen Männern.

Die Mythen von sagenhaften Amazonen sind viel älter als die historisch nachgewiesenen weiblichen Krieger. Man findet sie in vielen Regionen Eurasiens, die von indoeuropäischen Steppennomaden bevölkert waren (wie Zentralasien), aber auch bei den iranischen Völkerschaften im Süden (z. B. in der persischen Erzähltradition) und in Kontaktkulturen (wie dem Kaukasus). In den kaukasischen Mythen sind die Abenteuer der Amazonen einer der populärsten Stoffe. Die griechischen Siedler in den Kolonien an der Ostküste des Schwarzen Meers hörten die Geschichten von den Einheimischen und erzählten sie weiter. In der cirkassischen Mythentradition zum Beispiel ist der Name der Amazonenkönigin *Amezan*, und diese Namenform ist unschwer in der griechischen Namengebung für die Amazonen wiederzuerkennen (Mayor 2014: 359).

Es ist bemerkenswert, dass nur bei den Griechen die militärische Auseinandersetzung mit den Amazonen und deren Vernichtung durch griechische Männer im Vordergrund steht, während in den Mythen anderer Völker davon abweichende Einstellungen zum Ausdruck kommen. Wenn Kämpfer in diesen Mythen mit Amazonen konfrontiert wurden, so wird erzählt, bemühten sich die Männer «eifrig darum, diese Amazonen als Liebhaberinnen, als Waffengefährten und als Verbündete zu gewinnen, anstatt sie zu töten» (Mayor 2014: 31).

Indo-Iranisch als Makrogruppierung

Die indo-arischen und iranischen Sprachen sind eng miteinander verwandt. Sie stellen jeweils eigene Sprachzweige dar, werden wegen der besonderen Affinitäten aber unter der gemeinsamen Rubrik «Indo-Iranisch» klassifiziert. Dies ist die einzige Makrogruppierung mehrerer Sprachzweige innerhalb der indoeuropäischen Sprachfamilie. Die näheren Beziehungen der übrigen Sprachzweige zueinander sind entweder umstritten oder mit den bisher zur Verfügung stehenden Methoden nicht eindeutig zu identifizieren (s. Haarmann 2006: 172 ff. zu Postulaten über das Verhältnis des Germanischen zum Italischen, des Baltischen zum Slawischen, usw.).

Es ist möglich und sinnvoll, für den indo-arischen und den iranischen Sprachzweig eine eigene Protoform zu rekonstruieren, die nach Lautung und grammatischem Bau als eine Art Zwischenglied zwischen der indoeuropäischen Grundsprache und den separaten Sprachzweigen Indo-Arisch und Iranisch steht. «Der indo-iranische bzw. arische Zweig des Indoeuropäischen scheint sich in den Kulturen der Steppe und der Wald-Steppe in der Nachfolge der Jamnaja-Kultur (3200–2500 v. Chr.) entwickelt zu haben, und zwar östlich des Flusses Dnestr» (Parpola 2012a: 137).

Um die Nähe des Indo-Arischen zum Iranischen zu illustrieren, seien hier Parallelversionen einer Hymne in Avestisch zur Lobpreisung des Gottes Mithras wiedergegeben, außerdem die rekonstruierte Protoform (nach Mallory/Adams 1997: 304–305):

«Diese mächtige Gottheit
Stark, unter den Lebenden die stärkste
Mithras, ich ehre dich mit Trankopfern»

Avestisch	*Altindisch*	*Proto-Indo-Iranisch*
təm amavantəm yazatəm	tám ámavantam yajatám	*tám ámavantam yaǰatám
sūrəm dāmōhu səvištəm	śū́ram dhā́masu śáviṣṭham	*ćū́ram dhā́masu ćávištham
miθrəm yazāi zaoθrābyō	mitrám yajāi hótrābhyaḥ	*mitrám yaǰāi ǰhāutrābhyas

Diese prähistorische Sprachvariante (s. Kap. 13) wurde von den Viehnomaden gesprochen, die nach der Auflösung des proto-indoeuropäischen Komplexes nach Zentralasien abgewandert waren. Der Lautstand des Altindischen ist im Vergleich zum Avestischen konservativer. Dies ist beispielsweise an der Erhaltung der behauchten Laute (*bh, dh*) zu erkennen.

Die Armenier: Außenlieger im Kaukasus

Im 5. Jahrtausend v. Chr. setzten die Kontakte der Indoeuropäer mit ihren Nachbarn im Süden, den Kaukasiern, ein. In dieser Kontaktzone an der Peripherie der Urheimat blühte um 3700 v. Chr. die Maikop-Kultur auf, benannt nach deren wichtigstem Fundort im Nordosten des Schwarzen Meers (südlich des Kubanflusses). Über Maikop lief eine wichtige Handelsroute, auf der Waren in Nord-Süd-Richtung transportiert wurden. Die materielle Hinterlassenschaft umfasst auch Objekte, die auf Handelskontakte bis nach Mesopotamien (Uruk) weisen, u. a. ein Zylindersiegel mit dem Motiv des Lebensbaums und dem stilisierten Bild eines Hirsches (Anthony 2007: 290 ff.).

Seit dem 2. Jahrtausend v. Chr. ist ein Volk im Südkaukasus bezeugt, das ein Reich mit dem Namen Hayasa schuf (Redgate 1999). Dieser in hethitischen Texten erwähnte Name ähnelt in unverkennbarer Weise dem Namen, mit dem sich die Armenier selbst bezeichnen: *Hay* (in der altarmenischen Form). Seit dem 6. Jahrhundert v. Chr. werden die Armenier in persischen Quellen erwähnt, u. a. in den Königsinschriften von Dareios I.

(als *Armina* im Altpersischen und als *Harminuya* im Elamischen), und auch in westlichen Quellen, als *Armenioi* im Griechischen. Bei den römischen Autoren werden sie später *Armenii* genannt. Der armenische Historiograph Movses Khorenatsi, der im Mittelalter wirkte, erklärte den Namen der Armenier als Ableitung von Aram (bzw. Armenak). Dies ist in der mythischen Überlieferung der Nachkomme von Hayk, dem legendären Begründer Armeniens.

Das Armenische (von den Armeniern selbst *Hayeren* genannt), die Nationalsprache der Armenier, repräsentiert – ähnlich wie das Griechische und Albanische – einen eigenen Sprachzweig des Indoeuropäischen. Das Phrygische im Nordwesten Anatoliens, ebenfalls ein Außenlieger, steht ihm vergleichsweise am nächsten (s. Kap. 12).

Das Armenische hat sich im kontinuierlichen Kontakt mit seinen Nachbarsprachen durchgreifend gewandelt. Der indoeuropäische Erbwortschatz ist lediglich in Fragmenten erhalten geblieben. Zu den rund 400 indoeuropäischen Wurzelwörtern gehören auch die Grundzahlwörter (z. B. *čork’* ‹vier›, *hing* ‹fünf›, *hariwr* ‹hundert›). Der größte Teil des armenischen Lexikons setzt sich aus Lehnwörtern zusammen; zu den ältesten gehören solche aus den alten Sprachen Anatoliens (z. B. armen. *brut* ‹Töpfer› < hethit. *xnjor* ‹Apfel› < hurrit. *ult* ‹Kamel› < urartäisch). Jüngere Entlehnungen sind solche aus anderen indoeuropäischen Sprachen (z. B. armen. *bžišk* ‹Ersatz› < parth., armen. *dirt* ‹Bodensatz› < pers.).

Die frühe Verbreitung des Christentums in Armenien, das dort Anfang des 4. Jahrhunderts zur Staatsreligion erklärt wurde (Babian 2001: 31 f.), hatte zur Folge, dass für den armenischen Wortschatz neue Kontaktquellen erschlossen wurden. Zu den frühchristlichen Lehnwörtern zählen solche aus dem Syrischen (z. B. *xarb* ‹Schwert›, ursprünglich in der Assoziation mit dem Erzengel Gabriel) und Griechischen (z. B. *selin* ‹Sitz, Bischofssitz›). Als Schriftsprache wird das Armenische bereits seit dem 5. Jahrhundert n. Chr. verwendet (s. Kap. 16).

7. *Südosteuropa: Die Entstehung der hellenischen Kultur*

(ab dem 3. Jahrtausend v. Chr.)

Wenn man nach den Ursprüngen zentraler Institutionen der europäischen Kulturgeschichte sucht, ist es sinnvoll, in die griechische Antike zu schauen. Dies ist jedenfalls die Einstellung, die wir über unsere Schulerziehung verinnerlicht haben. Und in der griechischen Antike wird man auch fündig, denn diese ist ja in idealer Weise dokumentiert: in schriftlichen Quellen, in Bauwerken, in der Kunst und in der Sprache. Was wären unsere modernen Sprachen ohne die zahlreichen Kulturwörter griechischer Herkunft? Wir glauben zu wissen, dass wir die Kenntnis der Töpferei, der Metallbearbeitung, des Theaterwesens und vieler anderer Bereiche den Griechen verdanken, denn unsere Kulturwörter wie Keramik, Metall und Theater weisen ja in diese Richtung.

Die neuere Forschung zur antiken Kulturgeschichte hat jedoch Erkenntnisse geliefert, die Vorstellungen von der Einmaligkeit griechischer Errungenschaften ins Wanken bringen und eine Revision althergebrachter Schulweisheiten fordern.

Wie aus Helladen Hellenen wurden

Dem vorsokratischen Philosophen Parmenides, der im 5. Jahrhundert v. Chr. lebte, wird die folgende Sentenz zugeschrieben: «Von nichts kommt nichts». Die griechische Zivilisation mitsamt ihren Institutionen hat nicht bei Null angefangen, sondern sie hatte Vorbilder. Die Griechen der Antike haben die Errungenschaften ihrer Vorgänger in Südosteuropa für den Aufbau ihrer eigenen Hochkultur ausgebeutet wie einen Steinbruch. Und dazu gehören die Keramikherstellung, die Metallbearbeitung, das Theaterwesen und vieles andere.

Die vorgriechische Bevölkerung hatte ihre eigene Sprache. Vielleicht waren es mehrere Einzelsprachen, die aber vermutlich eng miteinander verwandt waren. Ihre Kultur bauten die Alteuropäer auch mit Hilfe ihrer

Sprache auf, sie ist jedoch nur in Fragmenten erhalten, in Form alter Substratwörter im Wortschatz des Griechischen und anderer Sprachen Südosteuropas. Und doch scheint in diesen Fragmenten eine Menge von der natürlichen Umwelt, von den Aktivitäten der frühen Ackerbauern, von der Lebensqualität und den Glaubensvorstellungen der Alteuropäer auf.

Hier ist der Lehnwortschatz des Griechischen von besonderem Interesse, denn es ist seit dem 17. Jahrhundert v. Chr. schriftlich überliefert und seither kontinuierlich geschrieben worden. Die griechische Sprache saugte wie ein Schwamm diese zunächst fremden Elemente auf. Die entlehnten Ausdrücke alteuropäischer Herkunft wurden in die lexikalischen Strukturen des Altgriechischen integriert. Bald schon wurden die ursprünglichen Fremdelemente nicht mehr als fremd empfunden, und sie blieben auch nicht wie Fossilien isoliert, sondern gingen eine Art Symbiose mit den einheimischen Bezeichnungsstrukturen ein.

Wörter wie Keramik, Metall und Theater klingen griechisch, weil die Griechen diese Ausdrücke verwendet und an uns weitervermittelt haben. Diese lexikalischen Elemente gehören aber nicht zum griechischen Erbwortschatz, das heißt, diese Wörter haben keine Entsprechungen in indoeuropäischen Sprachen. Sie sind auch keine Entlehnungen aus irgendeiner Sprache des Nahen Ostens oder des Alten Orients. Warum nicht? Nun, weil weder die Keramikherstellung noch die Metallbearbeitung oder das Theaterwesen orientalischer Herkunft sind. Dies sind zivilisatorische Domänen, die lange vor den Griechen in Europa ausgebildet wurden. Bei den betreffenden griechischen Termini handelt es sich um Elemente des vorgriechischen Substrats. Zwei Kostproben vorab: *Keramik* leitet sich vom Basiswort griech. *keramos* ab, womit die von Töpfern verwendete Tonerde (und auch allgemein die Töpferei) bezeichnet wurde. In den neuesten etymologischen Studien wird *keramos* als «pre-Greek» ausgewiesen (Beekes 2010: 674 f.); *Metall* geht auf griech. *metallon* zurück, ebenfalls ein Ausdruck aus vorgriechischer Zeit (Beekes 2010: 937).

Vorgriechische Substratwörter lassen sich nach verschiedenen Kriterien identifizieren:

- Ein Substratwort findet im indoeuropäischen Erbwortschatz keine Parallele, das heißt, es gibt keine Parallelformen in den verwandten Sprachen des Griechischen (Lateinisch, Altindisch, Persisch, u. a.);
- Substratwörter haben Endungen, die «ungriechisch» sind, denn deren formative Elemente (z. B. Suffixe) haben ebenfalls keine Parallelen im indoeuropäischen Formenschatz (z. B. vorgriechisch *-issos/-issa*, das dem Griechischen angepasst worden ist);

- In Substratwörtern finden sich Silbenstrukturen und formative Elemente, die in Erbwörtern unbekannt sind (z. B. *-nd-* wie in *spondylos* oder *-n-* wie im Ortsnamen Aigina);
- Substratwörter treten häufig in verschiedenen Lautvariationen auf, die ansonsten für Erbwörter untypisch sind (z. B. *chalkos* neben *kauchos* ‹Kupfer; Erz›, *kanabos* neben *kinnabos* ‹hölzerner Rahmen, um den Künstler Tonfiguren modellieren›);
- Lehnwörter des Griechischen werden der ältesten Schicht (d. h. dem altmediterranen bzw. pelasgischen Substrat) zugeordnet, wenn keine der bekannten Sprachen der Antike (z. B. Ägyptisch, Assyrisch, Babylonisch, Phönizisch) als Quelle infrage kommt.

Die vorgriechische Kulturlandschaft

Ab wann ist es sinnvoll, vom Griechischen als selbständiger Sprache zu reden? Die helladischen Migranten, die nach Griechenland einwanderten, sprachen noch nicht die Sprache der Griechen, die die mykenische Zivilisation begründeten. Der genaue Zeitpunkt, wann aus dem prähistorischen Helladisch das historische Griechisch entstand, ist kaum auszumachen. Vielmehr haben wir uns den Wandel als einen langfristigen Übergangsprozess vorzustellen. Die älteste Form des Griechischen (Proto-Griechisch) bildete sich im Kontakt mit der Sprache der einheimischen vorgriechischen Bevölkerung heraus, und als Zeitrahmen dafür ist das 3. Jahrtausend v. Chr. anzusetzen (Mallory/Adams 2006: 103). Ab etwa 2000 v. Chr. entwickelt sich Griechisch als selbständige Sprachform weiter.

Von der vorgriechischen Bevölkerung haben die einwandernden Helladen viele Namen übernommen, von Orten wie Athen, Mykene oder Olympia, von Flüssen wie Ilyssos, von Landschaften wie Attika, von Bergformationen wie Parnass. Auch der Name des wohl berühmtesten Berges Griechenlands, des Olymp, ist vorgriechisch – und heilig war diese Stätte auch schon, bevor die Griechen den Berg zum Sitz ihrer Götter machten. Dort herrschte ehemals die vorgriechische Göttin Eurynome, die Protagonistin im «pelasgischen» Ursprungsmythos (Gantz 1993: 54). Das ist die Geschichte von der Urmutter Eurynome, die alle Dinge der Welt gebiert: Eurynome wandert ziellos über den Urozean dahin, wo der Nordwind Boreas auf sie aufmerksam wird. Er drängt sie, sich mit ihm zu vereinigen. Die Göttin kommt auf einer kleinen Insel zur Ruhe, wandelt sich zu einem Wasservogel und legt ein Ei. Im Schlaf stößt sie es aus Versehen um, die Schale zerbricht, und alle Dinge dieser Welt strömen heraus.

Die Kultur der Pelasger entfaltete sich in der Bronzezeit, etwa vom frühen 3. Jahrtausend v. Chr. bis ins 1. Jahrtausend v. Chr. Noch in der archaischen Ära (8.–6. Jahrhundert v. Chr.) gab es Siedlungen der Pelasger in Südgriechenland. Jahrzehntelang sind von Vertretern der historischen Sprachwissenschaft (so von Georgiev, Budimir, Danka, Duridanov, Heubeck u. a.) immer wieder Versuche unternommen worden, die Pelasger als ein altes indoeuropäisches Volk auf dem Balkan zu beschreiben und ihre Sprache als ein mit dem Griechischen verwandtes Idiom zu rekonstruieren. Alle diese Ansätze aber blieben fruchtlos. Erst vor wenigen Jahren ist es definitiv gelungen, den Charakter des vorgriechischen Pelasgisch als nicht-indoeuropäisch zu identifizieren (Forschungen von Beekes, Furnée und Haarmann).

Das Fazit ist kürzlich von Beekes im Vorspann zu seinem umfänglichen etymologischen Wörterbuch des Griechischen gezogen worden: «Die pelasgische Theorie [im Sinn einer alten indoeuropäischen Sprachschicht] hat viel Schaden verursacht, und es ist an der Zeit, sie zu vergessen» (Beekes 2010: XVI). Die vorgriechische Bevölkerung Griechenlands gehörte zum Kreis der alteuropäischen (= vorindoeuropäischen) Populationen. Ihre Sprache war nicht mit dem Griechischen verwandt. In Herodots Werk *Historien* (1.57.3) wird beschrieben, wie sich die Pelasger sprachlich und kulturell ans Griechentum assimilierten und wie aus ihnen Hellenen wurden.

Sprachhistorisch bildet das Pelasgische die letzte vorgriechische Schicht, die dann vom Griechischen überlagert wurde. Das Pelasgische ist eine Spätform des Alteuropäischen. Diese Sprachformen stehen in einer ähnlichen chronologischen Beziehung zueinander wie das späte Eteokretisch zum älteren Minoisch auf Kreta. Die meisten Lehnwörter aus vorgriechischer Zeit im Griechischen stammen aus dem Pelasgischen, einige aber auch aus noch älteren Sprachstadien (altmediterraner und alteuropäischer Prägung). Ein Beispiel für ein Wort aus der ältesten Sprachschicht ist *tauros* ‹Stier›, ein Ausdruck, mit dem ursprünglich der einheimische europäische Auerochse bezeichnet wurde.

Die chronologische Aufeinanderfolge der Kulturschichten lässt sich anhand eines Wortpaares illustrieren. Das Altgriechische kannte zwei Ausdrücke für Gold. Das jüngere Wort *chrusos* ist ein Lehnwort aus dem Semitischen, das ältere Wort *agchouros* dagegen ist ein Substratwort vorgriechischer Herkunft (s. Kap. 4 zur Tradition der Metallurgie in Europa).

Über viele Generationen standen die Griechen mit den Pelasgern in intensiven sozialen und kulturellen Kontakten. Diese haben ein starkes

Echo in der altgriechischen Sprache hinterlassen, in Gestalt einer breit ausgefächerten Schicht pelasgischer Lehnwörter. Das Pelasgische hat auch die Wortbildung des Griechischen entscheidend geprägt. Über die Entlehnungen wurden zahlreiche formative Elemente übernommen, dazu gehören Suffixe wie *-ss-* (z. B. in *thalassa* ‹Meer›), *-n-* (z. B. in *eirene* ‹Frieden›) oder *-nd-* (z. B. in *spondylos* ‹Seemuschel›). Diese Formantien wurden dann im Griechischen produktiv, d. h. mit ihrer Hilfe wurden auch Ableitungen von rein griechischen Erbwörtern gebildet.

Akropolis: Die Hellenisierung der Stadt Athen

Die Griechen waren sich immer bewusst, dass vor ihnen andere Völker in ihrer Heimat Hellas gelebt hatten. In seinen *Historien* weiß Herodot Folgendes über die Vorgänger der Bewohner Attikas zu berichten: «Wenn also alle Pelasger auf diese Weise [d. h. ihre eigene Sprache] sprachen, dann muss die Bevölkerung Attikas (*to Attikon ethnos*), wo sie doch Pelasger waren, ihre Sprache gewechselt haben zu der Zeit als sie Teil der Hellenen wurden» (*Historien* 1.57.3). Dies ist eine Umschreibung von Akkulturation und Sprachassimilation, die die Pelasger durchmachten.

Am besten bekannt ist der Fusionsprozess der Kulturen und Sprachen aus der Geschichte der Stadt Athen und der Region von Attika. Beide Namen sind vorgriechischer Herkunft. Relikte pelasgischer Bautätigkeit (Mauerreste) in Athen hat man an den Hängen der Akropolis gefunden; sie wurden von den Griechen der Antike *pelasgikon* genannt. In den Geschichtsbüchern lesen wir nichts davon, dass die Akropolis ein bikulturelles und bilinguales Kontaktareal war. Aber diese Stätte war nicht von Anbeginn unter dem Namen *Akropolis* ‹Hochstadt› (< *akros* ‹hoch, oberst› + *polis* ‹Stadt›) bekannt. Bis ins 4. Jahrhundert v. Chr. war eine andere Namenform gebräuchlich, und die stammte von den Pelasgern.

Die Akropolis hieß *Krana(a)*, und der alte Name von Athen war *Kranaa polis*. Im Altgriechischen findet man den Ausdruck *kranaos* (‹felsig, steinig, hart›), ein Substratwort (Beekes 2010: 770). In einigen antiken Quellen werden die Athener *Kranaoi* (‹die Leute vom Felsen›) genannt, und einer der mythischen Könige Athens hieß Kranaos. Die Akropolis war «DER Felsen» oder auch «der heilige Felsen», denn dort residierte die von den Pelasgern verehrte große Göttin aus prähistorischer Zeit, die sie Athena (bzw. Athene) nannten. Auch in diesem Namen ist das schon erwähnte vorgriechische Suffix *-n-* enthalten. In der modernen archäologischen Literatur sucht man Anschluss an die Ursprünge, und die Akropolis wird als «heiliger Felsen» bezeichnet (Valavanis 2013: 18, Connelly 2014: 3 ff.).

Pelasgisch-griechische Verschmelzungen

Viele zivilisatorische Errungenschaften, die wir gewöhnlich den Griechen zuschreiben, sind die Weiterentwicklung von Wissen und Technologien, die sie von ihren Vorgängern übernommen haben. Eine Vielzahl von Quellen lieferte den Griechen den Stoff, aus dem sie ihre Hochkultur aufbauten. Seine Spannweite ist beeindruckend und in vielen Bereichen der materiellen wie geistigen Kultur des Griechentums verankert:

- Umweltwissen: *asterope/astrape* ‹Blitz›, *ombros* ‹Regenschauer›, *isthmos* ‹Meerenge› (speziell mit Bezug auf die Meerenge von Korinth) u. a.
- Praktisches Alltagswissen (mit Bezug auf Dinge im Haushalt und im Alltag): *hestia* ‹Feuerstelle im Haus, Herd›, *thalamos* ‹Frauengemach›, *karkaris* ‹ein Stapel Brennholz›, *klibanos* ‹Backofen› u. a.
- Sitten und Gebräuche, Gewohnheitsrecht: *heorte* ‹Festmahl, religiöses Fest›, *hosia* ‹Gewohnheitsrecht› (von den Vorfahren an die zukünftigen Generationen übertragen) u. a.
- Spezialisiertes Wissen in den Handwerkssparten: Weben (z. B. *spondylos* ‹Spinnwirtel›), Hausbau (z. B. *plinthos* ‹luftgetrockneter Backstein aus Tonerde›), Töpferei (z. B. *keramos* ‹Ton für Keramik›), Metallbearbeitung (z. B. *chalkos* ‹Kupfer›) u. a.
- Know-how für den Ackerbau: Feldbau (z. B. *laion* ‹Pflugschar›), Weinanbau (z. B. *ampelos* ‹Weinrebe›), Olivenkultivation (z. B. *elaia* ‹Olive›)
- Erinnerung an die Vergangenheit: *kokuai* ‹Vorfahren›, *kterea* ‹Gaben für die Verstorbenen; Totenopfer› u. a.
- Rituelles Wissen: *thiasos* ‹Prozession›, *threskeuo* ‹religiöse Bräuche beachten; Opfer darbringen› u. a.
- Verwandtschaftsbeziehungen: *baia* ‹Großmutter›, *damar* ‹Ehefrau› u. a.
- Intimsphäre, Körperteilbezeichnungen: *mastos* ‹Mutterbrust›, *sabyttos* ‹Rasieren (der weiblichen Scham) zum Zweck der Ornamentierung› u. a.
- Handel und Warenverkehr: *kapeleia* ‹Handel›, *kapelis* ‹weiblicher Kleinhändler› u. a.
- Maße und Gewichte: *drachme* ‹Drachme (Gewicht und Münze)›, *medimnos* ‹Kornmaß› u. a.

- medizinisches Wissen, Kenntnis von Heilpflanzen: *pharmakon* ‹Heilkraut›, *phibaleos* ‹eine Feigenart, die sich als Heilmittel eignet› u. a.
- Wissen im Bereich Kunst und Musik: *bretas* ‹hölzernes Götterstandbild›, *hymnos* ‹Gesang, Hymne›, *lyra* ‹Lyra› u. a.
- Wissen über Gesellschaftsstruktur und kommunale Verwaltung: *kleros* ‹gepachtetes Stück Land auf kommunalem Gelände›, *prytanis* ‹Vorsitzender des Rats› (Titel eines hohen Beamten in der Athener Demokratie) u. a.

Es ist keineswegs übertrieben zu behaupten, dass es den Griechen ohne das Wissensgut, das sie von den Pelasgern auf dem Festland und von den Minoern Altkretas (s. u.) annahmen und in ihrem kulturellen Gedächtnis tradierten, kaum gelungen wäre, ihre eigene Zivilisation aufzubauen. Mit anderen Worten: Die griechische Zivilisation verdankt ihren dynamischen Aufstieg den Impulsen, die von der vorgriechischen Kultur der Bronzezeit vermittelt wurden.

Die helladische Festlandkultur der Pelasger steht nicht isoliert da, sondern ist über Handels- und Kulturkontakte mit den anderen vorgriechischen Kulturen rings um die Ägäis und im ägäischen Archipel verwoben. Diese altägäischen Kulturen – der Pelasger auf dem Festland, der Minoer in Altkreta oder der Bewohner der Kykladen – verdanken ihre Entstehung und ihren Aufschwung zu Zivilisationen mit fortschrittlichen Technologien dem kulturellen Erbe der Donauzivilisation (bzw. Alteuropas), d. h. sie sind – infolge der balkanisch-ägäischen Kulturdrift (s. Kap. 6) – Nachfolgekulturen Alteuropas.

Niemand leugnet den lange andauernden Einfluss der Kulturen des Nahen Ostens und Mesopotamiens auf die Griechen, aber nach heutigem Wissensstand ist er neu zu gewichten. Wir können die alteuropäisch-pelasgische Kontinuität als älteres Entwicklungsstadium (bis ins 3. Jahrtausend v. Chr. zurückgehend) identifizieren, während die altorientalische Einflussnahme auf eine spätere Periode (ab Mitte des 2. Jahrtausends v. Chr.) verweist. Die Grundpfeiler der griechischen Zivilisation und der Identitätsfindung für das Hellenentum existierten bereits, als Einflüsse aus dem Osten nach Griechenland gelangten.

Diese chronologische Schichtung älterer, vorgriechischer (= alteuropäischer) Elemente und jüngerer, zum Beispiel anatolischer Elemente ist auch in Bereichen wie Mythologie und Ritualwesen erkennbar. Die Hervorhebung von Einflüssen anatolischer Kulturen (insbesondere der hethitischen) auf das Griechische während der (archaischen) Ära Homers (z. B.

neuere Studien von Fox 2008, Hunter/Rutherford 2009 und Szlezák 2012) verdeckt die Realität älteren Kulturschaffens während der formativen Periode der griechischen Sprachkultur, und die setzt bereits früher als 2000 v. Chr. ein, also mehr als tausend Jahre vor der archaischen Ära.

In dieser Debatte über Orientalismus und Okzidentalismus haben sich zwei Lager herausgebildet. Da sind die Vertreter der Orientalismus-Theorie, die die Quellen der abendländischen Kultur im Nahen Osten und in Ägypten suchen (s. Shehata für die PRO-Position in Danver 2011/1: 75 ff.). Und da sind die Anhänger der Okzidentalismus-Theorie, die das europäische Kulturerbe der Antike betonen und nahöstliche Einflüsse in der griechischen Kultur als Zusatzelement verstehen (s. Haarmann für die CON-Position in Danver 2011/1: 83 ff.). Die Bedeutung dieser Kontroverse wird verständlich, wenn man bedenkt, dass der antike Kulturkreis Südosteuropas seit jeher – und gerade heute wieder – ein wichtiger Kristallisationspunkt für die Identitätsfindung der Europäer auf der Suche nach ihren Wurzeln ist.

Die Polemik der Orientalismus-Lobby richtet sich vor allem gegen die selbstgefällige Art, mit der Europäer seit Jahrhunderten die griechische Zivilisation als exklusive Errungenschaft des griechischen Genius gewertet haben und das originelle Kulturschaffen in der griechischen Antike wie einen Steinbruch ausbeuten, aus dem nach Belieben Baustoffe für die Konstruktion europäischer Ideen extrahiert werden. Vor allem deutsche Denker sind hier zu nennen. «Sie haben sich dem hellenistischen Ideal mit solcher Hingabe verschrieben, dass sie sich weigerten, ihr Ideal mit praktischer Erfahrung zu trüben. Winckelmann, Schiller, Hölderlin, Hegel und Nietzsche haben Griechenland nie besucht» (Lambropoulos 1993: 57).

Die Anfänge des Schiffsbaus und des Seehandels in der Ägäis

Nicht erst die Griechen der klassischen Antike waren bekannt als erfahrene Seefahrer und maritime Kaufleute. Auch die mykenischen Griechen standen in diesem Ruf, und das Fundament für den Reichtum der mykenischen Stadtstaaten war der Handel in der Ägäis und im westlichen Mittelmeer. Die helladischen Neuankömmlinge in Griechenland dagegen waren noch nicht einmal mit dem Meer vertraut, in ihrer Sprache hatten sie gar keinen Ausdruck dafür. Es gibt in den indoeuropäischen Sprachen keinen gemeinsamen Ausdruck für das Meer, ganz einfach deshalb, weil die Urheimat der Steppennomaden im Binnenland der eurasischen Waldsteppe lokalisiert war.

Die indoeuropäischen Migranten, die nach Westen (Europa), nach Süden (iranisches Hochland) und nach Osten (Indien) bis an die Küsten der Weltmeere gelangten, nahmen Bezeichnungen für die großen Gewässer von den Einheimischen an, die in den Küstengebieten lebten. Das taten auch die helladischen Migranten, die sich an der Küste der Ägäis niederließen. Sie übernahmen das Wort *thalassa* (‹Meer›), und es lebt bis ins Neugriechische fort. Mit dem erweiterten Erfahrungshorizont unter den Lebensbedingungen im Küstengebiet erweiterte sich der Wortschatz ihrer Sprache. Die Sprache der Pelasger stellte auch die Terminologie für die Landschaftsformen der felsigen Küstengewässer bereit:

> *aigialos* ‹Strand›, *akte* ‹Klippe, hochaufragende Felsformation an der Küste›, *andera* ‹Steilhang am Fluss›, *isthmos* ‹Meerenge› (insbesondere die von Korinth), *nesos* ‹Insel›, *charme* ‹hoch aufragende Klippe im Meer›, u. a.

Die Pelasger waren es auch, von denen die frühen Griechen das Einmaleins der Seefahrt lernten, und diese verfügten über das nötige technische Know-how, seetaugliche Schiffe zu bauen. Die Schiffsmodelle der Mykener waren nicht von kleinasiatischen Modellen inspiriert, sondern setzten die einheimische Tradition des Schiffsbaus fort.

Das älteste bisher bekannte Schiffswrack aus prähistorischer Zeit im Mittelmeerraum (gefunden vor der Südküste der Türkei, nahe der Ortschaft Uluburun) stammt aus mykenischer Zeit (13. Jahrhundert v. Chr.). Der Erhaltungszustand der Holzplanken erlaubt die Rekonstruktion des Schiffstyps: ein mykenisches Transportschiff, beladen mit Waren für den Tauschhandel. Die Bauart weist auf ein genuin europäisches Modell, ohne Beeinflussung etwa von phönizischen oder ägyptischen Vorbildern (Gould 2011: 130).

Der einheimische Charakter der von den Pelasgern entwickelten Tradition des Schiffsbaus wird unterstrichen durch Elemente des Spezialwortschatzes, der aus der Substratsprache ins Altgriechische aufgenommen wurde. Dt. *Anker*, engl. *anchor* gehen auf griech. *agkyra* (*ankyra*) zurück, das wissen viele gebildete Europäer. Allerdings ist bislang nur wenigen Experten bekannt, dass die Griechen diesen Ausdruck und viele andere Termini als Kulturentlehnung adaptiert haben, als sie den Schiffsbau von ihren Vorgängern lernten.

Substratelemente in der Schiffsbauterminologie:
agkyra (*ankyra*) ‹Anker›, *eune* ‹Ankersteine›, *aphlaston* ‹gebogenes, dekoriertes Heck›, *kalon* ‹Bauholz für Schiffe›, *kydaros* ‹kleines Schiff›, *laipha* ‹Segel› (aus Tierhäuten gemacht), *lenos* ‹Halterung, in die der Mast eingelassen wird›, *selis* ‹Kreuzbaum eines Schiffes›, *stamines* ‹vertikale Seitenstreben› (zur Verstärkung des Schiffsrumpfes), *sipharos* ‹Topsegel› u. a.

In ihrer Mythologie hielten die Griechen der Antike die Erinnerung daran wach, dass sie den Schiffsbau von der einheimischen Bevölkerung gelernt hatten, denn diese Technologie wird mit der vorgriechischen Göttin Athene verknüpft. Die in vielen Handwerkssparten geschickte Athene widmete sich auch dem Schiffsbau. Sie hilft Danaos, dem Konstrukteur des ersten Schiffes, mit Rat und Tat (Apollodoros *Mythographos* 2.1.4). Besondere Unterstützung lässt sie dem Zimmermann Tekton angedeihen, der das Schiff für Paris baut, mit dem Helena nach Troja gebracht wird (*Ilias* V, 59–60). Athene leitet die Arbeiten am Schiff der Argonauten und fällt die Bäume dafür am Berg Pelion (Ap. Rhod. *Argon.* 2. 1187–1189). Auch in der *Odyssee* wird Athene als Schiffsbauerin gepriesen. Sie unterweist Odysseus, als er sich ein Schiff baut, um die Insel der Kalypso zu verlassen (*Odyssee* V, 234–257), sowie in der Kunst der Navigation (*Odyssee* V, 234–274).

Unter dem Patronat vorgriechischer Gottheiten

Es kann nicht verwundern, dass sich die indoeuropäischen Neusiedler beeindruckt zeigten vom technologischen Entwicklungsstand der Einheimischen, und sie nahmen nichts für selbstverständlich. Alle zivilisatorischen Errungenschaften wurden gefeiert als Gabe der Götter an die Menschen. Und die Götter, die solche Gaben verteilten, waren überwiegend schon in vorgriechischer Zeit verehrt worden.

Athene, die vielseitige Supergöttin

Athene war die mächtigste und vielseitigste der starken Frauen im Götterpantheon, sie herrschte über weite Teile Griechenlands zu der Zeit, als die Athener im 5. Jahrhundert v. Chr. ihr maritimes Imperium aufbauten. Eine ganze Skala kreativer Tätigkeiten und elementarer Funktionen wird ihr zugeschrieben: als Stadtschützerin, als Schutzpatronin der Olivenkultivation und des Handwerks.

Eine aus der Bronzezeit tradierte Rolle der Göttin ist die der Stadtschützerin. Die typische Aufgabe manifestiert sich in der Rolle Athenes als Herrin der Akropolis (Helck 1971: 146), was sowohl in der *Ilias* als auch in der *Odyssee* hervorgehoben wird.

Athene schenkte den Athenern einen Olivenbaum, den sie am Hang der Akropolis pflanzte. Auf der Akropolis hat zu allen Zeiten ein Olivenbaum gestanden, und wenn der alte abgestorben war, wurde ein neuer gesetzt. Auch heute steht neben dem Erechtheion (gegenüber vom Parthenon) ein Olivenbaum. Athene waren ganze Olivenhaine geweiht, der wohl berühmteste breitete sich auf dem Gelände von Platos Akademie aus, einige Kilometer nördlich von Athen. Olivenzweige waren das Symbol des Sieges bei den Wettbewerben anlässlich der Panathenaia, des großen Festes zu Ehren Athenes (Brown 2012: 148). Einige aristokratische Familien aus Athen machten zu Zeiten Homers ein Vermögen mit dem Handel von Olivenöl, das auch parfümiert angeboten wurde.

Archäologische Funde bestätigen das hohe Alter der Olivenkultivation im Süden Griechenlands und in der Ägäis. Älteste Spuren gehen auf das 4. Jahrtausend v. Chr. zurück. Die helladischen Neusiedler erlernten die Olivenkultivation von den Einheimischen. Wilde Olivenbäume werden durch Pfropfen veredelt, der Ausdruck dafür im Griechischen, *moleuo/molouein* (‹Setzlinge in den eingeschnittenen Zweig eines Baumes aufsetzen›), stammt aus der vorgriechischen Substratsprache. Elementare Begriffe der Olivenkultivation sind entlehnt worden:

> *agrippos* ‹wilde Olive›, *amergo* ‹pflücken› (Oliven, Blumen), *egkris* ‹mit Olivenöl und Honig gebackener Kuchen›, *eiresione* ‹ein Olivenzweig, der mit Bändern geschmückt ist› (als Fruchtbarkeitssymbol); ‹ein Ehrenkranz aus Olivenzweigen›, *elaia* ‹Olive, Olivenbaum›, *koletrao* ‹trampeln, pressen› (Auspressen von Oliven zur Ölgewinnung), *kotinas* ‹veredelte Olive› (auf einen wilden Olivenbaum gepfropft), *kroupezai* ‹hölzerne Schuhe› (zum Pressen von Oliven), *moriai* Name für Oliven, die der Athene heilig sind, *oron* ‹Werkzeug, mit dem Oliven zerquetscht werden›, *stemphylon* ‹Olivenfleisch, aus dem das Öl herausgepresst ist›, u. a.

Die Göttin ist verantwortlich für die Erfindung, Herstellung oder Vervollkommnung aller wichtigen technischen Errungenschaften der Menschen. Zwar hat Prometheus das Feuer zu den Menschen gebracht, Athene aber hat die Aufsicht über die kreativen Funktionen dieses Elements. Sie ist die Schutzpatronin der Töpfer und Keramikkünstler. Die Vorstellung, wonach das Feuer für das Handwerk magische Bedeutung besitzt, wird in der antiken Sitte der Töpfer lebendig, Athene während des kritischen

Brennprozesses anzurufen. Sie übernimmt auch das Patronat für die Textilherstellung, und die Erfindung der Webkunst wird ihr ebenfalls zugeschrieben. Spinnen und Weben wird bereits in der ältesten epischen Literatur als Domäne der Frauen ausgewiesen (z. B. *Odyssee* I, 356–357). Als symbolische Ehrung weben die Frauen von Athen der Göttin ein langes Gewand, den Peplos, der aus Anlass der alljährlich stattfindenden Feierlichkeiten, der Panathenaia, ins Heiligtum der Athene (Parthenon) auf der Akropolis gebracht wird (Burkert 1985: 141). Athene bringt nach der mythischen Überlieferung den irdischen Frauen das Spinnen der Wolle, das einfache Weben und das Musterweben bei.

Auch die Assoziation der Athene mit der Webkunst ist ein altes Erbgut aus vorgriechischer Zeit. Die Steppennomaden kannten eine elementare Webtechnik zur Verarbeitung von Pflanzenfasern. Die fortgeschrittene Technik der Verarbeitung von aus Wolle gesponnenen Fäden, wie sie seit dem 6. Jahrtausend v. Chr. bei den Alteuropäern verbreitet war, lernten die Indoeuropäer erst im Zuge ihrer Migrationen kennen. Aufgrund der archäologischen Fundlage ist es sehr wahrscheinlich, dass «Entlehnungen insbesondere aus der zentralen Balkanregion kamen, aus dem Gebiet, wo der Webstuhl mit Gewichten und dessen Produkte im Neolithikum und in der Bronzezeit so reich entwickelt wurden – aus der Region der ‹Alteuropäer›» (Barber 1991: 281).

Der Umfang des vorgriechischen Lehnwortschatzes im Bereich der Webtechnologie im Altgriechischen und die Verwobenheit der entlehnten Ausdrücke mit ererbten indoeuropäischen Wörtern deuten auf einen intensiven Erfahrungsaustausch zwischen Einheimischen und Zugewanderten. Gerade in der Webterminologie hat sich ein vielschichtiges semantisches Bezugsnetz ausgebildet, in dem indoeuropäische und vorindoeuropäische Ausdrücke gleichermaßen die Terminologie strukturieren (Barber 1991: 278 ff.):

- Synonymität griechischer und vorgriechischer Ausdrücke zur Bezeichnung derselben Sache (Ausdrücke verschiedener Herkunft bezeichnen gleiche Begriffe als Synonymenpaare); z. B. griech. *lenos*/vorgriech. *mallos* ‹Wolle›, griech. *netho*/vorgriech. *klotho* ‹spinnen›, griech. *atraktos*/vorgriech. *elakate* ‹Spindel›, u. a.
- Dualität (Ausdrücke verschiedener Herkunft bezeichnen separate Begriffe); z. B. griech. *histos* ‹Webstuhl›, *hyphaino* ‹weben›, u. a./vorgriech. *merinthos* ‹Faden›, *laiai* ‹Webgewichte›, u. a.

Nach abendländischer Auffassung ist die Eule Sinnbild der Weisheit. Diese Assoziation wurzelt in der griechischen Mythologie. Athene wer-

Eine Athener «Eule», Silbermünze aus dem 4. Jahrhundert v. Chr.

den dort nämlich Merkmale dieses Vogels zugesprochen. In der *Ilias* (z. B. II, 446) und in der *Odyssee* (z. B. VI, 112) – in diesem Werk insgesamt 57-mal – wird Athene als «Göttin mit den Augen einer Eule» (*thea glaukopis* Athene) beschrieben. Athene tritt auch verschiedentlich in Gestalt einer Eule auf, so beispielsweise auf einer korinthischen Relieftafel. In Vogelgestalt erscheint Athene den Töpfern als Schutzgeist. Zu Zeiten der Athener Demokratie war eine Silbermünze mit dem Wert von vier Drachmen im Umlauf, die sogenannte Athener «Eule». Darauf sind auf der Vorderseite Athene, auf der Rückseite deren Tiersymbol, eine Eule, und ein Olivenzweig abgebildet.

Dionysos und die Ursprünge der Weinkultur

Den Griechen verdanken wir Europäer die Weinkultur. Zuerst wurde sie an die Römer vermittelt, später gelangte das Know-how auch in Regionen, die weit entfernt von der Mittelmeerküste liegen. Die Griechen haben aber nicht mit dem Weinanbau angefangen. Das haben bereits lange vor ihnen die Alteuropäer getan. Die frühesten Spuren für das Auspressen von Trauben und für einfaches Weinkeltern stammen aus der Region von Varna und datieren ins 5. Jahrtausend v. Chr. Sehr wahrscheinlich haben die helladischen Bevölkerungsgruppen, die während der frühen Bronzezeit nach Süden zogen, diese Form des Bodenbaus bereits im Norden des Balkans kennengelernt. Im Süden aber, wo sie sich niederließen, konnten sie genau verfolgen, wie die Pelasger Reben pflanzten und Weingärten pflegten und was sonst alles zur Weinkultur gehörte. Im Spiegel der altgriechischen Sprache lässt sich dokumentieren, dass die frühen Griechen das Know-how der Weinkultur mitsamt den Kernbegriffen der Terminologie von den Pelasgern lernten und übernahmen.

Substratelemente im Bereich der Weinkultur:
ampelos ‹Weinrebe›, *kamax* ‹Pfahl, um die Weinrebe abzustützen›, *klema* ‹Ranken der Weinrebe›, *orchos* ‹in Reihe stehende Reben›, *agerrakabos* ‹Büschel von Weintrauben›, *astaphis* ‹Rosinen›, *gigarton* ‹Samenkern in der Weintraube›, *omphax* ‹unreife Traube›, *rax* ‹Traube›, *trygao* ‹Trauben ernten›, *karoinon* ‹süßer Wein›, *lenos* ‹Weinpresse›, *oinos* ‹Wein›, *oxos* ‹Essig›, *pithos* ‹großes Tongefäß als Weinbehälter›, *phidakne* ‹Weinkrug›, u. a.

Die Weinkultur in der griechischen Antike ist ursächlich mit der Gestalt des Dionysos verbunden, der seit dem 5. Jahrhundert v. Chr. auch Bakchos genannt wurde. In dieser Form wurde der Gott des Weins in die römische Mythologie (Bacchus) transferiert und von dort in die nachantiken Kulturen. Der Name Dionysos leitet sich von **Dios-nysos* ab und setzt sich aus zwei Elementen zusammen. Das erste Element (**Dios*) ist der indoeuropäische Ausdruck für ‹Gott›. Das zweite bezieht sich auf den Namen des Bergs Nysa auf einer Insel im Flussbett des Triton. Dieser Name ist vorgriechisch. Sprachforscher haben sich immer wieder bemüht, ihn auf eine indoeuropäische Wurzel zurückzuführen. «Da aber alle Versuche, eine indoeuropäische Etymologie zu finden, fehlgeschlagen sind, müssen wir akzeptieren, dass es ein fremder Name ist» (Beekes 2010: 337). Dionysos verkörpert sozusagen metaphorisch die Fusion der Kulturen und Sprachen im bronzezeitlichen Griechenland.

Die Griechen wussten selbst nicht genau, seit wann der Gott Dionysos von ihnen verehrt worden war. Sie glaubten, der Kult für diesen Gott wäre in nachmykenischer Zeit – also während des «dunklen Zeitalters» – eingeführt worden. In der bekanntesten mythischen Erzählung wird als seine Heimat Thrakien genannt. Dies mag ein Nachhall alter verklärter Erinnerungen an die nördliche Herkunft der Weinkultur sein.

Unter den Funden von Tontafeln in Linear B aus Chania (in Kreta, westlich von Knossos) gibt es einen Text, in dem Opfergaben für den Gott Di-wo-nu-so (Dionysos) aufgeführt sind. «Dies ist ein absolut sicherer Beweis dafür, dass der Kult des Dionysos zur Zeit der Mykener praktiziert wurde, und davon abgeleitete theophorische [mit einer Göttergestalt assoziierte] Personennamen wurden ebenfalls verwendet» (Ilievski 2000: 367).

Demeter, die Kornmutter

Der Name dieser Göttin ist hybrid. Das Element *de-* gehört mit der Variante *ge-* zum Namen für die Erdgöttin (Gaia), und diese Gestalt wie ihr Name stammen aus vorgriechischer Zeit. Das andere Element (*-meter*) ist ein indoeuropäisches Erbwort, ‹Mutter›. Demeter heißt also eigentlich ‹Erdmutter›. In der Mythologie gibt es die Episode mit dem sterblichen Iasion, mit dem sich Demeter auf dem dreimal gepflügten heiligen Feld vereinigt. Das erinnert an das alte Motiv von der Göttin und ihrem irdischen Heros. Das Kind aus ihrer Beziehung ist Ploutos. Dem griechischen Mythos zufolge findet die «heilige Hochzeit» (griech. *hieros gamos*) in Kreta statt, und dort finden sich auch die ältesten assoziativen Wurzeln. Zu den Zeremonien der minoischen Göttin gehörte unter anderem die Inszenierung der heiligen Hochzeit. Als Fruchtbarkeitsritual war sie integrativer Bestandteil des religiösen Kanons der Agrargesellschaft, und ihre rituelle Funktion legt das Rollenverhältnis der Göttin und ihres männlichen Partners fest (Marinatos 1993: 188 ff.). Auf kretischen Siegeln, Gemmen und Ringen finden wir Variationen des Themas der heiligen Hochzeit, unter anderem auch eine Familienidylle mit dem göttlichen Kind (Marinatos 1993: 191).

Demeter schenkt den Menschen den einfachen Pflug, der von Athene später technisch zum Schwenkpflug verbessert wird, womit man wesentlich effektiver ackern konnte (Hesiod *Opera* 430 ff., Vergil *Aeneis* 4. 402).

Hephaistos, der göttliche Schmied

Das Handwerk des Schmieds ist ebenso wie die göttliche Gestalt des Schutzpatrons der Metallbearbeitung vorgriechischen Ursprungs. Hephaistos ist der Gott des Feuers, der die Griechen lehrte, Kupfer und Gold zu bearbeiten. Bronze, eine Legierung aus Kupfer und Zinn, war der Hauptstoff, aus dem die Waffen der Mykener geschmiedet wurden, von Eisen ist erst in der Periode nach dem Niedergang der mykenischen Macht die Rede. Dies ist schlüssig, denn die archäologischen Spuren weisen auf Kupfer (seit ca. 5400 v. Chr.) als ältestes von Menschen bearbeitetes Metall, gefolgt von Gold (ca. 4500 v. Chr.) und Bronze (ca. 3200 v. Chr.).

Die Bedeutung des Goldes war zur Zeit Homers eine andere als später in der klassischen Antike. Gold war kein Maßstab für materiellen Wert. Vielmehr wurde mit diesem Metall Prestige assoziiert, und der symbolische Wert setzte es in Beziehung zur Unsterblichkeit. Deshalb war Gold das höchste Gut der Götter. Die Objekte aus Gold, die von den Sterblichen gemacht und gebraucht wurden, «sind häufig mit einer Gottheit verbunden, entweder direkt oder ihrem Ursprung nach oder aufgrund ihrer Verwendung in Ritualen oder wegen ihrer Assoziation mit Unsterblichkeit» (Seaford 2004: 30f.).

In der epischen Dichtung und im alten Mythenschatz – in der *Ilias*, in der *Odyssee* wie auch in Hesiods *Theogonie* und anderen Werken – spiegelt sich diese althergebrachte Einstellung zum Prestigewert des Goldes. Die bekannteste dieser Geschichten, die man sich während der gesamten Antike erzählte und deren Stoff bis heute weiterlebt, ist sicher die Argonautensage, der Mythos von Jason und dem Goldenen Vlies (Gantz 1993: 340ff.). Jason und seine Gefolgsleute segeln mit ihrem Schiff, der Argo, nach Colchis auf der Suche nach dem Vlies, und dort hilft ihnen die Königstochter Medea.

Die Archäologen sind sich einig, dass das mythische Colchis im Kaukasus zu suchen ist, und zwar in der Region von Vani in Westgeorgien. Dort wurden Gräber aus der Zeit der griechischen Kolonisation mit reichen, aus Gold gefertigten Beigaben gefunden (Chi 2008).

Vom Ritual zum Theater

Die Suche nach vorgriechischen Wurzeln in diesem Kulturbereich ist nicht so einfach und geradlinig wie im Fall der Töpferei und der Metallbearbeitung. Die Feststellung, wonach die Griechen das Theater eingeführt hätten, ist halbwahr und gleichzeitig halbfalsch. In der Tat haben die Griechen die ersten architektonischen Konstruktionen geschaffen, die wir Theater nennen. Für die Zuschauertribünen der ältesten Theater, die im 6. Jahrhundert v. Chr. entstanden, wurden Berghänge ausgehöhlt, in die man rechtwinklige Sitzreihen einbaute. In der Zeit der Athener Demokratie (seit 507 v. Chr.) wurden dann immer mehr Theater in einer runden Form gebaut. Die Motivation dafür, Theater in der für die europäische Tradition der Theaterarchitektur allgemein bekannten Rundform zu bauen, ist wohl zu Recht in der demokratischen Idee der erlebten Gemeinsamkeit an öffentlichen Plätzen gesucht worden, denn die ersten Rundbauten entstanden in Athen zur Zeit der Demokratie (Ober 2008: 200ff.).

Das größte Theater der griechischen Geschichte wurde im 4. Jahrhundert v. Chr., zu Beginn der hellenistischen Ära, gebaut. Dies war das Dionysos-Theater am südöstlichen Hang der Akropolis in Athen. Hier fanden rund 17000 Zuschauer Platz (Roselli 2011: 64 ff.). Die halbrunde Form des griechischen Theaters wurde später von den Römern zum Typ des Amphitheaters mit seiner elliptischen Formgebung perfektioniert (Bomgardner 2000). Das größte Amphitheater der römischen Welt war das Kolosseum in Rom, das zwischen 72 und 80 n. Chr. erbaut wurde, mit Sitzplätzen für rund 50000 Besucher.

Die Betrachtung über das antike Theaterwesen hat sich bisher auf Aspekte der Architektur beschränkt. Dieser Bereich ist typisch griechisch – und später römisch – geprägt. Aber waren die Griechen auch die Ersten, die dafür Aufführungen kreiert haben? Sind auch die Inhalte der Aufführungen, der Stoff der Dramen, typisch griechisch? Nein. Die Griechen haben das Genre der Theaterspiele von ihren Vorgängern übernommen, und in diesem Transferprozess einer kulturellen Tradition ist die Motivation zu suchen, warum die Griechen anfingen, Theater als Aufführungsplätze zu bauen. Dafür, dass es Theaterspiele auch schon vor den Griechen gab, liefert die etymologische Forschung den entscheidenden Hinweis.

Der Ausdruck *theatron* lässt die beiden Hauptquellen des antiken Theaterwesens erkennen. Das Stammwort gehört zum Kreis der Substratelemente: *thea* ist vorgriechischen Ursprungs und bedeutet ‹Aufführung am Rande ritueller Handlungen; Spektakel› (Beekes 2010: 536). *Thea* weist also auf den performativen und auf den rituellen Aspekt der Theaterspiele hin, während das griechische Ableitungssuffix *-tron* auf den besonderen Funktionsbereich hindeutet, der speziell für Aufführungen reserviert war (*-tron* ist in den europäischen Kultursprachen aus Lehnwörtern wie Elektron oder Magnetron bekannt, in denen *-tron* auf ein Ding oder eine Anlage mit besonderer Funktion hinweist).

Die Anthropologen sind sich seit Längerem einig darüber, dass die Ursprünge des Theaterwesens in religiösen Traditionen zu suchen sind. Allerdings ist es bisher nicht gelungen, Übergangsprozesse vom Ritual zum Theater für einzelne Kulturen aufzuzeigen. Es scheint, solche Übergänge bleiben verborgen im Dunkel der Vorgeschichte. Immerhin ermöglicht die Klärung der Wortgeschichte von *theatron* eine nähere Bestimmung der Transformation. Den Griechen selbst war gemäß ihrer eigenen Überlieferung bewusst, dass die Aufführung dramatischer Spiele ursprünglich an die uralte Tradition religiöser Prozessionen anknüpfte, die seit ältester Zeit und die gesamte Antike hindurch veranstaltet wurden und die sich in der christlichen Ära fortsetzten. Der Ausdruck für Prozession im Altgriechischen ist *thiasos*, auch dies kein Erbwort, sondern ein Substratwort (Beekes 2010: 548).

Die ältesten Prozessionen, die überliefert sind, waren die dionysischen (zu Ehren des Weingottes Dionysos), die panathenaischen (zu Ehren der Stadtgöttin Athene) und die eleusinischen (zu Ehren der Kornmutter Demeter) (Connelly 2007: 167ff.). In der neueren Forschung zur antiken Theatergeschichte wird die Aufmerksamkeit auf die Abschlussphase ritueller Handlungen gelenkt. Entscheidend für das Verständnis ist «die Positionierung des ‹Theaters› als Endpunkt einer Prozession. Die Prozession war das Kernstück der ländlichen Dionysia, und die Theaterperformanz ein zusätzliches Element» (Wiles 1997: 26). Während Theaterspiele ursprünglich am gleichen Ort wie die Prozessionen abgehalten wurden, erfolgte mit der Verlagerung in eigens dafür reservierte Bezirke, die Theater, eine Abkoppelung vom rituellen Geschehen, was aber nur formale Bedeutung hatte; inhaltlich blieb der religiöse Charakter der Aufführungen erhalten. Dies ist noch deutlich in der inhaltlichen Aufmachung des ältesten Genres von Theaterspielen zu erkennen, der Tragödie (Dihle 1994: 91ff.). Hier werden die schicksalhaften Verstrickungen der Menschen thematisiert, die mit ihrer Handlungsweise gegen den Willen der Götter verstoßen. In den Tragödien wurde den Zuschauern vor Augen geführt, dass solche Abweichungen für das Individuum wie für die Gesellschaft fatale Folgen nach sich ziehen. Angesichts der Einbettung des Theaterwesens in vorgriechische Kulturtraditionen erübrigt es sich fast, zu erwähnen, dass auch der Ausdruck für die Akteure, die Tragöden, ein Lehnwort aus der Substratsprache ist: *tragodos* ‹Sänger und Tänzer im tragischen Chor; Tragöde› (Beekes 2010: 1498).

Bei einer kulturhistorischen Retrospektive auf das europäische Theaterwesen nur bis in die griechische Antike zurückzugehen hieße also, auf halbem Weg stehenzubleiben. Die griechische Zivilisation hat uns zwar mit dem Schlüsselbegriff *theatron* und der damit assoziierten Terminologie ein geeignetes sprachliches Instrumentarium vermittelt, die Tradition der Theaterspiele ist aber ein Echo aus der vorgriechischen Ära.

Die Hellenen und ihre Staatswesen

Im Laufe ihrer Geschichte haben die Griechen mit vielerlei Herrschaftsformen zwischen Elite- und Egalitätsprinzip experimentiert, von der Tyrannei über Königtum und Formen von Oligarchie («Herrschaft der

Wenigen») bis zur Demokratie. In seiner politischen Philosophie hat sich Plato (ca. 427 – ca. 347 v. Chr.) – insbesondere in seinen Dialogen *Politeia* («Staat») und *Nomoi* («Gesetze») – ausgiebig mit Modellen idealer Staatsform beschäftigt. Die Tyrannei (politischer Absolutismus ohne gesetzliche Basis) verabscheute er, aber die Demokratie war für ihn keine realistische Alternative. Sie war nach Platos Ansicht eine korrupte Staatsform, die zerfällt und in Tyrannei degeneriert. Plato sah im aufgeklärten Königtum den Schlüssel für eine ideale Herrschaftsform. Das Staatsmodell, das für uns in der Neuzeit Leitfunktion angenommen hat, ist dennoch die Demokratie im Athener Staat des 5. und 4. Jahrhunderts v. Chr.

Die drei Grundpfeiler der Athener Demokratie waren

- *isegoria*: ‹gleiche Rede›; das Recht eines jeden Athener Bürgers, über politische Angelegenheiten zu reden
- *isonomia*: ‹Gleichheit vor dem Gesetz›
- *isopoliteia*: ‹gleiche politische Aktivität›; Gleichheit bei der Wahl der Vertreter für die Volksversammlung und Chancengleichheit bei der Bekleidung von Staatsämtern.

Die Polis: Das Modell des hellenischen Stadtstaats

Wie die Griechen mit den verschiedensten Herrschaftsformen experimentiert haben, kann man an der Geschichte der Kolonisation ablesen. Bereits während der mykenischen Ära (17.–12. Jahrhundert v. Chr.) haben Griechen Kolonien außerhalb ihres Kernlandes gegründet, an der ionischen Küste Kleinasiens und möglicherweise auch an der Westküste des Schwarzen Meers. Die Kolonisation erlebte seit dem 8. Jahrhundert v. Chr. einen neuen Aufschwung, und diese Bewegung «stärkte die aufkeimende Idee vom Griechentum» (Malkin 2011: 63). Die Begegnung der griechischen Kolonisten mit Nicht-Griechen an den Orten, wo neue Siedlungen gegründet wurden, schärfte das Bewusstsein des Andersseins, nämlich Mitglied in einer Gemeinschaft mit gleicher Sprache und Kultur zu sein. Die Kolonialbewegung forderte außerdem zu Experimenten mit politischen Institutionen heraus, denn jede Kolonie baute ihre eigene Verwaltung auf.

Stadtgründungen häufen sich im Küstengebiet, auf den Inseln der Ägäis und in Süditalien. Zu den frühesten Kolonien gehören Thera (gegründet von Sparta) und Kyme (eine Gründung der Mutterstadt Chalkis). Griechische Siedler lebten in den Enklaven der zahlreichen Küstenkolonien über ein weites Gebiet verteilt, von der Ukraine bis Ägypten und von Zypern bis Spanien.

Die elementare Einheit eines griechischen Staatswesens war die *polis*, der Stadt-Staat. Jede einzelne Kolonie war eine selbständige Verwaltungseinheit, die zwar die Kontakte zur jeweiligen Mutterstadt aufrechterhielt, von dieser aber politisch nicht abhängig war. Auf diese Weise gab es in der klassischen Antike (d.h. vor der Gründung des mazedonischen Großreichs durch Alexander den Großen) eine Vielzahl lokaler Stadtstaaten von unterschiedlicher Größe und territorialer Ausdehnung. Aufgrund der Hinweise in antiken Quellen lassen sich mehr als 1000 Stadtstaaten identifizieren, davon sind rund 600 archäologisch gut dokumentiert (Hansen/Nielsen 2004).

Athen als Stadtstaat ragt über alle anderen *poleis* weit hinaus, aufgrund seiner Bevölkerungszahl, seiner politischen Bedeutung und seines Kulturschaffens. Sein Territorium erstreckte sich über rund 2500 Quadratkilometer (ohne exterritoriale Eroberungen), darin lebte eine Viertelmillion Menschen (Ober 2008: 41 ff., 86 f.).

Viele griechische Städte führen mythische Königsgestalten in ihrer lokalen Historiographie auf, aber erst im Zuge des politischen Aufstiegs der Stadtstaaten (*poleis*) während der archaischen Ära konsolidierte sich eine Herrschaftsform, die man in moderner Terminologie als Königtum bezeichnen kann. In der Frühzeit unterschied sich Athen nicht von anderen Stadtstaaten. Hier wie dort führten absolute Herrscher die Regentschaft. An vielen Orten, so auch in Athen unter Peisistratos (Mitte des 6. Jahrhunderts v. Chr.), erweiterte sich die Autorität des lokalen Königs zur absoluten Machtfülle eines Tyrannen.

Dann aber gab es eine Zäsur in der Athener Staatsform, die Bürgerrevolution von 507 v. Chr. gegen die Tyrannei, als deren Folge Kleisthenes eine demokratische Ordnung einrichtete. Die politische Entwicklung im damaligen Athener Staat wich so eklatant von den Herrschaftsformen anderer Stadtstaaten ab, dass man sich fragt, welche besonderen Voraussetzungen den demokratischen Prozess gerade in der Region von Athen gefördert haben mögen. Diese sind erst in jüngster Zeit beleuchtet worden.

Vorgriechische Konzepte in der athenischen Demokratie

Wie alle anderen Errungenschaften haben die Griechen der Antike auch die politische Institution der Athener Demokratie mit einer Göttergestalt assoziiert. Dies war Athene in ihrer Rolle als Hüterin des Gemeinwesens.

Der Schutz der Demokratie bedeutete eine Erweiterung des Aufgabenbereichs dieser Göttin über den einer Stadtschützerin hinaus zur Dimension der politischen Ordnung. So jedenfalls haben es die Bewohner von Athen verstanden, die der Göttin einen monumentalen Tempel mit einer ebenso monumentalen Statue (11 m hoch) bauen ließen, den Parthenon auf der Akropolis. Die riesige Athene-Statue entwickelte eine symbolische Bedeutung, die weit über die religiöse Verehrung hinauswies. Athen als Stadtstaat schuf sich Monumente, um seine Größe und politische Macht anderen griechischen Stadtstaaten zu demonstrieren. Das Bildnis der Athene Parthenos stand lange Zeit im Parthenon auf der Akropolis. Im 5. Jahrhundert n. Chr. wurde die Statue nach Konstantinopel verbracht und ist seither verschollen. Der Aufbau der politischen Institutionen in Athen ist mythisch mit der Göttin assoziiert. Wenn sich die demokratisch gewählten Vertreter zur Volksversammlung (*ekklesia*) trafen, führte die Göttin Athene symbolisch den Vorsitz.

Die Einrichtung des Obersten Gerichtshofs, des Areopags, auf einem Hügel westlich der Akropolis ist ebenfalls mit Athene verknüpft. Dort fand nach mythischer Überlieferung unter Athenes Vorsitz der Prozess gegen den Muttermörder Orest statt; ihr Votum entschied den Freispruch durch das Richterkollegium. Zur Urteilsfindung warfen die Richter Stimmsteine (*psephoi*) in ein Urnengefäß. Der Freispruch hieß *psephos Athenas* (‹Stimmwurf der Athene›). Beide Elemente dieses Ausdrucks (*psephos* ‹Stein› + Name der Göttin) sind vorgriechisch. Die Bezeichnung des Gefäßes war *kethion* bzw. *ketharion*, eine Ableitung von *kethis* (‹Wahlurne›). Dieses Wort tritt in mykenisch-griechischen Texten in Linear B in der Form *kati* auf (Chantraine 2009: 523). Die Herkunft von *kethis* ist vorgriechisch, ebenso wie das eng damit assoziierte *kemos*, womit der Deckel dieser Urne bezeichnet wird.

Warum sollten die Griechen ausgerechnet eine vorgriechische Nomenklatur im Zusammenhang mit einer so zentralen demokratischen Institution wie dem Gerichtswesen verwenden? Vielleicht deshalb, weil die Demokratie, die wir in der Moderne als Erfindung des griechischen Genius feiern, die Fortsetzung einer vorgriechischen Tradition unter griechischer Ägide ist. Erklärungen für die Entstehungsbedingungen egalitärer Verwaltungsstrukturen findet man bei einer Betrachtung der vorgriechischen Bronzezeit. Die Idee einer partizipatorischen Form politischer Ordnung, an der alle mündigen Bürger eines Gemeinwesens teilhaben, war nicht neu, als Kleisthenes im Jahre 507 v. Chr. seine Reformen durchsetzte. Er konnte auf ein jahrhundertealtes bewährtes Modell kommunaler Selbstverwaltung zurückgreifen, das lange vor der Ankunft der helladischen Migranten auf griechischem Boden existierte (Haarmann 2013).

Die Betrachtung führt uns bis in die Ära der Donauzivilisation zurück. Die damaligen Organisationsformen dörflicher Siedlungen unterschieden sich nicht signifikant von denen in den späteren pelasgischen Gemeinschaften, mit denen die frühen Griechen interagierten. Die Siedlungen Alteuropas waren überwiegend solche mit 100 bis 200 Einwohnern. Sie besaßen eine entwickelte Infrastruktur. Viele hatten eigene Werkstätten, Töpfereien und Webstuben, einige auch Schmieden, wo Kupfer und später Gold verarbeitet wurden. Wirtschaftlich wie technologisch waren die meisten dieser Siedlungen weitgehend autark, so dass auch ihre jeweilige Verwaltung ohne wechselseitige Abhängigkeiten funktionierte.

Interessanterweise ist diese für die alteuropäische Siedlungsdemographie charakteristische Größenordnung durch vergleichende anthropologische Forschungen als Idealgröße für die Wirksamkeit egalitärer Sozialstrukturen und partizipatorischer Verwaltung identifiziert worden (Gladwell 2000). Und sie entsprach im Wesentlichen den Dorfgemeinschaften (Demen) der griechischen Antike, deren Durchschnittsgröße bei ca. 150 Bewohnern lag.

Als die helladischen Migranten in den Süden der Balkanhalbinsel gelangten, waren dort zahlreiche dörfliche Siedlungen der vorgriechischen Bevölkerung verstreut. Die Dorfgemeinschaft, der *demos*, war die kleinste und gleichzeitig einzige Verwaltungseinheit vor der Entstehung staatlicher Ordnung. Der Ausdruck *demos* ist allerdings nicht vorgriechisch, sondern indoeuropäisch und das semantische Kernelement von *demokratia*. Die Bedeutung von *demos* mit ‹Volk› zu umschreiben, ist denkbar pauschal, geradezu verwirrend, denn die längste Zeit hatte der Ausdruck viel speziellere Konnotationen im Sprachgebrauch der Griechen, in klassischer Zeit etwa ‹Gemeinschaft der mündigen Bürger, der politischen Vertreter ihres heimatlichen *demos*/Wohnbezirks›. Ursprünglich bezog sich *demos* nicht auf die Bevölkerung selbst, sondern auf ein bestimmtes besiedeltes Gebiet. Der territoriale Aspekt von *demos* tritt deutlich in den in Linear B geschriebenen mykenisch-griechischen Texten des 2. Jahrtausends v. Chr. in Erscheinung. In der damaligen Ordnung der mykenischen Stadtstaaten bezeichnete *da-mos* eine territorial-administrative Einheit, etwa in der Bedeutung ‹Gau, Bezirk, Landgemeinde›.

Hier stellen sich bereits die Weichen für eine wichtige begriffliche Präzisierung. Am Anfang der Begriffsgeschichte von Demokratie steht die Idee einer geographisch-territorialen Einheit. Aus dieser Sicht gehörten die Menschen zum Land und nicht das Land den Menschen. Entsprechend war das Land ursprünglich kein Privatbesitz, sondern wurde kommunal verwaltet. Über Nutzungsverträge (in Form von Verpachtung) konnten Parzellen des Gemeindelandes Individuen übertragen werden (s. u.).

Die Bedeutung des Begriffs *demos* dehnte sich auf die Gemeinschaft derer aus, die im Gau siedelten, etwa als ‹Siedlungsgemeinschaft eines Gebiets›. Der Aspekt der engen Zusammengehörigkeit der lokalen Bevölkerung im *demos*, bei der es sich wohl überwiegend um Angehörige derselben Sippe handelte, scheint auch in Ableitungen vom Grundwort **dem-* in anderen indoeuropäischen Sprachen auf: z. B. altir. *dám* ‹Anhänger, Mitglieder einer Sippe›, altind. *dam* ‹Sippe›. Es gab auch verschiedene Personennamen mit dem Element *demos*: Archi-demos, Dem-archos (Ilievski 2000: 300).

Im Rahmen der Verwaltung eines *demos* bezeichnete der Begriff *demokratia* ursprünglich die Autorität der Gemeinde, kommunale Landparzellen an Siedler im Gau zu vergeben. Das, was später allgemein als ‹Herrschaft› (*kratos* bzw. *kratia*) umschrieben wird, war anfänglich mit eben dieser Befugnis assoziiert. Aus mykenischen Texten wissen wir auch, dass die Siedler vertreten waren im Gemeinderat, dessen gewählte Mitglieder für die Selbstverwaltung des *demos* Sorge trugen, und dieses Gremium verwaltete das Land, das als gemeinschaftlicher Besitz betrachtet wurde. Entsprechend standen kommunale Interessen bei der Nutzung der Ländereien im Vordergrund. Der *demos* bewahrte seine autonome Selbstverwaltung über die Ära der klassischen Antike hinaus. «Demen ähnelten der Stadt in Miniaturform. Jeder [*demos*] war bis zu einem gewissen Grad autark, denn Reste von Kaufläden und Werkstätten sind in Demen gefunden worden. Es gab Versammlungen in jedem *demos*, die einen ‹Bürgermeister› (*demarchos*) und alle anderen notwendigen Beamten beriefen, Dekrete und Gesetze erließen, von denen einige in Stein [gemeißelt] erhalten sind. Steuern wurden erhoben, um die Rücklagen eines *demos* zu sichern, und jeder *demos* hatte seine eigenen lokalen Kulte und Feste» (Bolmarcich 2010: 390).

Demen mit einer Organisationsgröße von wenigen Hundert Bewohnern garantieren ein erfolgreiches Handeln, das auf elementare Faktoren gründet, «auf enge Kooperation und personelle Beziehungen, die innerhalb egalitärer face-to-face-Gemeinschaften entstehen» (Ober 2008: 88). Eine Kontinuität der Siedlungsdemographie auf dieser Basis war der beste Garant für die Tradierung egalitärer Sozialstrukturen. «Kleisthenes hat die zahlreichen Gemeinwesen in Attika nicht geschaffen, die durch seine Maßnahmen als ‹Demen› anerkannt wurden» (Osborne 1996: 296f.), vielmehr wurden die in früher Zeit existierenden Demen von ihm in politischer Funktion für die Staatsbildung aktiviert.

Im Demokratiemodell von Kleisthenes gab es mehr als 130 Demen (Osborne 1985). Sie waren das elementare Netzwerk für den Aufbau eines demokratischen Staatswesens. Die Demen als kleinste administrative Einheiten vertraten mit ihrer Selbstverwaltung nach dem Prinzip sozialer Egalität sozusagen die grass-roots-Ebene. Auf diesem Fundament gründete der Überbau demokratischer Institutionen in der Polis. Die zentrale Rolle der Demen für die demokratische Ordnung im Athener Staat wurde entsprechend ritualisiert. Es gab an der Westseite der Agora in Athen einen eigenen, dem Kult der Demen geweihten Tempel, und im Athener Kalender ritueller Festlichkeiten sind etliche spezielle Demen-Feste ausgewiesen (Jones 2004: 88).

Erst die neuere etymologische Forschung hat illustriert, in welcher Weise die altgriechische Terminologie der kommunalen Selbstverwaltung Kernbegriffe der Substratsprache tradiert. Die betreffenden Ausdrücke treten in den literarischen Quellen und Dokumenten in Form von Dubletten auf, wobei jeweils eine vorgriechische Form mit einem rein griechischen Ausdruck korreliert. Es gibt auch einige Spezialausdrücke vorgriechischer Herkunft für bestimmte Ämter in der Athener Demokratie, die ohne Parallelen im griechischen Erbwortschatz bleiben:

Vorgriech. Ausdruck aus der Substratsprache	**Griech. Ausdruck indoeurop. Herkunft**	**Bedeutung**
kome, oie	*demos*	Dorf, Distrikt
eire	*agora*	Versammlungsort
Apella[1]	*ekklesia*	Volksversammlung
keryx[2]	–	Bote, Koordinator
prytanis[3]	–	Prytane (hoher Amtstitel)
bakteria[4]	–	Amtsstab (der Richter), Stab (des Redners in d. Versammlung)

1 *Apella* war der Name für die Nationalversammlung in Sparta.
2 Der *keryx* war ein hoher Beamter bei Gericht (*heliaia*). Ihm oblag die Aufsicht über die korrekte Einhaltung der Prozeduren eines Prozesses, die Einberufung

von Richtern und Zeugen, die Beaufsichtigung der Abstimmungen und die Bekanntgabe der Ergebnisse (Beekes 2004).

3 Der *prytanis* war Mitglied im Präsidialausschuss des Rats (*boule*). Der Rat bestand aus 500 Mitgliedern, der Präsidialausschuss hatte 50 Mitglieder und wechselte einmal im Jahr.

4 *bakteria* war der Amtsstab als Symbol speziell zugewiesener Autorität, im Unterschied zum indoeuropäischen Erbwort *skeptron* als Symbol weltlicher Macht. Redner in der Athener Nationalversammlung hielten die *bakteria* als Zeichen des ihnen zugestandenen Rechts, sich frei zu äußern.

Das mykenische kommunale Pachtsystem

Die frühe Geschichtsforschung des 18. und 19. Jahrhunderts hat die Organisationsform der mykenischen Stadtstaaten mit der der frühmittelalterlichen Feudalstaaten in Europa verglichen. Der Herrscher verteilte Land an seine Gefolgsleute, und diese verwalteten ihr Lehen. Die Realitäten in der mykenischen Ära waren aber andere. Zu den Eckpfeilern der damaligen politischen Organisation gehörte bis über die klassische Ära hinaus kommunaler Landbesitz und ein kommunales Pachtsystem. Diese Organisationsformen sind nicht anders zu erklären als aus Strukturen kommunaler Selbstverwaltung.

Kommunaler Landbesitz (*koine*) und der Sonderstatus von Heiligtümern als sakraler Landbesitz (*hiera*) sind die ältesten Formen von Besitzverhältnissen, sie existierten bereits vor dem Aufschwung der mykenischen Herrschaft. Dafür spricht auch, dass die Bezeichnung für eine kommunale Landparzelle, *kleros*, aus der Substratsprache stammt (Beekes 2010: 715). Öffentlicher Landbesitz (*demosia*) dagegen ist ein Phänomen staatlicher Organisation, und die mykenischen Stadtstaaten sind die erste Staatsform in der Geschichte Europas. Die Versammlungsplätze und Theater in den *poleis* waren Teil des Staatsbesitzes. Auch privater Landbesitz (*idia*) lässt sich erst für die mykenische Periode nachweisen, etwa ab der Mitte des 2. Jahrtausends v. Chr.

Kommunale Landparzellen konnten auf Antrag an die Bewohner des *demos* vergeben werden. Aus mykenischen Quellen (17.–12. Jahrhundert v. Chr.) stammen Hinweise auf verschiedenartige Nutzungsbedingungen. Offenbar gab es schon damals Formen von Leasing, d. h. von kurz- oder langfristiger Verpachtung von Ländereien, die für den Pflanzenanbau oder für die Viehhaltung genutzt werden konnten, aber in kommunalem Besitz blieben. Das Leasing-System wurde in verschiedenen Stadtstaaten der klassischen Antike gültig (Isager/Skydsgaard 1992: 154).

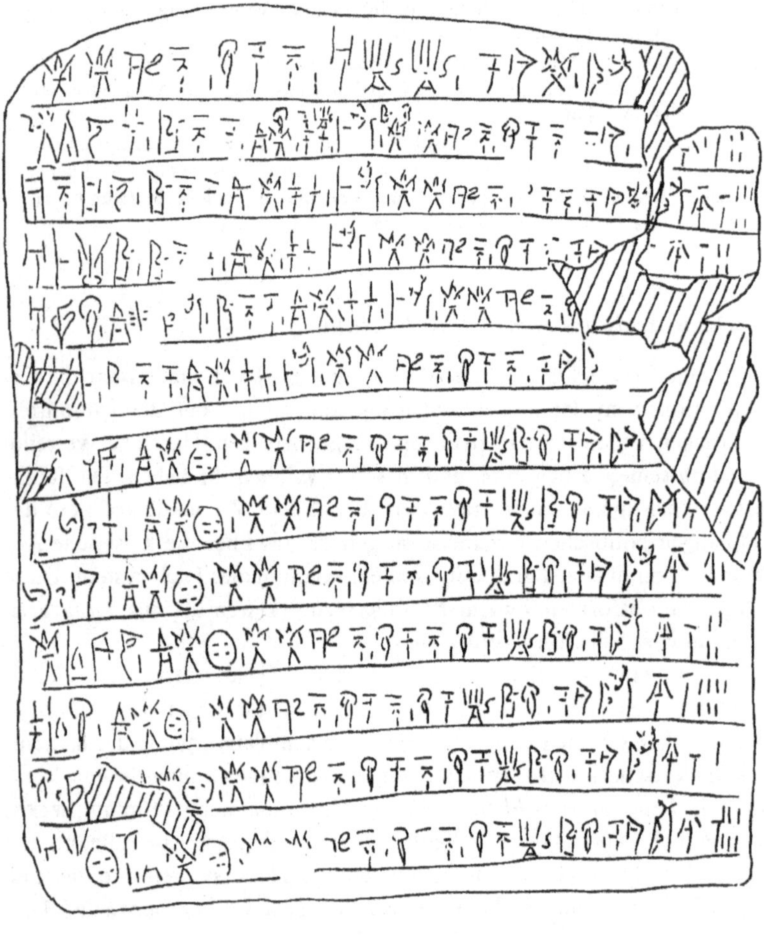

Das älteste europäische Katasterregister, 13. Jahrhundert v. Chr.

Der kommunale Landbesitz wurde im Mykenisch-Griechischen mit dem Ausdruck *ke-ke-me-na* (in der silbischen Schreibweise mit den Zeichen der Linear B-Schrift für *kekemena*) bezeichnet. Für die Region Pa-ki-ja-ne (Sphagianes im Osten des mykenischen Stadtstaats Pylos im Südwesten der Peloponnes) weisen die Texte in Linear B ein Register aus, in dem die Parzellen, die Namen und Berufe der Pächter (*onateres* genannt) und andere Besonderheiten verzeichnet sind (Ilievski 2000: 83, 155 f.).

Die betreffende Tontafel mit Text in Linear B (PY Ep 301) ist das älteste Katasterregister der europäischen Geschichte.

In dem Register der kommunalen Landparzellen, die an Privatpersonen verpachtet waren, findet man keinen Sammelbegriff für den Bauern. Vielmehr werden Vertreter der verschiedensten Berufe als Pächter aufgeführt: z. B. *keramewes* ‹Töpfer›, *chalkewes* ‹Kupfer- oder Bronzeschmiede›, *tektones* ‹Zimmerleute›. Zwar war in mykenischer Zeit die Spezialisierung nach Handwerkssparten fortgeschritten, das Berufsbild aber war ein anderes als später in der archaischen und klassischen Zeit. Die meisten Handwerker arbeiteten nicht ganztägig in ihrer Disziplin, sondern bebauten nebenbei ein Stück Ackerland für die Selbstversorgung mit Grundnahrungsmitteln.

Das Griechische und seine Entwicklung

Die formative Periode des Griechischen mit seiner frühen Dokumentation in Inschriften (ab dem 17. Jahrhundert v. Chr.) und Tontafeln (seit dem 15. Jahrhundert v. Chr.) wird in die zweite Hälfte des 3. Jahrtausends v. Chr. datiert.

Das Griechische repräsentiert – ähnlich wie das Albanische und Armenische – einen selbständigen Zweig der indoeuropäischen Sprachfamilie; nur das Mazedonische (s. u.) stand dem Altgriechischen verwandtschaftlich sehr nahe. Die phonetischen Besonderheiten, durch die sich das Neugriechische vom Altgriechischen unterscheidet, bildeten sich in den ersten Jahrhunderten unserer Zeitrechnung heraus, sind also bereits für das Mittelgriechische charakteristisch. Dieses Sprachstadium löst im 5. Jahrhundert n. Chr. das Altgriechische ab.

Die älteste griechische Sprachform, die aus schriftlichen Überlieferungen bekannt ist, ist das Mykenische, das zur östlichen Gruppe der altgriechischen Dialekte gehörte. Diese waren in mykenischer Zeit auf dem Festland und auf den ägäischen Inseln verbreitet. Mit der Auflösung der mykenischen Herrschaft und den dorischen Migrationen der Folgezeit sind etliche lokale Mundarten des Ostgriechischen durch das Westgriechische verdrängt worden. In der klassischen Periode des 5. und 4. Jahrhunderts v. Chr. war das Ostgriechische begrenzt auf Athen und die Region von Attika, auf die ionischen Siedlungen in der nördlichen Ägäis und in Kleinasien sowie auf das Arkadische im Zentrum des Peloponnes und auf Zypern. Westgriechische Dialekte wurden im gesamten Nord-

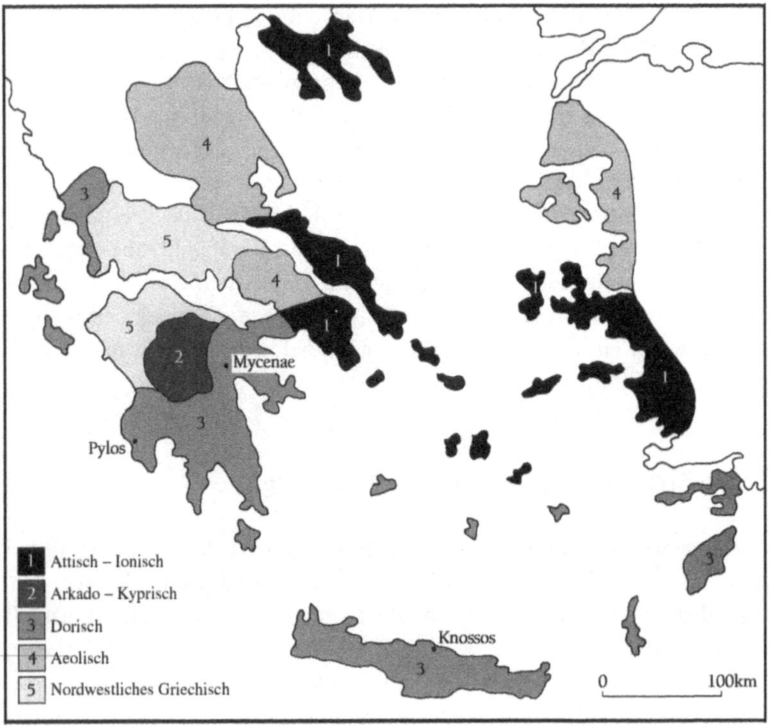

Die dialektale Differenzierung des Altgriechischen

westen Griechenlands, auf dem Peloponnes, auf den Inseln der südlichen Ägäis und in den meisten griechischen Städten Siziliens und Süditaliens gesprochen.

Auf die Antike geht die Differenzierung der beiden Hauptvarianten des modernen Griechischen mit ihren unterschiedlichen sozialen Funktionen zurück: die Hochsprache (Katharevousa) setzt die attische Schriftsprache fort, während die Volkssprache (Dimotiki) auf der Gemeinsprache (Koine) basiert, die sich in hellenistischer Zeit (seit dem 4. Jahrhundert v. Chr.) ausbildete. Die Unterschiede zwischen Hochsprache und Volkssprache spiegeln sich im Wortschatz, in der Phraseologie und Stilistik des Griechischen wider. Viele Ausdrücke des Alltagslebens treten als Synonymenpaar auf. Hochsprachlichem *oinos* ‹Wein› entspricht volkssprachliches *krasí*. Beispiele für andere Synonymenpaare sind *hydor* : *neró* ‹Wasser›, *artos* : *psomí* ‹Brot› und *oikía* : *spíti* ‹Haus›. Seit die Katharevousa aus dem öffentlichen Leben verdrängt worden ist, sind Ausdrücke der Dimotiki auch in den offiziellen Sprachgebrauch übernommen worden.

Die seit Mitte des 1. Jahrhunderts v. Chr. neben der Koine (und später neben dem Byzantinischen) verwendete klassische attische Schriftsprache ist ein Kunstprodukt: eine künstliche Wiederbelebung einer zur damaligen Zeit nicht mehr gesprochenen altgriechischen Variante als Schriftmedium (Attizismus). Die Vertreter der Bildungsschicht lehnten die Koine als vulgäre Sprachform ab und pflegten das klassische Attisch als schriftsprachliche Ausdrucksform. Die Koine war von der griechischen Bürokratie seit den Zeiten Alexanders des Großen in der Verwaltung verwendet worden. Auch als allgemeine Schriftsprache fand sie im griechisch-hellenistischen Kulturkreis weite Verwendung.

Anders als später bei den Römern war die Verbreitung des Griechentums und des Griechischen in den Ländern am Schwarzen Meer und am Mittelmeer keine flächendeckende Siedlungsbewegung. Die Griechen zogen nicht auf der Suche nach Ackerland in die Ferne, sondern sie ließen sich als Kaufleute und Handwerker in den städtischen Zentren nieder. Und diese Städte besaßen alle – selbst wenn sie wie Thera auf Santorini oder Emporion an der katalanischen Küste auf Bergkuppen angelegt waren – Häfen mit Seeverbindungen. Das Griechische fungierte außerhalb des griechischen Mutterlandes als eine Stadtsprache, während in der ländlichen Umgebung der Kolonien weiterhin die Sprachen der einheimischen Bevölkerung in Gebrauch blieben. Immerhin war die Dichte der städtischen Siedlungen und von deren Bevölkerung so bedeutend, dass sich das Griechentum durch die Jahrhunderte bis heute in Süditalien erhalten hat. Auch in den kleinasiatischen Küstenstädten lebten Griechen kontinuierlich bis zu ihrer Vertreibung im Jahr 1923.

Es gab nur eine Region, in der das Griechische einen assimilatorischen Einfluss mit Breitenwirkung entfaltete, und zwar in Mazedonien (s. Kap. 9). Bereits Philipp II. (reg. 359–336 v. Chr.), der Vater Alexanders des Großen, hatte sein Land der griechischen Kultur geöffnet, und zu Zeiten Alexanders war der Akkulturationsprozess rasch fortgeschritten. Die Mazedonier nahmen die griechische Lebensweise an; auch Weltanschauung und Bildungsideale waren griechisch geprägt. Alexander hatte einen berühmten Privatlehrer: den gräzisierten Mazedonier Aristoteles (384–322 v. Chr.).

8. Apennin-Halbinsel: Die Dominanz des Lateinischen (ab dem 2. Jahrtausend v. Chr.)

Die meisten Völker, die die Apennin-Halbinsel seit prähistorischen Zeiten bewohnten, waren solche mit indoeuropäischer Sprache und Kultur. Aufgrund ihrer sprachlichen Verwandtschaft lassen sich zwei Gruppen von Indoeuropäern unterscheiden: 1) italische Völker und 2) nicht-italische Völker (Messapier, Sikeler, Veneter und Lepontier). Außer den Indoeuropäern (Italern u.a.) waren auf dem Festland und auf den Inseln einige nicht-indoeuropäische (altmediterrane) Völker beheimatet, zu denen die Etrusker, Ligurer, Kamuner, Räter, Paläosarden (auf Sardinien) sowie die Elymer und Sikaner (beide auf Sizilien) gehören. Von diesen waren die Etrusker politisch und kulturell das einflussreichste Volk.

Indoeuropäer in Italien

Italische Sprachkulturen

Die Ethnogenese der Italer (auch: Italiker) steht im Zusammenhang mit der Migration indoeuropäischer Bevölkerungsgruppen, die im Zeitraum zwischen ca. 3500 und 2500 v. Chr. nach Italien eingewandert sind. Diesen Prozess kann man u.a. an Neuerungen in der materiellen Hinterlassenschaft jener Periode verfolgen. Hierzu gehören die Verwendung neuer Waffen aus Metall (Dolche aus Bronze, Pfeilspitzen, Streitäxte aus Stein) sowie das Auftreten des Pferdes. Es gibt verschiedene Anklänge zwischen den Kulturen Italiens und denen Mitteleuropas. Daher vermutet man, dass die Vorfahren der Italer aus dem Norden in ihre neue Heimat eingewandert sind, auch der Hauptstrom der italischen Landnahme lief von Norden nach Süden. Es gibt auch sprachliche Anzeichen für eine Ost-West-Drift früher Migranten innerhalb Italiens, und zwar aus dem Adriaraum Mittelitaliens zur Westküste, als deren Folge ältere italische Popula-

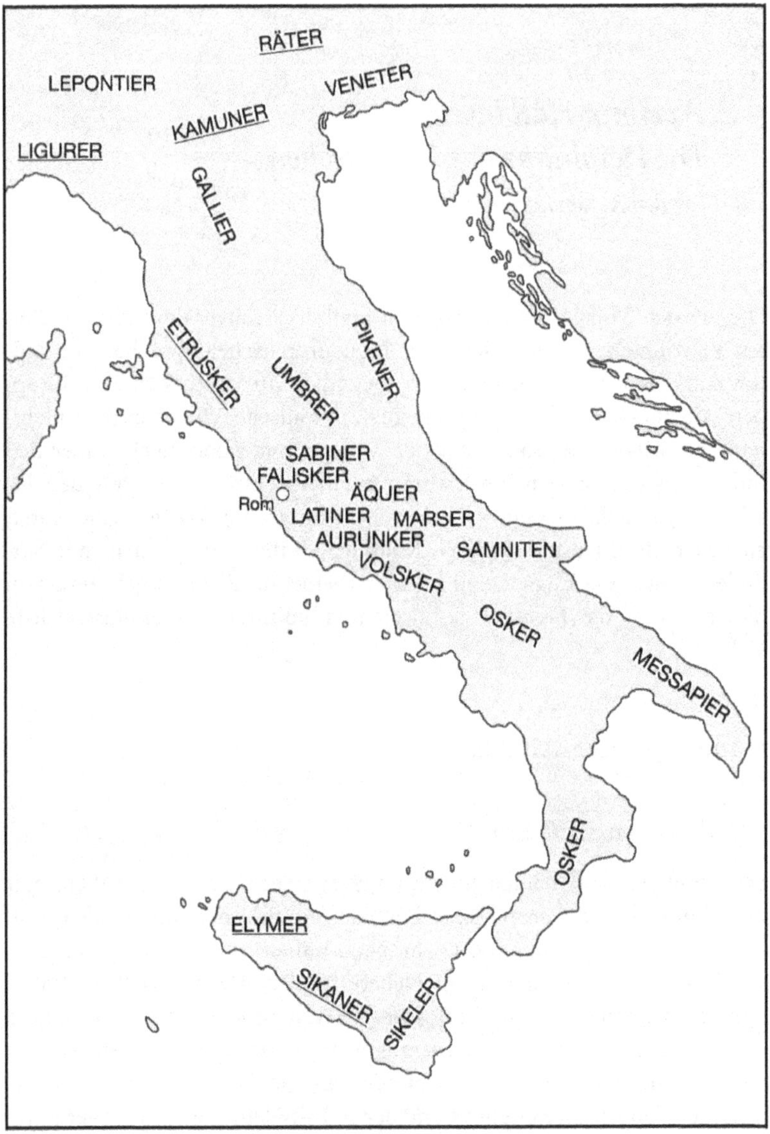

Sprachen und Regionalkulturen im antiken Italien vom 8. Jahrhundert v. Chr. bis zum Beginn unserer Zeitrechnung. Nicht-indoeuropäische Völker sind unterstrichen.

tionen (Latiner) von nachfolgenden Migranten ins westliche Küstengebiet abgedrängt wurden.

Das Frühstadium italischer Kulturentwicklung auf der Apennin-Halbinsel ist am besten in den Lokalkulturen des Nordens (Remedello, Rinaldone) und des Südens (Gaudo) zu erkennen. Die Ausgliederung in einzelne Völker aus einem ursprünglich gemeinsamen italischen Kontinuum erfolgte in vorrömischer Zeit, zwischen ca. 1500 und ca. 900 v. Chr.

Die italischen Völker sind zusammen mit ihren Sprachen bereits im Laufe der Antike untergegangen, das heißt, dass sie im Prozess der Akkulturation ans Römertum und der Assimilation ans Lateinische allmählich ihr Eigenprofil verloren. Dies trifft auch auf die Latiner zu, obwohl sich deren Sprache, das Lateinische, als gesprochene Sprache bis ins frühe Mittelalter hielt und dann von Varianten des Altromanischen abgelöst wurde. Die meisten Italer, ebenso die Nicht-Italer sowie Nicht-Indoeuropäer hatten sich bereits in der Zeit der klassischen Antike assimiliert. Im Süden Italiens, in der Region der Magna Graecia («Großgriechenland»), strahlten griechische Kultur und Sprache von den griechischen Kolonien auf die einheimischen Populationen aus und förderten deren Assimilation. Auf diese Weise verschwanden Völker wie die nicht-indoeuropäischen Sikaner und Elymer.

Im Hinblick auf die Sprache als Identitätsmarker lassen sich folgende italischen Regionalkulturen unterscheiden:

Lateinisch und Faliskisch. Von den italischen Sprachen standen sich das Lateinische und das Faliskische verwandtschaftlich am nächsten. Letzteres weist die vergleichsweise archaischsten Eigenheiten des Italischen auf. Die Ausgliederung des Lateinischen als regionale Einzelsprache geht auf die ersten Jahrhunderte des 1. Jahrtausends v. Chr. zurück. Bereits um 600 v. Chr., d. h. zum Zeitpunkt seiner ersten inschriftlichen Überlieferung (*lapis niger* ‹schwarzer Stein› auf dem Forum Romanum), treten wesentliche Züge des Lateinischen hervor.

Von den Regionalkulturen der Italer hat nur eine über die Antike hinaus ausgestrahlt, nämlich die der Bewohner Latiums und der Stadt Rom. Das römische Kulturerbe hat sich nicht nur über das Mittelalter hinaus erhalten und das kulturelle Gedächtnis der modernen Völker Europas beeinflusst, sondern sich im kolonialen Zeitalter über die ganze Welt verbreitet. Das Lateinische diente teilweise bis ins 19. Jahrhundert als Sprache der Wissenschaft und wird bis heute in offiziellen Funktionen verwendet, und zwar als Amtssprache des Vatikan.

Oskisch-Umbrisch (= Sabellisch). Diese Gruppierung umfasst folgende Einzelsprachen: Oskisch, Umbrisch, Äquisch, Marrukinisch, Marsisch, Pälignisch, Prä-Samnitisch, Sabinisch, Nord-Picenisch, Süd-Picenisch, Vestinisch und Volskisch.

Bislang ist ungeklärt, ob auch das Sikulische im Südosten Siziliens eine italische Sprache ist. Zwischen den beiden Sprachzonen des Umbrischen im nördlichen Mittelitalien und des Oskischen in Süditalien waren die anderen Sprachen der oskisch-umbrischen Untergruppe verbreitet.

Das Lateinische, Oskische und Umbrische sind die einzigen italischen Sprachen, in denen ein Schrifttum von historischer Bedeutung überliefert ist (Marchesini 2009: 57 ff.). Das Lateinische ist in diesem Kreis der Schriftsprachen wiederum die einzige, in der sowohl Belletristik als auch Sachprosa verfasst worden ist. Die übrigen italischen Sprachen sind nur aus wenigen, meist sehr kurzen Inschriften bekannt.

Römersein: ein schillernder Kulturbegriff

Auf den dekorativen Deckeln, mit denen in den Straßen Roms die Zugänge zu den unterirdischen Abwasserkanälen abgedeckt sind, steht von alters her das Kürzel: SPQR. Dies ist die Abkürzung für die republikanische Formel *senatus populusque romanus:* «Der römische Senat und das römische Volk». Sie stammt aus der Zeit, als Rom Republik war (d. h. bevor Augustus im Jahr 27 v. Chr. das römische Imperium begründete). Die Stadtverwaltung von Rom tradiert das Symbol republikanischer Autorität bis heute in ihrem öffentlichen Verantwortungsbereich.

Römer zu sein war zu Beginn der Geschichte Roms kein politischer Begriff. Dies entwickelte sich erst im Laufe der Zeit im Zusammenhang mit der Staatsgründung und der Erweiterung des römischen Machtbereichs. Alles, was mit der Stadt, dem römischen Reich, mit dem Kulturschaffen seiner Bürger, mit dem Lateinischen und seinen Sprechern und mit der ethnischen Identität zusammenhing, wurde seit der Antike *Romanus* (‹römisch›) benannt. Im Zeitalter des Nationalismus wurden die Römer als Träger der römischen Kultur mit einem zeitgenössischen Kollektivbegriff identifiziert: als Kulturnation. Von den Völkern der Antike galten damals nur die Griechen und Römer als Kulturnationen, in ihrer Wesensart den Kulturnationen Westeuropas des 18. und 19. Jahrhunderts ähnlich.

In der Antike wurden Begriffe wie *Romanus* und *Romanitas* auf verschiedene Sachverhalte bezogen:

- Zunächst wurde als Römer ein Einwohner der Stadt Rom bezeichnet, der dort geboren war und dort lebte. Unter diesen gebürtigen Römern gab es in der Anfangszeit drei ethnische Gruppen: Latiner, Sabiner und Etrusker.
- Später wurde der Begriff des Römers eingeschränkt, er bezeichnete einen Bewohner Roms, der das Bürgerrecht besaß. Dies war ein Angehöriger der aristokratischen Oberschicht, die in Sippen (*gentes*) gegliedert war. Bürgerrecht besaßen in der Anfangszeit also nur die *gentiles*.
- Später galten als Römer aber auch Freie (d.h. Nichtsklaven), unabhängig davon, ob sie dort geboren oder von außerhalb gekommen waren, um in Rom zu wohnen. Außer aus Latium kamen Zuwanderer auch aus anderen Gegenden Italiens und aus den Provinzen des Reiches. Darunter waren berühmte Schriftsteller und Philosophen: Plautus aus Umbrien, Ennius aus Kalabrien, Vergil aus Andes (bei Mantua), Horaz aus Venusia (Venosa), Ovid aus Sulmo (Sulmona), Seneca aus Corduba (Córdoba).
- Die Ausdehnung des Römischen Reiches bedingte eine Erweiterung des Römerbegriffs zu dem eines freien Bürgers des Imperium Romanum. Als freie Römer wurden lange Zeit nur die Einwohner Latiums und der von anderen Italern (Oskern, Umbrern, Sabellern u.a.) bewohnten Landschaften bezeichnet, denen nach ihrer Unterwerfung das römische Bürgerrecht zuerkannt worden war (z.B. den Sabinern kollektiv im Jahr 241 v. Chr.). Viele von ihnen wanderten als Kolonisten (*colones*) in die Provinzen des Reiches ab.
- Im 3. Jahrhundert n. Chr. wurde das Bürgerrecht auf alle freien Untertanen des Imperium Romanum ausgedehnt, so dass Italer ebenso wie Iberer aus Spanien, Gallier aus Frankreich, Karthager (Punier) aus Nordafrika, Germanen aus Mitteleuropa und Angehörige anderer Völker (z.B. aus dem römisch verwalteten Kleinasien und Palästina) das Recht hatten, sich «Römer» zu nennen.

Römersein war eine Frage des Lebensstils und der Gewohnheit, Lateinisch zu sprechen und sich kosmopolitisch zu geben. Dabei spielten die Volkszugehörigkeit oder die Herkunft religiöser Traditionen, die man pflegte, keine wesentliche Rolle. In Rom waren einheimische ebenso wie fremde Kulte populär, wie die der Cybele (Magna Mater) aus Kleinasien, der ägyptischen Isis oder der keltischen Epona. Viele Nichtrömer nahmen lateinische Namen an, und die Popularität lateinischer Namenformen war zunächst bei solchen Personen am stärksten, die keine öffentlichen Tätigkeiten ausübten. Dazu gehörten die Frauen: «... die Verbreitung römischer Namen bei Frauen sollte qualitativ als Beispiel dafür genommen werden, wie römische Namen ihren Weg in die Gewohnheiten der Namengebung bei der lokalen Bevölkerung fanden» (Madsen 2009: 96).

Die seit 395 n. Chr. bestehende Trennung des Weströmischen Reiches vom Oströmischen Reich lässt die politische Identifizierung im Sinn des letzten oben angeführten Kriteriums erkennen. Die Griechen nannten die Römer *Romaioi*. Im Sinn einer rein staatspolitischen Definition des Römertums wurden auch die Griechen seit Ende des 4. Jahrhunderts als «Römer» bezeichnet. Um die «echten» Römer von den römischen Bürgern im Osten zu unterscheiden, waren im Griechischen Namen wie *presbyteroi Romaioi* ‹Weströmer› und *eooi Romaioi* ‹Oströmer› in Gebrauch. Die politische Sinngebung des Begriffs ‹Römertum› machte später auch die Identifizierung des Moskowiterstaats, der Fortführung des politischen Erbes von Byzanz, als «drittes Rom» möglich.

Indoeuropäische Außenlieger: Veneter und Messapier

Die meisten Sprachen des vorrömischen Italien gehören zum italischen Sprachzweig des Indoeuropäischen. Nur wenige Sprachen (im Norden und im Süden) gehören nicht dazu. Das Lepontische ist ein Vertreter des Festlandkeltischen in Norditalien. Das Venetische und Messapische weisen auf eine unabhängige Entwicklung im Kreis der indoeuropäischen Sprachkulturen Italiens.

Venetische Sprache und Kultur. Die Veneter (griech. *Evetoi*, latein. *Veneti*) sind die Namengeber für die historische Landschaft Venetien (italien. Veneto) im Nordosten Italiens. Das Wohngebiet dieses Volkes erstreckte sich an der Adriaküste bis zur Mündung des Po und im Landesinneren. Zu den wichtigsten Siedlungszentren gehören Ateste (Este), Patavium (Padua), Tarvisium (Treviso) und Bellunum (Belluno). Die Proto-Villanova-Kultur war die Basis für die Eigenentwicklung der venetischen Kultur, deren Anfänge ins 9. Jahrhundert v. Chr. datieren. Jahrhundertelang haben sich die Veneter erfolgreich dem Expansionsdruck der Etrusker, aber auch der Gallier widersetzt, die nach Norditalien eingedrungen waren. Ab 215 v. Chr. stand das Gebiet der Veneter unter römischer Kontrolle. Als den Venetern im 1. Jahrhundert v. Chr. das römische Bürgerrecht zugesprochen wurde, hatten sie schon weitgehend römische Lebensweisen angenommen.

Das Venetische repräsentiert einen eigenen Sprachzweig des Indoeuropäischen (Marchesini 2009: 60ff.). Entfernt verwandt mit dem Venetischen ist das Illyrische (s. Kap. 9). Das Venetische ist aus mehr als 200 meist kurzen Inschriften (auf Stein- oder Bronzetafeln sowie auf Tongefäßen) bekannt, von denen die meisten in der Region um Ateste gefunden worden sind. Die Schriftart war eine Variante des etruskischen Alphabets. Eine Besonderheit der venetischen Schrift ist ein Punktiersystem. Silben und Wörter wurden durch Punkte voneinander getrennt. Diese Technik kommt allerdings in der ältesten Inschrift aus der Zeit um 550 v. Chr. (auf einem Kantharos-Gefäß von Lozzo) noch nicht zur Anwendung, was darauf schließen lässt, dass diese graphische Technik erst später entwickelt wurde. Die Schrifttradition des Venetischen ebbte mit den jüngsten venetischen Inschriften aus dem 1. Jahrhundert v. Chr. ab.

Messapische Sprache und Kultur. Die Messapier – von den Griechen *Messapioi*, von den Römern *Messapii* oder auch *Iapygi Messapii* genannt – siedelten im Südosten Italiens. Dieses Gebiet im sogenannten Stiefelabsatz der italischen Halbinsel entsprach in etwa dem Areal der heutigen italienischen Provinz Puglia. Im 3. Jahrhundert v. Chr. gerieten die Messapier unter die Botmäßigkeit der Römer.

Handelskontakte und kulturelle Beziehungen verbanden die Messapier mit den griechischen Kolonien in Süditalien (insbesondere mit der Handelsstadt Taras). Von dort gingen Impulse für die lokale Schriftlichkeit aus, und die Messapier adaptierten das griechische Alphabet zur Schreibung ihrer Sprache. Kulturell standen sie unter dem Einfluss der griechischen Kolonie Taras. Das Messapische ist aus mehr als 300 Inschriften bekannt, und zwar aus der Zeit zwischen dem 6. und 1. Jahrhundert v. Chr. (Marchesini 2009: 80ff.).

Die meisten Inschriften, die in Gräbern, als Münzlegenden und auf anderen Objekten (aus Bronze, Keramik oder Stein) gefunden wurden, sind sehr kurz und umfassen nur ein oder zwei Wörter.

Das Messapische ist mit dem Illyrischen auf der balkanischen Seite der Adria eng verwandt. Wahrscheinlich sind die Vorfahren der Messapier im 11. oder 10. Jahrhundert v. Chr. aus der Küstenregion Illyriens über die Adria nach Süditalien migriert. In Orts- und Personennamen sowie in einigen Stammesnamen sind Parallelen zwischen dem Messapischen und dem Illyrischen zu erkennen (z. B. Apuli als Name für einen messapischen Stamm und Apulus als Personenname bei den Illyrern). Die Messapier waren bereits um die Zeitenwende romanisiert. Im Wechsel zum Sprechlateinischen gaben sie ihre frühere Muttersprache auf.

Die Etrusker, Lehrmeister der Römer

Die Anfänge der frühen Sprachkontakte in Italien und die Konsolidierung der politischen Macht Roms liegen im 1. Jahrtausend v. Chr. Um diese Anfänge zu verstehen, muss man sich von generalisierenden Vorstellungen über die Zeitepoche lösen, die wir Antike nennen. Seit Jahrhunderten hat sich ein stereotypes Bild der europäischen Antike geformt, in dem die Konturen zweier Zivilisationen hervortreten, der älteren griechischen und der jüngeren römischen. Um das Kulturschaffen und die geistigen Strömungen dieser beiden symbiotisch miteinander verflochtenen Welten ins rechte Licht zu setzen, kann man sich nicht auf die Analyse dessen beschränken, was aus traditioneller Sicht als griechisch und was als römisch gilt. Allmählich tritt aus dem Schatten der kanonischen Antikenforschung eine weitere Zivilisation: die etruskische.

Bei den Griechen hieß dieses Volk *Tyrsenoi* (oder *Tyrrhenoi*), bei den Römern *Tusci*, und in ägyptischen Texten aus der Zeit Pharao Ramses III. (20. Dynastie, 12. Jahrhundert v. Chr.) werden die Etrusker (*Teresh* genannt) unter den «Seevölkern» aufgeführt (Briquel 2004). Die römische Namensform lebt bis heute weiter im Namen der Toscana, des Kernlandes etruskischer Siedlung, die griechische im Namen für den Teil des Mittelmeers im Nordwesten Italiens, das Tyrrhenische Meer. Die Etrusker selbst nannten sich *Rasenna* (bzw. in spätetrusk. Form *Rasna*). Nach Herodot (I.94) war Rasenna der legendäre Führer, der die Vorfahren der Etrusker aus Kleinasien nach Italien führte. Nach mythologischer Überlieferung waren die Tyrsener Verbündete Trojas im Krieg gegen die Mykener und gehörten damit zu den Verlierern des wohl berühmtesten Krieges der griechischen Antike. Wenn dieser Mythos einen realen Kern hat, dann gab vielleicht der verlorene Trojanische Krieg den Ausschlag, dass ein großer Teil der proto-etruskischen Elite auswanderte.

Historiker und Archäologen tun sich bis heute schwer mit der Vorstellung, dass die Etrusker aus dem ägäischen Raum eingewandert sind. Es wird immer wieder dasselbe Argument angeführt: Die Etrusker können nicht eingewandert sein, weil sich das typische Gepräge ihrer Kultur erst in Italien ausgebildet hat. Dies stimmt. Tatsächlich ist davon auszugehen, dass nicht «die» Etrusker eingewandert sind, wie wir sie als Volk aus Italien kennen, sondern deren Vorfahren, die Proto-Etrusker, in deren Kultur wahrscheinlich noch viel mehr ägäisches Erbgut lebendig war, als es sich im Profil der etruskischen Kultur der vorrömischen Ära identifizieren lässt. Die Frage nach der Einwanderung der Etrusker als des historischen Volkes, das uns in Italien entgegentritt, ist also falsch gestellt. Damit erübrigt sich aber nicht die «richtige» Frage nach der Herkunft des unübersehbaren ägäischen Kulturerbes. Woher kamen die Vorfahren der Etrusker, die Proto-Etrusker? In dieser Form gestellt, wird die Frage wiederum den Realitäten ethnischer Transformationsprozesse gerecht, die sich hier ansetzen lassen.

Die These: Bei den Einwanderern, die im Verlauf des 11. und 10. Jahrhunderts v. Chr. nach Italien gelangten, handelte es sich um «eine zahlenmäßig wahrscheinlich gar nicht starke Gruppe von ‹Tyrrhenern›, die aus dem kleinasiatisch-ägäischen Bereich kommen (...) Sie sind die Träger einer hochentwickelten Stadtkultur, deren Wurzeln in der vorindoeuropäischen Hochkultur des 2. Jahrtausends v. Chr. (...) liegen» (Pfiffig 1989: 8). In den vergangenen Jahren hat die archäologische und sprachhistorische Forschung Erkenntnisse geliefert, die für die Migrationsthese sprechen und die Annahmen von der Urheimat der Proto-Etrusker im ägäischen Raum stützen. Die materielle Hinterlassenschaft (z. B. Keramik) der vorgriechischen Bevölkerung auf der Insel Lemnos in der nördlichen Ägäis wird mit einer proto-etruskischen Kulturstufe assoziiert (Cultraro 2012: 106 f.).

Das Lemnische ist bekannt geworden durch eine Grabstele, die im Jahr 1885 auf der Insel Lemnos in der nördlichen Ägäis gefunden wurde. Diese Stele, auf der ein Krieger abgebildet ist und die eine längere Inschrift mit insgesamt 33 Wörtern trägt, stammt aus dem späten 7. oder frühen 6. Jahrhundert v. Chr. Die Schrift, in der die Grabinschrift wie auch Textfragmente auf lokaler Keramik geschrieben wurden, zeigt deutliche Ähnlichkeit mit der ältesten Version des etruskischen Alphabets in Italien. Inzwischen ist auch nachgewiesen, dass das auf der Insel verwendete etruskische Alphabet altertümliche ägäische Eigenheiten aufweist (Agostiniani 2012). Es kann sich also bei dem Kriegergrab nicht, wie oft behauptet, um eine späte Bestattung eines etruskischen Seeräubers handeln, der aus Italien bis nach Lemnos gesegelt wäre.

Sprachlich lässt sich das Lemnische zweifelsfrei mit dem Etruskischen assoziieren. In der lemnischen Grabstele findet sich die Formel *avis sialchvis* ‹(im Alter) von vierzig Jahren›, die der etruskischen Formel *avils machs sealchls* ‹(im Alter) von fünfundvierzig Jahren› entspricht. In der zweiten

Hälfte des 6. Jahrhunderts v. Chr. wurde Lemnos von den Athenern erobert, und die lemnische Bevölkerung assimilierte sich allmählich ans Griechische.

Die Sprache der Etrusker ist nicht-indoeuropäisch (Facchetti 2000, 2008). Lemnos mit seinem ägäisch-anatolischen Kulturgepräge liegt nicht weit von der Westküste der heutigen Türkei, und es bleibt die Frage, ob die Insel die einzige Region war, wo Proto-Etrusker lebten, oder ob sich deren Verbreitungsgebiet in der Bronzezeit auch auf den Nordwesten Anatoliens ausdehnte. Die These von einem Gebiet südlich des Marmarameers – den antiken Regionen Hellespont und Bithynien entsprechend, die an Lydien angrenzen – als proto-etruskischer Urheimat ist von Robert Beekes (2003: 6) aufgestellt worden (s. Karte S. 269).

Eine weitere Stütze für die Anatolien-These findet man in Erkenntnissen der Humangenetik. Moderne Untersuchungen zur mitochondrialen DNA der Bevölkerung in der Toskana (wo sich das Genom der etruskischen Bevölkerung nachweisen lässt) haben ergeben, dass deren Merkmale auf Anatolien als Ausgangsgebiet weisen (Achilli u. a. 2007). Die geographische Nähe der Urheimat zu Troja unterstreicht die mythosgestützte Annahme, dass die Proto-Etrusker in spätmykenischer Zeit Verbündete dieses Stadtstaates waren.

In Italien entwickelt die Kultur der Proto-Etrusker das Profil, das wir aus den Quellen und Monumenten der vorrömischen Zeit kennen. Die Integration der proto-etruskischen Eliten zeitigte unterschiedliche Ergebnisse im regionalen interethnischen Kontakt (Malnati/Manfredi 1991). In Lukanien ist eine vollständige Assimilation der Proto-Etrusker an die lokalen italischen Kulturtraditionen zu beobachten. In der archäologischen Hinterlassenschaft Etruriens dagegen sind im ausgehenden 9. und beginnenden 8. Jahrhundert v. Chr. revolutionäre Veränderungen festzustellen. Ältere Dorfgemeinschaften wurden zusammengeschlossen, aus ihnen entwickelten sich die ersten städtischen Zentren der Villanova-Kultur, in der von Anbeginn externe Zusatzkomponenten, und zwar ägäische und nahöstliche Merkmale, in Erscheinung treten. In den von Villanova-Leuten dominierten Siedlungen des Nordens (Tal des Po, Adriaküste) bewahrt die Regionalkultur proto-etruskische Eigenheiten bis zur Mitte des 6. Jahrhunderts v. Chr. Dann kam es zu einer gleichgewichtigen Fusion, deren Endergebnis ein echtes kulturelles Amalgam mit sowohl italischen als auch proto-etruskischen Elementen war. Die Etrusker als das historische Volk und seine Zivilisation entstanden in einem ethnisch-kulturellen Transformationsprozess, der in mancher Hinsicht der Transformation

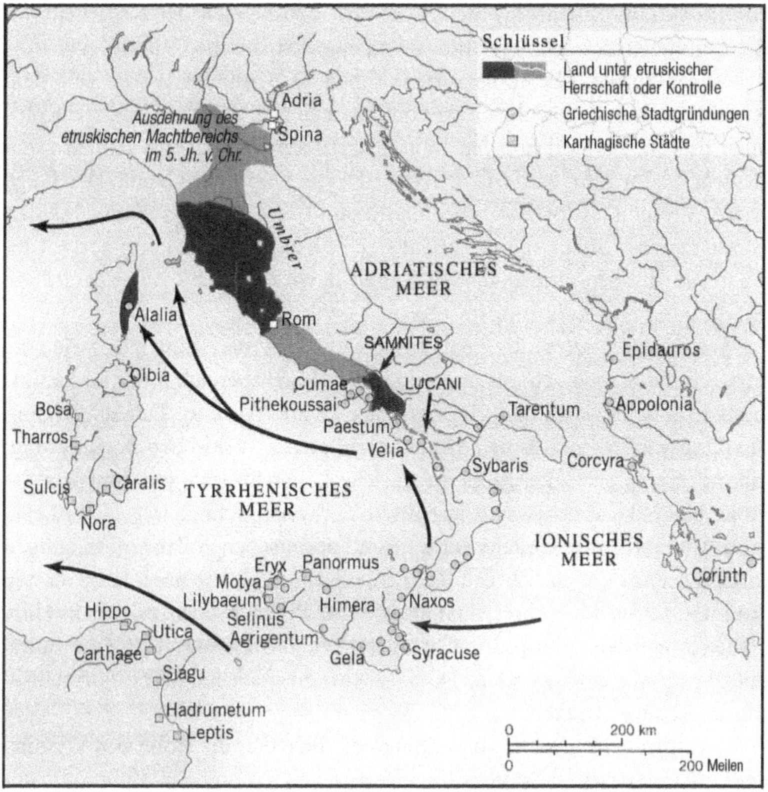

Die politische und wirtschaftliche Einflusssphäre der Etrusker im 6. und 5. Jahrhundert v. Chr.

ähnelt, die Jahrtausende früher in Mesopotamien stattfand, als sich die Identität der Sumerer aus der Ethnizität der Ubaid-Leute entwickelte (Maisels 1999: 147 ff.).

Die proto-etruskischen Einwanderer waren wohl so gut organisiert, dass es ihnen gelang, die kulturelle und politische Entwicklung in ihrer neuen Heimat – inmitten der italischen Völkerschaften – zu bestimmen. Die wachsende politische Macht der Etrusker ging von lokalen Stadtstaaten aus, die sich zu einem Bund zusammenschlossen. Hierzu gehörten Caere (Cerveteri), Tarquinii (Tarquinia), Populonia, Rusellae (Roselle), Vetulonia, Volaterrae (Volterra), Arretium (Arezzo), Cortona, Perusia (Perugia), Clusium (Chiusi), Volsinii Veteres (Orvieto) und Veii. In der Anfangszeit wurden diese Stadtstaaten von Königen (etrusk. *laukhume, lukhume*, latein. *lucumo*) regiert. Zum Machtbereich der Regenten von Tarquinii gehörte auch die Stadt Rom, eine etruskische Gründung (s. u.).

Die politische Macht der etruskischen Stadtstaaten wurde seit dem 5. Jahrhundert v. Chr. durch ständige Kriege mit den griechischen Kolonien des Südens und mit den Italern, insbesondere mit den Römern, geschwächt. Im Jahr 424 v. Chr. eroberten die Samniten Capua. Als Folge dieses Ereignisses löste sich der Städtebund in Etrurien auf. Die lokalen Stadtstaaten waren von nun an auf sich selbst gestellt. Die um 400 v. Chr. nach Norditalien eindringenden Kelten bewirkten, dass sich der dortige Städtebund ebenfalls auflöste.

Wenig später setzte die Eroberungskampagne der Römer ein, die eine etruskische Stadt nach der anderen ihrem Machtbereich anschlossen (als erste 396 v. Chr. Veii und als letzte 264 v. Chr. Volsinii). Danach begann der langwierige Prozess der Akkulturation der etruskischen Bevölkerung, die nach einigen Generationen römische Lebensweisen annahmen und – über eine Phase etruskisch-lateinischer Zweisprachigkeit (Hadas-Lebel 2004) – auch einen Sprachwechsel zum Lateinischen vollzogen. In einigen rituellen Funktionen hat sich das Etruskische offenbar noch lange halten können. Es wird berichtet, dass etruskische Priester (*haruspices*) um Hilfe gebeten wurden, um 408 n. Chr. die drohende Eroberung Roms durch die Westgoten abzuwenden. Damals wurden noch magische Formeln in Etruskisch gesprochen.

In kultureller Hinsicht übernahmen die Etrusker die Rolle von Vermittlern zwischen der Stadtkultur der griechischen Kolonien in Süditalien, mit denen sie in regen Handelsbeziehungen standen, und den Römern. Die Etrusker waren es auch, die die Schrifttechnologie an die Latiner, andere italische Völker (Umbrer, Osker) und an Nichtitaliker (Lepontier, Veneter) in Norditalien vermittelten.

Das Etruskische ist eine der wenigen untergegangenen Sprachen der europäischen Antike, in der mehr als nur Schriftfragmente erhalten sind. Bisher sind mehr als 14 000 Inschriften bekannt, die überwiegend Namen (von Personen und Gottheiten) sowie rituelle Formeln enthalten. Texte in etruskischer Sprache stammen aus der Zeit zwischen dem 7. und 1. Jahrhundert v. Chr. Diese auf Sarkophagen, in Grabfresken und auf vielerlei Gegenständen (z. B. Vasen, Urnen, Bronzespiegel, Bleiplatten, Elfenbeintäfelchen, Artefakten aus Stein) gefundenen Texte sind lediglich ein kleiner Rest eines ursprünglich reichen Schrifttums. Der italienische Etruskologe Massimo Pallottino hat die Etrusker das «Volk der Bücher» genannt, und in den Werken römischer Autoren wird auf heute verlorene

Werke der etruskischen Literatur hingewiesen. Beispielsweise findet sich bei Terentius Varro (116–27 v. Chr.) ein Hinweis auf einen etruskischen Dichter namens Volnius (*qui tragoedias Tuscas scripsit* «der etruskische Tragödien schrieb»).

Humangenetiker haben Spuren der ehemaligen Präsenz der Etrusker in der Toskana gefunden. Auf der genetischen Karte Italiens ist für die Population im Westen der Apennin-Halbinsel ein Profil zu erkennen, das vom übrigen Italien abweicht und sich in seinen Konturen mit dem historischen Siedlungsgebiet der Etrusker deckt (Cavalli-Sforza u. a. 1994: 278 f.).

Etruskisch-römische Kontakte

Die Rolle der Etrusker als Vermittler zwischen griechischer und römischer Kultur kann man exemplarisch in der historischen Landschaft Latium und insbesondere in der Stadtentwicklung Roms erkennen. Vor dem Aufstieg Roms gab es in Italien zwei Regionen mit politischer Macht und Hochkultur: Magna Graecia (Großgriechenland) im Süden (Sizilien, Süditalien) und Etrurien im Norden, wo sich die etruskischen Stadtstaaten konzentrierten. Die Römer hatten in der Frühzeit keinen direkten Kontakt zu den Griechen, sondern nur indirekt über die etruskischen Handelskontakte. Der lateinische Name für die Griechen, *Graeci,* ist über eine etruskische Namenform (*kreike*) von den Römern adaptiert worden (nach einem griechischen Stamm in Süditalien, dessen Name die Etrusker auf alle Griechen in der Magna Graecia bezogen).

Die Anfänge Roms sind bescheiden. Die Stadt entstand aus dem Zusammenschluss verschiedener lokaler Dorfgemeinschaften, die auf den sieben Hügeln siedelten (Grandazzi 2013). Die Hügellandschaft war interkulturelles Kontaktgebiet.

Die Siedler gehörten zu drei ethnischen Gruppen: ein Teil waren Etrusker, die beiden anderen Gruppen waren Italer, und zwar Sabiner und Latiner. Die Stadtgründung geht auf eine etruskische Sippe, die Ruma, zurück, der die Stadt ihren Namen verdankt. Im römischen Mythos von Romulus und Remus ist dagegen nur von den Latinern die Rede, und die Gründung Roms wird ins 8. Jahrhundert v. Chr. datiert, obwohl es Siedlungsspuren im Stadtgebiet gibt, die Jahrhunderte älter sind.

Die Sabiner gehörten der Überlieferung zufolge zusammen mit den Latinern zu den ältesten Bewohnern der Hügellandschaft, in der die Stadt Rom errichtet wurde. Sie wurden 290 v. Chr. von den Römern unterworfen und ihre Siedlungen (Amiternum, Cures, Nursia, Reate) dem römischen Machtbereich angegliedert. Im Jahr 241 v. Chr. wurde den Sabinern das römische Bürgerrecht zugesprochen. Dieser Akt wurde später von dem römischen Schriftsteller Titus Livius in seinem monumentalen Werk *Ab urbe condita libri* (14 n. Chr.) mythisch-historiographisch verklärt. Der Raub der Sabinerinnen erzählt von einem Fest, das der Stadtgründer Roms, Romulus, veranstaltete und zu dem auch die vornehmen Sabiner eingeladen waren. Da die Römer keine eigenen Frauen zum Fest geladen hatten, raubten sie die anwesenden Sabinerinnen. Ein Rachefeldzug der Sabiner gegen die Römer blieb aus, weil sich die Sabinerinnen zwischen die Kontrahenten stellten und Frieden erwirkten. Seither lebten Römer und Sabiner in friedlicher Nachbarschaft.

Die Römer der klassischen Ära waren sich sehr wohl bewusst, wie wichtig die Rolle der Etrusker für die Vermittlung zivilisatorischer Errungenschaften war. Auch bewunderten sie die Schriftkultur in etruskischer Sprache. Dies geht aus den verstreuten Hinweisen in den Werken römischer Autoren hervor. Später verflüchtigte sich die Wertschätzung der Römer für die Etrusker. Wer will sich schon an seine Lehrmeister erinnern, wenn er beabsichtigt, sie zu übertreffen. Und darum bemühten sich die Römer nach Kräften. Das Kulturerbe der Etrusker verblasste allmählich im kollektiven Gedächtnis der Römer.

Die engen kulturellen, sprachlichen und sozialen Beziehungen zwischen Etruskern und Latinern waren in einem politischen Rahmen verankert, und das war die Kontrolle der etruskischen Oberschicht über die Verwaltung der Stadt. Rom wurde von etruskischen Königen regiert. Erst im Jahr 509 v. Chr. wurde der letzte etruskische Herrscher, Tarquinius Superbus, gestürzt (Carandini 2011: 66 ff.).

Aus den Wirren des Umsturzes ging die römische Republik hervor. Mehrere Jahrhunderte lang lag die politische Macht beim Senat, dessen gewählte Vertreter die Geschicke von Stadt und Staat bestimmten. Während der Ära der Republik stieg Rom zur Weltmacht auf. Caesar, der berühmteste aller römischen Feldherrn zur Zeit der Republik, trug den Titel eines Konsuls. Erst mit seinem Sohn Augustus begann im Jahr 27 v. Chr. eine neue Ära, die römische Imperialherrschaft. Der Imperator war eine politische Ikone, die gottgleich verehrt wurde, in einem eigenen Kult: Statuen und Ritualwesen dienten zur Legitimation und Festigung der Herrschaft.

Die Dominanz der etruskischen Kultur im alten Rom

Roms kulturelles Leben wurde eindeutig von den Etruskern mit ihren zivilisatorischen Institutionen dominiert. Sie stellten auch die Elite und kontrollierten die Verwaltung. Die Latiner, die später die Kontrolle in der Stadt übernahmen, lernten das Know-how der Administration von Stadt und Staat von den Etruskern. Die lateinische Nomenklatur für administrative und politische Kernbegriffe ist geprägt von etruskischen Entlehnungen. Das Amt des Magistrats (*magister populi*) ist entstanden aus dem etruskischen *macstarna*, und vom Namen des römischen Staates (*res publica* ‹Republik›, wörtl. ‹die öffentliche Sache›) wird vermutet, dass er in Anlehnung an etruskisch *mekh rasnal* (‹öffentliche Interessengemeinschaft der Bürger›) gebildet worden ist (Rix 1984: 466).

Auch das Symbol höchster richterlicher Autorität und Staatsmacht wurde von den Etruskern übernommen, das Rutenbündel (latein. *fasces*): «Und von den Etruskern kam das Symbol ihrer Autorität, die *fasces*, ein Bündel mit Stöcken, die um ein Beil gebunden sind, womit das Recht veranschaulicht wurde, körperliche Züchtigung oder auch kapitale Bestrafung zu erteilen» (Ostler 2007: 36). Das Symbol der Staatsmacht wurde jeden Tag der Öffentlichkeit präsentiert. Wenn die Priesterinnen der Göttin Vesta zum Tempel ihrer Göttin gingen, trugen Bedienstete das Rutenbündel. Vesta war die Schutzpatronin der römischen Staatsmacht, und ihre jungfräulichen Dienerinnen symbolisierten die erstrebenswerte Reinheit der Staatsgeschäfte, als Gegenpol zum Laster der Korruption (Schroeder 1998: xiv ff.).

Die Aristokratie der Latiner imitierte die Lebensgewohnheiten der etruskischen Nobilität. Die latinischen Patrizier schickten ihre Kinder zu den Nachbarn auf der anderen Seite des Tiber. Dieser Teil der Stadt, wo früher die Etrusker siedelten, wird bis heute Trastevere (< *trans Tiberim* ‹jenseits des Tiber›) genannt. Die Patrizier schätzten den hohen Standard der etruskischen Erziehung. Auf der anderen Seite des Tiber lernten die jungen Latiner unter anderem lesen und schreiben. Über etruskische Vermittlung gelangte auch die Kenntnis der griechischen Schrift zu den Latinern, die sich daran gewöhnten, ihre Sprache mit der etruskischen Variante der Alphabetschrift zu schreiben, d. h. mit Buchstaben, die mit einem etruskischen Lehnwort *elementa* (wörtl.: ‹Buchstaben des Alphabets›; sekundär ‹Elemente, Bestandteile›) genannt wurden.

Aristokratische Namengebung nach etruskischem Vorbild

Um ihre Gleichrangigkeit mit der etruskischen Oberschicht zu betonen, adaptierten die Patrizier das Modell der Namengebung von der etruskischen Aristokratie (Wilson 1998: 4). Das komplexe Namenmodell ist dreigliedrig: *praenomen* ‹Vorname› (Eigenname des Individuums) + *nomen* ‹Name› oder *gentilicium* (Name der Sippe im weiteren Sinn, zu der jemand gehört) + *cognomen* ‹zusätzlicher Name› (Name der Familie im engeren Sinn, als Teil der Sippe).

Wenn wir heute mit römischen Namen umgehen, verwenden wir die ursprünglich vollständigen Namenformen lediglich fragmentarisch. Der komplexe Name Caesars war Gaius Iulius Caesar, der von Cicero enthielt sogar noch weitere Detailinformationen: Marcus Tullius Marci filius Cornelia Cicero.

Dieses dreigliedrige Namenmodell hieß *tria nomina* und ist inschriftlich seit ca. 300 v. Chr. bezeugt. Seine Übernahme durch die Patrizier geht aber auf das 5. Jahrhundert v. Chr. oder noch weiter zurück. Es wurden auch etruskische Namen direkt ins Lateinische entlehnt. Sowohl der Name Caesars als auch der Ciceros sind ursprünglich etruskische Familiennamen (*cognomina*).

Etruskischer Spracheinfluss im Lateinischen

Angesichts der engen Verwobenheit etruskischer und latinischer Nobilität und aufgrund des deutlichen Kulturgefälles zwischen der etruskischen Zivilisation mit ihren internationalen Verbindungen und der latinischen Regionalkultur verwundert es nicht, dass die römische Kultur in ihrer ganzen Breite von etruskischen Einflüssen durchdrungen ist und dass der lateinische Wortschatz Hunderte von etruskischen Lehnwörtern für die verschiedensten Bereiche adaptiert hat:

- Zeitrechnung: *Aprilis* ‹April›
- Umweltphänomene, Jahreszeiten: *autumnus* ‹Herbst›, *tellus* ‹Erde›, *caelum* ‹Himmel›
- Bautechnik: *fenestra* ‹Fenster›, *columna* ‹Säule›
- Gebäude, Bauwerke, Einrichtungen: *atrium* ‹offener Innenhof›, *cisterna* ‹Zisterne›, *culina* ‹Küche›, *taberna* ‹Gaststätte, Taverne›, *turris* ‹Turm›
- Gerätschaften: *bura* ‹Schaft eines Pflugs›, *genista* ‹Besen›, *calceus* ‹Schuh›, *lamina* ‹Blatt› (eines Messers), *lucerna* ‹Lampe›, *catena* ‹Kette›

- Kriegswesen: *miles* ‹Soldat›, *triumphus* ‹Triumph› (ursprüngl. nur ‹militärischer Sieg›)
- Ritualwesen: *caerimonia* ‹Zeremonie›, *lituus* ‹Krummstab der Auguren›, *lustrum* ‹Purifikationsritual›, *tutulus* ‹Kappe eines Priesters›, *urna* ‹Urne›
- Lebensmittel: *caepa* ‹Zwiebel›, *caseus* ‹Käse›
- Begriffe der Intimsphäre: *coleus* ‹Hoden›, *sopio* ‹Penis›, *vagina* ‹Vagina›
- Sozialverhalten: *calumnia* ‹Verleumdung›
- Verwaltung: *magister* ‹Magistrat›
- Gemeinschaftsbildung: *populus* ‹Leute›

Das Etruskische hat vor seinem Verschwinden als gesprochene Sprache deutliche Spuren im Lateinischen hinterlassen (Breyer 1993). Hierzu gehören nicht nur Entlehnungen des Spezialwortschatzes wie latein. *histrio* ‹Schauspieler› oder *atrium* ‹Eingangshalle eines römischen Hauses›, sondern auch weit verbreitete Elemente des Kulturwortschatzes wie latein. *populus* ‹Leute, Volk› oder *persona* ‹Person, Individuum›, die sämtlich etruskischer Herkunft sind (Ostler 2007: 36ff., 323ff.). Die meisten Entlehnungen aus dem Etruskischen sind Substantive. Aber auch andere Wortarten sind vertreten, z.B. Verben wie *plaudere, plaudo* ‹klatschen, Beifall klatschen› und Adjektive wie *celer* ‹schnell›, *pulcher* ‹schön›, *segnis* ‹langsam, träge›. Über das Lateinische sind diese etruskischen Sprachrelikte in lautlich transformierter Gestalt in den Kulturwortschatz unserer modernen Sprachen vermittelt worden (z.B. franz. *peuple*, engl. *people*, italien. *popolo* ‹Volk› usw.).

Die Beeinflussung durch das Etruskische beschränkt sich nicht auf die direkt übernommenen Lehnwörter. Ein bedeutender Teil sind Lehnbildungen nach etruskischem Vorbild mit lateinischen lexikalischen Elementen. Das Modell der *tria nomina* ist ein solches Vorbild (s.o.). Etruskische Lehnbildungen lassen sich auch in den grammatischen Strukturen des Lateinischen nachweisen, und zwar im Zahlensystem. Das Lateinische kennt eine besondere Zählweise für die Zahlen von 18 bis 20. Die Zahl 18 wird konstruiert mit Hilfe der Elemente ‹zwei› (*duo*) und ‹zwanzig› (*viginti*): 2 weniger als 20, die Zahl 19 entsprechend aus den Elementen ‹eins› (*unus*) und ‹zwanzig› (*viginti*): 1 weniger als 20. Diese Zählweise findet im Etruskischen eine direkte Parallele:

‹18›: etrusk. *esl-em zathrum* – lat. *duo-de-viginti*
‹19›: etrusk. *thun-em zathrum* – lat. *un-de-viginti*

Dieses Strukturprinzip ist im Lateinischen nicht vollständig erhalten, denn im Etruskischen betrifft es auch das Zahlwort für 17: etrusk. *ci-em zathrum* = 3 weniger als 20. Das lateinische Äquivalent ist anders strukturiert: *septemdecim* = 7 + 10. Das etruskisch inspirierte Subtraktionsprinzip für höhere Zahlenwerte (jeweils 2 und 1 weniger als die nächsthöhere Zehnerzahl) setzt sich im lateinischen Zahlensystem über die Position 20 fort: 28 = 2 weniger als 30, 49 = 1 weniger als 50, usw.

Eine Besonderheit der etruskischen Notationsweise war die Existenz zweier getrennter Systeme, eines zur Schreibung von Sprache und unabhängig davon eines zur Schreibung von Zahlen. Hierdurch unterschied sich die Kultur der Etrusker deutlich von der griechischen Schrifttradition, denn im Griechischen wurden Zahlen mit Hilfe von Buchstaben wiedergegeben. Einzelne Buchstaben des griechischen Alphabets hatten einen doppelten Wert, ihr Zahlenwert definierte sich nach der Position im Alphabet: Alpha hatte den Zahlenwert 1, Beta 2, Gamma 3, usw.

Die Etrusker adaptierten nur das griechische Alphabet, für die Zahlenschreibung aber blieb ein altes (voralphabetisches) numerisches Notationssystem in Gebrauch. Diese alten Zahlzeichen wurden – bis auf wenige Umstellungen – von den Römern verschiedentlich bereits vor der Übernahme der Schrift verwendet (V = 5, X = 10, ein Fächerzeichen für 50, ein Schrägkreuz mit Senkrechtstrich für 100), und sie stehen in keiner Beziehung zu den lateinischen Zahlwörtern (*quinque* ‹5›, *decem* ‹10›, *quinquaginta* ‹50›, *centum* ‹100›) oder den Buchstaben des Alphabets. Erst später verwendeten die Römer auch Buchstabenabkürzungen für verschiedene ihrer Zahlwörter (C = 100, M = 1000).

Über etruskische Vermittlung gelangten auch zahlreiche griechische Kulturwörter ins Lateinische:

> *ancora* ‹Anker›, *laena* ‹warmer Mantel›, *littera* ‹Brief› (auch ‹Buchstabe›), *machina* ‹Maschine›, *numerus* ‹Zahl›, *persona* ‹Person› (ursprünglich ‹Schauspieler mit Theatermaske›), *templum* ‹Tempel, Heiligtum›, u. a.

Griechisch-etruskisch-lateinische Konvergenzen findet man sogar im Bereich der Fluchformeln und emphatischen Ausdrucksweisen: z. B. latein. *Hercule!* oder *hercle*! (< etrusk. mit gleicher Form), griech. *Herakle!*, ‹beim Herkules!› (Breyer 1993: 158). An der tiefgreifenden Einflussnahme des Etruskischen auf das Lateinische besteht als Fazit der neueren Forschung kein Zweifel. Die etruskisch-römischen Kontakte waren eng, lang andauernd und vielfältig.

Die Legitimation römischer Vormacht

Die enge Anlehnung an die etruskische Tradition der Namengebung bei den (latinischen) Römern basierte unter anderem auf dem Bestreben, Anschluss an eine mythisch verklärte heroische Genealogie zu suchen. Der etruskische Herkunftsmythos bot hierfür eine geeignete Plattform. Fünfzig der römischen Sippen (*gentes*) gefielen sich in der Vorstellung von einer vermeintlichen trojanischen Abstammung. Die Beziehung der Etrusker und Latiner zu Troja gehört zu einem speziellen Mythenschatz, den Erzählungen vom Ende des Trojanischen Krieges und der Wanderschaft des Helden Aeneas. Homer hat in seinem Werk *Ilias* den Untergang Trojas – im homerischen Epos Ilion genannt – und seiner Bewohner dramatisiert.

In der mythischen Überlieferung werden die Trojaner zwar besiegt und ihre Heimstatt zerstört, die Reste der Bevölkerung erleben aber eine ruhmreiche Nachblüte. Die «nachtrojanische» Geschichte der Trojaner steht im Licht der Abenteuer des Heroen Aeneas, der mit seinen Getreuen aus dem brennenden Troja flieht, nach einer langen Irrfahrt von einem Sturm an die Küste Nordafrikas verschlagen wird, dort in eine tragische Affäre mit der Königin Dido von Karthago verwickelt wird (Lancel 1995: 23 f.), schließlich aber in das Land seiner Bestimmung, nach Italien, gelangt.

Der Aeneas-Stoff war in der Antike sehr populär, und dies hing sicherlich damit zusammen, dass er verwoben war mit dem griechischen Pantheon. Aeneas war nämlich dem Mythos zufolge der Nachkomme aus einer der amourösen Eskapaden der Göttin Aphrodite, die sich mit einem Sterblichen eingelassen hatte. Diese Verbindung zur Welt der Götter machte die Gestalt des Aeneas überaus attraktiv. Und so hat die Geschichte des Aeneas die Ursprungsmythen zweier Kulturen geprägt, die der Etrusker und der Römer. Auch die Beziehungen der Römer zu den Karthagern werden aus den Verwicklungen im Leben des Aeneas mythisch gedeutet.

Griechische Bearbeitungen des Aeneas-Stoffes reichen bis zum epischen Zyklus des 8. Jahrhunderts v. Chr. zurück. Spätere Versionen sind von Stesichoros (6. Jahrhundert v. Chr.), Dionysios von Halikarnassos (1. Jahrhundert v. Chr.) und anderen bekannt. Der mythische Erzählstoff um Aeneas wurde den Römern im 6. Jahrhundert v. Chr. von den Etruskern vermittelt und erfreute sich bald großer Beliebtheit.

Im Verlauf des Abkoppelungsprozesses der römischen Zivilisation von etruskischen Traditionen und Vorbildern wurde auch der Aeneas-Stoff von der etruskischen Kultur «abgekoppelt» und vollständig römisch umgedeutet: Die Römer machten sich des Kulturdiebstahls schuldig und usurpierten den etruskischen Abstammungsmythos. In der epischen Ausdeutung des Aeneas-Mythos durch Vergil mit seiner *Aeneis* (entstanden zwischen 29 und 19 v. Chr.) wurden die Julier (Gens Iulii) im Besonderen als Abkömmlinge der Aeneas-Sippe favorisiert. Sich für einen Nachkommen des Aeneas zu halten, war schon Caesars ganzer Stolz gewesen, und Augustus eiferte ihm darin mit seiner Selbsterhebung zum Gott nach (Tanner 1993: 19 ff.).

Der trojanische Abstammungsmythos hat auch über die Antike hinaus seine Attraktivität nicht verloren. Bis in die frühe Neuzeit gefielen sich die Vertreter des Habsburgischen Herrscherhauses darin, die Begründung ihres königlichen Geschlechts auf Aeneas als Stammvater zurückzuführen. Der letzte Regent, der expressis verbis diese mythisch-göttliche Herkunft für sich in Anspruch nahm, war Philipp II., der das Weltreich Spanien von 1556 bis 1598 regierte (Tanner 1993: 131 ff.).

Der Aeneas-Mythos hält sich in transformierter Gestalt bis heute, etwa in der Geschichte Britanniens. Der Überlieferung nach stammte König Artus, der legendäre Organisator des Widerstands der Kelten gegen die landnehmenden Sachsen, von Brutus, einem Urenkel des Aeneas, ab. Erst vor wenigen Jahren hat das britische Königshaus Artus als seinen Stammvater in die englische Königsliste aufgenommen. Damit wird zwar der trojanische Ursprungsmythos nicht wiederbelebt, aber immerhin einer königlichen Ikone ein Ehrenplatz eingeräumt, deren Herkunft selbst mythisch verklärt ist.

Die Geburt einer Weltsprache

Im westlichen Europa (einschließlich des Mittelmeerraums) dominieren heute romanische Sprachen. Diese setzen in transformierter Gestalt das Lateinische fort, genauer gesagt das Sprechlateinische, das markant vom Schriftlateinischen abwich. Auch im östlichen Europa sind romanische Sprachen entstanden, so das untergegangene Ragusäisch in Dubrovnik, das Aromunische und das Rumänische. Die Verbreitung der romanischen Sprachen spiegelt in groben Umrissen den römischen Machteinfluss während der Spätantike wider. Das Lateinische als Staatssprache des Imperium Romanum wirkte in vielen Domänen des öffentlichen und privaten

Lebens auf die Sprachgewohnheiten der Menschen ein. Die Bevölkerung in den Provinzen außerhalb des Kernlandes Italien waren Nichtrömer, d. h. keine Latiner oder Angehörige irgendeines der italischen Völker.

Sie alle sprachen ursprünglich einheimische Sprachen. Gegen Ende der Antike (um 500 n. Chr.) aber hatten die meisten einen Wechsel zum Sprechlateinischen vollzogen. Im Laufe der Jahrhunderte (ab etwa dem 3. Jahrhundert v. Chr.) hat das Lateinische auf die Völker, mit denen die Römer in Kontakt traten, einen kontinuierlichen Assimilationsdruck ausgeübt, der mit der Ausweitung des politischen Machtbereichs des römischen Staates zunahm. Um die Zeitenwende war das Lateinische diejenige indoeuropäische Sprache mit der weitesten Verbreitung und dem stärksten Rückhalt in einem zentralisierten Staatsapparat. So lässt sich am Beispiel der römischen Kolonialgeschichte und der Romanisierung exemplarisch der Prozess der Indoeuropäisierung unter staatlicher Ägide studieren (Camporeale 1992) – im Unterschied zur primären Indoeuropäisierung unter «staatsfreien» Bedingungen wie in Alteuropa (s. Kap. 5).

Lateinisch: Von der Lokalsprache zur Weltsprache

Obwohl das Lateinische – als Muttersprache ursprünglich nur bei den Latinern, den italischen Bewohnern der historischen Landschaft Latium, verbreitet – seit 600 v. Chr. verschriftet war, dauerte es noch Jahrhunderte, bis es regelmäßig als Schriftsprache verwendet wurde. Der Standard der klassischen Schriftsprache bildete sich im Verlauf des 3. Jahrhunderts v. Chr. aus, seine Konsolidierung war zu Beginn des 2. Jahrhunderts v. Chr. im Wesentlichen abgeschlossen. Seither verlief die Entwicklung der Schriftsprache unabhängig von der des Sprechlateins und mit unterschiedlicher Dynamik in den einzelnen Sprachvarianten.

Das Schriftlatein war und blieb konservativ, was durch bewusste Sprachpflege aufrechterhalten wurde. Zahlreiche Vertreter des römischen Geisteslebens unterwarfen sich mit ihrem Sprachgebrauch gleichermaßen einer Selbstzensur (Vainio 1999), sie hielten sich an autoritative Werke der Grammatiker und Rhetoriker, mit denen ein Normenbewusstsein gefördert wurde. Der erste normative Grammatiker, der in seinem Werk *De lingua Latina* den korrekten Sprachgebrauch des Schriftlateinischen festschrieb, war Marcus Terentius Varro (116–27 v. Chr.). Der Einfluss der Sprachpflege machte das geschriebene Medium zu einem «hochgradig künstlich anmutenden Register» (Coleman 1992: 318).

Dagegen verlief die Entwicklung des Sprechlateinischen in natürlicher Weise unkontrolliert und war keinen regulativen Eingriffen unterworfen. Das gesprochene Latein erlebte Innovationsschübe, an denen das Schriftlatein keinen Anteil hatte. Insbesondere die Neuentwicklungen in den ersten Jahrhunderten unserer Zeitrechnung markieren einen Trend, der das Abdriften der Umgangssprache vom schriftlichen Sprachgebrauch veranschaulicht (Haarmann 2006: 216ff.). Dieser Trend verstärkte sich in der Periode der Spätantike und wurde spätestens seit dem 6. Jahrhundert richtungweisend für die Entfaltung der Frühstadien romanischer Sprachen aus dem Kontinuum des Sprechlateinischen. Die Typik des Sprechlateinischen, nicht die der Schriftsprache, gab die strukturellen Techniken der romanischen Sprachen vor.

Es gibt nur eine funktionale Variante des Lateinischen, die sowohl in geschriebener als auch in gesprochener Form in allen Regionen des Römischen Reiches verbreitet war, die aber in ihrer gesprochenen Form den Konservativismus der Schriftsprache widerspiegelt. Dies ist die lateinische Verkehrssprache. In einigen Regionen des Imperium Romanum fungierte sie als alleiniges Medium der Interkommunikation zwischen Römern und Nichtrömern (Haarmann 1979). Dies gilt etwa für das westliche Britannien, wohin keine italischen Kolonisten gelangten und wo es auch keine lokale römische Administration gab.

Der letzte Vertreter einer lateinisch-römisch geprägten Universalbildung war Isidor von Sevilla (ca. 570–636 n. Chr.), zweifellos die berühmteste Persönlichkeit des Kulturschaffens im Toledanischen Reich der Westgoten (s. Kap. 10). Isidor hebt sich gleichsam als «markanter Schlussstein der lateinischen Antike» (Eichenseer 1989: 201) ab. Das Lateinische hat sich im Frühmittelalter im Zuge seiner Transformation zu frühromanischen Sprachen als gesprochene Sprache überlebt, was bedeutet, dass es nicht mehr als Muttersprache von einer Generation zur nächsten tradiert wurde und nurmehr als Schriftsprache weiterlebte. Bis in die Moderne hat es einige bildungssprachliche Nischenfunktionen bewahrt, und als Amtssprache des Vatikanstaates besitzt das Lateinische offiziellen Status wie eine lebende Nationalsprache (z. B. Italienisch in Italien).

Assimilationsdruck in den römischen Provinzen

Die Organisation der römischen Welt, des Imperium Romanum, beruhte auf ganz anderen Prinzipien als die dezentralisierte Polis-Ordnung der Griechen. Die römischen Reichsteile standen als Provinzen unter direkter

Kontrolle Roms. Die straffe zentralistische Verwaltung förderte das Monopol des Lateinischen als Staatssprache. Wie im Fall der griechischen Kolonien war auch im römischen Staat das urbane Milieu ausschlaggebend für die Vitalität der konkurrenzlosen Hochkultursprache. Allerdings strahlte die Wirkung des Lateinischen – anders als beim Griechischen – auch in die ländlichen Gebiete aus und übte auf die bodenständige Bevölkerung einen assimilatorischen Druck aus. Ein Faktor, der die Assimilation vielerorts förderte, war die Präsenz ausgewanderter italischer Kolonisten, die sich flächendeckend in allen Teilen des Reiches niederließen. Sie waren überwiegend Bauern und gründeten Siedlungen, von denen sich viele mit der Zeit zu größeren Ortschaften entwickelten.

Die flächendeckende Kolonisierung der römischen Provinzen hatte den Import staatlicher und kultureller Institutionen römischer Prägung zur Folge. Die nichtrömische Bevölkerung gewöhnte sich zunehmend an römische Lebensweisen, und im Sozialkontakt mit römischen Kolonisten, Kaufleuten und Beamten verlor auch die römische Staatssprache, das Lateinische, allmählich seine Fremdheit (Budinszky 1881). Während zunächst offizielle Funktionen der Kolonialsprache vorherrschten (Medium des offiziellen Amtsverkehrs, Kommandosprache der Armee, Verkehrssprache im Kontakt von Römern mit Nichtrömern, Bildungssprache), übernahm die nichtrömische Bevölkerung das Lateinische in seiner gesprochenen Form zunächst als Zweitsprache.

Die Zweisprachigkeit mit einer autochthonen Sprache als Primärsprache (Erwerb als Muttersprache) und dem Lateinischen als Zusatzsprache blieb in manchen Regionen bis zum Ende der römischen Zeit erhalten. Solche Zustände lassen sich für den Südosten Britanniens, für die germanischen Provinzen, für das Baskenland, für Illyrien und für die Provinzen in Nordafrika bestätigen. Im nordafrikanischen Kontaktmilieu wirkte einer der Architekten des westeuropäischen Christentums: Augustinus (354–430), ein geborener Berber, der römisch erzogen wurde und dessen Bildungssprache das Lateinische war.

Überwiegend setzte sich aber ein Sprachwechsel durch. Dieser Jahrhunderte andauernde Prozess der Akkulturation und des Sprachwechsels zum Lateinischen war für die Entstehung neuer Sprachen, der romanischen, verantwortlich, deren ältere Bezeichnung «neulateinische Sprachen» die Beziehung zur Basissprache erkennen lässt (Tagliavini 1973: 274 f.).

Romanische («neulateinische») Sprachen:

- Untergegangene Sprachen: Mozarabisch (romanische Sprachform im maurischen Spanien), Ragusäisch (in der Region um Dubrovnik, dem

mittelalterlichen Ragusa), Dalmatisch (der letzte Sprecher starb 1897; früher verbreitet im Küstengebiet von Istrien)
- Westromanische Sprachen:
- Galloromanisch: Französisch, Gascognisch, Occitanisch
- Iberoromanisch: Katalanisch, Spanisch, Portugiesisch, Galicisch
- Alpenromanisch: Bündnerromanisch (Rumantsch), Ladinisch, Friaulisch
- Ostromanische Sprachen: Italienisch, Korsisch, Rumänisch (Dacorumänisch), Aromunisch
- Sardisch (mit Sonderstellung zwischen West- und Ostromanisch)

Das von den Nichtrömern gesprochene Latein war aber von Anbeginn nicht einheitlich, denn es nahm durch die Interferenz mit den Sprachen der verschiedenen Ethnien Lokalkolorit an. Dazu gehörte auch die selektive Auswahl einheimischer Ausdrücke, die als Substratelemente der vorrömischen Sprachen im Sprechlatein weiterlebten. Besonders breit ist die Schicht von autochthonen Elementen, die im Französischen als gallisches Substrat und im Rumänischen als dakische Relikte erhalten sind.

Im Verlauf des Frühmittelalters hatte sich die gesprochene Sprache in den ehemaligen römischen Provinzen so weit vom klassischen Schriftlatein der römischen Zeit entfernt, dass die Verbindung mit der Basissprache als historische Realität verblasste und keine Relevanz mehr für die Alltagskommunikation besaß. In den Namen der romanischen Sprachen spiegeln sich zwei gegensätzliche Trends: einerseits das Bewusstsein der kulturhistorischen Verwurzelung: *român* ‹rumänisch›, *aromân* ‹aromunisch›, *rumansh* ‹rätoromanisch›, *ladin* ‹ladinisch›, *ladino* ‹judenspanisch›; andererseits die sprachliche Identifikation mit einer Regionalkultur: *italiano* ‹italienisch›, *español* ‹spanisch› (Bezugnahme auf das antike Hispania), *castellano* ‹kastilisch› (Bezugnahme auf die historische Landschaft Kastilien), *français* ‹französisch› (Bezugnahme auf das Reich der Franken in Gallien).

Funktionen des geschriebenen und gesprochenen Latein

Charakteristisch für die enorme Verbreitung des Lateinischen waren seine vielfältigen Funktionen, und zwar sowohl in der geschriebenen Ausdrucksform als auch als gesprochene Sprache. Für das gesprochene Latein war lange Zeit der im 19. Jahrhundert entstandene Ausdruck «Vulgärlatein» in Gebrauch (damals war «vulgär» noch synonym mit «gemein, allgemein»). Seit der zweiten Hälfte des 20. Jahrhunderts wird die Bezeichnung «Sprechlatein» bevorzugt. Die beiden Hauptvarianten des Lateinischen (Schriftsprache : Umgangssprache) waren ihrerseits ausdifferenziert in eine Reihe funktionaler Stile und sozialer Sondersprachen (Soziolekte):

Soziale und funktionale Differenzierungen des geschriebenen Lateins:
- Gehobener Stil: Sprache der Literatur und Sachprosa; poetischer Stil als spezialisierte gehobene Variante;
- Einfacher Schreibstil für praktische Zwecke: Sprachgebrauch der Kaufleute zur Erstellung von Warenlisten, der Texte für schulische Zwecke, einfache Grabinschriften, u. ä.;
- Amtslatein: Sprachgebrauch der Administration;
- Allgemeine Verkehrssprache: geschrieben und gesprochen; im Umgang zwischen Römern und Nichtrömern im Imperium Romanum;
- Fachsprachen der spezialisierten Berufssparten: juristische Fachsprache des Rechtssystems, medizinische Fachsprache der Ärzte;
- Religiöse Sondersprachen: geschriebene Ritualsprache einzelner polytheistischer Kulte; Sprache des christlich-lateinischen Schrifttums.

Elementare interne Variationen des gesprochenen Lateins (einschließlich fach- und sondersprachlicher Varianten):
- Heimsprache der Latiner = *sermo familiaris*: Sprache, in der Latiner sozialisiert wurden;
- Primärsprache assimilierter Nicht-Latiner oder deren Zweitsprache = *sermo peregrinus*: Italiker, Etrusker, Gallier, Iberer, Illyrer, u. a.;
- Alltägliche Umgangssprache = *sermo quotidianus*: Kontaktsprache im privaten Bereich und in der Öffentlichkeit;
- Fachsprachen der verschiedenen Sparten des Handwerks = *sermo professionalis*: Maurer, Töpfer, Schiffsbauer;
- Handelssprache der römischen Kaufleute;
- Soldatenjargon = *sermo castrensis* bzw. als Adverb *militari vulgarique sermone* bei Curtius Rufus (1. Jahrhundert n. Chr.): Sprachgebrauch des römischen Armeepersonals, der unter anderem aus Graffiti der VII. Kohorte in Rom bekannt ist; der Soldatenjargon unterscheidet sich wiederum von der militärischen Fachsprache;
- Religiöse Sondersprachen: Spezielle Nomenklatur der ausschließlich gesprochenen Ritualsprache von Mysterienkulten, z. B. Kulte des Mithras, der Ceres, u. a.;
- Sprechlateinische Regiolekte: z. B. das regionale Latein Galliens oder Sardiniens.

Die gesprochene Sprache wurde selten auch geschrieben. Beispiele für die Wiedergabe des Sprechlateinischen in Schriftform sind die umgangssprachlich gefärbten Dialoge in den Werken der Komödiendichter Plautus (Titus Maccius Plautus, ca. 240–184 v. Chr.) und Terenz (Publius Terentius Afer, 195–nach 159 v. Chr.). Die Graffiti aus Pompeji und aus Rom sind wichtige Quellen für unsere Kenntnis der lateinischen Umgangssprache.

Ein illustratives Beispiel für die Wiedergabe nicht nur «rustikaler» Sprache, sondern auch sondersprachlicher Ausdrucksweisen in Schriftform ist das Werk *Satyrica* von Titus Petronius Niger (gest. 66 n. Chr.), der erste Roman der römischen Literaturgeschichte. In einer der szenischen Haupthandlungen, in der «Cena Trimalchionis», lässt Petron seine Protagonisten, kleine Geschäftsleute, wie im Leben sprechen. «In einem bunten Latein, das nach der Straße schmeckt, geben sie ungeschminkt ihr Weltbild zum Besten» (Habermehl 1997: 521).

Wohl wegen seiner unkonventionellen Sprachwahl, die die normativen Dogmen der latinitas außer Acht ließ, ist Petrons Werk *Satyrica* von den kaiserzeitlichen Quellen bis ins 4. Jahrhundert n. Chr. gleichermaßen «totgeschwiegen» worden. Die Sprachwissenschaft der Moderne preist Petron «als einen der Herolde der romanischen Sprachen» (Posner 1996: 102), weil das von ihm schriftlich fixierte Sprechlatein den Schlüssel für Entwicklungstrends romanischer Sprachen bereithält. In der Periode von der Spätantike zum Frühmittelalter (d. h. vom 5.–8. Jahrhundert) wandelte sich das gesprochene Latein und nahm Eigenheiten an, die den Übergang von der Latinität zur Romanität, d. h. zu den Frühformen romanischer Sprachen, markieren. Damit schied das Sprechlatein aus.

Nichtrömer wechseln zum Lateinischen

Bis zum Ende der römischen Ära (d. h. bis zum 5. Jahrhundert n. Chr.) hatten sich viele Bewohner des Imperium Romanum entweder vollständig oder weitgehend an römische Kultur und Sprache assimiliert. Die Sprachgemeinschaft des Lateinischen war als Folge dieser Assimilationsprozesse kontinuierlich angewachsen und gliederte sich in lokale Sprechergruppen.

Westeuropa:

- Latiner (mit anderen italischen Völkern verwandt) als ursprüngliche Sprachgemeinschaft des Lateinischen;
- Andere italische Völker (Falisker, Marser, Sabiner, Samniten, Picener, Umbrer, Osker, u. a.);

- Andere indoeuropäische (= nichtitalische) Völker Italiens (Lepontier, Messapier, Veneter);
- Nichtindoeuropäische Völker Italiens (Etrusker, Camuner, Ligurer, Räter, Paläosarden, Elymer);
- Indoeuropäische Völker in den westlichen Provinzen des Imperium Romanum (Gallier in Frankreich, Keltiberer in Spanien);
- Nichtindoeuropäische Völker in den westlichen Provinzen des Imperium Romanum (Iberer, Kantabrer, Lusitanier und Tartessier in Spanien).

  Osteuropa:
- Indoeuropäische Völker der Balkanregion (Daker, Mösier, Illyrische Stämme der Adriaküste).

  Nordafrika:
- Nichtindoeuropäische Völker (Numider).

Das von den Nichtrömern gesprochene Latein war aber von Anbeginn nicht einheitlich, denn es nahm durch die Interferenz mit den Sprachen der verschiedenen Ethnien Lokalkolorit an. Dazu gehörte auch die selektive Auswahl einheimischer Ausdrücke, die als Substratelemente der vorrömischen Sprachen im Sprechlatein weiterlebten. Besonders breit ist die Schicht von autochthonen Elementen, die im Französischen als gallisches Substrat und im Rumänischen als dakische Relikte erhalten sind.

Die Basken im Norden Spaniens und im Südwesten Frankreichs sind das einzige Volk im ehemaligen Machtbereich des Imperium Romanum, das dem römischen Assimilationsdruck widerstanden hat. Die formative Periode des Baskischen datiert in die vorrömische Zeit. Es wird als isolierte Sprache kategorisiert, denn es gibt keine lebenden verwandten Sprachen. Das in der Antike ausgestorbene Aquitanisch war entweder ein Dialekt des damaligen Baskisch oder eine damit eng verwandte Sprache (Trask 1997).

Das Lateinische hat in römischer Zeit das Baskische zwar nicht verdrängt, aber massiv darauf eingewirkt. Rund 700 Lehnwörter wurden in den Wortschatz integriert, und auch das Formensystem ist beeinflusst worden durch die Aufnahme formativer Elemente (Haarmann 1979: 109 ff.). Zu den Entlehnungen gehören solche, die Licht auf enge Sozialkontakte von Basken und Römern werfen, nämlich Körperteilbezeichnungen:

bask. *berna* ‹Schienbein› (< lat. *perna*), *boronte* ‹Stirn› (< *frons, frontem*), *gorputz* ‹Körper› (< *corpus*), *magina* ‹Scheide› (< *vagina*), *puxika, bixika* ‹Harnblase› (< *vessica*)

Kontakte des Baskischen zu den (indoeuropäischen = romanischen) Nachbarsprachen setzten sich im Mittelalter fort und dauern in der Neuzeit an. Im lateinisch-romanischen Kontinuum werden immer mehr Ausdrücke im Bereich der Verwandtschaftsterminologie entlehnt (z. B. bask. *tia* ‹Tante›, *tio* ‹Onkel›, *komai* ‹Patentante›, *konpai* ‹Patenonkel›).

Das baskische Sprachgebiet ist zwar ständig geschrumpft, das Kerngebiet baskischer Siedlung blieb aber über das Mittelalter bis in die Neuzeit erhalten (Haarmann 1998). Das Genprofil der baskischen Bevölkerung unterscheidet sich markant von den benachbarten Populationen. Auffällig ist hier die hohe Frequenz der Blutgruppe 0 (mehr als 70 %). Die heutigen Basken sind alle zweisprachig, mit baskisch-spanischer Kombination auf spanischer Seite und baskisch-französischer Kombination in Frankreich.

Bereits im letzten Jahrhundert vor der Zeitenwende war die Sprachgemeinschaft des Lateinischen eindeutig multiethnisch, und dies verstärkte sich zunehmend mit der Eroberung und siedlungsmäßigen Erschließung von immer weiteren Regionen durch die römische Armee und italische Kolonisten. Bis ins 2. Jahrhundert n. Chr. hielt der Trend zur Expansion an, danach begann das Imperium Romanum durch territoriale Verluste zu schrumpfen. Der erste größere Verlust im Osten war die Aufgabe der Provinz Dacia im Jahr 271 n. Chr. Im Westen wurde das rechtsrheinische Gebiet (*agri decumates*) um 260 n. Chr. unter dem Ansturm der Germanen geräumt. Seit Anfang des 5. Jahrhunderts n. Chr. gingen immer mehr Gebiete verloren, einerseits wegen freiwilliger Evakuierung der römischen Zivilbevölkerung wie in Britannien (aufgegeben im Jahr 405), andererseits aufgrund des militärischen Drucks der Germanen.

9. *Balkan: Zwischen römischer und griechischer Zivilisation*

(ab dem 2. Jahrtausend v. Chr.)

Die meisten regionalen Sprachvarianten – Weiterentwicklungen des Proto-Indoeuropäischen in Südosteuropa – sind nicht einmal namentlich bekannt, und sie sind verschwunden, ohne dass irgendetwas in den antiken Quellen darüber berichtet worden wäre. Von anderen weiß man allerlei aus den alten Quellen, auch über ihre Sprecher. Was die schriftliche Überlieferung betrifft, so hält das Griechische den Rekord. Keine andere alte Sprache in Südosteuropa hat über einen so langen Zeitraum ein so breites und vielseitiges Schrifttum hervorgebracht wie das Griechische. Die Antike bleibt mit unserer Zeit über die kontinuierliche schriftsprachliche Tradition des Griechischen verbunden.

Die römisch-griechische Sprach- und Kulturgrenze

Die Eroberung Südosteuropas durch die Römer und die Integration der Territorien mit multiethnischer Bevölkerung schuf neuartige Bedingungen für die kulturellen und sprachlichen Kontakte. Die militärische Erschließung der Großregion begann mit der Vertreibung der Illyrer von der Adriaküste (bei Split) im Jahr 229 v. Chr. und war erst mit der Einrichtung der Provinz Dacia im Jahr 106 n. Chr. abgeschlossen. Dass sich die kolonisierte Balkanregion zu einem römisch geprägten Hinterland entwickelte, wurde durch eine straffe Zivilverwaltung, eine interregionale Ausweitung der Handelsverbindungen und durch zahlreiche Stadtgründungen gewährleistet.

Allerdings blieb die Präsenz starker Truppenkontingente der wichtigste Garant für politische Stabilität. Welche bedeutende Rolle die Armee auf dem Balkan spielte, erklärt sich dadurch, dass mehrere römische Kaiser als ehemalige Armeeoffiziere ihre Hausmacht auf lokale Truppenteile stützen konnten: Maximinius (reg. 235–238) aus Thrakien, Aurelianus (reg. 270–275) aus Moesien, Diokletian (reg. 284–305) aus Dalmatien,

Konstantin der Große (reg. 306–337) aus Dacia mediterranea (das frühere Moesia superior), Justinian (reg. 527–565) aus Dardanien.

Im südlichen Teil der Balkanregion kam es zur militärischen Konfrontation zwischen den römischen Invasoren und den griechischen Stadtstaaten, die seit den Zeiten Alexanders des Großen unter mazedonischer Botmäßigkeit standen. Die Eroberung der griechischen Territorien durch die römische Armee war nach der siegreichen Schlacht von Korinth im Jahr 146 v. Chr. abgeschlossen; die ägäischen Inseln standen seit 133 v. Chr. unter römischer Kontrolle. Athen und einige andere griechische Städte rebellierten im Jahr 88 v. Chr. gegen die römische Vorherrschaft. Diese Aufstände wurden aber unterdrückt. Im Jahr 27 v. Chr. wurde das römisch verwaltete Gebiet als Provinz Achaea dem Imperium Romanum eingegliedert.

Lange Zeit stand das griechische Gebiet unter römischer Verwaltung im Schatten der politischen Entwicklung in Italien. Der Schwerpunkt verlagerte sich allerdings nach Südosteuropa, nachdem Konstantin der Große die Stadt Byzantion im Jahr 330 n. Chr. als neue Hauptstadt (Nova Roma) des Imperiums proklamiert hatte. Im Gedenken an diese Aufwertung der Region wurde die Stadt in Konstantinopel umbenannt.

Parallel zur Grenze zwischen den römischen eroberten Gebieten und dem griechisch-byzantinischen Machtbereich formierte sich eine Sprach- und Kulturgrenze, die quer durch den Balkan verlief, etwa auf einer Linie von der Adriaküste bei Lissus (Lezha) in Albanien in östlicher Richtung, südlich an Scupi (Skopje) und nördlich an Serdica (Sofia) vorbei bis an die Küste des Schwarzen Meers bei Odessos (Varna). Auf beiden Seiten dominierte jeweils eine der damaligen Hochkultursprachen, das Lateinische im Norden und das Griechische im Süden.

Mit der politischen Trennung des weströmischen vom oströmischen (byzantinischen) Reich im Jahr 395 n. Chr. bildete sich weiter im Westen eine andere Grenzzone aus. Diese politische Trennlinie entwickelte sich in der Nachfolge zu einem religiös-kulturellen Grenzgürtel zwischen der römisch-katholischen Welt im Westen und den byzantinisch-orthodoxen Traditionen im Osten.

Die Sprachgrenze hat man sich als eine Art Übergangszone zwischen den beiden Einflusssphären vorzustellen. Der funktionale Geltungsbereich beider Sprachen war eng miteinander verwoben. Während sich aber das Lateinische auch im Süden in amtlichen und bildungssprachlichen Funktionen etablierte, strahlten griechische Sprache und Stadtkultur nur wenig jenseits der Kulturgrenze nach Norden und Westen aus. Dies kann

Die lateinisch-griechische Kulturgrenze in Südosteuropa

man anhand der geographischen Verbreitung lateinischer Inschriften veranschaulichen (Mihăescu 1978: 168). In den Provinzen nördlich der Kulturgrenze sind rund 21 000 römische Inschriften gefunden worden, während aus dem Süden nicht mehr als 1000 bekannt sind.

Die sozialen Funktionen des Lateinischen im griechischsprachigen Süden blieben elitär. Es diente bis ins 7. Jahrhundert als Kommandosprache der Armee, als Schriftmedium der Verwaltung, als Arbeits- und Urkundensprache der Gerichtsbarkeit, als mit dem Griechischen gleichrangige

Unterrichtssprache in den höheren Lehranstalten und Akademien (über das 5. Jahrhundert hinaus) und seit dem 3. Jahrhundert als Sprache der sich organisierenden christlichen Gemeinden. Die griechische Fachterminologie des Gerichtswesens wurde vom Lateinischen überformt. Hunderte von lateinischen Entlehnungen wurden in den griechischen Wortschatz übernommen, und zwar recht unterschiedlich in den einzelnen Bezeichnungsbereichen verteilt (Mihăescu 1978: 30): militärische Terminologie (431), Zivilverwaltung (384), Rechtswesen (341), Kleidung, Textilien (145), Flora (178), Religion und christlicher Kalender (118), Gewichte und Maßeinheiten (76), Fauna (73), u.a.

Die Vitalität des Lateinischen nördlich der Kulturgrenze manifestiert sich in vielerlei Bereichen. Bis ins frühe Mittelalter (d.h. bis zur Besiedlung Dalmatiens durch südslawische Stämme zu Beginn des 7. Jahrhunderts) blieb es das wichtigste Schriftmedium. Die jüngste lateinische Inschrift Dalmatiens (aus Salona) stammt aus dem Jahr 612. Sogar für die Völker, die in der Spätantike nach Südosteuropa eindrangen, war das Lateinische die einzige Alternative für den Schriftverkehr in einer multikulturellen und multilingualen Umgebung. Am Hof des Hunnenkönigs Attila (reg. 433–453) wurde Hunnisch, Gotisch und Lateinisch gesprochen, als Kanzleisprache des Hunnenreichs war aber allein das Lateinische in Gebrauch (Bóna 1994: 78).

Eine Schlüsselrolle für die Verbreitung des Lateinischen in Südosteuropa spielten die zahlreichen städtischen Zentren nördlich der Kulturgrenze. Von den Namen derjenigen Orte, die bis in die Zeit der slawischen Immigration bewohnt waren, sind viele von den Balkansprachen adaptiert und tradiert worden (z.B. Dyrrachium > alban. Durrës, Barbaria > serb. Bribir [östlich von Belgrad], Iader > kroat. Zadar). Einige lateinische Ausdrücke haben nur in Orts- und Ländernamen überlebt (z.B. Sclavinica > alban. Shqinikë ‹Bulgarien›) (Çabej 1976: 371 f.).

Das Lateinische war als Muttersprache zunächst auf kleinere Kreise der eingewanderten römischen Bevölkerung beschränkt (Militärpersonal aus Italien, Beamte der lokalen Verwaltung, Kaufleute). Später überstieg die Zahl der einheimischen Assimilanten mit lateinischer Primärsprache (Illyrer, Dalmater, Daker, u.a.) die der römischen Zuwanderer und nahm beständig zu. Die Langzeitwirkungen dieser Sprachwechselprozesse (d.h. des Übergangs von einer einheimischen Sprache des Balkans zum Lateinischen) sind für die Ausbildung historischer und rezenter romanischer Sprachen auf dem Balkan verantwortlich. Hierzu gehören das in mittelalterlichen Urkunden dokumentierte Dalmatische in Dubrovnik (venezianisch Ragusa) und Umgebung, das Istrische (bzw. Istrorumänische) in wenigen Dörfern Istriens, das Dakorumänische (und seine regionalen Varianten) sowie das Aromunische.

Altbalkanische Stammesverbände und Königreiche

Ein Mazedonier: Alexander der Große

Die Mazedonier der Antike haben sich als Volk mit eigener Sprache und Kultur aus dem Pool der indoeuropäischen Migranten ausgegliedert, die im 3. Jahrtausend v. Chr. in den Süden vorstießen. In historischer Zeit siedelten die Mazedonier in der Ebene im Nordosten der griechischen Halbinsel, in der Region der Flüsse Haliakmon und des unteren Axios. In Hesiods Werk *Katalog der Frauen* aus dem 7. Jahrhundert v. Chr. wird der Held Makedon als mythischer Stammvater erwähnt. In Herodots *Historien* (Mitte des 5. Jahrhunderts v. Chr.) wird erstmals auf die Mazedonier als Volk (in der Namenform Makednon) hingewiesen. Um 750 v. Chr. gründete die aristokratische Sippe der Argeaden (Argiven) das mazedonische Königreich, dessen Territorium sich zunächst in die Nachbargebiete thrakischer und illyrischer Stämme ausdehnte.

Ab dem 6. Jahrhundert v. Chr. manifestierte die herrschende Elite Mazedoniens ihre Macht in reich ausgestatteten Königsgräbern. Solche Grabanlagen wurden in Vergina (der Heimatstadt der Argeaden), Trebenista, Sindos, Agia Paraskevi, Amphipolis, Pella und an anderen Orten errichtet.

Das politische Zentrum des mazedonischen Staates war Pella. Im Laufe des 4. Jahrhunderts v. Chr. war dieses Königreich so weit erstarkt, dass es die Konfrontation mit den griechischen Stadtstaaten, insbesondere mit Athen, wagen konnte. Mit der Ausdehnung des Königreichs Mazedonien im 4. Jahrhundert v. Chr. – unter Philipp II. (reg.: 359–336 v. Chr.) und seinem Sohn Alexander dem Großen (reg.: 336–323 v. Chr.) – erweiterte sich die politische Einflusssphäre der Mazedonier, und ein Stadtstaat nach dem anderen (auch Athen) wurde der mazedonischen Machtsphäre eingegliedert.

Politisch waren die Mazedonier tonangebend, nicht aber kulturell, denn für die mazedonische Aristokratie diente das Griechische als Bildungssprache. Seit dem 4. Jahrhundert v. Chr. verwendete die mazedonische Elite das Griechische als Kultur- und Bildungssprache. Im Palastarchiv von Pella ist der bislang längste griechische Text Mazedoniens ge-

Goldmaske mit Medusakopf aus der mazedonischen Königsstadt Vergina

funden worden (Jordan 2000): eine Fluchformel – auf einer Bleiplatte eingraviert – in der dorischen Variante des Griechischen.

Das heute ausgestorbene Mazedonische gehört somit zu den alten Balkansprachen, es ist nicht zu verwechseln mit dem Makedonischen, das seit dem frühen Mittelalter bis heute in der historischen Landschaft Mazedonien gesprochen wird. Zwar sind beides indoeuropäische Sprachen, aber das Makedonische ist eine südslawische Sprache, die mit dem Bulgarischen und Serbischen näher verwandt ist (s. Kap. 11).

Das mazedonische Sprachgebiet grenzte im Süden an das griechische an, im Westen an das illyrische, im Norden an das thrakische und im Osten ebenfalls an dieses sowie an phrygisches Gebiet. Der Grad der Sprachverwandtschaft von Mazedonisch und Griechisch ist nicht näher bekannt, denn das Mazedonische ist nur spärlich überliefert. Erhalten sind nur rund 170 Wörter und etwa 200 Personennamen.

Die Lautstruktur des Mazedonischen wich von der des Griechischen ab (vgl. mazedon. *danos* ‹Tod›: griech. *thanatos* ‹Tod›). Belegt sind auch mazedonische Wörter ohne Parallelen im griechischen Wortschatz (z. B. mazedon. *bedu* ‹Luft›).

Bereits während der hellenistischen Periode ist das Mazedonische untergegangen, seine Sprecher haben sich vollständig an das Griechische assimiliert.

Die Thraker und ihr Gold

Die Thraker (altgriech. *Threikes* bzw. *Thrâkes*) gehören ebenfalls zur alten Schicht indoeuropäischer Bevölkerungsgruppen in der Balkanregion. Die *Odrusai* (*Odrysae*) waren einer der einflussreichsten thrakischen Stämme.

Die thrakische Bevölkerung konzentrierte sich im Gebiet des heutigen Bulgarien. Thraker siedelten auch auf einigen Inseln in der Ägäis (Thasos, Samothrake, Lemnos). An dieses Volk erinnern noch die Landschaftsnamen Trakija in Bulgarien und Thrakia in Griechenland.

Die Ausgliederung der thrakischen Regionalkultur geht auf das 1. Jahrtausend v. Chr. zurück. Verwandtschaftlich steht das Thrakische in engeren Beziehungen zum baltischen Sprachzweig. Zu den markanten Parallelismen in den Kulturtraditionen gehören Götternamen wie thrakisch Perkos bzw. Perkon (Beiname des thrakischen Reitergottes Heros) und litauisch Perkunas ‹Donnergott›.

Die thrakische Sprache war in der Antike weit verbreitet, von Ostungarn über Serbien und Bulgarien bis nach Transsilvanien im Norden, nach Nordgriechenland an den Küsten des Ägäischen Meers im Süden und bis an die Dardanellen im Osten. Mit dem Thrakischen eng verwandte Sprachformen auf dem Balkan waren das Dakische im Westen, das Moesische im Süden und das Getische im Osten.

Die Thraker sind durch ihre künstlerische Hinterlassenschaft berühmt geworden, nämlich die Werke ihrer Goldschmiede (Gold der Thraker 1979). Die ältesten Funde, die eindeutig thrakisch sind, datieren ins 13. Jahrhundert v. Chr. Es ist bislang nicht gesichert, ob das Know-how der Thraker, Gold zu bearbeiten, auf die viele Jahrtausende alte Tradition der Metallurgie gründet, die uns zum ersten Mal mit den goldenen Artefakten in der Region von Varna um 4500 v. Chr. entgegentritt. Jedenfalls ist es möglich, eine solche Langzeittradition zu dokumentieren, eben mit Hilfe von aus Gold gefertigten Artefakten vom 5. bis ins 1. Jahrtausend v. Chr., die in Bulgarien hergestellt worden sind (Rousseva 2006: 32, 35, 39 f., 41 ff.).

Die Kontakte zu den Griechen setzten Akkulturationsprozesse in Gang, und in den ersten Jahrhunderten unserer Zeitrechnung hatte bereits ein Teil der thrakischen Bevölkerung griechische Lebensweise und Sprache angenommen. Später, als der Balkan zur römischen Einflusssphäre gehörte, wurden andere Thraker romanisiert. In abgelegenen Regionen des Rhodopen-Gebirges hielt sich das Thrakische in einigen Sprachinseln bis ins Frühmittelalter. Die historische Präsenz der Thraker ist im Kernland ihres Siedlungsgebiets in mehr als tausend Orts-, Flur- und Gewässernamen dokumentiert. Einer dieser Namen ist der des Rhodopen-Gebirges selbst (thrak. wörtlich ‹Gebiet des rotbraunen Flusses›), der erstmals bei Herodot im 5. Jahrhundert v. Chr. erwähnt wird. In dieser Gebirgslandschaft haben Reste der thrakischen Bevölkerung ihre Kultur und Sprache bis ins 6. Jahrhundert n. Chr. bewahrt. Danach assimilierten sich die letzten Thraker an das Slawentum. Südslawische Stammesgruppen, die seit dem 5. Jahrhundert n. Chr. nach Thrakien eingewandert waren, hatten das thrakische Siedlungsgebiet damals schon übervölkert.

Die Thraker haben ihre Sprache nur sporadisch als Schriftsprache verwendet. Eine Reihe von Inschriften ist aus dem Kerngebiet thrakischer Siedlung, aus Bulgarien, überliefert. Die meisten sind aber sehr kurz, und der thrakische Charakter von einigen bleibt umstritten. Nur vier dieser Inschriften (in griechischer Schrift) sind anerkanntermaßen thrakisch. Der längste thrakische Text ist auf einem in Ezerovo gefundenen goldenen Ring eingraviert (Duridanov 1999).

Illyrische Stammesgruppen

Die Illyrer gehören zu den alten Balkanvölkern. Die Ethnogenese dieses Volkes (Proto-Illyrer) geht bis auf das ausgehende 3. Jahrtausend v. Chr. zurück (Ceka 2013). Das Siedlungsgebiet der verschiedenen illyrischen Stammesgruppen erstreckte sich im balkanischen Küstengebiet der Adria, von Dalmatien im Nordwesten bis nach Makedonien im Südosten. Kerngebiet der illyrischen Siedlungen war das nördliche und südliche Albanien (Wilkes 1992). Dort wohnten nach den Berichten römischer Autoren (P. Mela, II 56, und Plinius *Naturalis historia*) die *Illyrii proprie dicti* (‹Illyrer im eigentlichen Sinn›). Die illyrische Regionalkultur gliederte sich in zahlreiche lokal zersplitterte Bevölkerungsgruppen aus. Die Namen vieler Stämme sind überliefert (z. B. Dalmater, Liburner, Taulantier, Breuker, Iapoden, Dardaner, Paeoner). In Homers *Ilias* werden die beiden letzteren Stämme als Verbündete Trojas erwähnt. Über die interne Stämmegliederung der Illyrer sind keine Einzelheiten bekannt.

Die Beziehungen der Illyrer zu anderen indoeuropäischen Regionalkulturen auf dem Balkan waren konfliktbeladen, so zu den Griechen und Mazedoniern. Seit dem 3. Jahrhundert v. Chr. standen die Römer in ständigen Kämpfen mit den Illyrern, die erst spät unterworfen wurden. Einen legendären Ruf erlangte die charismatische Königin der Illyrer, Teutana

(Königin der **teuta* ‹Gemeinschaft, Volksstamm›), die im Anfang den Widerstand organisierte und mit ihrer Kriegsflotte die Römer in der Adria herausforderte. Erst im Jahr 59 v. Chr. konnten die Römer im Wohngebiet der Illyrer eine Provinz einrichten, die ab 42 v. Chr. Dalmatia, 32 v. Chr. dann Illyricum genannt wurde. Sie erstreckte sich von den rätischen Alpen bis nach Mazedonien und umschloss das Siedlungsgebiet nicht nur der Illyrer, sondern auch anderer Balkanvölker.

Viele Illyrer haben sich während der Zeit der römischen Herrschaft auf dem Balkan akkulturiert und wechselten zum Lateinischen über. Die illyrische Aristokratie behielt ihre Sonderstellung in loyaler Partnerschaft mit der römischen Elite. Romanisierte illyrische Küstenbewohner lebten in Siedlungsgemeinschaft mit thrakischen Bevölkerungsteilen des Inlands, und die Nachkommen dieser Gruppen wurden zu Trägern der sich im Frühmittelalter ausbildenden albanischen Kultur und Sprache. Das romanische sprachliche Erbe ist im Wortschatz und in der Wortbildung des Albanischen in Gestalt von lateinisch-frühromanischen Lehnwörtern sowie Suffixen erhalten geblieben (s. u.). Illyrische Enklaven haben ihre Sprache in einigen Teilen Bosniens bis ins 7. Jahrhundert n. Chr. bewahrt, d. h. bis zur Ankunft der Slawen.

Das Illyrische ist nur spärlich überliefert. Dennoch lässt sich aus dem lexikalischen Material die indoeuropäische Verwandtschaft dieser Sprache rekonstruieren (Duridanov 1999: 754 ff.). Verwandtschaftlich am nächsten steht dem Illyrischen das Messapische in Süditalien, das ebenfalls ausgestorben ist. Entfernter verwandt sind Illyrisch und Venetisch (Nordostitalien). Zu den wenigen sicher als illyrische Wörter identifizierbaren Glossen in griechischen und römischen Quellen gehören illyrisch *rhinós* ‹Nebel› (vgl. albanisch *rê*, altgegisch *ren* ‹Wolke›), *sabaia* ‹bierartiges Getränk› und *sybina* ‹Jagdspieß›. Zahlreicher sind die illyrischen Orts-, Personen- und Götternamen, die in den Werken antiker Autoren zu finden sind: z. B. antike Ortsnamen auf *-ona* wie Aenona (heute: Nin), Emona (Ljubljana), Narona (Vid), Salona (Solin nahe Split).

Fusionskultur: Das Albanische

Die albanische Regionalkultur hat sich nicht direkt aus der illyrischen ausgegliedert. Wohl aber ist die illyrische älter als die albanische. Allerdings steht die Ethnogenese der Albaner in einer indirekten Beziehung zur Entwicklung der Kontakte zwischen Römern und illyrischen Stämmen in der westlichen Balkanregion. Das heutige albanische Siedlungsgebiet gehörte ab 168 v. Chr. größtenteils zur römischen Provinz Illyricum. In dieser Kontaktzone dominierten schon bald römische Lebensweisen, und das Lateinische prägte in verschiedenen Funktionen das öffentliche Leben. Die Kultur- und Sprachsymbiose zwischen einheimischen Illyrern und Römern (d. h. italischen Kolonisten, römischen Verwaltungsbeamten und Kaufleuten, Armeepersonal) bestimmte die Entwicklung rund sieben Jahrhunderte lang. Im Prozess der Romanisierung akkulturierte sich ein Teil der illyrischen Bevölkerung, vor allem im Küstengebiet der Adria.

Aus der Fusion der romanisierten Illyrer (u. a. der namengebenden *Albani*) mit den illyrischen Gruppen, die ihre alte indoeuropäische Kultur und Sprache bewahrt hatten, bildeten sich im Verlauf der ersten Jahrhunderte unserer Zeitrechnung die ethnischen Charakteristika der Albaner (Eigenbezeichnung: Arbërs seit dem 11. Jahrhundert) heraus. «Das Aufkommen des Namens ‹Arbërs› liegt zeitgleich mit dem Verschwinden des Namens der ‹Illyrer› als ethnischer Identifikation. Genau genommen wurde der letztere Name von Historikern bis ins 15. Jahrhundert verwendet, allerdings um die Slawen zu charakterisieren, die die früheren illyrischen Gebiete Dalmatiens bevölkert hatten» (Ceka 2013: 518).

Das Albanische ist heute der einzige Vertreter eines indoeuropäischen Sprachzweigs, zu dem auch das Illyrische gehörte. Dass die Bevölkerungsgruppen, die an der Entstehung der albanischen Sprachkultur beteiligt waren, bereits vor der Zeitenwende im balkanisch-adriatischen Kontaktareal siedelten, weisen neuere lexikostatistische Untersuchungen aus (Holm 2009). Das Albanische teilt mit anderen Sprachen der Balkanregion (z. B. mit dem Rumänischen) lexikalische Parallelen alter Entlehnungen aus der alteuropäischen Substratsprache. Dies sind rund 70 Lehnwörter aus vorrömischer Zeit (z. B. alban. *bardhë* ‹weiß›, *mal* ‹Berg›).

An das römische Kulturerbe erinnern eine breite Schicht lateinischer Lehnwörter und etliche wortbildende Elemente. Die Sozialkontakte der Römer mit illyrischen Bevölkerungsgruppen im Küstengebiet der Adria waren intensiv, und die Romanisierung machte rasch Fortschritte. Die Langzeitwirkungen dieser Kontakte sind noch in späteren sprachlichen Entwicklungsstadien zu erkennen, so in der Transformation des romanisierten Illyrischen bis in die lexikalischen Strukturen des Albanischen. Zu den diagnostischen Markern intensiver Sozialkontakte gehören unter anderem entlehnte Körperteilbezeichnungen; daher sind Ausdrücke lateinischer Herkunft in diesem Bereich nachzuweisen (Haarmann 1979: 78 f.):

latein. *camba* > alban. *kâmbë* ‹Bein; Fuß›, latein. *spinea* > alban. *shpinjë* ‹Rückgrat›, latein. *vesica* > alban. *fshikë* ‹Harnblase›, latein. *coxa* > alban. *kofshë* ‹Oberschenkel›, latein. *facia* > alban. *faqe* ‹Gesicht›, latein. *solea* > alban. *shollë* ‹Fußsohle›

Ursprünglich konzentrierten sich albanische Siedlungen im Hochland Nordalbaniens. Von dort sind albanische Bevölkerungsgruppen im Verlauf des 12. bis 14. Jahrhunderts weiter nach Südalbanien und in den Kosovo migriert. Die Ausbildung der beiden Hauptgruppen der albanischen Bevölkerung, der Gegen (im Norden) und der Tosken (im Süden), geht auf jene Periode der Migrationen zurück. Das Albanische wird seit dem 15. Jahrhundert als Schriftsprache verwendet.

10. *Mittel- und Westeuropa: Kelten und Germanen*

(ab dem 2. Jahrtausend v. Chr.)

Mit dem zweiten und dritten Migrationsschub (Kurgan II und III) gelangten indoeuropäische Bevölkerungsgruppen nach Mitteleuropa, wo sich Fusionsprozesse mit einheimischen Kulturtraditionen der bodenständigen Ackerbauern wiederholten, die in Südosteuropa schon rund tausend Jahre früher eingesetzt hatten. Die indoeuropäischen Sprachen und Kulturen gliederten sich in zwei Hauptzweige aus: in einen mit Konzentration im östlichen Mitteleuropa und in Nordeuropa (Germanisch) und einen mit Konzentration im westlichen Mitteleuropa und in Nordwesteuropa (Keltisch).

Bis zur Atlantikküste: Keltische Kulturen und Sprachen

Die Ausgliederung des Keltischen aus dem indoeuropäischen Komplex geht auf das 2. Jahrtausend v. Chr. zurück. Der Prozess der Ethnogenese der Kelten hat aber lange vorher eingesetzt. Möglicherweise hatte sich ein kulturell wie sprachlich gesonderter Komplex aus dem indoeuropäischen Kontinuum bereits um 2000 v. Chr. herausgebildet, spätestens aber um 1500 v. Chr. Das Keltische steht im Kreis der indoeuropäischen Sprachen für sich, ohne nähere Verwandtschaft zu anderen Sprachzweigen. Frühere Annahmen über engere Beziehungen zwischen den keltischen und den italischen Sprachen sowie den germanischen Sprachen sind inzwischen aufgegeben worden.

Keltische Regionalkulturen

In den griechischen Quellen der Antike werden die «Barbaren» des Nordens und Westens *Keltoi* genannt, bei den Römern hießen sie *Celtae*, und diese können als von ihren Nachbarn ethnisch verschieden seit dem 8. Jahrhundert v. Chr. identifiziert werden. Die materielle Hinterlassenschaft typisch keltischer Prägung ist seit etwa 750 v. Chr. archäologisch dokumentiert. Das älteste Stadium keltischer Kulturentwicklung wird nach dem Hauptfundort in Österreich Hallstatt-Kultur genannt (ca. 750 – ca. 400 v. Chr.). Das Kernland keltischer Bevölkerung war während der Hallstatt-Zeit die Alpenregion und das nördliche Alpenvorland. Das Verbreitungsgebiet erstreckte sich bis nach Ostfrankreich, Süddeutschland und West-Ungarn.

Ob es sich bei der Benennung einzelner Stämme durch antike Autoren in jedem Fall tatsächlich um Kelten gehandelt hat, ist unsicher. Aufgrund der Orts- und Gewässernamen gilt jedoch die weite Verbreitung festlandkeltischer Stämme als gesichert. Zu den produktivsten Elementen in keltischen Ortsnamen gehören die Formantien *-dunum* (‹befestigte Siedlung›) wie in Lugdunum (> Lyon), *-acum* wie in Mogontiacum (> Mainz) und *-magus* wie in Regomagus (> Remagen).

In der darauffolgenden Phase der keltischen Kultur, die nach dem Hauptfundort in der Schweiz als La Tène-Kultur bezeichnet wird (ca. 400 v. Chr. bis zur Zeitenwende), weitet sich das keltische Siedlungsgebiet durch Migration nach Westeuropa (bis auf die Pyrenäenhalbinsel), auf die britischen Inseln, nach Mitteleuropa, nach Norditalien, nach Südosteuropa und bis nach Kleinasien (Wohnsitze der Galater) aus. Die größte Ausdehnung hatte das Siedlungsgebiet der Festlandkelten im 3. Jahrhundert v. Chr. Vor der Verbreitung des Lateinischen in den Provinzen des Römischen Reiches war das Keltische mit seinen regionalen Varianten die am weitesten verbreitete Sprachgruppe Europas.

Nach ihrer geographischen Verteilung in Europa werden die keltischen Sprachen in zwei Hauptgruppen eingeteilt: in die inselkeltische Gruppe auf den britischen Inseln und Irland sowie in die festlandkeltische Gruppe (keltische Sprachvarianten des europäischen Festlandes).

- Festlandkeltisch:
  - Untergegangene Sprachen: Gallisch (Frankreich, Norditalien und Nordspanien); Lepontisch (Norditalien); Galatisch (westliches Anatolien); Balkankeltisch (Osteuropa); Keltiberisch (Spanien)
  - Lebende Sprachen: keine
- Inselkeltisch:
  - Untergegangene Sprachen: Piktisch (Schottland); Kumbrisch (nördliches England); Kornisch (Cornwall); Manx (Insel Man)
  - Lebende Sprachen: Gälisch (Goidelisch): Irisch, Schottisch-Gälisch; Britannisch: Kymrisch, Bretonisch

In wieweit sich die Varianten des Festlandkeltischen, die in Osteuropa (Balkankeltisch) und in Kleinasien (Galatisch) verbreitet waren, als lokale

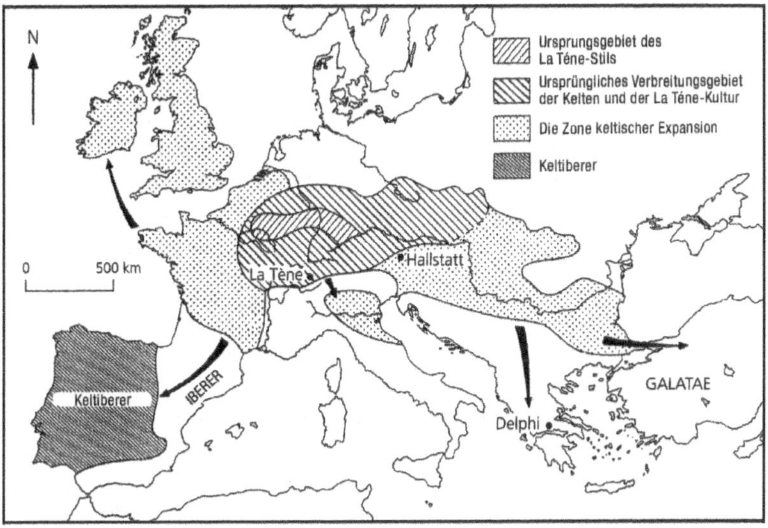

Keltische Regionalkulturen und ihre Verbreitung in Europa

Sprachen mit Eigenprofil von den westlichen Varianten des Festlandkeltischen unterschieden, kann auf der Basis des erhaltenen Namen- und Sprachmaterials nicht mit Sicherheit geklärt werden.

Die keltischen Sprachen zeigen eine interne Differenzierung im Hinblick auf die Entwicklung der aus dem Proto-Indoeuropäischen ererbten Konsonantengruppe [**kw*] im Wortanlaut: in das Q-Keltische und das P-Keltische. Im gälischen (goidelischen) Zweig des Inselkeltischen (Irisch) und im Keltiberischen ist diese Lautgruppe als *k (q)* erhalten (z. B. altir. *cóiced* ‹fünf›), während sich der Wortanlaut in den britannischen Sprachen (Kymrisch, Bretonisch) sowie im Gallischen zu *p* weiterentwickelt hat (z. B. altkymr. *pimp*, gall. *pinpetos* ‹fünf›).

Die meisten Festlandkelten haben sich im Lauf der Zeit ans Sprechlatein assimiliert. Dies gilt in jedem Fall für die drei lokalen Hauptgruppen: die Keltiberer, deren Eigenständigkeit aus ihrer ursprünglichen kulturell-sprachlichen Fusion mit den Iberern der Pyrenäenhalbinsel resultierte; die Gallier; die Lepontier in den norditalienischen Voralpen. Der Assimilationsprozess zog sich bis in die ersten Jahrhunderte unserer Zeitrechnung hin. Als das Römische Reich zerfiel, gab es nur noch periphere Restgruppen von Festlandkelten, die ihre Muttersprache bewahrt hatten. Einige dieser Gruppen hielten sich im Nordwesten Galliens auf, in der historischen Landschaft Ar(e)morica (= Bretagne).

Die Sprache der keltischen Bewohner in der Bretagne, das Bretonische, gehört zur inselkeltischen Gruppe und stammt von Migranten ab, die im 5. und 6. Jahrhundert n. Chr. aus dem Südwesten Britanniens vor den Angeln und Sachsen in die Ar(e)morica geflohen waren. Auf diese Weise wurde deren inselkeltische Sprachvariante aufs Festland transferiert. Die Flüchtlinge aus Britannien trafen in ihrer neuen Heimat auf sprachverwandte Kelten, die noch nicht vollständig romanisiert waren. Die Reste der festlandkeltischen Sprachkultur gingen in der bretonischen Sprachgemeinschaft auf, die sich in der Bretagne konsolidierte.

Die schriftliche Überlieferung festlandkeltischer Sprachen setzt im 6. Jahrhundert v. Chr. mit dem Lepontischen ein. Das Gallische ist noch im 4. Jahrhundert n. Chr. inschriftlich belegt. Texte sind in vier Schriftarten überliefert:

- griechische Schrift (Gallisch seit dem 3. Jahrhundert v. Chr. in Südfrankreich);
- lateinisches Alphabet (Gallisch seit dem 1. Jahrhundert v. Chr. in Frankreich);
- eine Variante der etruskischen Schrift (Luganer Alphabet) zur Schreibung des Lepontischen (seit dem 6. Jahrhundert v. Chr.; Canevascini 2001);
- eine Variante der iberischen Schrift zur Schreibung des Keltiberischen in Spanien (seit dem 2. Jahrhundert v. Chr.).

Die Keltisierung der atlantischen Randzone

Die Gebiete im Westen und Nordwesten Europas, die an den Atlantik grenzen, waren bereits seit Langem von Ackerbauern besiedelt, als Kelten dorthin kamen. Früher nahm man an, Irland und die britischen Inseln seien als Folge einer großen Migrationswelle keltisiert worden. Inzwischen hat sich ein differenzierteres Gesamtbild geformt. Die atlantische Küstenregion ist reich an Metallvorkommen, die bereits im 2. Jahrtausend v. Chr. das Interesse der mediterranen Seefahrer geweckt haben, die den Fernhandel kontrollierten, vor allem der Phönizier. In der Zeit zwischen ca. 1300 und ca. 600 v. Chr. entwickelte sich ein reger Handel mit Metall (vornehmlich Eisen), an dem sich insbesondere Leute aus Galicien, aus der Bretagne und Irland beteiligten.

Die Umschlagplätze für den Warenverkehr entwickelten sich zu Handelszentren, und es dauerte nicht lange, bis einflussreiche Gruppen versuchten, den Warenverkehr für ihre Interessen zu nutzen und zu kontrollieren. Was einige Jahrtausende früher in der Region von Varna geschah, wiederholte sich im Westen Europas: Kleine Gruppen organisierten die Übernahme der Handelszentren und etablierten sich dort als Eliten. Die politische und wirtschaftliche Dominanz dieser Eliten schuf ein Milieu, in dem auch ihre Sprache und Kultur an Prestige gewannen. Nach dem Ergebnis in Zeit und Raum zu urteilen, handelte es sich bei den Mitgliedern jener Eliten um Kelten. «Die Annahme von Elite-Systemen und ihres Symbolismus, der Austausch komplexer Technologien sowie von religiösen Begriffen und Ritualen bedingen eine Erleichterung der Kommunikation. Es ist überhaupt nicht abwegig anzunehmen, dass die keltischen Sprachen im Westen gerade in einem solchen Kontext auf breiter Basis angenommen wurden» (Cunliffe 1997: 155).

Keltisch avancierte zur Lingua franca auf den atlantischen Seerouten und in den Handelszentren der Küstenregion. Die Verbreitung des Keltischen in den westlichen Randgebieten beruht somit auf der Wirkung einer «progressiven Keltisierung» und ist nicht das Ergebnis von Migrationen.

Im Zeitraum zwischen ca. 600 und 400 v. Chr. veränderten sich die sozioökonomischen Bedingungen in der atlantischen Region. Die Nord-Süd-Achse des Handelsnetzes verschob sich in ost-westliche Richtung. Die Anrainerkulturen im nördlichen Mittelmeer bestimmten nun den Warenumschlag stärker als vorher. Nach Aussage der archäologischen Fundlage wurde die ehemalige Bedeutung Irlands für den Handelsverkehr drastisch reduziert, und der Schwerpunkt der Handelskontakte verlagerte sich aufs Festland. Irland blieb für Jahrhunderte isoliert, nicht nur vom Netzwerk des Atlantikhandels, sondern auch von anderen Regionen mit keltischer Bevölkerung. Diese frühe Isolation der Insel mag eine Erklärung dafür sein, weshalb sich die ältere Stufe des Keltischen, das Q-Keltische, in Irland gehalten hat, und die jüngere Stufe, das P-Keltische, Irland nicht erreicht hat. P-Keltisch dominierte in Britannien und auf dem Festland, in Gallien.

In Mitteleuropa verlagerte sich der Handel in die Länder am Mittelmeer. Von dort kamen Luxuswaren, die in den nördlichen Breiten nicht produziert werden konnten. «Der Wein und das mitgelieferte Trinkgeschirr aus Ton und Bronze nehmen mit Abstand den ersten Rang unter den archäologisch nachgewiesenen Fernhandelsgütern ein» (Müller 2009: 65). Aber auch andere Waren gelangten über das ausgedehnte

Handelsnetz aus dem Süden in den Norden, darunter rote Korallen aus dem Mittelmeer, die von keltischen Handwerkern kunstvoll zu Schmuckstücken verarbeitet wurden.

Gallische Sprache und Kultur

In der Antike waren die Gallier (lat. *Galli*) die bevölkerungsreichste der festlandkeltischen Populationen. Während im 6. und 5. Jahrhundert v. Chr. nur der östliche Teil Galliens von Kelten bewohnt war, erweiterte sich im Verlauf des 4. und 3. Jahrhunderts v. Chr. während der Periode der La Tène-Kultur das keltische Siedlungsgebiet über den größten Teil Frankreichs. Einige Siedlungen im Gebiet der Gallier nördlich der Alpen wuchsen im Verlauf des 2. Jahrhunderts v. Chr. zu Stadtgröße an. Diese Städte (*oppida*) waren befestigte Anlagen auf Höhenzügen oder in Flussauen. Die Notwendigkeit, die keltischen Städte durch Befestigungen zu schützen, bestand, seit germanische Stammesverbände wiederholt keltische Siedlungen angegriffen und verwüstet hatten.

Im 2. Jahrhundert v.Chr traten die Gallier im Süden in Kontakt mit den Kolonisten des griechischen Massalia (heute Marseille). Im Jahr 154 v. Chr. drangen römische Truppen bis nach Südgallien (Gallia Transalpina) vor. Jahrzehntelang waren die Römer in Kämpfe gegen die gallischen Stämme der Region (Vokontier, Arverner, Allobroger) verstrickt, und erst mit der Einrichtung der Provinz Gallia Narbonensis (zwischen 125 und 118 v. Chr.) waren die Auseinandersetzungen abgeschlossen. Im Jahr 118 v. Chr. gründeten die Römer Narbo Martius (Narbonne) als Verwaltungszentrum der römischen Provinz.

Mit den Feldzügen Caesars (in den Jahren 58 bis 51 v. Chr.) wurde auch das nördliche Gallien (Gallia Comata) dem römischen Imperium eingegliedert. Dadurch wurden die ständigen Einfälle der Germanen aus dem Osten und Nordosten im Grenzland zwischenzeitlich gestoppt. Stabilität und wirtschaftlicher Aufschwung hielten Einzug. Gallia wurde in drei Provinzen aufgeteilt: Belgica im Nordosten (keltisch-germanisch besiedelt), Celtica im Zentrum (keltisch besiedelt) und Aquitania im Südwesten (nicht-keltisch, sondern von einer Bevölkerung mit proto-baskischer Kultur besiedelt).

Es ist nicht möglich, die ethnische Identität einzelner Stämme und der von ihnen gepflegten Kulturtraditionen anhand ihrer Erwähnung in den antiken Quellen eindeutig zu bestimmen. Sicher gab es vielerlei Phänomene kultureller und sprachlicher Fusion.

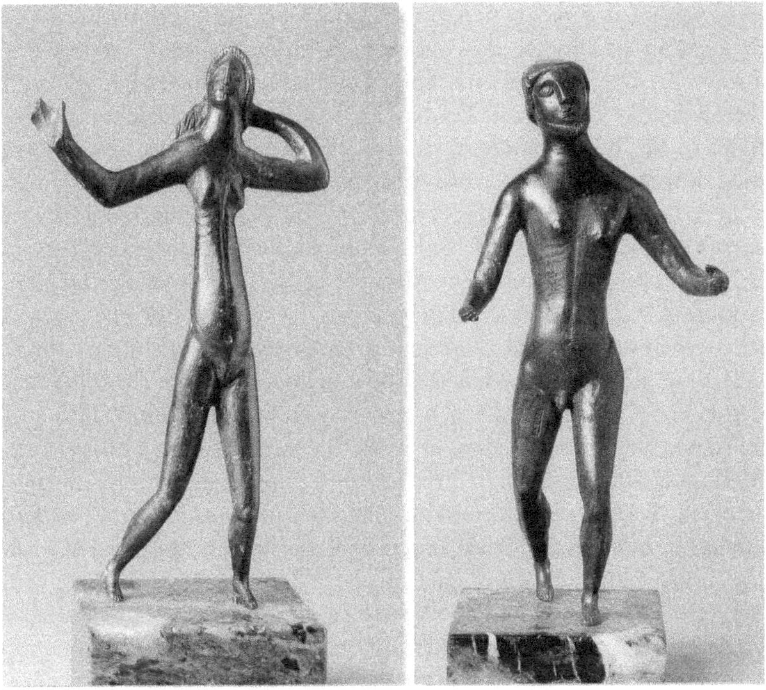

Figurinen aus dem vorrömischen Gallien
a) «La grande danseuse»
b) «Le grand danseur»

Wichtigstes Handels- und Kulturzentrum der neuen Provinzen wurde das 43 v. Chr. gegründete Lugdunum (heute Lyon). Während der Regierungszeit des Augustus (faktischer Alleinherrscher seit 27 v. Chr., römischer Kaiser von 14–19 n. Chr.) wurde die zentrale Provinz Celtica in Lugdunensis umbenannt.

Im Prozess der Romanisierung akkulturierte sich die gallische Bevölkerung, der im 1. Jahrhundert n. Chr. das römische Bürgerrecht zugestanden wurde, allmählich an römische Lebensweisen und nahm auch das Lateinische an, zunächst als Zweitsprache (neben dem einheimischen Gallischen). In einer späteren Assimilationsphase bahnte sich ein vollständiger Wandel an, mit einem Übergang zum Sprechlatein. Der Akkulturations- und Assimilationsprozess zog sich über Jahrhunderte hin. Noch in der ersten Hälfte des 3. Jahrhunderts muss aber das Gallische noch verbreitet gewesen sein, denn in einem Sprachreskript wird neben anderen Sprachen auch das Gallische zur Abfassung von Testamenten anerkannt. Der Wechsel zum Sprechlateinischen vollzog sich während der Spätantike, und als die Franken in Nordfrankreich Ende des 5. Jahrhunderts ihr Reich gründeten, wurde Gallisch wohl nur noch in wenigen Enklaven gesprochen.

In gallischer Sprache sind Hunderte von einsprachigen und zweisprachigen (gallisch-lateinischen) Inschriften überliefert, die teils in griechischem, teils in lateinischem Alphabet geschrieben sind. Die längsten Texte (auf drei Bleiplatten und Fragmenten des «Kalenders von Coligny») stammen aus dem 1. und 2. Jahrhundert n. Chr. (Delamarre 2003).

Das Gallische hat sprachliche Spuren hinterlassen, zum einen in Hunderten von Ortsnamen, die sich über den größten Teil Frankreichs verteilen wie Namen auf *-acos* > *-ac* in der Bretagne (St-Briac), *-ai* in Nordfrankreich (Vitrai), *-ac* in Südfrankreich (Cognac); zum anderen in einer Anzahl gallischer Lehnwörter im französischen Wortschatz, z. B. *chemin* ‹Weg›, *charrue* ‹Pflug›). Auch im grammatischen Bau des Französischen finden sich keltische Substrateinflüsse, so in der Zwanziger-Zählung vom Typ 70 = 60 + 10, *soixante-dix*; 80 = vier Zwanziger, *quatre-vingts*; 90 = vier Zwanziger + 10, *quatre-vingt-dix*.

Im kulturellen Gedächtnis der Franzosen ist die Erinnerung an die vorromanische Bevölkerung lebendig geblieben. Dazu gehört beispielsweise das Symbol des gallischen Hahns, und die Comic-Figur des Asterix, der es mit den Römern aufnimmt und die Unbeugsamkeit und Freiheitsliebe der Gallier verkörpert, ist weltbekannt.

Akkulturation: Die Entstehung des Keltiberischen

Der Name Keltiberer (latein. *Celtiberi*) wurde für die Mischbevölkerung gewählt, die zwischen den Flüssen Ebro und Duero im Zentrum der Pyrenäenhalbinsel (im Gebiet der heutigen spanischen Provinz Soria) siedelte. Dies waren Stammesverbände mit synkretistischen Kulturtraditionen auf sowohl keltischer als auch iberischer Basis. Festlandkelten sind in drei Migrationsschüben in die Pyrenäenhalbinsel eingewandert. Älteste Siedlungsspuren der Kelten in Nordspanien gehen auf das 8. Jahrhundert v. Chr. zurück. Eine spätere, bevölkerungsstarke Migration von Kelten aus dem südlichen Frankreich erfolgte im 6. Jahrhundert v. Chr. Im 4. Jahrhundert v. Chr. gelangten weitere keltische Bevölkerungsgruppen in den Süden. Die Stoßrichtung ihrer Migration zielte auf den Nordosten

Spaniens (mit Ausdehnung bis in den Südosten). Dort entstanden keltische und iberische Mischsiedlungen.

In den antiken Quellen werden etliche der keltischen Stämme erwähnt: die Arevaker am mittleren Ebro, die Autrigonen am oberen Ebro, die Kallaiker (Gallaeci) – Namengeber der historischen Landschaft Galicien im Nordwesten Spaniens (Calo Lourido 2010) –, die Beronen und Vaccäer südlich des Ebro, die Gallier nördlich des Ebro. Alle diese Stämme standen seit dem 2. Jahrhundert v. Chr. in ständigen Kämpfen mit den Römern. Der Widerstand der Arevaker gegen den römischen Expansionsdruck erlahmte erst mit der Eroberung ihres politischen Zentrums, der Stadt Numantia (6 km nördlich von Soria), im Jahr 133 v. Chr. Das Siedlungsgebiet der Keltiberer wurde administrativ der römischen Provinz Hispania Citerior eingegliedert.

Noch in der Frühzeit (5. Jahrhundert v. Chr.) sind in der materiellen Kultur der keltischen Siedlungen Parallelen zur späten Hallstattkultur Mitteleuropas erkennbar. Die Kontakte der Kelten zu den Iberern (vor allem im Süden und Osten) waren intensiv, das Ergebnis waren schließlich Siedlungsgemeinschaften mit gemischt-ethnischer Bevölkerung. Die kulturell-sprachliche Fusion ist sichtbar: Keltische Prägung zeigen die Kleidung und die Bewaffnung der Krieger. Iberischer Einfluss ist andererseits charakteristisch für die Keramikherstellung, für die Stadtanlagen und für die Begräbnisriten.

Das Keltiberische ist eine Variante des Festlandkeltischen. Geschrieben wurde diese lokale Sprachform zwischen dem 2. Jahrhundert v. Chr. und dem 1. Jahrhundert n. Chr. Iberischer Einfluss zeigt sich in der Adaption der östlichen (levantinischen) Variante ihrer Schrift, die zur Schreibung des Keltiberischen verwendet wurde. Der längste keltiberische Text, eine Landbesitzurkunde, stammt aus Botorrita (dem keltiberischen Contrebia Belaiska), einem Ort in der Nähe von Zaragoza (Meid 1993: 141).

Kultur und Sprache der Keltiberer wurden nach und nach von den Einflüssen der römischen Lebenswelt überformt. Mit zunehmender Akkulturation wurden die keltiberischen Inschriften im lateinischen Alphabet abgefasst. Bis zum Ende der Antike hatten sich die Keltiberer ans Sprechlatein assimiliert. An die historische Präsenz der Keltiberer erinnern bis heute zahlreiche Ortsnamen Spaniens und Portugals mit keltischen Ableitungsformantien (am häufigsten *-briga*).

Germanische Kulturen, Sprachen und Staatsbildungen

Der indoeuropäische Sprachzweig des Germanischen hat sich in einem lange andauernden Abspaltungsprozess in einem geographisch sehr begrenzten Areal herausgebildet. Die nach Mitteleuropa migrierenden Viehnomaden trafen dort auf eine sesshafte agrarische Bevölkerung, deren Sprache und Kultur nicht mit dem Indoeuropäischen verwandt waren. Die nicht-indoeuropäischen Populationen in Mitteleuropa wurden nicht einfach verdrängt, sondern unterhielten – nach der Intensität der Sprachkontakte zu schließen – über den Tauschhandel mit Waren enge Beziehungen zu germanischen Völkerschaften. Außerdem entwickelten sich langfristig Siedlungsgemeinschaften (Rifkin 2007: 57 ff.).

Die Nachkommen aus solchen ethnisch gemischten Verbindungen waren in der Regel zweisprachig. Dies hat sich wahrscheinlich über mehrere Generationen hinweg erhalten, und die Flexibilität, mit zwei Kommunikationsmedien umzugehen, hat vielerlei Interferenzen hervorgerufen. Zahlreiche Lehnwörter sind herüber- und hinübergewechselt. Der Wandel, den das Indoeuropäische im Munde der Einheimischen durchmachte, schuf die Vorbedingungen in Mitteleuropa für die Sonderentwicklung indoeuropäischer Dialekte zum Germanischen. Konkrete Manifestationen der prähistorischen Sprachkontakte sind eine alte Schichtung von Lehnwörtern, Substratelementen aus der Sprache der Ackerbauern. Der elementare Wortschatz der germanischen Sprachen enthält bis zu 28 % Wörter nicht-indoeuropäischer Herkunft. Zu den vorindoeuropäischen Substratwörtern im Germanischen gehören u. a. (Kroonen 2012: 242 ff.):

‹Ziege› (**gait-* > altnord. *geit*, engl. *goat*), ‹Erbse› (**arwit* > dt. *Erbse*), ‹Bison› (**wisund* > altnord. *visundr*), ‹Sippengründerin; vornehme Dame› (**edis* > altengl. *idis*).

Die formative Periode des Germanischen

Die Anfänge der Ausgliederung einzelner Völker (Ethnien) aus dem germanischen Kulturkomplex und Sprachzweig des Indoeuropäischen sind nicht näher bekannt. Erst als diese frühen Völker mit individualisierenden Namen in den römischen und griechischen Quellen auftreten, lassen sich deren Siedlungsgebiete näher bestimmen. Die meisten der germanischen Völker waren an den Migrationen beteiligt, die aus den Geschichtsbüchern als «Völkerwanderung» bekannt sind. Manche Migrationen führten vom Norden Europas in den Süden und später weit nach Westen, so im Fall der Goten, andere Völker sind nur über kürzere Distanzen gewandert, so die Alemannen. Die ausgedehnteste Wanderung ist für die Vandalen bekannt, die aus Mitteleuropa über die Pyrenäenhalbinsel bis nach Nordafrika migriert sind.

Ab spätestens der Mitte des 2. Jahrtausends v. Chr. ging die Entwicklung der germanischen Sprachkultur eigene Wege. Neuere Forschungen zu Orts- und Gewässernamen weisen auf das südliche Niedersachsen und Sachsen-Anhalt als Kernland der Ausprägung einer germanischen Sprachkultur mit Eigenprofil. Der allgemeine Eindruck von der Konzentration germanischer (nordischer) Sprachen in Skandinavien bezieht sich auf einen späteren Zeitpunkt, als germanische Populationen ihr Siedlungsgebiet von Süden her in jene Region ausgeweitet hatten (Krause 2005).

Nähere Informationen über die Wohnsitze der Germanen stammen erst aus der Mitte des 1. Jahrtausends v. Chr. Das Siedlungsgebiet war damals bereits weit ausgedehnt und erstreckte sich über Dänemark, das südliche Norwegen und Süd-Schweden sowie an den Küsten von Nord- und Ostsee, von Flandern im Westen bis ins Flusstal der Weichsel im Osten. Germanen drängten im Westen keltische Stämme ab. Im Ostseeraum standen die Germanen jahrhundertelang mit Ostseefinnen in Kontakt (s. u.).

Spätestens im 1. Jahrhundert v. Chr. war das gemeingermanische sprachliche Kontinuum ausgegliedert in drei Hauptgruppen, ins Ost-, Nord- und Westgermanische. Das letzte gemeingermanische Kulturstadium, bevor der Ausgliederungsprozess einsetzte, war die Jastorf-Kultur – benannt nach einem Fundort (Jastorf) nördlich von Uelzen in Niedersachsen – in Mitteleuropa und Dänemark, die in die Periode zwischen ca. 600 v. Chr. und der Zeitenwende datiert wird.

Zunächst war das Nordgermanische beschränkt auf Norwegen und Schweden, während in Dänemark Sprecher des Westgermanischen siedelten. Mit der Abwanderung von Angeln, Jüten und Sachsen nach Britannien und von Langobarden nach Süden wurde Dänemark weitgehend entvölkert. Erst in der zweiten Hälfte des 1. Jahrtausends unserer Zeitrechnung bevölkerten Nordgermanen die Region. Die Oder war die ungefähre Trennlinie zwischen Westgermanen und Ostgermanen. Von den ostgermanischen Sprachen ist keine erhalten (Hutterer 2002: 133 f.).

- Untergegangene germanische Sprachen:
  - Ostgermanisch: Bastarnisch, Burgundisch, Gepidisch, Gotisch, Herulisch, Rugisch, Vandalisch

  - Westgermanisch: Anglisch, Fränkisch, Langobardisch, Sächsisch, Suebisch
  - Nordgermanisch: Norn (auf Orkney und Shetland), Grönländisch-Altnordisch, Altgutnisch (Gotland), Jütisch
- Moderne germanische Sprachen:
  - Westgermanisch: Afrikaans, Deutsch, Englisch, Friesisch, Jiddisch, Letzeburgisch, Niederländisch
  - Nordgermanisch: Dänisch, Färingisch, Isländisch, Norwegisch (Nynorsk und Bokmål), Schwedisch

Migrationen der Goten und ihre Spuren

Infolge der weitgreifenden Wanderungsbewegungen der Goten hat sich von allen frühgermanischen Sprachkulturen das Gotische samt seinem Schrifttum am Weitesten in Europa verbreitet. Die Goten haben im Laufe ihrer Geschichte in vielen Regionen Europas gesiedelt, auf der Insel, die ihren Namen nach diesem germanischen Volk erhalten hat, Gotland, im Gebiet der Weichselmündung, in der südrussischen Steppe, an der Nordküste des Schwarzen Meers, auf der Halbinsel Krim, in Dakien, Pannonien und angrenzenden Gebieten auf dem Balkan, in Norditalien, im Südwesten Frankreichs und im Norden Spaniens.

Das Gotische ist die einzige germanische Sprache, die in der Spätantike sowohl im Osten als auch im Westen Europas dokumentiert ist. Als ostgermanische Sprache ist sie am nächsten verwandt mit dem Burgundischen. Das Herkunftsgebiet für die Sprecher beider Sprachen ist das südliche Skandinavien. Die Goten sind von alters her dafür bekannt, dass sie ihr germanisches Kulturerbe bewusst gepflegt haben. «Wenn man der Tradition folgt, haben die Goten eine aristokratische Kultur aufrechterhalten, die viele charakteristische Eigenheiten der indoeuropäischen Gesellschaft widerspiegelt» (Lehmann 1994: 20).

Die genaueren Umstände der Ethnogenese der Goten und der Ausgliederung des Gotischen aus dem Kontinuum früher germanischer Sprachformen entzieht sich der archäologischen und kulturwissenschaftlichen Forschung. Als *Gotones/Gutones* treten sie in Quellen des 1. Jahrhunderts n. Chr. in Erscheinung (Tacitus). Später werden sie auch unter dem Namen *Gautoi* genannt (Procopius im 6. Jahrhundert). Dabei handelt es sich wohl um zwei Untergruppen der Goten. Früher nahm man an, die Goten wären von der Insel Scandia (Gotland) über die Ostsee ins Gebiet der Weichselmündung migriert. Neuere Erkenntnisse weisen auf alte Namenformen mit dem Hinweis auf die Goten, die auch auf dem skandinavischen Festland zu finden sind (z.B. Götala und Götevid in Östergötland, Götlunda und Göteve in Västergötland), auf beiden Seiten des Vättern-Sees in Mittelschweden (Strid 2013). In den ersten Jahrhunderten unserer Zeitrechnung konzentrierten sich die Siedlungen der Goten in Osteuropa, zunächst im Mündungsgebiet der Weichsel, seit Ende des 2. Jahrhunderts im Schwarzmeergebiet und ab 271 in Dakien, das seither Gútthiuda, «Land des Gotenvolks», genannt wurde.

Im Weichselgebiet waren die Goten wahrscheinlich maßgeblich am Bernsteinhandel mit den Römern beteiligt (s. Kap. 11, S. 252 f.). Die Migrationsbewegung der Goten zur Schwarzmeerküste ist möglicherweise als deren Bestreben zu werten, die östliche Route des Bernsteinhandels unter ihre Kontrolle zu bringen: Sie wollten den Zugriff auf die Absatzmärkte im Süden (Bell-Fialkoff 2000: 122 f.). Die Westroute lag unter der Kontrolle römischer Händler. Die Migration zum Schwarzen Meer bedeutete daher auch keine totale Abwanderung aus dem Weichselgebiet, vielmehr die Übersiedlung eines großen Teils der gotischen Bevölkerung dorthin, während ein kleinerer Teil an der Weichsel zurückblieb. Die Verbindungen zwischen Herkunfts- und Zielgebiet blieben auch lange Zeit intakt. Den gestiegenen Einfluss gotischer Händler auf den Handel mit Bernstein im Süden kann man an der Zunahme römischer Münzen im Weichselgebiet erkennen. Im Verlauf des 3. und 4. Jahrhunderts wurden Prägestätten am Schwarzen Meer als Ursprungsorte immer häufiger.

Die Goten, die in den Süden übersiedelten, trennten sich schon bald in zwei regionale Gruppen. Diejenigen, die sich in Dacien niederließen, wurden *Tervingi-Vesi* ‹Goten des Waldes› (= gotische Bewohner Transsilvaniens) genannt. Die übrigen Goten blieben in ihren Wohnsitzen weiter östlich, sie wurden unter dem Namen *Greutungi-Ostrogothi* ‹Goten der Steppe› (= Goten östlich des Dnestr) bekannt. Beide regionalen Gruppen migrierten in sukzessiven Schüben nach Westen, zuerst die Westgoten, später die Ostgoten (Wolfram 2001: 158 ff., 278 ff.).

Ostgotische Bevölkerungsgruppen siedelten seit der zweiten Hälfte des 3. Jahrhunderts auf der Halbinsel Krim. Während sich die restlichen Ostgoten auf dem Balkan bald assimilierten, bewahrten diese Krimgoten ihr sprachliches und kulturelles Erbe noch lange. Im 9. Jahrhundert werden sie in einer byzantinischen Quelle erwähnt, und während des Mittelalters kursierten Gerüchte über Germanen im Schwarzmeergebiet. Der flämische Franziskaner Wilhelmus de Rubruk (Ruysbroek) etwa, der 1253 als Gesandter eine Reise ins Reich der Mongolen unternahm, berichtete von den *Goti* auf der Krim und bezeichnete ihre Sprache als «*ydioma Teutonicum*». Der flämische Aristokrat von Busbecq war zwischen 1560 und 1562 als Gesandter am Hof des Sultans in Istanbul tätig und zeichnete 68 Ausdrücke sowie Zahlwörter aus der Sprache der Krimgoten auf. Das Sprachmaterial lässt den jüngeren Lautstand des Krimgotischen im Unterschied zum konservativeren Westgotisch der Bibeltexte erkennen. Das Krimgotische ist wohl im Verlauf des 18. Jahrhunderts untergegangen (Stearns 1989: 190).

Frühe Germanenreiche

Germanische Stammesgruppen haben sich früh in Königreichen organisiert, deren territoriale Grenzen beständig umkämpft waren. Einige dieser Königreiche hatten von Anbeginn Gesellschaften, die am Christentum orientiert waren. Dies galt für das ostgotische Reich in Italien und die beiden westgotischen Reiche in Westeuropa. Andere Königreiche wurden von Kriegern gegründet, die ihre vorchristliche Lebensweise tradierten und erst zu einem späteren Zeitpunkt zum Christentum überwechselten (z. B. das angelsächsische Mercia).

Manche Reiche hatten nur kurze Zeit Bestand (z. B. das der Gepiden), andere sind bekannt geworden, weil ihr Untergang den Stoff für die epische Literatur abgab (z. B. das der Burgunder). Wieder andere lösten sich unter dem militärischen Druck damaliger Großmächte auf (z. B. das der Vandalen). Das Reich der Franken hat selbst und über seine Nachfolgereiche die Geschichte des europäischen Mittelalters bis in die Neuzeit beeinflusst. Auf Initiative des mächtigsten Herrschers des Frankenreichs, Karls des Großen, wurde ein umfassendes Projekt zur Erhaltung des Kulturerbes der Antike, insbesondere des römischen, organisiert. Hunderte von antiken Manuskripten wurden kopiert, deren Inhalte auf diese Weise für die Nachwelt bewahrt blieben. Die kulturbeflissenen Aktivitäten jenes Zeitalters machen den Kern dessen aus, was man «Karolingische Renaissance» nennt (McKitterick 1994).

Bekannter noch als die frühen Germanenreiche sind die Reichsbildungen der Wikinger. So mancher glaubt, gerade in der skandinavischen Mythologie und in der Geschichte der seefahrenden Wikinger das Wesen des frühen Germanentums zu erkennen. Und doch gehören die Expeditionen der Wikinger, die Erzählungen über ihre Helden und ihre Kontakte zu Nachbarvölkern in eine jüngere Zeitepoche (Williams u. a. 2014), jedenfalls nicht zur Geschichte der Indoeuropäer.

Das Folgende gibt einen knappen Überblick über Aufstieg und Zerfall der zahlreichen germanischen Reiche vom 3. bis zum 9. Jahrhundert.

Königreiche in Mitteleuropa:

Königreich der Alemannen (3.–7. Jh.). Territorium: Region Schwaben in Deutschland, Elsass in Frankreich, das Schweizer Plateau (östliche und zentrale Schweiz). – Ende: ab 6. Jahrhundert unter der Botmäßigkeit des Frankenreichs; seit 911 als Herzogtum Schwaben integriert in das Heilige Römische Reich deutscher Nation.

Königreich Burgund (411– 534). Territorium: westliche Rheinseite. – Ende: 534 Eingliederung ins Fränkische Reich.

Reich der Rugier (467–487). Territorium: Niederösterreich. – Ende: Eroberung durch Odoacer (reg. 476–493), der den letzten weströmischen Kaiser, Romulus Augustulus, absetzte.

Reich der Friesen (ca. 600–734). Territorium: Magna Frisia (Ostregion der Niederlande, nördliches Niedersachsen bis zur Weser. – Ende: Eroberung durch die Franken.

Königreiche in Osteuropa:

Reich der Gepiden (454–6. Jh.). Territorium: Transsilvanien. – Ende: Das Königreich löste sich in den Kämpfen mit den einwandernden Südslawen auf; die gepidische Bevölkerung assimilierte sich.

Königreiche in Südeuropa:

Reich der Ostgoten (493–553). Territorium: Italien, Alpenregion, Gebiet der früheren römischen Provinz Noricum in der westlichen Balkanregion. – Ende: Nach dynastischen Fehden im Königreich Auflösung infolge der militärischen Niederlage gegen die Byzantiner.

Die frühe Reichsbildung der Ostgoten (der *Greutungi-Ostrogothi*), ein von Ermanarich regierter Vielvölkerstaat, in dem germanische und slawische Stammesverbände integriert waren, wurde im Jahr 375 von den vordringenden Hunnen zerschlagen. Ein Teil der Goten wich den Hunnen in die südrussische Steppe aus, ein anderer Teil wurde ihnen untertan. Als Vasallen stellten die Ostgoten Truppenkontingente, die an den Kriegszügen der Hunnen beteiligt waren. In der Schlacht auf den Katalaunischen Feldern im Jahr 451 standen ostgotische Truppen auf hunnischer Seite dem Heer der Westgoten gegenüber. Die Ostgoten zogen als Verlierer ab, und die Westgoten festigten die Macht ihres Tolosanischen Reiches (s. u.).

Nachdem die Herrschaft der Hunnen 453 gebrochen worden war, richteten sich die Ostgoten zwischen 456 und 488 in Pannonien ein. Im Jahr 489 zogen sie – begleitet von anderen germanischen Völkerschaften wie den Gepiden und Rugiern – nach Italien, eroberten Rom und übernahmen die Macht. Die zentrale Führung der ostgotischen Herrschaft lag in den Händen Theoderichs, der als König der Goten und Italiker die Apenninhalbinsel von 493 bis 526 regierte. Seine Nachfolger waren Epigonen, die das Erbe ihres Vorgängers nurmehr verwalteten. Es gelang ihnen allerdings nicht, die politische Macht auf Dauer zu konsolidieren oder weiter auszubauen.

Das Ostgotenreich erlebte seinen Niedergang mit der Intervention oströmischer Truppen und dem Tod des letzten Gotenkönigs Teja 552. Einige Jahre lang hielten sich noch verschiedene gotische Garnisonen in Pavia und Capua. Um 555 erlahmte der militärische Widerstand, und damit endete die Herrschaft der Ostgoten in Italien. Goten lebten weiter als einfache Siedler in Italien und assimilierten sich in wenigen Generationen an das Romanentum der Mehrheitsbevölkerung. Es gab aber später einige gotische Einheiten im Heer der Langobarden, die Norditalien 568 besetzten.

Langobardenreich (568–774). Territorium: Nord- und Mittelitalien, Teile Süditaliens. – Ende: Eroberung durch die Franken 774.

Im Jahr 568 zogen die langobardischen Siedlungsgruppen mehrheitlich aus Pannonien ab, überquerten die Alpen und drangen nach Norditalien ein. In den folgenden Jahren eroberten die Langobarden den größten Teil Norditaliens. Mit der Einnahme des von byzantinischen Truppen verteidigten Pavia war diese Landnahme abgeschlossen, an der anfänglich schätzungsweise 30–40 000 Menschen beteiligt waren, außer Langobarden auch kleinere Gruppen von Gepiden, Sarmaten, Sueben, Bavariern, Thüringern u.a. Das Kernland der germanischen Siedlung in Norditalien ist nach den Langobarden (italien. *Longobardi*) benannt (dt. Lombardei, italien. Lombardia). Zahlreiche Ortsnamen, die über ganz Norditalien verstreut sind, erinnern bis heute an ihre Anwesenheit (z.B. Gàrdolo, Gardúm, Piónt, Brione, Guizza, Berga, Zava).

Bereits in den ersten Jahren ihrer Landnahme drangen die Langobarden auch über den Apennin nach Süden vor und gründeten in den 570er Jahren die Fürstentümer von Spoleto und Benevento. Bis zum Ende des 6.Jahrhunderts hatten sie auch weite Teile Süditaliens ihrem Machtbereich unterstellt. Der Kirchenstaat als Vertretung des Papsttums mit der Hauptstadt Rom blieb zwar unabhängig, spielte aber während der

Vorherrschaft der Langobarden als Machtfaktor keine Rolle. König Agilulfo (reg. 590–615) nahm den Titel *rex totius Italiae* (König von ganz Italien) an.

Im Verlauf des 8. Jahrhunderts gerieten das Langobardenreich und das Fränkische Reich auf politischen Kollisionskurs. In den Jahren 773 und 774 wurde das Reich der Langobarden von den Franken erobert. Auch wenn seine politische Macht damit gebrochen war, existierte das Regnum Italiae (Reich Italiens) in Personalunion mit den fränkischen Regenten weiter. Bestimmte Institutionen der Langobarden wie das im *Edictus Rothari* (643) festgeschriebene Recht hatten bis ins 13. Jahrhundert Geltung. Langobardische Regenten herrschten weiterhin im Großherzogtum Benevent sowie in den Fürstentümern Capua und Salerno. Erst im 11. Jahrhundert wurden diese Gebiete in den Normannenstaat Süditaliens eingegliedert.

Königreiche in Westeuropa:

Reich der Sueben (ca. 410–585). Territorium: Galicien (Gallaecia) und Nordportugal (Lusitania). – Ende: Eroberung durch die Westgoten; Eingliederung ins Toledanische Reich als 6. Provinz.

Reich der Franken (Fränkisches Reich: 481–814). Territorium: der größte Teil Frankreichs und rechtsrheinische Gebiete; im späten 8. und frühen 9. Jahrhundert die größte Machtfülle und Ausdehnung (bis nach Nordspanien, Mittelitalien, Mitteldeutschland und westliche Balkanregion). – Ende: Reichsteilung 814, daraus formierten sich das Heilige Römische Reich deutscher Nation (östliche Reichshälfte) und das spätere Königreich Frankreich (westliche Reichshälfte).

Im Jahr 486 beendeten die Franken unter Chlodwig (reg. 482–511) die politische Vormacht der Römer mit ihrem militärischen Sieg über Syagrius und integrierten die Gebiete zwischen Somme und Loire in ihr Reich. Siege über die Westgoten und Burgunder ermöglichten bis 536 die Ausdehnung des Frankenreichs über den größten Teil Frankreichs. Unter den Merowingern, deren Herrscherdynastie bis 751 regierte, erstreckte sich das fränkische Territorium bis nach Mitteleuropa. Unter den nachfolgenden Karolingern erlebte das Frankenreich seine größte politische Ausdehnung und kulturelle Blüte, Höhepunkt war die Herrschaft Karls des Großen (reg. 768–814, seit 800 als Kaiser).

Tolosanisches Reich der Westgoten (418–507). Territorium: Südwestfrankreich; Hauptstadt Toulouse. – Ende: Eroberung durch die Franken.

Eine politische Krise im Verhältnis der Westgoten zum oströmischen

Herrscher veranlasste Alarich (gest. 410), aus Transsilvanien nach Westen vorzustoßen und nach Italien einzudringen. Mit den Kriegszügen der Goten unter Alarichs Führung beginnt die Geschichte der Goten in Westeuropa. Alarich erwirkte ein Bündnis als *foederati* mit dem weströmischen Reich. Der militärische Einfluss der gotischen Truppenkontingente im römischen Heer öffnete den Herrschern der Westgoten den Weg zur Macht. Sie schlossen mit Rom ein politisches Bündnis als gleichberechtigte Partner, was durch die Ehe von Galla Placidia, der Schwester des römischen Kaisers Honorius (reg. 395–423), mit dem Gotenkönig Athaulf (gest. 415) bekräftigt wurde.

Das Bündnis hielt nicht lange. Im Jahr 418 rebellierten gotische Truppenverbände in Frankreich gegen die römische Oberhoheit und gründeten ein eigenes Reich, das Tolosanische Königreich der Westgoten mit Toulouse als Hauptstadt. Dieses Staatswesen hatte Bestand bis 507, als sich das Reich von Toulouse nach der Niederlage gegen die Franken auflöste.

Toledanisches Reich der Westgoten (507–711). Territorium: Iberische Halbinsel; Hauptstadt Toledo. – Ende: Eroberung durch die Mauren.

Die Goten zogen sich nach Spanien zurück, wo bereits andere gotische Gruppen ansässig waren. Im Jahr der Niederlage gegen die Franken wurde ein neues Reich gegründet, das nach seiner Hauptstadt Toledo das Toledanische Westgotenreich genannt wird. Es erlebte mit der Eroberung der Pyrenäenhalbinsel durch die Araber 711 seinen Niedergang.

Die Goten stellten im Toledanischen Reich zu keiner Zeit die Bevölkerungsmehrheit. Vielmehr etablierte sich eine gotische Elite, die schon früh Familienbindungen mit den Vertretern der einheimischen romanischen Oberschicht einging. Gegen Ende der Westgotenherrschaft in Spanien stammten die meisten Vertreter der gotischen Elite aus ethnisch gemischten Familien (Heather 1996: 289).

Die Westgoten haben in Spanien bleibende sprachliche Spuren hinterlassen (Thun 1997: 1273). Einige der gotischen Lehnwörter gehören zum Vokabular der Alltagssprache (z. B. got. *werra* > span. *guerra* ‹Krieg›, *raupa* > span. *ropa* ‹Kleidung›, *orgoli* > span. *orgullo* ‹Stolz›, *gasalia* > span. Ablt. *agasajar* ‹bewirten›). Auch formative Elemente (Suffixe) der Wortbildung wurden übernommen (z. B. got. *-ing* > span. *-engo* wie in *realengo* ‹königlich›). Das aus vorrömischer Zeit stammende spanische Suffix *-ez* zur Bildung von Personennamen (z. B. González, Ramírez, Fernández) verdankt seine Produktivität gotischem Einfluss.

Königreich in Nordafrika:

Reich der Vandalen (435–534). Territorium: Teile der früheren römischen Provinzen Numidia und Mauretania (Das Königreich der Vandalen 2009: 181). – Ende: Eroberung durch die Byzantiner.

Von allen germanischen Völkern der Völkerwanderungszeit erlebten die Vandalen (latein. *Vandali(i)*, griech. *Uandaloi, Vandeloi*) die längste Migration. Von ihren ursprünglichen Wohnsitzen im Oder-Warthe-Raum gelangten sie bis nach Nordafrika. Bereits in der Frühzeit ihrer Existenz als ethnisches Kollektiv war die vandalische Bevölkerung in zwei Hauptstämme gegliedert, die Hasdingen und die Silingen (daher der Landschaftsname Schlesien). Noch Jahrhunderte später wurde die Region, von wo die Vandalen auszogen, *regio Wandalorum* genannt, so in den *Annales Alamanici* aus dem Jahr 796.

Im 2. Jahrhundert n. Chr. zogen einige Gruppen von Vandalen bis in den Karpatenbogen und in die Ebene der Theiß. Ins Licht der römischen Geschichte traten sie, als sie 406/07 den Rhein überquerten und durch Gallien nach Spanien vordrangen. Unter der Führung ihres Königs Gunderich (reg. 406–428) migrierten nicht nur Vandalen, sondern auch Sueben und Bevölkerungsgruppen der Alanen nach Westen.

Im Jahr 411 wurden den nach Spanien eingedrungenen Stammesgruppen, die sich als Verbündete (*foederati*) der Römer verpflichteten, von diesen Siedlungsgebiete zugewiesen. Die Hasdingen siedelten zusammen mit den Sueben in Galizien (im Nordwesten Spaniens), die Silingen ließen sich in Andalusien (Südspanien) nieder. Die Vandalen in Südspanien waren die Namengeber für die historische Landschaft Andalusien (span. Andalucía). Die spanische Namenform geht direkt auf den Namen zurück, den die Araber seit dem 8. Jahrhundert verwendeten: al-Andalus.

Als die Westgoten begannen, ihr Toledanisches Reich aufzubauen, richtete sich ihr Expansionsdruck direkt gegen die Silingen, die 418 besiegt wurden. Daraufhin verschob sich das politische Kräfteverhältnis auf der Pyrenäenhalbinsel zugunsten der Goten. Rund 80 000 Vandalen und Restgruppen der Alanen zogen unter König Geiserich (reg. 428–477) ab. Sie setzten 429 von Spanien nach Nordafrika über und zogen bis vor Karthago, das 439 erobert und Hauptstadt des neu gegründeten Reichs der Vandalen in Afrika wurde. In der Folgezeit wurden auch Sizilien, Sardinien, Korsika und die Balearen von den Vandalen besetzt.

Die bis zur Ankunft der Vandalen bestehende römische Zivilverwaltung wurde für die lokale Bevölkerung beibehalten. Die Vandalen dagegen erhielten ihre eigene Sozialordnung und Gerichtsbarkeit aufrecht.

Die römischen Besitzer von Landgütern mussten ihre Ländereien an die vandalischen Herren abtreten. Dem Vandalenstaat gelang es in der Folgezeit nicht, sich zu konsolidieren. Die Vandalen verlegten sich auf Raubzüge im westlichen Mittelmeer. Im Jahr 455 landete eine ihrer Flotten in Italien. Das Ziel der Vandalen war Rom, die Stadt wurde geplündert.

Dieses Ereignis machte weit über Italien hinaus von sich reden, weil der damalige Papst die Vandalen als grausames und zerstörungswütiges Volk beschrieb. Die Erinnerung an die Plünderung Roms hat bis in die Neuzeit weitergelebt. Im ausgehenden 18. Jahrhundert prägte der französische Bischof von Blois Grégoire den Begriff Vandalismus, der in seiner französischen Version (*vandalisme*) 1798 von der Académie Française angenommen wurde. Dieses Stereotyp von den vandalischen Barbaren hat einen festen Nischenplatz in unserer modernen Kulturlandschaft gefunden. Deutsch *Vandalismus*, englisch *vandalism*, finnisch *vandalismi* u. a. steht für sinnlose und mutwillige Zerstörung.

Der Staat der Vandalen war schon bald intern zerrüttet, zum einen wegen der Konfrontation der arianischen Sektierer mit der katholischen Kirche, zum anderen wegen der Richtungskämpfe im innerdynastischen Konflikt über das Verhältnis zum Byzantinischen Reich. Der byzanzfreundliche Hilderich wurde 530 von Gelimer abgesetzt. Diese Palastrevolte rief die Byzantiner auf den Plan, deren Armee 533 unter Belisar in Nordafrika landete und das Vandalenreich eroberte. Die vandalische Elite wurde entmachtet und die Bevölkerung vertrieben.

Königreiche der Angelsachsen:
An der Landnahme Britanniens waren in erster Linie Angeln und Sachsen, außerdem Jüten beteiligt. Schon bald danach, im 5. Jahrhundert n. Chr., kristallisierten sich unterschiedliche Schwerpunkte germanischer Siedlung heraus. Angeln siedelten hauptsächlich im Südosten und dehnten ihre Wohngebiete nach Norden aus. Sachsen ließen sich weiter westlich nieder. Das ursprüngliche Siedlungsgebiet der Jüten war die Region von Kent. Die jütische Population assimilierte sich rasch an die sächsische Umgebung. Überall, wo sich germanische Gruppen niederließen, trafen sie auf die inselkeltische Bevölkerung, die im Süden und Südosten Britanniens bereits teilweise romanisiert war. Aus der Fusion des germanischen Elements mit dem keltischen bildete sich eine ethnische Identität heraus, die als «angelsächsisch» bezeichnet wird (Henson 2006). Von den Angelsachsen ist bis zur normannischen Invasion von 1066 die Rede, danach beginnt die Geschichte der Engländer.

Die Reiche der Angel-Sachsen im Überblick (410–1066):

Kingdom of East Anglia (6. Jh. – 794). Territorium: Grafschaften (counties) Norfolk und Suffolk, östliches Cambridgeshire. – Ende: Eroberung durch Mercia.

Mercia (ca. 584–1016). Territorium: England südlich des Humber-Flusses und ohne Wales; größte Ausdehnung zwischen 600 und 900. – Ende: Eroberung durch den Wikingerkönig Knut den Großen.

Northumbria (654–954). Territorium: England nördlich des Flusses Humber; Zusammenschluss zweier kleinerer Königreiche (Bernicia und Deira). – Ende: Zerfall in der zweiten Hälfte des 10. Jahrhunderts; verlustreiche Aufstände gegen die Normannenherrschaft; bis 1217 regiert von Earls.

Kingdom of Sussex (477–858). Territorium: sächsische Reichsgründung im Gebiet der Südküste Englands. – Ende: Niederlage gegen Wessex im Jahr 825; seit 858 Reichsteil von Wessex.

Kingdom of Wessex (519–1016). Territorium: Reichsgründung der westlichen Sachsen, südliches und südwestliches England. – Bestand: Integration in das Königreich England durch Harold II. (bis 1066 regiert von Earls).

Rechtskodifikationen: Leges barbarorum

Die vorrömischen Rechtsgrundlagen der germanischen Völker lassen sich nur fragmentarisch aus den Kompilationen ihrer Gesetze erschließen, die zu einer Zeit aufgezeichnet wurden, als die Germanen mit den Römern in Kontakt standen. Römische Gesetzeskodifikationen dienten formal als Vorlagen für die germanischen Kompilationen, die aber inhaltlich eigenen Traditionen verpflichtet waren. Die Sprache der germanischen Gesetzessammlungen ist überwiegend das Lateinische. In diesen Texten sind allerdings zahlreiche Ausdrücke der einheimischen germanischen Rechtsterminologie eingestreut. «Wir begegnen vielmehr in den Sprachresten der Leges einer recht urtümlichen, realistischen Welt, die von der Sachkultur zu einer frühen Rechtskultur ... führte» (Schmidt-Wiegand 1989: 173 f.). Von der Konvention, das Lateinische als Textmedium zu wählen, weichen die angelsächsischen Kodifikationen ab, die in einer germanischen Sprachvariante abgefasst sind.

Den Römern waren die germanischen Kodifikationen als *leges barbarorum* (‹Rechte der Barbaren›) bekannt. Diese sind in einem Zeitraum vom 5. bis 9. Jahrhundert entstanden (Dilcher/Distler 2006). Einige

Rechtskodifikationen galten ausschließlich für die germanische Bevölkerung (z. B. die Lex Salica), andere sowohl für Germanen wie für Römer (unter germanischer Herrschaft; z. B. die Lex Visigothorum), und es entstanden Sammlungen von Gesetzen, die speziell für die römische Bevölkerung galten, also für die römischen Untertanen in den germanischen Reichen (z. B. die Lex Romana Burgundiorum).

Die germanischen Kodifikationen werden nach ihrer kulturhistorischen Einbettung und ihren thematischen Schwerpunkten in verschiedene Gruppen eingeteilt. Die geläufigste Einteilung bildet vier Gruppen:

- Gotische Sammlungen (west- und ostgotisch): Codex Euricianus (ca. 480; Privatrecht; benannt nach dem Westgotenkönig Eurich); Lex Romana Visigothorum bzw. Breviarium Alaricianum (506; für römische Untertanen); Lex Visigothorum bzw. Liber iudiciorum (ca. 654; im 13. Jahrhundert ins Spanische übersetzt unter dem Titel Fuero juzgo); Lex Gundobada (ca. 501 unter König Gundobad; Rechtsgrundlagen der Burgunder); Lex Romana Burgundionum (ca. 506; ausschließlich für römische Untertanen im Burgunderreich)
- Fränkische (und merowingischen) Kodifikationen (der salischen, ripuarischen und thüringischen Franken): Lex Salica (ca. 508–511; unter Chlodwig I.); Lex Ripuaria (in den 630er Jahren; Privatrecht und Öffentliches Recht); Lex Angliorum et Werinorum, hoc est, Thuringorum (9. Jahrhundert)
- Sächsische Kodifikationen (der Sachsen, Angelsachsen und Friesen; hierin auch die Gesetze der Langobarden): Laws of Aethelberht (7. Jahrhundert): Capitulare Langobardicum (ca. 803); Edictum Rotharis bzw. Edictus Rothari (643); Lex Frisionum (ca. 785); Lex Saxonum (803); Sachsenspiegel (ca. 1230; die Originalfassung ist in Lateinisch; diese wurde aber bald in die Volkssprache übersetzt)
- Bayerische Sammlungen (der Alemannen und Bayern): Pactus Alamannorum (ca. 620); Lex Alamannorum (730; Privatrecht und Öffentliches Recht); Lex Baiuvariorum (ca. 745; Privatrecht und Öffentliches Recht)

Das Edictum Rotharis und das Capitulare Langobardicum blieben bis ins 13. Jahrhundert in Gebrauch und wurden erst dann ersetzt durch die Rechtskodifikation (Corpus iuris civilis) des oströmischen Kaisers Justinian (reg. 527–565), die in jener Epoche eine Renaissance erlebte (Humfress 2005: 162 ff.).

Germanischer Einfluss auf die ostseefinnischen Sprachen

Die Kontakte zwischen germanischen und finnisch-ugrischen Bevölkerungsgruppen im Ostseeraum entfalteten sich im Zeitraum zwischen ca. 1700 v. Chr. und ca. 500 v. Chr. Das hohe Alter dieser frühen Kontakte spiegelt sich einerseits im Lehnwortschatz, andererseits in bestimmten Sprachtechniken. Die Sprachkontakte jener Periode zeitigten wechselseitige Folgen. Dabei war die Einwirkung des Germanischen auf das Ostseefinnische stärker und umfassender, aber auch das Ostseefinnische hat seinerseits dem Germanischen Impulse vermittelt.

In jener Periode wurden ungefähr 500 germanische Lehnwörter ins Ostseefinnische übernommen (Kallio 2012). In der Lautstruktur solcher Wörter, die im Finnischen, Estnischen und anderen Sprachen des finnisch-ugrischen Sprachzweigs weiterleben, sind altertümliche Züge bewahrt. Das Finnische ist lauthistorisch sehr konservativ. Das Wort für ‹König› *kuningas* etwa ist ein Reflex des altgermanischen *kuningaz*. Im Gotischen ist die Endsilbe *-az* noch erhalten, in späteren Stadien germanischer Sprachen ist sie über Zwischenstufen (z.B. altnord. *konungr*) geschwunden. Auch der Ausdruck für ‹Ruder› im Finnischen (*airo*) deutet auf einen alten germanischen Wortstamm, dessen Endsilbe später geschwunden ist (z.B. engl. *oar* ‹Ruder›).

Die Sprecher des Germanischen haben ihrerseits einige Ausdrücke von den Ostseefinnen übernommen, sie sind vor allem in den skandinavischen (nordischen) Sprachen erhalten. Dazu gehören u.a. *pil* ‹Vogelbeere› (< ostseefinn., finn. *pihlaja*), *pung* ‹Geldbörse› (< *punka*), *mink* ‹Frettchen› (< *minkki*), *ham* ‹Schutzgeist› *(< haamu)* (Hyllested 2014).

Im Bereich der Sprachtechniken sind systematische Veränderungen im Lautsystem zu beobachten, sowohl im Ostseefinnischen als auch im Germanischen. Möglicherweise ist die systemhafte Anfangsbetonung in germanischen Sprachen auf die Einwirkung ostseefinnischer Sprachen zurückzuführen, denn die Wortbetonung liegt im Finnischen und anderen Sprachen dieser Gruppe systematisch auf der ersten Silbe. Andererseits haben die finnisch-ugrischen Sprachen im Ostseeraum (Finnisch, Estnisch, u.a.) mit ihrer agglutinierenden Grundtypik bestimmte germanische flektierende Techniken in ihrer Grammatik adaptiert.

Im Rahmen der Langzeitkontakte indoeuropäischer (germanischer) und finnisch-ugrischer Sprachen im Ostseeraum bildete sich im 1. vorchristlichen Jahrtausend die Kategorie des Stufenwechsels aus, die charakteristisch für alle ostseefinnischen Sprachen ist (Haarmann

2006: 246 f.). Der Wechsel von starker und schwacher Stufe (finn. *astevaihtelu*) schließt Lautveränderungen des Wortstammes ein, die eigentlich nur in Sprachen mit flektierenden Sprachtechniken vorkommen (z. B. engl. und dt. *mouse : mice*, *Maus : Mäuse*).

Dabei steht der regelhafte Lautwechsel des Wortstamms in Abhängigkeit zur Struktur der Stammsilbe. Er produziert ähnliche Alternationen der Silbenstrukturen und Wortstämme, wie sie aus den germanischen und baltischen Sprachen bekannt sind, z. B. finnisch *joki* ‹Fluss› (Nominativ – *joen* ‹des Flusses› (Genitiv), *rakas* ‹lieb› (Nominativ) – *rakkaan* ‹lieb› (Genitiv), *tavata* ‹treffen› (Infinitiv) – *tapaan* ‹ich treffe›, *tappaa* ‹töten› – *tapan* ‹ich töte›.

11. Osteuropa: Slawen und Balten
(ab dem 2. Jahrtausend v. Chr.)

Die Geschichte der Indoeuropäer im östlichen Europa ist die Geschichte einer kontinuierlichen demographischen Drift aus dem Gebiet der Urheimat in Richtung Nordwesten (in die Küstenregion der Ostsee) und nach Norden. Ins 2. Jahrtausend v. Chr. datiert der Beginn eines Ausgliederungsprozesses, als dessen Ergebnis sich zwei Regionalkulturen ausbildeten: der slawische und der baltische Kulturkomplex. Der Ausgliederungsprozess setzte sich kontinuierlich fort und führte im Verlauf des 1. Jahrtausends unserer Zeitrechnung zur internen Differenzierung slawischer und baltischer Sprachkulturen, wie wir sie aus den historischen Quellen kennen.

Die Ausgliederung des Slawischen

Als Folge der prähistorischen Migrationen der Proto-Indoeuropäer aus ihrer Urheimat zwischen Don und Wolga nach Westen haben slawische Populationen seit der ersten Hälfte des 2. Jahrtausends v. Chr. eine regionale Eigenentwicklung durchgemacht, und zwar nicht isoliert von anderen Indoeuropäern, sondern im Kontakt mit diesen (s. u.). Auf das 6. und 7. Jahrhundert n. Chr. geht die Ausgliederung der slawischen Sprachen in einen östlichen, südlichen und westlichen Zweig zurück.

Die slawischen Einzelsprachen (Slawinen) haben sich seit dem Mittelalter in einem kontinuierlichen Ausgliederungsprozess herausgebildet, der bis heute andauert. Makedonisch, Bulgarisch und Russisch gehören zum Kreis der älteren Slawinen, während sich das Ukrainische und Slowakische später, im 14. Jahrhundert, ausgliederten, das Kaschubische sogar erst im 15. Jahrhundert. Alle diese wiederum sind älter als die modernen Regionalsprachen wie Westpolessisch (westliche Ukraine), Resianisch (italienische Provinz Udine), Russinisch (Ruthenisch; in Serbien, Kroatien, im Südwesten der Ukraine, im Osten der Slowakei usw.), Bosnisch, Moliseslawisch, Burgenländisch-Kroatisch, Banater Bulgarisch u. a.

- Untergegangene slawische Sprachen:
  - Dadosanisch, Drewljanisch, Elbslawisch, Lutizisch, Masowisch, Polabisch (Elbslawisch), Poljanisch, Pomoranisch, Obodritisch
- Moderne slawische Sprachen:
  - Westslawisch: Kaschubisch (Slowinzisch), Polnisch, Slowakisch, Sorbisch, Tschechisch
  - Ostslawisch: Russinisch (Ruthenisch), Russisch, Ukrainisch, Weißrussisch, Westpolessisch
  - Südslawisch: Bosnisch, Bulgarisch, Kroatisch, Makedonisch, Moliseslawisch, Resianisch, Serbisch, Slowenisch

Die ältesten historischen Zeugnisse über die Wohngebiete der Slawen stammen aus der ersten Hälfte des 1. Jahrtausends unserer Zeitrechnung. Damals «siedelten die Slaven in der letzten Phase ihrer sprachlichen Einheit (ca. 5. Jahrhundert n. Chr.) in einem Gebiet, als dessen Kern Wolhynien angesehen werden kann: Im Norden waren sie durch die Pripjet-Sümpfe von baltischen Stämmen, im Süden durch nichtslavische Völkerschaften (iranische Stämme, Goten, Hunnen) vom Schwarzen Meer getrennt» (Hock 2009: 30). Das urslawische Gebiet dehnte sich im Westen bis zu den Karpaten und bis zur Weichsel aus, im Osten reichte es bis zum Mittellauf des Dnepr. In jener slawischen Urheimat sind die ältesten slawischen Gewässernamen erhalten (z. B. Irša, Jasel'da, Veselucha, Žerev, Snov, Už). Das Endstadium der urslawischen Kultur ist geographisch mit der Landschaft um Kiew assoziiert. Die Region mit urslawischen Gewässernamen wird im Norden begrenzt durch das Areal mit alter baltischer Hydronymie (z. B. Flussnamen wie Daugava und Nemunas), im Süden durch das Gebiet mit Flussnamen iranischer Herkunft (z. B. Dnestr, Dnepr, Don) (Dolukhanov 1996).

Im Zuge der Ausdehnung ihres Siedlungsgebiets nach Westen und Süden gelangten Slawen in Gebiete, in die römische Kultur ausgestrahlt hatte. Im Westen der Slowakei und in Mähren lernten die slawischen Neusiedler Bautechniken der Römer kennen, nämlich aus den Resten römischer Villen und Befestigungswälle. Das Grundmodell der typischen slawischen Burganlagen – in Westpolen und zwischen Oder und Elbe – illustriert, wie römische Technik und Layout adaptiert wurden (Herrmann 1986: 27, 47 f.).

Mit dem Christentum kamen die Slawen erst ab dem 9. Jahrhundert in enge Berührung. Davor verehrten sie eine Vielzahl von Göttergestalten, sowohl männliche als auch weibliche. Da waren Veles (Gott der Unterwelt), Svarog (Gott des Feuers), Svetovid (Gott des Krieges), Lada (Göttin der Liebe, des Sommers und der Schönheit), Dodola (Göttin des Regens) u.a. Aus frühslawischer Zeit kennen wir deren Standbilder: vierkantige, aus Holz geschnitzte und mit Reliefs versehene Säulen, deren oberster Teil den reliefierten Kopf eines Gottes darstellt, und zwar an jeder der vier Seiten (z.B. das Idol von Zbruč, Ukraine). Von den Göttern der Ostslawen war Perun der mächtigste. Dies war der Himmelsgott, Gott des Blitzes und Donners. In vorchristlicher Zeit war Perun der Stadtgott von Nowgorod. Perun spielte eine zentrale Rolle im Zusammenhang mit dem frühesten Versuch, die slawischen Stämme unter einer gemeinsamen politischen Führung zu einigen. Wladimir (reg. 980–1015), Großfürst von Nowgorod, ließ im Süden der Stadt ein Säulenheiligtum errichten, das als Kultzentrum für die geeinten slawischen Stämme gedacht war. Aber bereits um die Mitte des 10. Jahrhunderts war das Christentum in Kiew tonangebend geworden. Die älteste christliche Kirche in Kiew wird in alten Quellen für das Jahr 945 erwähnt. Die Bedeutung des Säulenheiligtums von Nowgorod war von kurzer Dauer, und noch im Verlauf des 10. Jahrhunderts wurde Perun entthrohnt.

Die Slawenmission im Westen war rund hundert Jahre zuvor im damaligen Großmährischen Reich von Fürst Rastislaw initiiert worden. In diesem Zusammenhang entstand die älteste slawische Schriftsprache. Dies ist das Altkirchenslawische, dessen Texte in zwei Schriftarten, dem Glagolitischen und dem Kyrillischen, überliefert sind. Diese Sprachform basiert auf den in Bulgarien und Makedonien verbreiteten Varianten des Südslawischen, und sie schließt auch westslawische Elemente ein. Die Missionsarbeit wurde von den Brüdern Kyrillos (eigentlich Konstantinos; 826–869) und Methodios (eigentlich Michael; ca. 816–885) durchgeführt, die aus Thessaloniki in Mazedonien stammten, vermutlich aus einem zweisprachigen griechisch-slawischen Umfeld.

Für ihre Missionsarbeit übersetzten Kyrill und Method Teile der Bibel, homiletische Texte (feierliche Predigten) und Heiligenviten aus dem Griechischen in das frühmittelalterliche Südslawisch, das damals noch wenig differenziert und interregional verständlich war. Von diesen ältesten Texten aus dem 9. Jahrhundert ist nichts erhalten, denn nach dem Tod Methods wurden seine Anhänger auf Betreiben von Swentopulk, dem Nachfolger Rastislaws in Großmähren, und von den Vertretern der römisch-katholischen Konkurrenz aus Mähren vertrieben. Die ältesten Abschriften altkirchenslawischer Texte stammen aus dem 10. Jahrhundert. Das altkirchenslawische Schrifttum erlebte seine eigentliche Blüte in

Südosteuropa, in Makedonien und in Bulgarien. Zahlreiche Werke in altkirchenslawischer Sprache sind auch in Kroatien und Dalmatien entstanden. Im Übergang vom Mittelalter zur Neuzeit verfiel die alte Schriftkultur, in Makedonien im Verlauf des 15., in Bulgarien im Verlauf des 16. Jahrhunderts.

Berührungen mit nicht-slawischen Völkern

An den Peripherien der Urheimat traten Slawen in Kontakt mit Gruppen nicht-slawischer ethnischer Identität. Im Süden waren dies iranische Völkerschaften. Sprachliche Spuren dieser frühmittelalterlichen Kontakte sind alte iranische (skythische) Lehnwörter im Urslawischen (z. B. **div* ‹Dämon›, **raj* ‹Paradies›, **xata* ‹Haus›, **topor* ‹Axt›, **sobaka* ‹Hund›). Die Bezeichnung für den Kernbegriff ‹Gottheit› beruht auf einer Lehnübersetzung des iranischen Ausdrucks *baga*, damit wurde die ursprüngliche Bedeutung des Erbworts **bog* (‹gut›) erweitert. Die östlichen Slawen stehen seit mehr als eineinhalb Jahrtausenden im Kontakt mit finnisch-ugrischen Völkern, die westlichen Slawen mit germanischen.

Germanisch-slawische Kontakte

An der nordwestlichen Peripherie entwickelten sich Kontakte zu germanischen Völkerschaften, mit Kontinuität in die Neuzeit und Transformation in die Periode deutsch-russischer Beziehungen. Die älteste Phase dieser Kontakte datiert in die ersten Jahrhunderte unserer Zeitrechnung (Pronk-Tiethoff 2013: 59 ff.). Zu den ältesten germanischen (d. h. vorgotischen) Lehnwörtern im Slawischen gehören u. a. (russ.) *duma* ‹Gedanke; Ratsversammlung›, *skot* ‹Vieh›, *cholm* ‹Hügel›. Gotische Prägung weisen Entlehnungen auf wie (russ.) *bljudo* ‹Schüssel›, *osël* ‹Esel›, *steklo* ‹Glas›, *tsar'* ‹Kaiser, Zar› (über got. Vermittlung *kaisar* aus latein. *Caesar*).

Vor dieser Zeit waren die Siedlungsgebiete von Slawen und Germanen noch voneinander getrennt. Hinweise darauf vermittelt die frühe Geschichte des Bernsteinhandels im Ostseeraum. Bernstein war ein begehrter Rohstoff für den Handel mit den Römern. Römische Kaufleute gelangten aber wohl nicht direkt bis zu den Fundgebieten an der Küste, sondern tauschten die Ware über Zwischenhändler ein. Der Ausdruck für Bernstein im Lateinischen ist nämlich *glaesum*, und dies ist ein urgermanisches Lehnwort (< **glaza*). Aus derselben Wurzel stammt dt. *Glas* – ein Verweis auf die Durchsichtigkeit des Materials. Gleichzeitig ist dieses germanische Lehnwort ein Zeichen dafür, dass die römischen Kaufleute nicht in direktem Kontakt mit den Balten standen, in deren Gebiet Bernstein gefunden wurde. Dann würde man im Lateinischen ein baltisches Lehnwort erwarten. In den baltischen Sprachen wird der Bernstein mit einem Wort bezeichnet, das die Quelle für den russischen Terminus *jantar'* ist (< balt., lit. *gintaras*). Der Bernsteinhandel wurde also offensichtlich von germanischen Zwischenhändlern abgewickelt, die den Rohstoff von baltischen Küstenbewohnern erwarben und ihn dann an römische Kaufleute weitergaben. Slawen waren an diesem Handel nicht beteiligt (Sidrys 2001). Im Slawischen gibt es aber ebenfalls einen Reflex des Urgermanischen **glaza*, aber in einer Bedeutung, die nicht mit dem Bernsteinhandel assoziiert ist. Im Russischen beispielsweise lebt dieses Lehnwort als *glaz* «Auge» weiter.

Die Hunnen hatten den politischen Einfluss der Goten mit der Vernichtung des Ostgotenreichs im Jahr 375 n. Chr. gebrochen. Germanische Stämme, darunter Langobarden und Gepiden, wanderten aus dem nördlichen Mitteleuropa nach Süden ab, und in der Nachfolge drangen slawische Stämme nach Westen vor. Die Besiedlung der Gebiete zwischen Oder und Elbe erfolgte vornehmlich während der Zeit der Völkerwanderung im 6. und 7. Jahrhundert.

Das slawische Siedlungsgebiet östlich der Elbe kann anhand der zahlreichen slawischen Orts- und Flussnamen identifiziert werden, die sich über das Mittelalter hinaus bis in die Neuzeit erhalten haben. Dazu gehören Ortsnamen, die mit slawischen Suffixen enden wie *-in* (Berlin, Schwerin, Stettin, Eutin), *-itz* und *-ick* (Bardowick, Grömitz, Kücknitz, Neustrelitz), *-ow* (Güstrow, Hagenow, Rathenow), Flussnamen wie Stepenitz, Warnow oder Pulsnitz und die Namen von Landschaften (z. B. die Lausitz benannt nach dem slawischen Stamm der Lutizen). Die Lutizen waren die Nachkommen von Slawen, die zwischen 1300 und 500 v. Chr. die nach ihnen benannte Lausitzer Kultur begründet hatten.

Slawische Siedler waren es, die den Anbau von Roggen in den neu besiedelten Gebieten einführten. Während ihrer frühen Kontakte zum oströmischen Reich in Südosteuropa hatten Slawen diese Getreideart kennengelernt, die vorzugsweise dort angebaut wurde. Sie stellten bald fest, dass Roggen in der nördlichen Klimazone besser gedeiht als Weizen.

Die politischen Interessen des unter Karl dem Großen (reg. 768–814, seit 800 als Kaiser) erstarkenden Frankenreichs waren nach Osten gerichtet. Unter dem militärischen Druck der Franken kam die Westbewe-

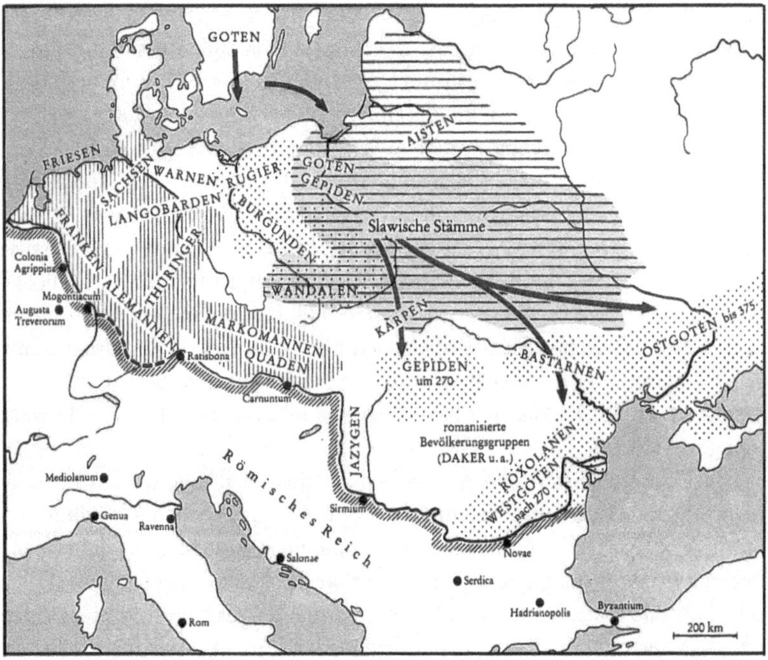

Das Siedlungsgebiet slawischer und germanischer Völkerschaften im 3. und 4. Jahrhundert

gung der Slawen zum Stillstand. In jene Zeit politischer Unruhen datieren die frühen Kontakte zwischen Westgermanen und Slawen. Diese Kontakte haben ihre sprachlichen Spuren im Gemeinslawischen hinterlassen. Zu den wenigen westgermanischen Lehnwörtern jener Frühzeit gehören u.a. *korol'* ‹König› (Adaption des lateinischen Namens Karls des Großen, *Carolus*), *buk* ‹Buche›, *klej* ‹Leim›, *krest* ‹Kreuz› (eine Metonymie des Namens Christus), *plug* ‹Pflug›, *pop* ‹Pope›. Von den germanischen Lehnwörtern im Gemeinslawischen «sind die weitaus meisten sogenannte ‹Kulturwörter›, und zwar fast ausschließlich Substantive» (Kiparsky 1975: 59).

Im Zuge der deutschen Ostkolonisation seit dem 12. Jahrhundert haben sich die meisten slawischen Gemeinschaften zwischen Elbe und Oder aufgelöst bzw. sich ans Deutsche assimiliert. Die Kolonisation stand im Zeichen der Bekehrung der heidnischen Slawen, und die Landnahme deutscher Siedler erfolgte mit militärischer Unterstützung der Fürsten in den Anrainergebieten. Die Götterbilder der Elbslawen (Berstuk, Radegast, Podaga, Flins, Zislbog u.a.) wurden gestürzt und die «Heiden» zwangschristianisiert. Das Elbslawische (Polabische) in der Region von Drawän hat sich bis ins 18. Jahrhundert erhalten und kam erst dann außer Gebrauch (Rzetelska-Feleszko 2009). An der östlichen Peripherie leben das Ober- und Niedersorbische, im Nordosten das Slowinzische (Kaschubische) als Minoritätssprachen weiter. In der Frühzeit waren die Lehnbeziehungen unilateral ausgerichtet, vom Germanischen ins Slawische. In späterer Zeit weiten sich die Beziehungen bilateral aus, und seit dem späten Mittelalter sind auch russische Lehnwörter ins Deutsche aufgenommen worden (z.B. Steppe < russ. *step'*, Zobel < *sobol'*, Pogrom «Pogrom, Anweisung zur Vertreibung» < *pogrom*).

Wechselbeziehungen zwischen Slawen und Finno-Ugriern

Die finnougrisch-slawischen Kontakte haben sich aus dem historischen Kontinuum der Kontakte zwischen uralischen und indoeuropäischen Sprachen entwickelt, die bis auf das 5. Jahrtausend v. Chr. zurückgehen. Die frühen Kontakte zwischen ostslawischen Stämmen und solchen Bevölkerungsgruppen, die nach ihrer ethnischen Identität Finno-Ugrier waren, lassen sich bis in das 7. und 8. Jahrhundert n. Chr. zurückverfolgen (Rjabinin 1997: 3 ff.). In historischen Quellen werden Finno-Ugrier erstmals im 9. Jahrhundert für den Norden Russlands erwähnt, so die Tschuden, Vesen, Merier, Muroma, Mordwinen, Tscheremissen, Permier, Ugrier und Liwen in der Nestor-Chronik (862). Aufgrund lauthistorischer Rekonstruktionen lassen die ältesten slawischen Entlehnungen in finnisch-ugrischen Sprachen (altrussische Lehnwörter im Finnischen) Entwicklungsstadien des Urrussischen (6./7. Jahrhundert n. Chr.) erkennen (Kiparsky 1963: 76 ff.).

Die ältesten Kontakte der Ostslawen zu Finno-Ugriern sind die zu ostseefinnischen Bevölkerungsgruppen, die im Mittelalter bis weit nach Nordrussland hinein siedelten. Das Großfürstentum Nowgorod, insbesondere die Stadt Nowgorod selbst, hatte eine multiethnische Bevölkerung. Es wird angenommen, dass die polyzentrische Verwaltungsgliederung der mittelalterlichen Stadt, «wie sie sich in der Entstehung der politischen Föderation der drei ältesten Stadtviertel widerspiegelte, ursprünglich auf ethnische Unterschiede zurückgeht» (Janin 1986: 214). An dieser Föderation waren russische (Slowjanen, Kriwitschen), ostseefinnische (Tschuden) und baltische (Pruzzen) Stammesverbände beteiligt. Zu den ältesten Texten des in Nowgorod gefundenen Birkenrindenschrifttums gehört eine Fluchformel im karelischen Dialekt des Finnischen, die aus dem 13. Jahrhundert stammt (Stipa 1990: 48 f.).

An der Verbreitung russischer Familiennamen bei finno-ugrischen Bevölkerungsgruppen kann man erkennen, dass interethnische Sozialbeziehungen vielerorts eine lange Tradition besitzen. Beispielsweise sind fast sämtliche Familiennamen bei der karelischen Minderheit in den Landbezirken rings um die Stadt St. Petersburg russisch.

Die Auswirkungen der Kulturkontakte sind wechselseitig, auch in der russischen Kultur und Sprache finden sich vielerlei Elemente finno-ugrischer Herkunft. Einige haben eine erstaunliche Transformation im Horizont der Zeit erlebt. Dies gilt beispielsweise für bestimmte Traditionen in der populären Frömmigkeit der Russen, die tief in die vorchristliche Mythologie greifen.

In vorchristlicher Zeit wurde neben männlichen Gottheiten eine Göttin mit Namen Mokos' (bzw. Makos') verehrt. Diese gehörte zu den Hauptgottheiten in dem Heiligtum, das Großfürst Wladimir südlich von Nowgorod vor der Annahme des Christentums im Jahr 988 eingerichtet hatte. In neueren Forschungen ist herausgestellt worden, dass Mokos' auf eine Gestalt der finno-ugrischen Mythologie zurückgeht (Rybakov 2001: 414 ff.). Die Verehrung der vorchristlichen Mokos' setzt sich im Kult der Gottesmutter Maria in christlicher Zeit fort und mündet letztlich in den Kult von «Mütterchen Russland» (*rodina mat'*) ein.

Finno-ugrische Völker haben im Mittelalter in einer zusammenhängenden Zone Nordeuropas gesiedelt: von der Region um Nowgorod über das Küstengebiet der östlichen Ostsee und in einem breiten Gürtel westlich des Uralgebirges bis zur mittleren Wolga. Ostslawische Stämme haben weite Gebiete mit ursprünglich finno-ugrischen Populationen übervölkert. Mit Russen kamen die Finno-Ugrier erst später in Berührung, und zwar im Zuge der großrussischen Siedlungsbewegung vom russischen Kernland in Richtung Osten und Südosten. Die Gebiete, in denen finnisch-permische und finnisch-wolgaische Sprachen verbreitet sind, gerieten im Verlauf des 15. und 16. Jahrhunderts unter die Kontrolle des Moskowiterreichs. Spuren der ehemaligen Präsenz von Finno-Ugriern findet man noch in zahlreichen Orts- und Gewässernamen. Beispielsweise ist der Name des Flusses Moskwa finnischen Ursprungs.

Da das Russische als Sprache der Mehrheitsbevölkerung seit jeher dominant war, sind bei allen Finno-Ugriern seit Langem Akkulturations- und Assimilationsprozesse wirksam. Im Verlauf des Mittelalters haben sich historische Ethnien wie die Merier (*Merja* in altrussischen Chroniken) und Muromer (*Muroma* in altrussischen, *Móramar* in skandinavischen Quellen) vollständig ans Russentum assimiliert. Und dennoch ist die Ethnogenese der Russen samt ihrer Kulturtraditionen letztlich an frühe Kontaktprozesse mit Finno-Ugriern gekoppelt, und zwar in der Weise, «dass die Ausbildung des Russentums nicht nur auf ursprünglich finnisch-ugrischem Gebiet stattgefunden, sondern sich offenbar auch ethnisch auf finnisch-ugrischer Grundlage vollzogen hat» (Winkler 2002: 960).

Der Wortschatz der finnisch-ugrischen Sprachen umfasst Tausende russischer Entlehnungen. Zu den älteren russischen Lehnwörtern gehören finnisch *riesa* ‹Kummer, Belastung› (< altruss. *greza)*; finnisch *suntio* ‹Küster, Kirchendiener›, norwegisch-saamisch *sun'de* ‹Gemeindeschreiber› (< altruss. **sodija*, russ. *sud'ja* ‹Richter›); syrjänisch *deva* ‹Witwe› (< russ. *vdova)*. Rezente russische Entlehnungen wie *škola* ‹Schule›, *bol'nica* ‹Krankenhaus› oder *proizvodstvo* ‹Produktion› finden sich im Wortschatz der meisten finnisch-ugrischen Sprachen Russlands in lautlich sehr ähnlicher Gestalt.

Die Zahl russischer Lehnwörter in den finnisch-ugrischen Einzelsprachen variiert stark, je nach Intensität der Sprachkontakte: Karelisch (mehr als 1800), Mari/Tscheremissisch (mehr als 1600), Ischorisch (mehr als 1450), Wepsisch (mehr als 1100), Mansisch (mehr als 1000), Kildin-Saamisch (mehr als 900), Estnisch (mehr als 700), Finnisch (mehr als 350). Die meisten Russismen im Finnischen sind entweder auf die ostfinnischen Mundarten oder auf die ältere Literatursprache, insbesondere auf den Text des Epos *Kalevala* sowie auf das davon inspirierte Schrifttum, beschränkt (Plöger 1973). Allerdings sind einige Ausdrücke auch umgangssprachlich populär, so etwa finnisch *mesta* ‹Ort, wo etwas Besonderes los ist› (< russ. *mesto*), womit beispielsweise unter jungen Leuten über eine Diskothek, ein Lokal oder den Veranstaltungsort eines Rockkonzerts gesprochen wird.

Interferenzeinflüsse artikulieren sich nicht allein in der Übernahme neuer Sprachtechniken, sondern auch in der Art, wie bestimmte bereits existente Konstruktionen in ihrer Anwendung gegenüber anderen Ausdrucksweisen bevorzugt werden. Illustrativ für diese Kategorie von finnisch-ugrischer Interferenz ist die Entwicklung der habeo-Konstruktionen im Russischen (Bátori 1980: 150f.).

Die beiden elementaren Ausdrucksweisen für Haben-Verhältnisse im Gemeinslawischen, die verbale Konstruktion mittels *imat'* ‹haben› und die nominale mittels einer präpositionalen Wendung (Präposition *u* +

Gen. + fakultatives Existenzverb; z.B. russ. *u menja* [*est'*] ‹bei mir ist = ich habe›), haben sich in allen slawischen Sprachen erhalten und sind beide auch noch im Altrussischen vertreten. Trotz der intensiven Einwirkung des Kirchenslawischen, in dessen Sprachgebrauch die verbale habeo-Konstruktion dominiert, auf das Russische hat sich hier die nominale Konstruktion durchgesetzt. Das Russische ist die einzige slawische Schriftsprache, in der die nominale habeo-Konstruktion zur Norm geworden ist.

Dies wird als volkssprachlicher Einfluss erklärt (Veenker 1967: 119), aber es lässt sich präzisieren. Zu Recht ist die Popularität dieser Konstruktion im Russischen als finnisch-ugrisches Substrat gedeutet worden. In den finnisch-ugrischen Sprachen fehlt ein haben-Verb, und Besitzverhältnisse können nur mit nominalen Wendungen zum Ausdruck gebracht werden; z.B. im Finnischen mittels eines obliquen Kasus (des Allativs): *minulla on kirja* ‹ich habe ein Buch› (wörtl. ‹bei mir ist ein Buch›), bestehend aus *minulla* (Personalpronomen im obliquen Kasus) + *on* (Existenzverb) + *kirja* ‹Buch›.

Im Rahmen der Zweisprachigkeit finnisch-ugrischer Bevölkerungsgruppen haben sich deren Sprachgewohnheiten (nominale Ausdrucksweise für habeo-Verhältnisse) auch in ihrem russischen Zweitsprachengebrauch eingenistet. Aus den zahlreichen Kontaktarealen, in denen ein solchermaßen finnisch-ugrisch gefärbtes Russisch verwendet wurde, hat sich die Vorliebe für die nominale habeo-Konstruktion verbreitet und wurde so populär, dass sie schließlich als Norm Eingang in den russischen Schriftsprachengebrauch gefunden hat.

Die Ausgliederung des Baltischen

Baltische Populationen haben seit dem 2. Jahrtausend v. Chr. in einem Areal gesiedelt, das sich weit über das Kernland moderner baltischer Völker hinaus ausdehnte. Bis ins Mittelalter bewohnten Balten weite Teile Ostpreußens, des nordwestlichen Russland und des nördlichen Weißrussland. Baltische Orts- und Gewässernamen finden sich bis in die Region westlich von Moskau, etwa der Ortsname Paissyn und die Flussnamen Daugava, Nemunas, Vereta, Salantas.

Die von Tacitus (1. Jahrhundert n. Chr.) in dessen *Annalen* erwähnten *Aestii* waren nicht die finnisch-ugrischen Esten, sondern die Altpreußen. Deren Sprache, das Altpreußische (Pruzzisch), ist der einzige dokumentierte Vertreter des westbaltischen Zweigs. Die Sprachen der anderen bekannten baltischen Völker (Kurisch, Lettisch, Litauisch) vertreten das Ostbaltische.

Zu Beginn des 2. Jahrtausends v. Chr. setzen die Kontakte baltischer Völker zu ihren Nachbarn, den Ostseefinnen, ein (s. u.). Die baltisch-ostseefinnischen Kontakte wurden in den ersten Jahrhunderten unserer Zeitrechnung von den baltisch-germanischen Sprach- und Kulturkontakten abgelöst. Mit slawischen Stämmen standen die Balten seit dem Frühmittelalter im Kontakt. Diese Kontakte haben sich als Beziehungen von Einzelsprachen und Regionalkulturen (z. B. lettisch-russisch, litauisch-polnisch) kontinuierlich fortgesetzt. Die Sprachgeschichte der Ostbalten folgt bis ins 7. Jahrhundert n. Chr. gemeinsamen Trends. Dann gliederten sich aus dem Ostbaltischen ein lettischer und ein litauischer Sprachkomplex aus. Das Lettische, ursprünglich die Stammessprache der Lettgallen, verbreitete sich nach 1000 auch bei anderen lokalen Gruppen der Ostbalten (Semgallen, Seler, Kuren), die sich akkulturierten.

– Untergegangene baltische Sprachen: Altpreußisch, Kurisch
– Moderne baltische Sprachen: Lettisch, Litauisch

Baltisch-finnische Kontakte im Ostseeraum: Sesshaftigkeit versus Mobilität

Im Verlauf des 3. Jahrtausends v. Chr. dehnte sich die Zone mit agrarischer Wirtschaftsform vom westlichen Baltikum allmählich nach Nordosten aus. Das Besondere an der Ausweitung der Agrarzone war, dass die indoeuropäischen Ackerbauern selbst nicht weiterwanderten, weil sie im Nordosten auf ostseefinnische Populationen trafen, deren Jagdgebiete sich noch nicht in Ackerland verwandelt hatten. Die Leute jenseits der Siedlungszone waren mobile (ostseefinnische) Jäger und Sammler. Diese mobilen Gruppen wurden nicht von den südlichen Ackerbauern kontrolliert, vielmehr entwickelte sich zwischen der sesshaften Bevölkerung im Süden und der mobilen Bevölkerung im Norden ein reger Tauschhandel, von dem beide Seiten profitierten (Zvelebil 1996, 2008: 36ff.). Die Leute aus dem Norden hatten Bernstein, Honig und andere Waldprodukte (Beeren, Heilkräuter) anzubieten. Von den Bewohnern aus dem Süden tauschten sie Agrarprodukte ein (Milch, Käse, Brot, Fleisch aus der Viehhaltung).

Allmählich bahnte sich ein Umschwung in der Lebensweise der Ostseefinnen an. Die ostseefinnischen Jäger und Sammler wurden mit sesshafter Lebensweise und mit der Pflanzenkultivation vertraut. Die sesshafte Bevölkerung des Südens genoss offensichtlich Prestige bei den Jägern, denn Frauen der Jägerkulturen wechselten zu den Ackerbauern. Die Sesshaftigkeit des Südens versprach soziale Stabilität und das Nahrungsangebot eine gesicherte Existenz. Für die Jägergemeinschaften des Nordens gab es nur zwei Möglichkeiten, auf den Druck des Sozialprestiges ihrer südlichen Nachbarn zu reagieren: sich entweder zu entziehen und weiter in den Norden abzuwandern oder den Druck durch Anpassung zu neutralisieren. Langfristig entschieden sich viele Menschen aus dem Norden für einen Wechsel zur Lebensweise der Leute aus dem Süden. Sie akkulturierten sich unter dem Einfluss der südlichen Ackerbauern. Das heißt, die Ostseefinnen gaben ihre frühere Lebensweise auf, wurden sesshaft und fingen selbst an, Getreide anzubauen.

Ihre finnisch-ugrische Sprache gaben die «Neubauern» allerdings nicht auf. In einem solchen Kontaktmilieu bewahren die beteiligten Sprachen ihre Eigenständigkeit bei zweisprachiger Kommunikation. Dennoch ist ein starker Einfluss indoeuropäischer Sprachen auf die Kontaktgruppen von Jägern und Sammlern festzustellen. Die Sprache der (indoeuropäischen) Ackerbauern genoss eindeutig mehr Prestige als die der ostseefinnischen Jäger und Sammler, denn die sprachliche Beeinflussung verlief ziemlich einseitig vom Indoeuropäischen ins Ostseefinnische und nicht umgekehrt.

Dafür gibt es eine anthropologische Erklärung. Ackerbauern entwickelten im Sozialkontakt mit Jägern Präferenzen für deren Frauen, und über die Konventionen des Brautkaufs wechselten viele Frauen aus Jägergemeinschaften in die Siedlungen mit agrarischer Bevölkerung. Zwischen der eigentlichen Agrarzone und den Jagdrevieren der Leute im Norden entstanden Mischsiedlungen mit Angehörigen aus beiden Zonen. Die Nachkommen aus den gemischt-ethnischen Familien wuchsen in einem bikulturellen und zweisprachigen Milieu auf, wo die Sprache des Vaters aus dem Süden, die mit höherem Prestige, die der Mutter aus dem Norden vorrangig beeinflusste. Solchermaßen charakterisierte Sprachkontakte entfalteten sich im Baltikum zwischen ca. 2300 v. Chr. und ca. 1700 v. Chr.

In ihrer Langzeitwirkung haben sich diese Sprachkontakte in einer tiefgreifenden Einflussnahme des Indoeuropäischen baltischer Prägung auf die lokalen Varianten des Ostseefinnischen manifestiert (Haarmann 2003: 98 ff.). Hunderte von Lehnwörtern baltischer Herkunft sind bis heute im Finnischen, Estnischen und Karelischen bewahrt. Aus den Bedingungen des zweisprachigen Milieus in der Übergangszone mit ihrer Mischbevölkerung erklärt sich auch die Veränderung des Wortschatzes, der die Qualität von Sozialkontakten markiert: der Terminologie von Verwandtschaftsbeziehungen und des Wortschatzes der Intimsphäre.

Die Formen der baltischen Wörter, die als Quelle für die in den ostseefinnischen Sprachen erhaltenen Entlehnungen ermittelt wurden, können nur rekonstruiert werden, sind aber nicht schriftlich dokumentiert (z. B. finn. *lapsi* < balt. **lapis*; s. u.). Allerdings stehen einige Formen in den rezenten baltischen Sprachen den rekonstruierten Formen so nahe, dass diese vorzugsweise angeführt werden (z. B. finn. *tytär* < balt., lit. *duktė*; s. u.) (Liukkonen 1999).

Entlehnungen in der Verwandtschaftsterminologie und im Wortschatz des Sozialkontakts:
finn. *lapsi* ‹Kind›, *tyttö* ‹Mädchen›, *nainen* ‹Frau›, *veli* ‹Bruder›, *sisar* ‹Schwester›, *tytär* ‹Tochter›, *lanko* ‹Bruder der Ehefrau bzw. des Ehemanns›, *nuode* ‹Ehemann der Schwester›, *häät* ‹Hochzeit›, *morsian* ‹Braut›, *sulhanen* ‹Bräutigam›; finn. *heimo* ‹Stamm›, ‹Verwandtschaft› (scherzhaft), ‹Dorfgemeinschaft› (scherzhaft), *talkoo* (häufig in Verbindung mit *työ* ‹Arbeit›, *talkootyö*) ‹freiwillige Arbeit im Dienst des Gemeinwohls›, *talkoot* ‹freiwillige Arbeit beim Ernteeinsatz› (ältere Bedeutung), *kiittää* ‹danken›; ursprüngl. ‹Danksagen› (in einer religiösen Zeremonie).

Entlehnungen für Benennungen von Körperteilen und -funktionen:
finn. *kaula* ‹Nacken›, *leuka* ‹Kiefer›, *hammas* ‹Zahn›, *ranne* ‹Handgelenk›, *karva* ‹Körperhaar›, *napa* ‹Bauchnabel›, *reisi* ‹Schenkel›, *koipi* ‹oberer Teil des Beins› (von Tieren), *perna* ‹Milz›; *hiki* ‹Schweiß›, *hilse* ‹Schuppe› (Stück trockene Haut), *virtsa* ‹Urin›.

Infolge dieses Anpassungsprozesses erlebten die Menschen in der Kontaktzone eine Ära kultureller Annäherung und ihre Sprachen eine Periode der Angleichung ihres grammatischen Baus. Die konkreten Spuren sind in den strukturellen Konvergenzen zu erkennen, die dem baltischen Sprachbund sein Profil gegeben haben. Der hohe Grad an Synthetismus, der sich in der Erhaltung der Flexion der Substantive im Litauischen, Lettischen und Estnischen manifestiert, ist eine der Eigenschaften dieses Sprachbundes, der von Stolz (1991) als «Konvergenzlandschaft» bezeichnet wird.

Die Angleichungstendenzen begannen in der zweiten Hälfte des 3. Jahrtausends v. Chr. im westlichen Baltikum und setzten sich über viele Jahrhunderte fort. Die baltisch-ostseefinnischen Kontakte wurden später von den Kontakten der Ostseefinnen zu germanischen Stämmen abgelöst.

12. Kleinasien: Anatolische Sprachen und Kulturen (ab dem 2. Jahrtausend v. Chr.)

Vor der Ankunft von Indoeuropäern im 3. Jahrtausend v. Chr. war Anatolien von nicht-indoeuropäischen Populationen mit unterschiedlicher ethnischer Zugehörigkeit und verschiedenen Kulturen und Sprachen besiedelt. Mit diesen Kulturen traten die indoeuropäischen Migranten in Kontakt. Wie lange es dauerte, bis sich indoeuropäische Eliten etabliert hatten und politische Kontrolle ausübten, lässt sich nicht mit Sicherheit sagen. In der Zeit zwischen 2000 und 1600 v. Chr. «nahmen einige indoeuropäische Prinzen aus politischen Gründen hattische und hurritische Namen an ..., und das macht es schwierig für uns zu unterscheiden, wer einheimisch und wer eingewandert war» (Akurgal 2001: 34).

Aus der symbiotischen Verflechtung vorindoeuropäischer und indoeuropäischer Traditionen entstanden neue Mosaikkulturen, deren Eigenarten sich in den sprachlichen Strukturen (im Lexikon und im grammatischen Bau) widerspiegeln. Keine der alten Kulturen hat in ihrer Gesamtstruktur überlebt, obwohl sich Fragmente eines alten Kulturerbes bis heute erhalten haben (z. B. der Cybele-Kult in seiner Transformation zum Marienkult; s. u.).

Hethiter und Luwier

Sprachliche Ausgliederung

Der anatolische (bzw. altanatolische) Zweig hat sich um 2000 v. Chr. ausgegliedert. Aus dem Gebiet im Nordwesten des Schwarzen Meers, wohin die Indoeuropäer zwischen 4500 und 4000 v. Chr. gelangt waren, sind indoeuropäische Populationen in einer sekundären Migrationsbewegung über die Meerenge des Bosporus nach Kleinasien eingewandert. Die formative Periode indoeuropäischer Regionalkulturen in Anatolien setzt im 3. Jahrtausend v. Chr. ein, aber erst seit dem 2. Jahrtausend v. Chr. sind in den Quellen eine Reihe indoeuropäischer Sprachen bezeugt. Diese werden nach ihrer näheren Verwandtschaft in zwei Gruppen eingeteilt (Mallory/Adams 1997: 12 ff.):

- Hethitisch (Texte in mesopotamischer/sumerischer Keilschrift aus der Zeit vom 16. bis 13. Jahrhundert v. Chr.);
  - Palaisch (Substratwörter in hethitischen Texten überliefert)
  - das jüngere Lydisch (mehr als 100 Inschriften in einer Variante des ostgriechischen Alphabets aus der Zeit des 5. und 4. Jahrhunderts v. Chr.);
- Luwisch (Texte in der anatolischen Hieroglyphenschrift, «Bildluwisch», vom 16. Jahrhundert– ca. 700 v. Chr.);
  - das jüngere Lykisch (rund 180 Steininschriften und ca. 200 Münzlegenden aus der Zeit des 5. und 4. Jahrhunderts v. Chr.).

Hethitische Texte stammen aus der Zeit von ca. 1570 bis 1220 v. Chr., und zwar aus drei Perioden: Althethitisch (1570–1450 v. Chr.), Mittelhethitisch (1450–1380 v. Chr.), Neuhethitisch (1380–1220 v. Chr.). Die archäologischen Ausgrabungen in der Gegend von Boğazköy (Türkei), wo die ehemalige Hauptstadt des Hethiterreichs, Hattusa, entdeckt wurde, haben reichhaltige Archive mit einer Fülle von Schriftdenkmälern (Tontafeln) aufgedeckt. Bis heute sind rund 25 000 Texte und Textfragmente in hethitischer Sprache bekannt. Der größte Teil dieser Texte, aufgezeichnet in einer hethitischen Version der Keilschrift, entstand im 14. und 13. Jahrhundert v. Chr. Friedrich Hrozny, Professor für semitische Sprachen an der Universität Wien, gelang es im Jahr 1915, die Sprache eindeutig als indoeuropäisch zu identifizieren.

Luwisch ist die nächste Sprachverwandte des Hethitischen. Dennoch haben diese beiden Sprachen eine unterschiedliche Lautgeschichte und werden verschiedenen Gruppierungen zugeordnet. Im Hethitischen, einer Centum-Sprache (s. Kap. 6), sind die palatalen Verschlusslaute des Indoeuropäischen erhalten geblieben (vgl. hethit. *kardi-* : lat. *cor*: griech. *kardia*: got. *haírto* ‹Herz›). Das Luwische ist dagegen eine Satem-Sprache, und in den Sprachen dieser Gruppe haben Veränderungen der Verschlusslaute stattgefunden (vgl. luw. *zart-*: avest. *zered-*: russ. *serdce*: lett. *sirds* ‹Herz›).

Die Verwandtschaft des Hethitischen und Luwischen mit anderen indoeuropäischen Sprachen ist außer am grammatischen Bau insbesondere am Erbwortschatz zu erkennen (Kloekhorst 2008).

Die Texte in Luwisch weisen auf eine regionale Differenzierung dieser Sprache, denn die Sprachform der Hieroglyphen-Texte (s. Kap. 16) weicht von der Sprache der luwischen Keilschrifttexte ab. Ob es sich dabei um dialektale Unterschiede innerhalb derselben Sprache oder um die Differenzierung zweier Sprachen handelt, ist noch nicht geklärt.

Sämtliche Sprachen des anatolischen Zweiges des Indoeuropäischen sind untergegangen (Popko 2008).

Erbwörter in den indoeuropäisch-anatolischen Sprachen

Belege aus den verwandten Sprachen in kleiner Auswahl. Die waagerechten Striche über Vokalen deuten an, dass in der Keilschrift dieser Vokal mit einem eigenen zusätzlichen Zeichen geschrieben ist: plene – damit ist vermutlich der Sitz des Akzents markiert. worden.

heth. *kwiš* ‹wer›	lat. *quis*, griech. *τὶς*, deutsch *wer*
heth. *keššera-*, luw. *iššari-*, ‹Hand›	griech. *χείϱ*
heth. *šakuwa-*, luw. *tāwa/ī-* ‹Auge›	deutsch *sehen*, lat. *sequi*
heth. *hant-*, luw. **hant-* ‹Stirn›	lat. *ante*, griech. *ἀντί* ‹entgegen›, althochdt. *andi* ‹Stirn›
heth. *kēr*, *kardi-*, luw. *zārt-* ‹Herz› (und mehrere weitere Bezeichnungen für Körperteile)	griech. *καϱδία*, lat. *cord-*, dt. *«Herz»*
luw. *duttariyata-* ‹Tochter›	altind. *duhitār*, dt. *Tochter*, griech. *θυγάτηϱ*
heth. *militt-*, luw. *mallit-* ‹Honig›	griech. *μελιτ-*, lat. *mel*, got. *milip*
heth. *watar*, *wetenaš* ‹Wasser›	griech. *ὕδωϱ*, dt. *Wasser*
heth. *pahhur*, luw. *pāhūr*, *pawar* ‹Feuer›	griech. *πῦϱ*, umbr. *pir*, dt. *Feuer*
heth. *gemmant-* ‹Winter›	altind. *hemantá-*, griech. *χειμών*, lat. *hiems*
luw. h*āwa/i-* ‹Schaf›	altind. *ávi-*, lat. *ovis*, litau. *avis*
luw. *wāwi-* ‹Rind›	altind. *gauh-*, lat. *bov-*, dt. *Kuh*
heth. *newa-*, luw. *nāwa/i-* ‹neu›	altind. *náva-*, lat. *novus*
heth. *ed-*, luw. *ad-* ‹essen›	lat. *edo*, griech. *ἔδωμαι*, dt. *essen*
heth. *kuen-* ‹erschlagen›	altind. *han-*, griech. *θείνω*, lat. *of-fendo*

Im Kontakt mit den autochthonen Völkern

Wahrscheinlich wanderten die Luwier bereits vor 2000 v. Chr. in Kleinasien ein und ließen sich in den historischen Landschaften Lykien und Kilikien (Nordosten) nieder. Im Zuge der Ausdehnung des Neuen Reichs der Hethiter (nach 1400 v. Chr.) wurde das Siedlungsgebiet der Luwier der hethitischen Einflusssphäre angeschlossen. Die Luwier spielten eine wichtige Rolle als Vermittler hurritischer Kulturtraditionen an die Hethiter (s. u.).

Aus der Zeit um 1950 v. Chr. finden sich die ersten Erwähnungen der

Hethiter (Selbstbenennung *Nesa*) in assyrischen Texten. In ihrer neuen Heimat (Anatolien mit dem Kernland Kappadokien) trafen die Immigranten auf eine bodenständige vorindoeuropäische Bevölkerung, die Hatti, deren Siedlungsgebiet die nach ihnen benannte historische Landschaft Chatti war (Watkins 2001). Damit wurden später irrtümlich auch die Hethiter identifiziert. Der Name «Hethiter» ist eine Ableitung vom Landesnamen Chatti (Hatti), und zwar über hebräische Vermittlung (Chittim).

Um 2000 v. Chr. kam es zu einem Machtwechsel in der Stadt Hattusa, wo Jahrhunderte vorher hattische Fürsten und Kleinkönige geherrscht hatten. Offensichtlich war das Hethitische gegen Ende jener Epoche bereits als Kanzleisprache in Gebrauch. Als Folge des Machtwechsels avancierte Hattusa zum Zentrum der politischen Macht der hethitischen Könige. Im 16. Jahrhundert v. Chr. gründete Hattusili I. das Alte Reich, das bis um 1450 v. Chr. Bestand hatte. Nach einer politisch unruhigen Zwischenperiode konsolidierte sich zur Mitte des 14. Jahrhunderts v. Chr. das Neue Reich. Dessen Einflussgebiet erweiterte sich in den Nordwesten Kleinasiens sowie nach Südosten und Süden.

Im 2. Jahrtausend v. Chr. stellten die Hethiter die Mehrheitsbevölkerung in Zentralanatolien. Ihr Reich dehnte sich aber weit über die Siedlungsgebiete anderer Völker aus, von denen viele zu Vasallen wurden. Die Hethiter waren einer der entscheidenden Machtfaktoren im Vorderen Orient; ihr Einfluss reichte bis nach Syrien. In Ostanatolien waren sie die politischen Rivalen der Hurriter, im Nahen Osten rivalisierten sie mit Babylon und Ägypten.

Im nördlichen Syrien kam es zur Konfrontation zwischen Hethitern und Ägyptern in der Schlacht von Kadesch (1275 v. Chr.), die unentschieden ausging. In einem Friedensvertrag grenzten Hethiter und Ägypter ihre Interessensphären in Syrien gegeneinander ab. Die Grenzzone führte in etwa über Homs.

Ein halbes Jahrhundert später wurde die hethitische Gesellschaft durch eine Wirtschaftskrise (Missernten) erschüttert. Infolgedessen war das Reich ungenügend vorbereitet für die militärischen Auseinandersetzungen mit der Allianz der «Seevölker» – nach Tempelinschriften zur Zeit Ramses' III. waren dies die Denyen (die Danaoi der griechischen Mythologie?), die Ekwesh (vielleicht die griechischen Achter), die Luka (eine anatolische Population), die Peleset (allgemein gedeutet als Philister), die Shekelesh (die Siculi in Sizilien?), die Sherden (Paläosarden?), die Teresh (Tyrrhener ?). Unter deren Ansturm zerfiel das Hethiterreich schließlich.

Die hethitische Gesellschaft war eigentliche eine Mosaikkultur, multilingual und multikulturell. Es waren mehrere Schrift- und Bildungssprachen in Gebrauch (s. Kap. 16):

- Hethitisch (von den Hethitern *nesili* bzw. *nasili* genannt) in Keilschrift mit seiner rund 400 Jahre langen Tradition,
- Luwisch (in anatolischer Hieroglyphenschrift und in Keilschrift),
- Palaisch (sporadisch),
- Hattisch (als Ritualsprache),
- Babylonisch und Sumerisch (beide als Bildungssprachen),
- Hurritisch (ab ca. 1400 v. Chr. als Ritualsprache).

Der Wortschatz des Hethitischen ist ebenfalls durch multikulturelle Kontakte geprägt. Zu den ältesten Bestandteilen des Hethitischen gehören indoeuropäische Erbwörter (z. B. hethit. *wa-a-tar* ‹Wasser›, *si-i-us* ‹Gott›, *at-ta-as* ‹Vater›). Über die Verwendung von Logogrammen der sumerischen Keilschrift sind auch sumerische Lesungen in hethitische Texte eingegangen, die den Synonymenschatz des Hethitischen bereichert haben. Beispielsweise steht das sumerische Logogramm (bzw. Sumerogramm) *sal* ‹Frau› als Synonym für hethit. *kwinna-*, die sumerische Lesung *babbar* ‹weiß› für hethit. *harki-*. Das Sumerische war auch die Vermittlersprache für akkadische Elemente, die ebenfalls ins hethitische Lexikon gelangten, wie beispielsweise *qabû* ‹sagen›, *mannu* ‹wer› (Fragepronomen) und *sumu* ‹Name›. Während der Spätzeit des hethitischen Reichs wirkte auch das Hurritische auf das Hethitische ein, und zwar vornehmlich in der religiösen und technischen Terminologie.

Die Multikulturalität tritt in den religiösen Traditionen besonders plastisch in Erscheinung. Viele Rituale der Hethiter wurden von den Hatti übernommen, genauso wie die Hauptgötter des hethitischen Pantheon, der Wettergott Taru und seine Gemahlin, die Sonnengöttin Wurusemu. Deren Kultzentrum (Arinna) war eine Pilgerstätte auch für die hethitischen Könige. Während der Zeit des Neuen Reichs wurde dieses Götterpaar durch die hurritischen Gottheiten Teschschub und Chepat ersetzt. Die Beliebtheit der Göttin Ischtar und ihres Kults beruhte dagegen auf babylonischem Einfluss. In den hethitischen Mythen finden sich viele altanatolische Motive, etwa der Schlangendrachen, der Mond, der vom Himmel fiel, oder ein verschwundener Vegetationsgott.

Nach dem Verlust ihrer politischen Macht assimilierte sich die hethitische Restbevölkerung an das Volkstum der Nachfolgekulturen. Die Hethiter haben aber sprachliche Spuren hinterlassen, die man in verschiedenen Ortsnamen Anatoliens findet. So geht beispielsweise der Name der

Stadt Konya auf eine griechische Namenform Ikonion zurück, die ihrerseits einen alten Namen der hethitischen Zeit (Ikkuniya) fortsetzt.

Nicht-indoeuropäische Sprachen und Kulturen Anatoliens

Wichtige Impulsgeber für die Entwicklung des Hethitischen und Luwischen sowie für das Kulturschaffen ihrer Sprecher waren Kulturen und Sprachen, die mit dem Indoeuropäischen nicht verwandt waren.

Hatti und Hattisch

Die Hatti (auch: Hattier) gehören zu den altkleinasiatischen Völkern und zu den vorindoeuropäischen Populationen Anatoliens (Akurgal 2001: 4 ff.). Dort waren sie bereits vor der Einwanderung der Hethiter ansässig. Der Name dieses antiken Volkes ist unbekannt, sie wurden später nach der historischen Landschaft Chatti (akkad. Hatti) benannt, dem Kernland ihrer Siedlung. Hattusa, die spätere Hauptstadt des Hethiterreichs, ist eine Gründung der Hatti. Deren Könige regierten dort in der Zeit zwischen 2500 und 2000 v. Chr. Die Hethiter avancierten zwar zu den neuen Herren der Stadt, die Bevölkerung von Chatti wurde aber nicht vertrieben, und auch deren Sprache wurde nicht unterdrückt.

Das Hattische ist eine nichtindoeuropäische Sprache. Eine Verwandtschaft mit irgendeiner der anderen alten Sprachen Kleinasiens und des Vorderen Orients kann nicht nachgewiesen werden. In hethitischen und assyrischen Quellen findet man verstreut spärliches Sprachmaterial des Hattischen, zumeist Namen von Personen und Gottheiten. Im Verlauf des 15. Jahrhunderts v. Chr. ging das Hattische unter. Bis dahin hatten sich die Hatti endgültig an das Hethitische assimiliert. Als Ritualsprache im Kultleben der Hethiter lebte es aber weiter. Das Hethitische hat einige Lehnwörter aus dem Hattischen übernommen.

Hurriter und Hurritisch

Über einen Zeitraum von mehr als tausend Jahren werden die Hurriter (Churriter) in den Quellen der Staaten Kleinasiens sowie des Vorderen und Mittleren Ostens erwähnt (Akurgal 2001: 189 ff.). Um 2230 v. Chr. wird die älteste Inschrift in hurritischer Sprache datiert. Die letzten Erwähnungen stammen aus der Zeit um 1200 v. Chr. Danach verlieren sich

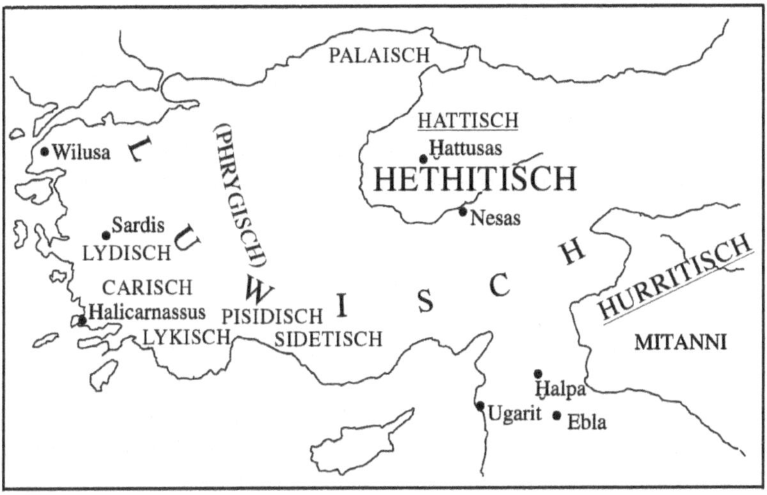

Die Verbreitung indoeuropäischer und vorindoeuropäischer Sprachen in Anatolien. Nicht-indoeuropäische Sprachen sind unterstrichen.

die Spuren dieses Volkes, dessen Sprache zwar Prestige als Kultursprache genoss, das aber nirgendwo und zu keiner Zeit einen eigenen Staat gebildet hat.

Es wird vermutet, dass die Hurriter ursprünglich aus dem Kaukasus stammten. Für die frühe Präsenz dieses Volkes in Kleinasien sprechen Siedlungsreste südlich des Vansees in Ostanatolien. In historischer Zeit dehnten die Hurriter ihr Siedlungsgebiet bis ins Tal des oberen Euphrat, nach Nordsyrien und östlich des Flusstals des Tigris aus. Die Hurriter stellten die Mehrheit im Staat von Mitanni unter einer indo-arischen Elite (s. Kap. 13), spielten aber politisch keine führende Rolle. Mitanni wird in akkadischen Texten auch als «Land Hurri» bezeichnet.

In der älteren Forschung ging man davon aus, dass das Hurritische – ähnlich wie das Sumerische, Hattische und Urartäische – eine isolierte Sprache war. Inzwischen gilt als wahrscheinlich, dass Hurritisch zur Familie der ostkaukasischen Sprachen gehört. Als Kultursprache hat das Hurritische auf verschiedene Sprachen Kleinasiens eingewirkt. Sowohl im hethitischen als auch im luwischen Wortschatz finden sich hurritische Entlehnungen. Als Schriftsprache wurde Hurritisch länger als tausend Jahre verwendet (zwischen 2200 und 1100 v. Chr.). Das Schriftsystem war eine Variante der babylonischen Keilschrift (Wegner 2000). Bei den

Hethitern spielte das Hurritische eine wichtige Rolle als Ritualsprache (ab ca. 1400 v. Chr.). In den Palastarchiven der Nachbarstaaten von Mitanni haben Archäologen Schriftzeugnisse in hurritischer Sprache gefunden: in Hattusa, der Hauptstadt des Hethiterreichs, in Mari am mittleren Euphrat, in Ugarit, der Hafenstadt an der syrischen Küste, in El Amarna, der Hauptstadt Ägyptens unter Pharao Amenophis III. (Echnaton), u. a.

Der Kult der Artemis von Ephesos

Die alten Sprachen und Kulturen Anatoliens verlieren sich irgendwann im Dunkel der Geschichte, was so viel bedeutet, als dass sie nicht mehr in den Quellen erwähnt werden. Es gibt aber Traditionen mit Langzeitwirkung, deren Wurzeln in der Welt der vorindoeuropäischen Bevölkerung zu suchen sind und bis in die Antike nachgewirkt haben. Eine der Gestalten in der Welt der Gottheiten ist Artemis, deren Kult in Kleinasien einen weiten Bogen von der Prähistorie bis in die christliche Ära spannt.

Bis vor Kurzem noch war die Herkunft des Namens der Artemis unbekannt. Bereits die antiken Griechen versuchten sich in volksetymologischen Ausdeutungen des Namens der Göttin. Er wurde zum Beispiel in Verbindung mit dem Adjektiv *artemes* ‹frisch und gesund; wohlgestaltet› gebracht (Artemis < **arti-* + *demes* ‹mit wohlgestaltetem Körper›), als Anspielung auf das anmutige Wesen der Naturgöttin. Die neuere etymologische Forschung hat den Namen der Artemis als vorgriechisch identifiziert (Beekes 2010: 142). Varianten des Namens der Göttin in den lokalen Dialekten (z. B. myken. Genitivform a-te-mi-to, dor. Artamis/Artamitos, böot. Artamis/Artamidos) weisen auf Phänomene von Lautvariation, wie sie für vorgriechische Elemente typisch sind. Auch frühere volksetymologische Deutungen des Namens als «Bär-Göttin» (zu griech. *arktos* ‹Bär›) sind verworfen worden.

Artemis hatte zwei Hauptorte ihrer Verehrung. Dies war einmal die Insel Delos; auf einer Nebeninsel von Delos, Ortygia, soll die Göttin nach der mythischen Überlieferung geboren sein. Die andere Stätte war Ephesos in Kleinasien. Dort stand auch der mächtigste Artemis-Tempel, der je gebaut worden ist, das Artemision, eines der sieben Weltwunder, «eine doppelte Ringhalle aus 127 Säulen von 19 m Höhe». Das aufwändige Bauprojekt ist wohl «nur durch ungewöhnlichen Reichtum und Einfluss des Heiligtums selbst, das ohne Zweifel auch über bedeutende auswärtige Gönner und Spender verfügte, zu erklären» (Ekschmitt 1984: 72).

Nirgendwo sonst wurden der Artemis so pompöse Tempel errichtet wie in Ephesos, und die Wesenszüge der Artemis, die in Delos verehrt wurde, waren ganz andere als die der mächtigen Herrin von Ephesos. Es drängt sich der Eindruck auf, dass wir es mit zwei verschiedenen weiblichen Gottheiten – eine in Europa, eine in Kleinasien – zu tun haben, die lediglich namentlich identisch sind.

In der Inselwelt der Ägäis und auf dem griechischen Festland liegen die Heiligtümer der Artemis am Rand der freien Natur, knapp jenseits des von Menschen bearbeiteten Ackerlands und der Weiden. Dort, wo die bewaldeten Hänge der Berge direkt an das Ackerland im Tal angrenzten, wurde die Nähe der Artemis unmittelbar empfunden. Die Agrae, das Jagdrevier der Göttin bei Athen, lagen gleich am Stadtrand, ebenso wie die Limnae (‹Sumpfland›) nahe Sparta.

Als heilige Plätze der Artemisverehrung wurden vorzugsweise solche gewählt, die nahe am Wasser lagen, entweder in Küstennähe, am Rand sumpfiger Wiesen, an Seeufern oder in Flussauen. Einer der Namen der Göttin war Artemis Limnatis «Artemis, die Sumpfgöttin». Als Herrin der Natur hatte Artemis die Kontrolle über die Verteilung des Wassers in den Flüssen, über den Regen und über die Gezeiten des Meeres.

Der Göttin waren die Bäume des Waldes heilig, die blühten und Früchte trugen, etwa Eichen und Nussbäume (Hall 1980: 57). Die Frauen von Sparta pflegten zu einem Ort zu gehen, an dem Nussbäume wuchsen, um dort Artemis zu verehren. Bei den Spartanern hatte die Göttin auch den Beinamen Artemis Karyatis «Artemis, die Walnussgöttin» (Ellinger 1992: 145).

Artemis ist auch die Schutzpatronin aller Kreaturen der freien Natur, der Tiere auf dem Land, im Wasser und in der Luft. Bereits in der *Ilias* (XXI, 470) wird sie *potnia theron* («Herrin der Tiere») genannt, was offenbar schon damals eine feststehende Wendung war. Diese Funktion widerspricht nicht der Rolle der Jägerin, als die Artemis vielleicht am bekanntesten ist. Der vergoldete Bogen und die Pfeile sind wichtige Requisiten der Göttin in der griechischen Kunst. Die Jäger verehrten Artemis als ihre Schutzpatronin und brachten ihr die Geweihe und Häute ihrer Jagdtiere als Opfergaben dar, die an Bäume gehängt oder auf keulenförmige Pfeiler gelegt wurden (Burkert 1985: 149).

Die älteste Statue der Artemis stammt aus dem heiligen Bezirk auf Delos. Sie wird auf die Mitte des 7. Jahrhunderts v. Chr. datiert. Es handelt sich hierbei um das älteste monumentale Standbild aus Stein, das aus der griechischen Kunstgeschichte bekannt ist. Die jugendliche, keusch beklei-

Die Artemis von Ephesos

dete Göttin steht aufrecht. Seit dem 6. Jahrhundert v. Chr. sind gemalte Darstellungen, Reliefs und Statuen der Artemis überliefert, meist in Begleitung von Tieren, vorzugsweise von Hirschen oder Hirschkühen. «Das Bild der jungfräulichen Jägerin hat sich oberflächlich bis in unsere Tage erhalten» (Lücke/Lücke 1999: 145).

Die kleinasiatische Artemis, «eine anatolische, der Cybele ähnliche Göttin» (Malkin 2011: 184), ist eine ganz andere Gestalt als die europäische Naturgöttin Artemis. Lange vor der Gründung der Stadt Ephesos hatte sie sich an einem anderen Ort niedergelassen, in Perge in Pamphylien. Die ältesten Siedlungsspuren jener Gegend nahe der Südküste der Türkei datieren auf die Zeit um 3000 v. Chr. Artemis trägt den (vorgriechischen) Titel *Wanassa* (‹Herrin›). Als Wanassa Preiia (= Artemis Pergaia) wurde sie von den Griechen der Stadt verehrt, als Diana Pergensis später von den Römern.

Der Artemiskult dominierte das religiöse Leben in Ephesos länger als eineinhalbtausend Jahre. Die Herrschaft der Göttin war trotz mancher ernsthafter Herausforderung stabil, selbst als der Apostel Paulus die Stadtbewohner zur Annahme der christlichen Lehre überreden wollte. Zwar gelang es Paulus, der sich einige Jahre in Ephesos aufhielt, einen Kreis von Anhängern um sich zu scharen. Der Versuch, die Göttin zu entthronen, endete aber im Frühsommer des Jahres 54 n. Chr. mit einem Fiasko.

Die Goldschmiede der Stadt hatten das Treiben des Paulus mit Argwohn verfolgt. Sie fürchteten die Beeinträchtigung ihres blühenden Devotionalienhandels mit Silbermodellen des Artemis-Tempels, Idolfiguren, Amuletten und anderen Souvenirs für Pilger. Demetrios, ihr Anführer, sammelte die Bürger der Stadt und rief ihnen zu: «Groß ist die Artemis der Epheser!» Die aufgebrachte Menge trieb die Anhänger der christlichen Lehre aus der Stadt, und Paulus konnte sich nur durch Flucht retten. Der Sieg der Göttin war groß, es sollte aber ihr letzter sein.

In Ephesos wurde der Artemis-Kult bis ins 5. Jahrhundert n. Chr. aufrechterhalten. So mächtig war die Stellung der Göttin, dass ihre Statue sogar vor der damals erbauten Marienkirche stehen blieb: «Dass das Relief der Artemis Pergaia mit Strahlenbüschelkrone auf ihrem Kopf vor dem Tempel einer Religion, die die Anbetung der Götzenbilder streng verdammt, nicht angerührt worden ist, kann nur dadurch erklärt werden, dass sie mit der auf ihrem Kopf einen Heiligenschein tragenden Maria zuerst gleichgesetzt wurde» (Özgür 1989: 14).

Das Phrygische: Ein indoeuropäischer Außenlieger

In den antiken Quellen wird berichtet, dass die Phryger aus Mazedonien oder Thrakien nach Kleinasien eingewandert seien. Als Zeitrahmen für diese Migration wird das 12. Jahrhundert v. Chr. angesetzt. Die historische Landschaft Phrygien im Norden Anatoliens wurde nach den Zuwanderern benannt. Phrygien hatte im Westen eine gemeinsame Grenze mit Lydien, im Süden grenzte es an Kilikien, und sein Gebiet dehnte sich im Osten bis über den Fluss Halys aus (Popo 2008: 127 ff.).

Als Nachbarn und auch Verbündete der Trojaner werden die Phryger in Homers *Ilias* (2862 ff.) erwähnt. In den griechischen Quellen wird die alte Geschichte der Phryger mythisch verklärt. Über die legendären Könige wie Gordias, Midas (bei dem sich alles, was er berührte, zu Gold gewandelt habe) oder Mygdon (der mit den Amazonen gekämpft haben soll) ist nichts Historisches bekannt.

Im 9. Jahrhundert erweiterten die phrygischen Herrscher ihren Einflussbereich, und im 8. Jahrhundert v. Chr. erlebte Phrygien unter Midas II. (reg. 738–696 v. Chr.) seine größte Machtausdehnung. Dieses altphrygische Reich wurde 696/95 von den Kimmeriern, einem iranischen Volk, zerstört. Seit Ende des 7. Jahrhunderts war Phrygien ein Vasallenstaat Lydiens und stand seit Mitte des 6. Jahrhunderts v. Chr. unter persischer Vorherrschaft. Das phrygische Reich zerfiel endgültig, als die aus der Balkanregion nach Kleinasien einwandernden Kelten (Galater) im 3. Jahrhundert v. Chr. den östlichen Teil Phrygiens (Galatien) besetzten und der westliche Teil von Pergamon annektiert wurde. Im 1. Jahrhundert v. Chr. geriet Phrygien unter römische Herrschaft (Thonemann 2013).

Die phrygische Sprache vertrat einen eigenen Zweig in der indoeuropäischen Familie, nähere Verwandtschaft, etwa zum Thrakischen, konnte nicht überzeugend nachgewiesen werden. Die Phryger haben das griechische Alphabet (eine Variante westgriechischer Prägung) im 8. Jahrhundert v. Chr. für ihre Sprache adaptiert und um einige Zusatzzeichen ergänzt. Später verwendete man in Phrygien das griechische Alphabet der klassischen Zeit. Das Phrygische ist inschriftlich aus zwei Perioden überliefert:

- Ältere Periode (8.–4. Jahrhundert v. Chr.) mit mehr als 250 altphrygischen Inschriften;
- Neuere Periode (1.–4. Jahrhundert n. Chr.) mit rund 110 neu- bzw. spätphrygischen Inschriften (Drew-Bear u. a. 1999).

Warum die phrygische Schriftlichkeit nach einer Unterbrechung von mehreren Jahrhunderten erneut einsetzte, ist bislang ungeklärt. Im 4. Jahrhundert n. Chr. ebbte der Schriftgebrauch ab. Nach Hinweisen in Quellen des 5. Jahrhunderts wurde das Phrygische damals noch gesprochen. Im Verlauf des 7. Jahrhunderts n. Chr. haben die Phryger schließlich ihre Muttersprache aufgegeben.

13. Von Zentralasien ins Iranische Hochland

(ab dem 2. Jahrtausend v. Chr.)

Verkehrswege zwischen der Region der Urheimat und der Steppenzone Zentralasiens wurden bereits im 4. und 3. Jahrtausend v. Chr. erschlossen (s. Kap. 6), und das Einflussgebiet der Steppennomaden dehnte sich nach Süden in die Region des Kaukasus aus. Seit dem ausgehenden 3. Jahrtausend v. Chr. bestanden rege Handelskontakte zwischen der nördlichen Steppe (südlich des Ural) mit ihren Kupfervorkommen und Mesopotamien. In einem Keilschrifttext aus Ur, der in die Zeit der Regentschaft Rim-Sins von Larsa (reg. 1822–1763 v. Chr.) datiert, wird der Empfang von rund 20 Tonnen Kupfer aus dem Norden verzeichnet.

Um die Mitte des 3. Jahrtausends v. Chr. machte sich in der eurasischen Steppe ein Klimawandel bemerkbar, mit verminderten Regenfällen und niedrigeren Durchschnittstemperaturen. Die Folge war eine sukzessive Austrocknung der Region, die um 2000 v. Chr. einen Höhepunkt erreichte (Anthony 2007: 389 f.). Dieser Klimawandel war wohl der Auslöser dafür, dass Nomaden aus der Steppe nach Süden abwanderten, auf der Suche nach Weidegründen mit beständigeren Witterungsbedingungen.

Seit Beginn des 2. Jahrtausends v. Chr. drängten Nomaden aus Zentralasien nach Süden, ins Iranische Hochland und nach Osten, aber auch nach Südwesten. Kultur und Sprache der Migranten aus Zentralasien repräsentierten den indo-iranischen Zweig des Indoeuropäischen (s. u.). Diejenigen Migranten, die weit in südwestliche Richtung vordrangen (Mitanni), waren näher mit denjenigen Nomaden verwandt, die nach Osten (Indien) abwanderten. Beide Gruppen werden als Arier bezeichnet. Diese unterschieden sich zunehmend von den iranischen Völkerschaften. Die westlichen Arier blieben isoliert im Mittleren Osten, während sich die östlichen Arier weit nach Pakistan und Indien ausbreiteten (s. Kap. 15).

Woher die Vorfahren der Perser kamen, ist nicht bekannt. Wohl aber lässt sich ihre Ethnogenese in die erste Hälfte des 1. Jahrtausends v. Chr. datieren, und man kann die Route markieren, über die sie im Lauf der

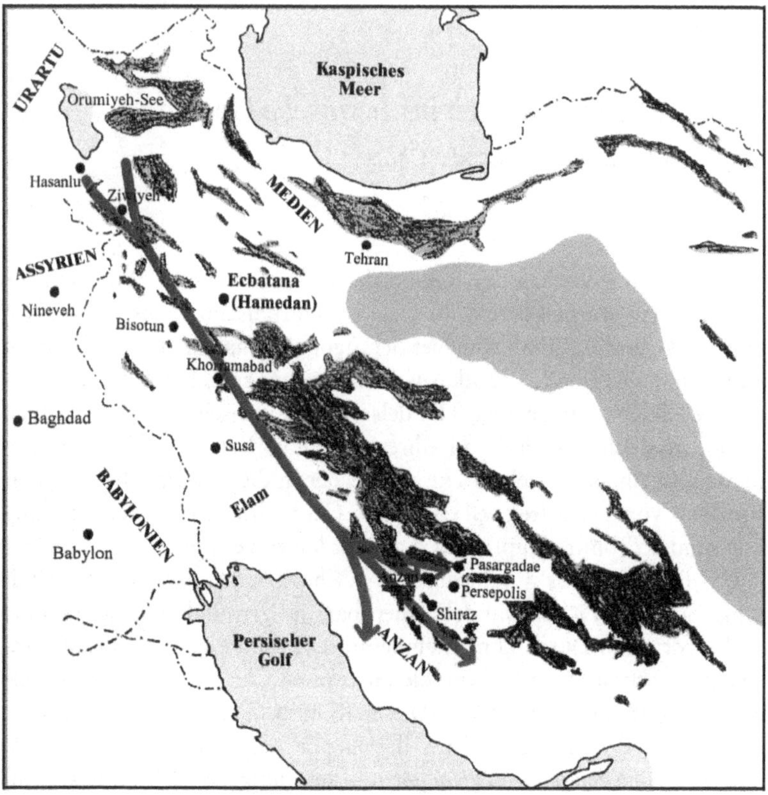

Die Migrationsroute der Perser ins Iranische Hochland

Zeit bis in ihr historisches Siedlungsgebiet gelangten: aus der Region südlich des Kaukasus, vorbei an den Peripherien der damaligen Großmächte, von Assyrien im Westen und von Medien im Osten. In assyrischen Quellen aus der Zeit des Herrschers Salmanassar III. (843 v. Chr.) wird ein Volk erwähnt, das in der Gegend des Urmia-Sees im Nordwesten des heutigen Iran lebte. Einer Legende zufolge sollen diese Parsuvash (‹Parsa-Leute›) unter ihrem Führer Achaimenes in das Gebiet der später nach ihnen benannten Region Persis gezogen sein. Achaimenes gilt als Stammvater der Dynastie der Achämeniden. Der Name (Parsa bzw. Fars) lebt weiter als Eigenbezeichnung der Perser und ist im Namen der heutigen südiranischen Provinz Fars erhalten. Die halbnomadischen Perser ließen sich in der Region nördlich des persischen Golfs nieder, die in der Frühzeit noch kein Zankapfel zwischen politisch starken Nachbarn war. Die Gebirgskette der Zagros-Berge trennte die persischen Siedlungen von den politisch tonangebenden Reichen auf der westlichen Seite wie Assyrien und Babylon. Kulturelle Einflüsse aus Mesopotamien gelangten allmählich zu den Persern, die sich an eine sesshafte Lebensweise und an Urbanismus gewöhnten.

Die arische Kriegerkaste und das Reich von Mitanni

Einige Gruppen von Ariern zogen, aus Zentralasien kommend, nach Südwesten bis an den Euphrat. Diese Kriegerkaste bildete die herrschende Elite des Reiches von Mitanni mit seiner Hauptstadt Wassukkanni, das zwischen 1500 und 1350 v. Chr. im nördlichen Mesopotamien Bestand hatte und das sich im Euphratbogen ausdehnte. Es kam zu einer Verschiebung der politischen Kräfte: «Der Staat Mitanni, gegründet unter der Herrschaft von indoeuropäischen Stämmen und mit einer mehrheitlich hurritischen Bevölkerung, war nach Ägypten die zweitstärkste politische Macht im damaligen Mittleren Osten» (Akurgal 2001: 189). Die von der indoeuropäischen Elite verwendeten Namen (z. B. Artatama, Parrattarna, Shuttarna) zeigen arische Prägung (Kuhrt 1995: 283 ff.). Deren Sprachform wird Mitanni-Indisch genannt.

Die vielleicht berühmteste historische Persönlichkeit, die mit den Mitanni in Zusammenhang gebracht wird, ist Nofretete, Gemahlin des Pharao Amenophis IV. (reg. 1368–1351 v. Chr.), genannt Echnaton. Nofretete war eine Prinzessin aus dem Reich Mitanni. Der Sonnenkönig Ägyptens übernahm die «Schöne vom Nil» aus dem Erbe seines Vaters Amenophis III. Dieser hatte die zehnjährige Mitanni-Prinzessin zur Festigung der politischen Beziehungen zwischen den beiden Reichen in seinen Harem aufgenommen.

Frühe Reichsbildungen iranischer Völker

Der Begriff «Reich» wird traditionell auf verschiedene Formen politischer Organisation angewandt. Die Staatsbildungen der Meder und Perser in der Antike werden ebenso als «Reich» bezeichnet wie der Machtbereich der Skythen in der eurasischen Steppe. Dabei besaß dieses «Reich der Skythen» ganz andere Strukturen, hier fehlten zum Beispiel klar markierte Grenzen. Während das Persische Reich trotz wechselnder Ausdehnung immer an ein bestimmtes Territorium gebunden war, dehnte sich der skythische Machtbereich jeweils so weit aus, wie skythische Reiterverbände die militärische Kontrolle über die Steppenregion behielten. In diesem Sinn relativiert sich der Begriff «Reich».

Skythen: Vom Altai bis zur Krim

Um die Mitte des 7. Jahrhunderts v. Chr. formierten die Skythen (s. Kap. 6) in ihrer Einflusssphäre das erste Nomadenreich in Europa. Im 5. Jahrhundert v. Chr. umfasste es weite Teile der Ukraine und Südrusslands. Der Fluss Ister (Donau) markierte die Grenzzone im Westen, der Tanais (Don) im Osten. Die Schwarzmeerküste und die Halbinsel Krim standen ebenfalls unter skythischer Kontrolle. Skythischer Einfluss reichte bis in die Gegend von Kiew.

Das zweite skythische Reich unter König Atheas im 5. Jahrhundert v. Chr. geriet schon bald unter den militärischen Druck der Mazedonier im Westen und der Sarmaten im Osten. Die Sarmaten verdrängten die Skythen im Verlauf des 3. und 2. Jahrhunderts v. Chr., die sich auf die Krim zurückzogen und dort das dritte und letzte Skythenreich bildeten. Dessen Hauptstadt war Neapolis Skythike. Dieses Reich hatte bis zur Invasion der Goten im 3. Jahrhundert n. Chr. Bestand. Reste der skythischen Bevölkerung zogen sich ins Kaukasusvorland zurück und lebten dort in Nachbarschaft mit den Alanen. Das skythische Volkstum ist schließlich im Verlauf des Mittelalters in dem des iranischen Volks der Osseten aufgegangen.

Die Expansion der Skythen wurde getragen von dem Erfolg ihrer Reiterei: Kämpfer, die im Umgang mit Pferden besonders gut geschult waren und im Verband nach nomadischer Reitertaktik kämpften, was zahlreiche Täuschungsmanöver und Überraschungsangriffe einschloss. Antike Autoren wie Aristoteles, Strabo, Plinius und Frontinus heben den außergewöhnlichen Kampfesmut der skythischen Reiter hervor. Als Bogenschützen waren sie von ihren Feinden gefürchtet und von ihren Verbündeten geschätzt. Dank ihrer mobilen Kriegsführung gelang es der skythischen Reiterei auch, den Angriff des persischen Heeres unter Dareios I., der im Jahr 514 v. Chr. eine Strafexpedition gegen die Steppennomaden unternahm, zurückzuschlagen.

Die ältesten Erwähnungen der Skythen, die von den Griechen *Skythai* und von den Römern *Scythae* genannt wurden, stammen aus dem 6. Jahr-

Skythischer Bogenschütze, Goldartefakt aus dem 4. Jahrhundert v. Chr.

hundert v. Chr. Der Dichter Anakreon (356.6–11) erwähnt die Sitte der Skythen, Wein pur und nicht mit Wasser vermischt wie die Griechen zu trinken. Auch der griechische Historiograph Herodot (4.74–75), der Scythia besuchte, berichtet im 5. Jahrhundert v. Chr., dass die Spartaner einen unvermischten Trunk Wein «nach skythischer Art» nannten. Die Selbstbenennung der Skythen war wohl *Skoloten*, wie dem Bericht Herodots zu entnehmen ist. Außer aus den archäologischen Funden an Siedlungs- und Begräbnisstätten stammt der größte Teil der Informationen über die Skythen aus dem vierten Buch von Herodots Werk *Historien*, wo in den Abschnitten 1 bis 142 ausführlich über die Steppennomaden berichtet wird.

Zu Herodots Zeit lebten Skythen nicht nur als Nomaden in der Steppe, vor allem an den Flussläufen von Dnepr, Bug und Dnestr, sondern auch in den griechischen Kolonien auf der Krim (Chersonesos, Theodosia, Pantikapaion und Phanagoria) und in den Städten an der Schwarzmeerküste (Olbia, Tyras) (Cunliffe 2008: 302 f.).

Vor allem die urbanen Skythen akkulturierten sich ans Griechentum und gingen häufig Mischehen ein, indem sie Griechinnen heirateten. Die Kinder, die in diesen Familien aufwuchsen, wurden *Ellenes Skythai* (skythische Griechen) genannt. Sie waren bikulturell und zweisprachig und stellten somit ein wichtiges Bindeglied im Kontakt zwischen Skythen und Griechen dar.

Die Eliten beider Völker arrangierten sich zum Zweck der Kontrolle der Schwarzmeerhäfen, und es bestanden rege Handelsbeziehungen. Die griechischen Kolonisten der Küstenregion wurden von den Skythen mit Getreide versorgt, das sie weiter ins Mutterland verschifften. Die Getreidelieferungen aus dem Norden waren lebenswichtig für den Unterhalt des Athener Staates. Skythische Viehzüchter lieferten auch Pferde, Schafe und Rinder. Von den Griechen erhielten die Skythen im Tausch Edelmetalle, insbesondere Gold, und Luxusgüter der griechischen Welt.

Dass die Region, in der Skythen und griechische Kolonisten im Kontakt standen, eine kulturelle Konvergenzzone war, ist u.a. an den religiösen Traditionen zu erkennen. Die von den Skythen verehrte Hauptgottheit war die Göttin Tabiti, die den Beinamen «Königin der Skythen» hatte. Herodot vergleicht Tabiti mit der griechischen Hestia. Beide Göttinnen sind Schutzpatroninnen des Herdfeuers und der Heimstatt. Der Name der Tabiti geht auf die indoeuropäische Wurzel **tap-* ‹erhitzen, schüren› (vom Feuer) zurück. Auch bei den Griechen der Schwarzmeerküste war die beliebteste Gottheit eine Göttin, Aphrodite Apatouros.

Die materielle Kultur der Skythen, vor allem die der aristokratischen Elite, ist bekannt aus den reichen Beigaben der zahlreichen Grabhügel (Kurgane). Besondere Aufmerksamkeit haben die Kurgane von Pazyryk im Altai-Gebirge (80 km südlich des Telezker Sees) auf sich gezogen, weil diese Grabhügel in der Permafrostzone liegen und daher sämtliche organischen Materialien (Teppiche, Lederapplikationen, Pelze, Seide) sowie die Mumien einbalsamierter Leichname bestens konserviert sind. Die Kurgane stammen aus der Zeit vom 5. bis 3. Jahrhundert v. Chr. Die Motive der Körpertattoos sowie die Ornamente und Verzierungen an den Holzsarkophagen von Pazyryk illustrieren deutlich den skythischen Tierstil. Die Ornamente auf den Textilien und Grabbeigaben weisen Ähnlichkeiten mit den figuralen Motiven auf den Textilien der Mumien des Tarimbeckens auf (s. Kap. 15). Zwar ist es bisher nicht möglich, einen historischen Zusammenhang für solche Ähnlichkeiten aufzuzeigen, aber die weite Verbreitung von Motiven der figuralen Tradition Eurasiens spricht wohl für eine gemeinsame prähistorische Quelle.

Meder: Von den Vasallen Assyriens zum eigenen Großreich

Ebenfalls im 7. Jahrhundert entstand das Reich der westiranischen Meder (assyr. *Madajju*, altpers. *Mada*, griech. *Medoi*). Ihr ursprüngliches Siedlungsgebiet erstreckte sich über das nordwestliche Bergland Irans. Die

Meder werden erstmals im Jahr 835 v. Chr. als Gegner der Assyrer erwähnt, denen es trotz mehrerer militärischer Operationen nicht gelang, alle medischen Stämme unter ihre Botmäßigkeit zu bringen. König Phraortes (gest. ca. 625 v. Chr.) beendete das Vasallenverhältnis, in dem die Meder zu den Assyrern standen, und begründete ein geeinigtes Königreich mit der Hauptstadt Ekbatana.

Die Meder erweiterten ihren Herrschaftsbereich in der Folgezeit auf Kosten der assyrischen Vormacht. Im Bündnis mit den Babyloniern eroberten die Meder schließlich die politischen Zentren Assyriens, Assur (614 v. Chr.) und Ninive (612 v. Chr.). Danach bauten sie ihre Vormachtstellung gegen das Reich Urartu und gegen Lydien aus. Zu den Vasallen der Meder gehörten u. a. die Perser, die sich um 558 v. Chr. unter Kyros II. aus der Dynastie der Achämeniden in einer Revolte erhoben. Der Niedergang des medischen Reiches kam mit der Eroberung von Ekbatana durch die Perser im Jahr 549 v. Chr. Die Meder stellten zwar einen erheblichen Teil der Bevölkerung im persischen Achämenidenreich, sie erlangten ihre frühere politische Macht aber nicht wieder.

Das Persische Großreich

Als Mitte des 6. Jahrhunderts das Mederreich im erstarkenden Persischen Reich aufging, bedeutete dies für die medische Elite keine Vernichtung oder Vertreibung. Vielmehr zeigte sich die medische Aristokratie kooperationsbereit und wurde in die persische Oberschicht integriert. Auf einigen Reliefs in Persepolis, dem Machtzentrum des aufstrebenden Perserreichs, wird diese Kooperation der Mächtigen im Staat ritualisiert. Dies kommt in bestimmten Gesten medischer Teilnehmer an einer Prozession zum Ausdruck, die dargestellt werden, wie sie ihre Hand auf die Schultern von Persern legen, als Symbol der politischen Partnerschaft.

Zweifellos war das Altpersische Reich das mächtigste der von Iraniern begründeten Reiche. Zu Beginn des 5. Jahrhunderts v. Chr., unter Dareios I., erreichte es seine größte Ausdehnung. Die politische Vormachtstellung der Perser reichte damals im Westen über die ionische Küste Kleinasiens hinaus bis nach Mazedonien, im Osten bis zum Industal, im Norden bis nach Mittelasien und im Süden bis nach Ägypten.

Die militärischen Auseinandersetzungen zwischen Persern und Griechen begannen mit dem Krieg gegen die Griechenstädte an der ionischen Küste Kleinasiens (499–494 v. Chr.). Zwei spätere persische Invasionen

Die symbolische Geste der politischen Partnerschaft der medischen und persischen Elite in den Reliefs von Persepolis

des griechischen Festlands (492–490 und 480–478 v. Chr.) blieben erfolglos und endeten mit dem Rückzug der persischen Armeen. Persien verlor damit seine Vormachtstellung im Westen, die persische Kriegsflotte ihren Rückhalt in der Ägäis und im östlichen Mittelmeer. In der Zeit danach normalisierten sich die Beziehungen, und es kam zu einem fruchtbaren kulturellen Austausch zwischen Persern und Griechen.

Ab 334 v. Chr. eroberte Alexander der Große das Reich, das nach seinem Tod von den Seleukiden beherrscht wurde. In den folgenden Jahrhunderten teilten sich im Wesentlichen die Seleukiden im Westen und die Parther im Osten die Herrschaft über das Territorium des untergegangenen Reiches. Nach der Zeitenwende traten auch die Römer als Akteure auf den Plan. Im 3. Jahrhundert erstarkten die den Parthern untergebenen Unterkönige in der Persis aus der Dynastie der Sasaniden. Sie schüttelten die parthische Herrschaft ab, eroberten die parthische Hauptstadt Ktesiphon und gründeten das sogenannte Neupersische Reich. Dieses zweite antike persische Großreich, das sich über die Gebiete der heutigen Staaten Iran, Irak, Aserbaidschan, Turkmenistan, Pakistan und Afghanistan erstreckte, löste sich im 7. Jahrhundert n. Chr. unter dem Druck der islamisch-arabischen Expansion auf.

Das Reich der Parther

Die Parther waren ein iranisches Volk, das eng mit den ebenfalls iranischen Parnern verwandt war. Das Siedlungsgebiet der Parther (altpers. *Parthawa*, griech. *Parthoi, Parthioi*, latein. *Parthi*) lag südöstlich des Kaspischen Meers, im Westen der historischen Landschaft Chorasan. Kyros II. (reg. 559–530 v. Chr.), Begründer des Persischen Reiches, unterwarf die Parther und richtete eine Satrapie Parthien ein, die später Teil des Seleukidenreiches wurde. Die politische Schwäche des Reiches unter Seleukos II. nutzten die Parner. Sie drangen 247 v. Chr. von Nordosten her nach Parthien ein, etablierten sich dort und gründeten unter Arsakes I., dem ersten Herrscher der Arsakiden-Dynastie, ein unabhängiges Reich, in dem sie für einige Zeit die soziale und politische Elite bildeten. Die halbnomadischen Parner wurden schnell sesshaft, assimilierten sich an die parthische Mehrheitsbevölkerung und wurden nach wenigen Generationen auch machtpolitisch tonangebend.

Das Partherreich dehnte sein Territorium im Verlauf des 2. Jahrhunderts v. Chr. weit nach Osten (bis an die Grenzen Chinas und Indiens) und nach Westen (bis in den Euphratbogen) aus. Vom Beginn des 1. Jahrhunderts v. Chr. an traten die Großreiche Parthiens und Roms in eine militärische Konfrontation um die politische Vorherrschaft im Vorderen Orient. Lange Zeit war Armenien politischer Zankapfel, um den mehrere Kriege geführt wurden. Zwischen 53 und 428 n. Chr. regierten Herrscher einer Nebenlinie der parthischen Arsakiden Armenien. Anfang des 2. Jahrhunderts n. Chr. setzte der politische Niedergang des Partherreiches ein. Der letzte Herrscher des unabhängigen Parthien war Artabanos V. (reg. 213–224 n. Chr.). Nach seinem Tod wurde Parthien in das Reich der Sasaniden eingegliedert.

Das indoeuropäische Parthisch war Amts- und Bildungssprache der Arsakiden und als Schriftsprache zwischen dem 3. Jahrhundert v. Chr. und dem 9. Jahrhundert n. Chr. in Funktion, also noch lange nach dem Zerfall des Partherreiches. Texte in Parthisch sind überwiegend in der von der aramäischen Schrift abgeleiteten Pehlevi-Schrift geschrieben. Die in Zentralasien (Turfan) gefundenen parthischen Texte gehören zum religiösen Schrifttum der Manichäer-Sekte und sind in manichäischer und soghdischer Schrift abgefasst.

Iranische Sprachen

Ausgliederung

Das Iranische gliederte sich nach seiner Herauslösung als westlicher Zweig des Indo-Iranischen zunächst in eine west- und ostiranische Gruppe aus. Der bekannteste Vertreter des Westiranischen ist das Persische (s. u.) Das Ostiranische ist durch Texte in Avestisch, der heiligen Sprache des Zoroastrismus (s. u.), schriftlich früh bezeugt. Die Inhalte der sakralen Überlieferungen sind mündlich bereits lange vor ihrer schriftlichen Aufzeichnung in der Zeit zwischen 1000 und 800 v. Chr. tradiert worden. Die in der Steppenregion Eurasiens (östliche Ukraine, südliches Russland, nördliches Kasachstan) verbreiteten iranischen Sprachen, die noch während der Antike untergingen (Skythisch, Sarmatisch, Kimmerisch, s. Kap. 6), bildeten eine nordöstliche Untergruppe des östlichen iranischen Sprachzweigs.

- Untergegangene iranische Sprachen: Alanisch, Avestisch, Baktrisch, Kimmerisch, Medisch, Parthisch, Sakisch, Sarmatisch, Skythisch, Soghdisch
- Moderne iranische Sprachen:
- östliche iranische Sprachen: Jagnobisch, Ossetisch, Pamir-Sprachen, Pashto (östliche und westliche Variante) u. a.
- westliche iranische Sprachen: Baluchi, Kurdisch, Persisch, Dari, Tadschikisch u. a.

Die persische Sprache

Die Ausbildung des Persischen als selbständige Sprache aus dem iranischen Kontinuum reicht ins frühe 1. Jahrtausend v. Chr. zurück. Diese Sprache hatte sich schon jahrhundertelang in gesprochener Form entwickelt, bevor sie im 6. Jahrhundert v. Chr. auch verschriftet wurde (Brandenstein 1964).

Die ältesten Kontakte des Persischen sind solche zum Medischen, das selbst nicht geschrieben wurde, aber den Wortschatz sowohl des gesprochenen als auch des geschriebenen Persisch beeinflusst hat. In den altpersischen Texten treten Dubletten auf, mit einem persischen Erbwort und einem medischen Lehnwort: z. B. *asa* (pers. Erbwort) : *aspa* (< med.) ‹Pferd› (Skjærvø 2005).

Das Lautsystem des Altpersischen unterscheidet zwischen drei Vokalqualitäten ([a, i, u]), die jeweils kurz oder lang auftreten, wobei die Quantitäten phonematisch (d.h. bedeutungsunterscheidend) sind. Der Laut [l] war nicht in Erbwörtern, wohl aber in Lehnwörtern akkadischer Herkunft vertreten; er wird erst im Mittelpersischen häufiger. Die früheren Endsilben des Altpersischen gehen in der Entwicklung zum Mittelpersischen verloren (z.B. altpers. *martya* ‹Mann› > mittelpers. *mard*; *vahara* «Frühling» > *wahar; siyata* ‹glücklich› > *sad*). Die Transformation des Altpersischen zum Mittelpersischen war ein längerer Prozess, der im 4. Jahrhundert v. Chr. einsetzte.

Mit dem Persischen am nächsten verwandt ist das Tadschikische, das in älteren Sprachklassifikationen auch als Dialekt des Persischen identifiziert wurde. In Afghanistan, Pakistan und Indien wird es als «Dari» bezeichnet, abgeleitet von «Farsi-e-Dari», d.h. «Sprache des königlichen Hofes», während das Persische als «Farsi» bezeichnet wird. Es gibt aber eine Reihe von strukturellen Unterschieden zwischen beiden Sprachen, markanter als die zwischen britischem und amerikanischem Englisch. Im Dari sind zum Beispiel die indoeuropäischen Vokale *e* und *o* erhalten, die bereits im Altpersischen mit *u* und *i* fusionierten.

Das Persische ist inschriftlich seit dem 6. Jahrhundert v. Chr. bezeugt (Königsinschriften von Dareios I. in Behistun). Im Achämenidenreich (559–331 v. Chr.) war das Altpersische Kanzlei- und Bildungssprache. Neuere Archivfunde lassen erkennen, dass Altpersisch auch zur Aufzeichnung von Texten mit praktischer Funktion verwendet wurde.

Das Mittelpersische war die Sprachform, die unter den Sassaniden (um 225–651 n. Chr.) im Mittleren Osten dominierte. Das moderne Persisch bildete sich zwischen dem 7. und 9. Jahrhundert aus. Das Ergebnis war eine persische Koiné (Gemeinsprache). Das um 1000 von dem persischen Dichter Firdausi verfasste *Schahname*, das «Buch der Könige», das Nationalepos der gesamten persischsprachigen Welt, wird häufig dafür verantwortlich gemacht, dass sich die neupersische Sprache seit rund tausend Jahren nicht mehr wesentlich verändert hat.

Das Persische wurde zunächst in einer Variante der mesopotamischen Keilschrift (6.–4. Jahrhundert v. Chr.) geschrieben, später in einer von der aramäischen Schrift abgeleiteten Variante, der Pehlevi-Schrift (3. Jahrhundert v. Chr. – 3. Jahrhundert n. Chr.; s. Kap. 16) sowie einer modifizierten Form des arabischen Alphabets (Neupersisch). In moderner arabischer Schrift wird Persisch seit dem 12. Jahrhundert geschrieben.

Der Zoroastrismus

Möglicherweise schon im 2. Jahrtausend v. Chr. entstand im Süden Zentralasiens eine Religion, die nach dem Namen ihres Begründers Zarathustra (Zoroaster) als Zarathustraismus, Zoroastrismus, Parsismus, aber auch Mazdaismus oder Magianismus bezeichnet wird, ihre Anhänger werden Parsen – «Perser» – genannt.

Früher wurde angenommen, Zarathustra habe zwischen 630 und 553 v. Chr. gelebt. Heute geht man jedoch davon aus, dass der Priester, der als Gründer der Religion verehrt wird, bereits im 11. oder 12. Jahrhundert v. Chr. gelebt hat. In der sakralen Textüberlieferung, in den Zarathustra zugeschriebenen *Gathas* (einer Sammlung von metrischen Hymnen), sind archaische Eigenschaften des Iranischen bewahrt, die wesentlich älter sind als der Sprachgebrauch im 7. Jahrhundert v. Chr.

Ähnlich wie im Fall der vedischen Texte in Indien (s. Kap. 14) sind auch die *Gathas* jahrhundertelang lediglich in mündlicher Form memoriert und überliefert worden. Die Sprachform der *Gathas* ist das Avestische. Die ältesten schriftlichen Überlieferungen der zoroastrischen Sakraltexte stammen aus der Zeit zwischen dem 6. und 4. Jahrhundert v. Chr.

Aus späterer Zeit (3.–7. Jh n. Chr.) stammen Kommentare zu den alten Texten, und zwar in Pehlevi (Pahlavi), einer mitteliranischen Sprache. In dieser Sprachform sind auch die meisten Texte parsischer Gelehrsamkeit aufgezeichnet, dafür wurde die Pehlevi-Schrift verwendet. Diese Texte, die zwischen dem 6. und 10. Jahrhundert entstanden, enthalten Wissen über Kosmologie, Mythologie, Philosophie und über das Ritualwesen.

Die oberste Gottheit ist Ahura Mazda (‹erleuchtende Weisheit›), der die beiden konträren Kräfte der Welt kontrolliert: *spenta mainyu* (‹progressive Mentalität›) und *angra mainyu* (‹destruktive Mentalität›). Zarathustra hat die beiden Komponenten Ahura (‹Sein›) und Mazda (‹Geist, Bewusstsein›) in seinen *Gathas* mit zweierlei grammatischem Geschlecht verwendet, den einen Ausdruck als Femininum, den anderen als Maskulinum. Aufgrund der Dualität der grammatischen Genera könnte man die oberste Gottheit trotz ihrer Abstraktheit als androgyn bezeichnen.

In das Gebäude seiner neu konzipierten Religion hat Zarathustra wohl Basiselemente des Ideenguts aus seiner Umwelt, die kulturell iranisch geprägt war, integriert. Es sind auch Ähnlichkeiten mit der indo-arischen Tradition zu erkennen. Beispielsweise ist die Komponente Ahura im Got-

Ein Relief aus Persepolis, das den Hauptgott des Zoroastrismus, Ahura Mazda, darstellt

tesnamen Ahura Mazda verwandt mit dem vedischen Ausdruck *asura* (‹Dämon›).

Die Welt ist nach zoroastrischem Glauben von Dämonen und Geistern bevölkert, die jeweils im Dienst einer der beiden Kräfte stehen. Das populärste Motiv und wichtigste Symbol des Zoroastrismus ist der Faravahar, ein geflügelter Schutzgeist. Schutzgeister gibt es nach zoroastrischer Auffassung seit der Weltschöpfung durch Mazda. Sie beschützen die noch nicht geborenen Seelen und vereinen sich vier Tage nach dem Tod eines Menschen wieder mit dessen Seele. Eine Reinkarnationslehre kennt der Zoroastrismus im fundamentalen Unterschied zum Hinduismus jedoch nicht.

Die beiden Elemente Wasser (*apo*) und Feuer (*atar*) gelten im Zoroastrismus als lebenserhaltende Kräfte und als Medien der rituellen Purifikation. Rituelle Feuer brennen in den Feuertempeln, und Anhänger der Religion beten gewöhnlich in der Nähe einer Lichtquelle. Das Feuer gilt als Medium für die Vermittlung von Weisheit an den menschlichen Geist, deren Quelle nicht das Wasser ist.

Der Zoroastrismus war vor allem im altpersischen und mittelpersischen Reich weit verbreitet, auch bei den nicht-persischen Untertanen. Die islamisch-arabische Eroberung im 7. Jahrhundert hat ihn zurückgedrängt, aber nicht ausgelöscht. Erst nach der iranischen Revolution 1979 hat sich die zoroastrische Gemeinschaft im Iran (insbesondere in Teheran) weitgehend aufgelöst. Die meisten Anhänger findet man heute in Indien, vor allem in Mumbai, wo laut indischem Zensus rund 70 000 Parsen leben. Der Zusammenhalt der Religionsgemeinschaft wird dort u. a. durch Erzählungen von einer heroischen Frühzeit aufrechterhalten, etwa in der fünfbändigen *Saga of the Aryans* des parsischen Schriftstellers Porus Homi Havewala aus den 1980er Jahren, die bis heute bei allen Altersgruppen beliebt ist.

14. Indien: Draviden und Arier

(2. Jahrtausend v. Chr.)

Heute sprechen mehr als eine Milliarde Menschen in Südasien indoeuropäische Sprachen. Dazu gehören die meisten Sprachen Indiens (ca. 74%). Von diesen hat Hindi die meisten Sprecher (2001: 422 Mio. = 41% der Landesbevölkerung); an zweiter Stelle steht das Bengalische mit 83 Millionen Sprechern (8%), gefolgt von Urdu mit 51 Millionen (5%). Im benachbarten Pakistan sind rund 95% der Sprachen des Landes indoeuropäisch. Die sprecherreichsten Sprachen sind Punjabi (76 Mio. = 44% der Landesbevölkerung), Pashto (27 Mio. = 15%) und Sindhi (24 Mio. = 14%). In Sri Lanka sprechen rund 13 Millionen Menschen (ca. drei Viertel der Landesbevölkerung) Singhalesisch, ebenfalls eine indoeuropäische Sprache.

Diese Massierung indoeuropäischer Sprachen mit ihrer Verteilung auf eine multiethnische Bevölkerung hat eine lange Geschichte, deren Anfänge im 2. vorchristlichen Jahrtausend liegen. Die Regionen Südasiens waren schon Jahrtausende vor der Ankunft der Indoeuropäer besiedelt. Die vorindoeuropäische Bevölkerung hat eine der alten Hochkulturen der Menschheit hervorgebracht, die Induszivilisation. In den Staaten des indischen Subkontinents leben bis heute Nachkommen dieser Urbevölkerung, die teilweise die Sprachen ihrer Vorfahren bewahrt haben. Dies sind jedoch zumeist lokale Gruppen an den Peripherien: die Sprecher des Burushaski im Norden Pakistans, die Adivasi in Zentralindien, die Veddah in Sri Lanka (die allerdings schon vor längerer Zeit einen Sprachwechsel zum Indoeuropäischen erlebt haben).

Die Hochkultur der Draviden

Allgemein nimmt man an, dass das Know-how der Pflanzenkultivation von – nicht-indoeuropäischen – dravidischen Migranten nach Indien transferiert wurde. Sie kamen wahrscheinlich aus dem iranischen Hochland und hatten Kontakt zu den agrarischen Gemeinwesen von Elam und

Mesopotamien. Bislang ist ungeklärt, ob die dravidischen Sprachen mit dem Elamischen verwandt sind. Die Einführung domestizierter Nutzpflanzen wie Weizen, Gerste, Linsen, Erbsen und Flachs datiert ins 4. Jahrtausend v. Chr. (Parzinger 2014: 453 f.), denn als im 3. Jahrtausend v. Chr. die urbanen Zentren der Induszivilisation aufblühten, waren Hortikultur und Ackerbau im Nordwesten Indiens bereits allgemein verbreitet (Fuller 2002: 193 ff.).

Sehr wahrscheinlich waren es dravidische Bevölkerungsgruppen, die im 3. Jahrtausend v. Chr. im Nordwesten Indiens und in angrenzenden Regionen Pakistans die alte Induszivilisation aufgebaut haben. Der Zusammenhalt der Siedlungen in dieser Hochkultur hing von den Verkehrsverbindungen über die große Wasserstraße ab, vom Indus und seinen Nebenflüssen am Oberlauf. Ein Teil der Siedlungen (rund 50) war im Tal des Indus angelegt. Dazu gehörten auch die beiden größten Städte, Mohenjo-Daro im unteren Flusstal und Harappa am Oberlauf. Um die Mitte des 3. Jahrtausends v. Chr. hatten diese beiden Megasiedlungen zwischen 30 000 und 40 000 Einwohner. Weitaus mehr Siedlungen (rund 1000) lagen im Tal des Sarasvati, eines Nebenflusses des Indus (McIntosh 2008: 20).

Die Distanz vom großen Fluss hing davon ab, wie die Felder ringsum über ein Irrigationssystem bewässert werden konnten. Die Siedlungen waren in ein dichtes Netzwerk von Handelsbeziehungen integriert, mit einer Ausdehnung von mehr als 1000 Kilometern in Nord-Süd-Richtung.

Über weiträumige Handelsbeziehungen waren die Siedlungen im Industal mit den Zivilisationen im Mittleren Osten verbunden, mit den Städten Sumers und Elams. Die Verbindung nach Mesopotamien verlief über die Seeroute durch den Persischen Golf. Zwischenstation war das legendäre Dilmun (das heutige Bahrain). Für den Handel mit Elam gab es die Überlandroute nach Westen durchs iranische Hochland.

Die Induszivilisation unterschied sich in vieler Hinsicht von den anderen alten Zivilisationen Asiens. In Mesopotamien wie in Elam gab es staatliche Organisationsformen, und die sumerischen Stadtstaaten hatten eine zentrale Administration aufgebaut. Dies gilt nicht für das Industal. «Die Harappa-Siedlungen, von Dorfgröße und darüber, machen den Eindruck von Orten des Handwerks und Handels, denen jegliche Einrichtungen für staatliche Kontrolle oder Zentralverwaltung fehlen.» (Maisels 1999: 226) Das Handelsnetz schuf die Voraussetzungen für einen Interessenverbund, für eine auf Handel gegründete Ökumene oder ein Commonwealth. Mit dieser Orientierung ähneln die sozioökonomischen Ver-

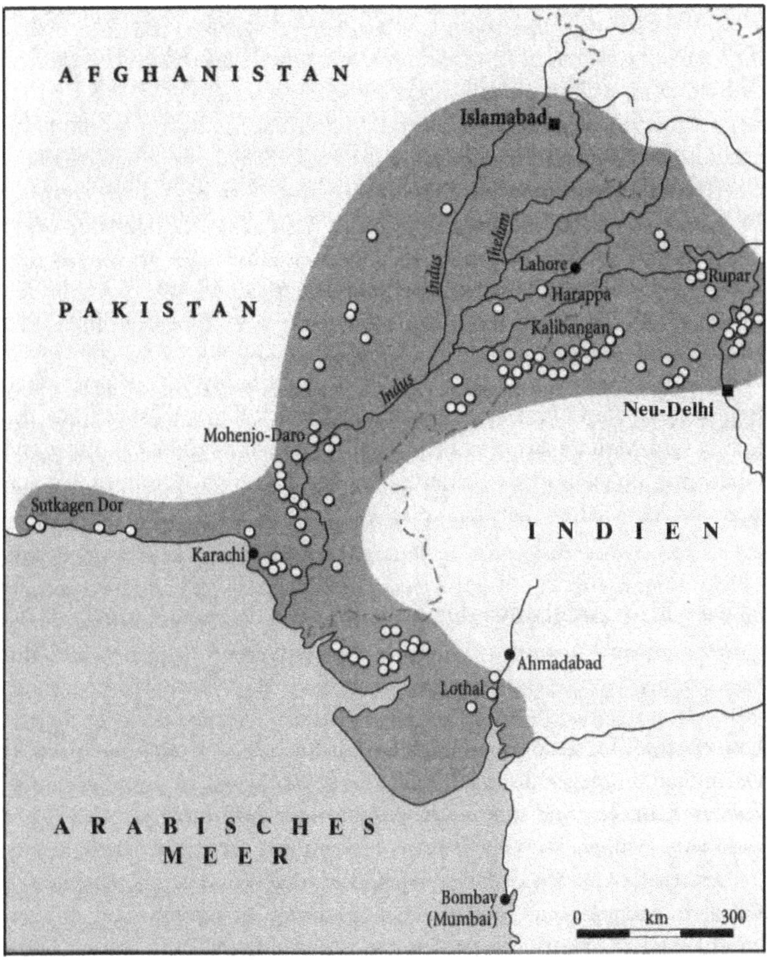

Die Siedlungen der Induszivilisation und ihr Umland im Südosten Pakistans und im Nordwesten Indiens

hältnisse der Induszivilisation denen der Donauzivilisation in Südosteuropa, deren Wirtschaftsleben ebenfalls ohne staatlichen Überbau funktionierte.

Eine Änderung des Klimas und der Witterungsverhältnisse wird für den Niedergang der Induszivilisation verantwortlich gemacht. Extreme Regenfälle verursachten Erosion und Überschwemmungen im Süden. Das

Ende von Mohenjo-Daro waren sukzessive Flutungen, so dass die Stadtteile langsam im Schlamm des Flusses versanken (Keay 2000: 4). Zugleich waren lange Dürreperioden weiter im Norden verantwortlich für das Austrocknen vieler Felder, die bis dahin bewässert werden konnten. Das Ende für die Region entlang des Sarasvati-Flusses kam, als dieser nach aufeinanderfolgenden Trockenperioden kein Wasser mehr führte. Davon waren Hunderte von lokalen Siedlungen betroffen (Rothermund 1995a: 79, Dexter 2012: 197 f.).

Die Verknappung der Nahrungsreserven führte zu sozialen Unruhen und Auseinandersetzungen. Die Dämme für die Bewässerungsreservoirs wurden brüchig und nicht mehr in Stand gesetzt. Immer mehr Bewohner verließen ihre Siedlungen und wanderten nach Süden ab. In peripheren Regionen wie Sind (westlich des unteren Indus), Gujarat (südöstlich des Indus) und Maharashtra (östlich davon zwischen den Flüssen Tapti und Godavari) blieben späte Restkulturen der Harappa-Ära noch bis um 1500 v. Chr. erhalten (Parpola 1994: 24 ff.).

Die «Einwanderung» der Arier

Die Landnahme arischer Steppennomaden

Um 1700 v. Chr. gelangten die ersten Gruppen von Ariern nach Nordwestindien. Entgegen der mythischen Verbrämung waren diese keine glorreichen Eroberer, und ihre Kultur konnte sich auch nicht mit der Zivilisation der frühen Draviden messen. Vielmehr waren sie berittene Nomadenkrieger aus den Grenzgebieten, die als Verbündete ins Land geholt wurden, nachdem mit dem Niedergang der Induszivilisation Machtkämpfe zwischen verfeindeten lokalen Clans ausgebrochen waren. Diese Krieger waren Arier, und sie kamen mit Pferden und Streitwagen. Da Pferde in der Induszivilisation nicht zu den Nutztieren gehörten, waren die Krieger der Draviden-Clans als Fußsoldaten den mobilen Reitern unterlegen (Sparreboom 1985).

Die arischen Reiterkrieger kamen wahrscheinlich aus dem Gebiet der Swat-Kultur (Nordpakistan), deren Anfänge ins 3. Jahrtausend v. Chr. datieren. Als Herkunftsgebiet der Söldner werden in der alten vedischen Literatur die *sapta-sindhava* («sieben Flusstäler») erwähnt. Die im *Rig Veda* verstreuten Flussnamen vermitteln einige Hinweise auf ihre Migrationsrouten.

Die indoeuropäische Migration nach Indien

Im kulturellen Gedächtnis späterer Generationen, die die Ankunft der Arier in Indien als lichtbringende Landnahme glorifizierten, finden wir ein Echo der kämpferischen Natur jener Arier. In der Mythologie der vedischen Ära haben die beiden mächtigen Götter, der feuerspeiende Agni und der Blitze schleudernde Indra, den Ariern den Weg in die neue Heimat geebnet (s. u.).

Dass die ersten Arier, die nach Indien kamen, Vertreter einer Nomadenkultur aus Zentralasien waren, geht aus den Berichten späterer Zeit hervor, die sich auf die Ära der Einwanderung beziehen. Die Arier waren auch kein einheitliches Volk im Sinn eines ethnischen Kollektivs, eher waren es nomadische Gruppen mit Clanorganisation, allerdings mit ähnlicher Sprache und Kultur.

Die Einwanderung der Arier hat man sich als ein allmähliches Einsickern vorzustellen. Viele Krieger kehrten nicht mehr nach Zentralasien zurück, sondern blieben im Gebiet der Induszivilisation. Die ursprünglich als Verbündete gerufenen Reiternomaden stahlen den Einheimischen das Vieh, unterdrückten sie, verdrängten die lokalen Herrscher und etablierten sich schließlich als militärisch-politische Elite gegenüber einer Bevölkerung mit mehrheitlich andersartiger Kultur und Sprache. Erst allmählich folgten andere Gruppen von Viehnomaden nach und migrierten ostwärts in die fruchtbaren Täler und Ebenen des Punjab. Die Stoßrichtung der frühen Einwanderung ist in der archäologischen Hinterlassenschaft an der Verbreitung eines typischen Gefährts zu erkennen, des von Pferden gezogenen Streitwagens. «Als die im Rig-Veda erwähnten Volksstämme nach Nordwestindien vordrangen, fuhren sie (*vah-*) in Streitwagen (*ratha-*) mit zwei Rädern (*cakra-*), einer Achse (*akṣa-*) und einer Deichsel (*iṣa-*), die von Pferden (*aśva-*) gezogen wurden» (Parpola 1994: 158).

Die archäologische, siedlungs- und kulturgeschichtliche Rekonstruktion der arischen Landnahme steht im Kontrast zur Meistererzählung von einer heroischen Eroberung, die die europäische – vor allem britische – Geschichtsforschung des 19. Jahrhunderts gepflegt hat. Sie hat sich dabei an den indischen Mythen orientiert, die Jahrhunderte nach der Landnahme in Sanskrit aufgezeichnet wurden. Die mythische Verklärung der eigenen Ursprünge prägt das Geschichtsbild der Hindu-Nationalisten bis heute. «Für Hindus sind die Traditionen der Sanskritliteratur immer noch sakrosankt» (Keay 2000: 19). Die Verfilmungen der beiden großen Sanskritepen, *Mahabharata* und *Ramayana* halten die Glorie eines heroischen Zeitalters wach. Die epischen Erzählungen sind heute ein Nährbo-

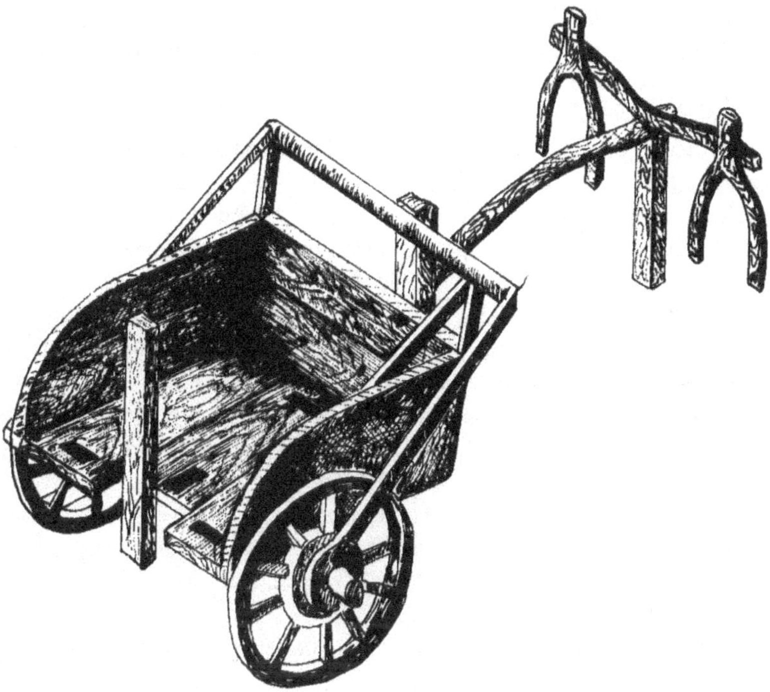

Streitwagenmodell der Arier

den für den sich verbreitenden Hindunationalismus, der sich gegen die nicht-indoeuropäischen Minderheiten sowie gegen Muslime in Indien richtet.

Die Gesellschaft der frühen Arier im Spiegel des Rig Veda

Die Annahmen zum nomadischen Charakter der Ariergemeinschaften, die keineswegs eine Hochkultur darstellten, bestätigen sich auch im frühen Schrifttum Indiens. Der *Rig Veda* gehört zu den Veden, den heiligen Texten der Vedischen Religion, aus der sich seit etwa 200 v. Chr. der Hinduismus entwickelte. Von den insgesamt vier kanonischen Veden (*sruti*) ist der *Rig Veda* der älteste (O'Flaherty 2000). Während die drei jüngeren Veden in Indien entstanden sind, geht die Komposition des *Rig Veda* (Sanskrit *rgveda* < *rg* ‹Lobpreisung, Vers› + *veda* ‹Wissen›, letzteres urverwandt mit z. B. lat. *videre* ‹schauen›) auf die Periode vor der Landnahme zurück, als die arischen Nomaden im Süden Zentralasiens lebten. Inhaltlich gibt es darin vielerlei Hinweise auf die ursprünglichen Lebensbedingungen der frühen Arier. Die Entstehungszeit der Textkomposition lässt sich grob in den Zeitraum zwischen 1700 und 1100 v. Chr. datieren. Die Verse des *Rig Veda* wurden wie alle vedischen Hymnen über mehr als tausend Jahre ausschließlich memoriert und als *sruti* ‹Hörtexte› mündlich rezitiert, bevor sie zwischen dem 4. und 6. Jahrhundert n. Chr. schriftlich aufgezeichnet wurden. Die Sprache dieser Texte ist das Sanskrit (s. u.).

Der *Rig Veda* besteht aus zehn Büchern (Mandalas), deren Teile zu verschiedenen Zeiten entstanden und die erst im Prozess der Tradierung von einer Generation zur nächsten zusammengefügt wurden. Die Mandalas 2 bis 7 sind die ältesten, die Mandalas 1 und 10 die jüngsten. Bei den Texten handelt es sich um Hymnen und Lobpreisungen (*sukta* bzw. *su-ukta*, wörtl. ‹wohl formulierte Eulogie›), die alle zur Rezitation bei verschiedenen Opferritualen bestimmt sind. Die insgesamt 1028 Hymnen werden sieben Verfassern, den *saptarishi* (‹die sieben großen Weisen›), zugeschrieben, die ihre Texte mit göttlicher Inspiration komponierten. Sie gehörten verschiedenen Familien an, deshalb werden diese Mandalas auch als «Familienbücher» bezeichnet.

Der Heldengott Indra, Agni, der das Opferfeuer symbolisiert, und der Mondgott Soma, dessen Name zugleich ein halluzinogenes Opfergetränk bezeichnet, bilden die Führungsgruppe der in den Hymnen angerufenen Gottheiten. Rund 250, fast ein Viertel aller Hymnen, sind an Indra gerichtet. In ihnen spiegelt sich die kriegerische Natur der arischen Nomaden. Indra wird als heroischer Gott gepriesen, der seinen Feind Vrtra erschlägt.

Die Hinweise auf die Opferrituale im *Rig Veda* spiegeln Verhältnisse in der Nomadengesellschaft wider. Bei den Opfergaben handelte es sich um Tiere wie Schafe, Ziegen, Pferde, die zum Bestand der Herden indoeuropäischer Viehnomaden gehörten, in der Induszivilisation jedoch nicht verbreitet waren. Unter den Hymnen im *Rig Veda* finden sich insgesamt zehn, die an den alten proto-indoeuropäischen Hirtengott der eurasischen Nomaden gerichtet sind; sein Name wird in der vedischen Literatur als Pusan tradiert. Im Mandala 6 wird Pusan als Freund Indras, ja sogar als sein Bruder gepriesen. In der nach-vedischen hinduistischen Literatur verblasst die Gestalt von Pusan und schwindet später vollständig.

Von Agrarprodukten als Opfergaben, wie sie bei den Ritualen der später sesshaften Arier in Indien Verwendung fanden, ist keine Rede (Anthony 2007: 454 f.). Die Menschen, für deren Ritualwesen die Hymnen verfasst wurden, lebten nicht in festen Häusern oder befestigten Städten. Ein urbanes Milieu ist für die Gesellschaft des *Rig Veda* nicht auszumachen. Der *Rig Veda* liefert somit den eindeutigen Beweis dafür, dass diejenigen, die die alte Indus-Zivilisation geschaffen hatten, nicht die einwandernden Arier waren.

Kultursymbiosen

Wirtschaft und Religion

Es ist gut möglich, dass die arischen Steppennomaden, die aus dem Süden Zentralasiens nach Indien migrierten, bereits im Kontakt mit den urbanen Zentren Baktriens und der Margiana Einflüsse der einheimischen (nicht-indoeuropäischen) Agrarbevölkerung aufgenommen hatten, bevor sie ins Industal und weiter nach Osten wanderten. Insgesamt 55 alte Lehnwörter unbekannten (altdravidischen?) Ursprungs, die in den indo-iranischen Sprachen verbreitet sind, wurden bisher nachgewiesen. Hierzu gehören elementare Begriffe des Pflanzenanbaus und der Haltung domestizierter Tiere wie Brot (*nagna*), Pflugschar (*sphara*), (Bewässerungs)-Kanal (*iaviia*), Kamel (*hustra*), Esel (*khara*) u.a. (Lubotsky 2001: 307). Der Bestand der alten Lehnwörter wurde durch Entlehnungen jüngeren Datums erweitert, die speziell im Altindischen weiterleben (s. u.).

Nicht nur die materielle Kultur Baktriens beeinflusste das Alltagsleben der Steppennomaden, sondern auch die religiösen Traditionen der Nicht-Indoeuropäer. Die indo-iranischen Clans kannten einen alten Gott der Macht und des Sieges, Verethraghna, der entthront und durch einen älteren Gott der einheimischen Stadtbevölkerung abgelöst wurde: Indra. Der verdrängte nicht nur Verethraghna, sondern auch die alte Gottheit Mithras sowie den Helden Thrataona. Die Eigenschaften der drei Figuren vereinigten sich in Indras Gestalt: die Keule des Mithras, die Fähigkeit Verethraghnas, seine Gestalt zu wechseln, das Töten des Drachen als Heldentat Thrataonas (Malandra 1983: 80f.).

Indra wurde bei den Ariern Indiens noch mächtiger als sein Vorgänger Verethraghna. Er ist Heros, Dämonentöter und Weltretter in einem. Seine Taten sind in vielen Mythen, nicht zuletzt im *Rig Veda*, überliefert. Indra schuf eine Welt, wo der Himmel auf goldenen Pfeilern ruht und wo die Berge eine feste Lage einnehmen, nachdem Indra ihnen die Flügel beschnitten hat. Er ist der Gott des Blitzes, der auf dem Pferd Uccaihsravas

Zwei arische Götter Indiens: der arisierte Indra (rechts) und der indoeuropäische Surya, Gott der Sonne und des Lichts

reitet. Ein anderes Tier, das Indra begleitet, ist der Elefant Airavata. Mit Indra sind auch die heiligen Kühe verbunden, die Wolkenkühe, die er vor dem Drachen Ahi rettet, dem Dürredämon, der das lebensspendende Wasser verschluckte, so dass das Vieh zu verdursten drohte. Indra ging später in den hinduistischen Pantheon ein und wurde zum Gott des Paradieses, Svarga, umfunktioniert (Coleman 2007: 519 f.). Etwa im 7. Jahrhundert v. Chr. verblasste Indras Einfluss im Götterpantheon der alten iranischen Kulturen; seine Rolle sank zu der eines marginalen Dämons herab.

Nicht nur Indra, auch Soma, das halluzinogene, als Gottheit personifizierte Ritualgetränk, ist von den indo-arischen Nomaden im Kontakt mit dem religiösen Milieu der Städte Baktriens und der Margiana adaptiert worden.

Der religiöse Spezialwortschatz der indo-iranischen Sprachen spiegelt die frühen Einflüsse des vor-arischen Kultlebens deutlich wider: Ausdrücke wie *ucig*, *magha* ‹Opferpriester, Opfergabe›, *rsi* ‹Augur, Wahrsager›, *gandharubha* ‹mythisches Wesen› u. a. sind vorindoeuropäischer Herkunft (Lubotsky 2001: 304 f.).

In Indien erlebten die Nomaden einen ähnlichen Wandlungsprozess, wie ihn Teile ihrer Vorfahren einige Tausend Jahre früher in Südosteuropa durchgemacht hatten. Innerhalb weniger Generationen wurden aus Viehnomaden sesshafte Ackerbauern. Entsprechend wandelten sich ihre Kultur und ihre Sprache. Im Milieu dieser Regionen mit ihrer damals dravidischen Bevölkerung entfaltete sich die Akkulturation der nomadischen Arier zu Indo-Ariern, Ackerbauern mit arisch-dravidischer Mischkultur. Der Akkulturationsprozess hat im Altindischen deutliche Spuren hinterlassen. Kernbegriffe agrarischer Lebensweisen wurden aus der Sprache der einheimischen Draviden entlehnt, z. B. ‹Pflug› (altind. *langala*), ‹Dreschplatz› (*khála-*), ‹Reis› (*sali-*), ‹Stroh› (*busa-*), ‹Brot› (*rotika*) (Fuller 2002). Rund ein Drittel des Hindi-Vokabulars im Bereich des Pflanzenanbaus ist aus einer nicht-indischen (d. h. vorindoeuropäischen) Quelle entlehnt. Dies kann nur die Sprachform der alteingesessenen Ackerbauern sein (Bryant 2001).

Durch die Kultursymbiose zwischen Draviden und Ariern wurde das Götterpantheon der arischen Einwanderer weiter umgestaltet. In den Kreis der indoeuropäischen Gottheiten wurde die sowohl von Hindus als auch von Buddhisten verehrte mächtige Kali aufgenommen, deren Name wörtlich «die Schwarze» bedeutet (altdravid. > altind. *kala-* ‹schwarz›). Die Gestalt der schwarzen Göttin lässt sich unschwer mit der Großen Göttin der Harappa-Zivilisation in Verbindung bringen. Die Götter der Arier haben Kali nicht verdrängen können. In einigen Gegenden Südasiens hat Kali sogar eine Vorrangstellung erlangt, beispielsweise im Königreich Bhutan, wo sie als Schutzpatronin des Landes verehrt wird. Das Hauptheiligtum der buddhistischen Kali ist in Bhaktapur (Nepal), das der hinduistischen Verehrer am Ufer des Ganges in Dakshineswar (nördlich von Kalkutta) (Harding 1993). Zu den mythischen Wesen der Induszivilisation gehört auch die «Tigergöttin», die in Siegelbildern dargestellt ist. Diese Figur lebt in indischen Mythen weiter. In einer Chenchu-Erzählung ist die Rede von einem Mischwesen, halb Frau und halb Tiger (Jayakar 1990: 69).

Eines der auffälligen Kulturmuster, das aus dem Milieu der Induszivilisation von den arischen Neusiedlern übernommen und in ihre Kultur integriert wurde, ist die Herstellung von (überwiegend weiblichen) Figurinen und deren Einbettung in religiöse Rituale (Dexter 2012: 206 ff.). Ein weiterer Hinweis auf das Fortleben vor-arischer Kulturtradition ist die Bewahrung bestimmter Kultursymbole der Induszivilisation, die heute noch als magische Symbole an Hauswände gemalt werden: unter anderem das abstrahierte Fischmotiv, das seit den Zeiten der Induszivilisation verwendete sakrale Feigensymbol und das auf die Stirn gemalte Schutzsymbol: «... die althergebrachte Sitte der Hindu, ein rotes Zeichen auf die Stirn zu malen, geht wahrscheinlich auf das 3. Jahrtausend v. Chr. zurück» (Parpola 1994: 272).

Kontinuität ist in vielen Bereichen zu beobachten, «in künstlerischen Symbolen, architektonischen Stilformen, Technologien, ökonomischen Netzwerken und wirtschaftlichen Tätigkeiten» (Kenoyer 1998: 18 f.). Die Bearbeitungstechniken von Metall für Schmuckstücke in lokalen Werkstätten gehen auf die technologischen Errungenschaften der Induszivilisation zurück.

Nachdem die Arier sich als politische und soziale Elite etabliert hatten, bildete sich eine Kluft zwischen der herrschenden Schicht und der Mehrheit der einheimischen Bevölkerung aus. Ihre politische Macht nutzten die Arier dazu, die dravidische Bevölkerung aus dem Nordwesten Indiens in den Süden zu verdrängen. Das Verhältnis von Indo-Ariern und Draviden folgte den Fluktuationen der politischen Geschichte Indiens und war in manchen Perioden gespannt, zu anderen Zeiten kooperativer. Dies gilt auch für Gebiete außerhalb Indiens, wo beide Gruppen in Nachbarschaft miteinander lebten. Bis in unsere Tage führen die Spannungen zwischen Tamilen (Draviden) und Singhalesen (Indo-Arier) in Sri Lanka zu gewaltsamen Konflikten.

Sprachwechsel bei den Altdraviden und den Adivasi

Es ist davon auszugehen, dass die Anfangsphase der Verbreitung indoeuropäischer (= indo-arischer) Sprache und Kultur auf dem indischen Subkontinent in vielem dem Initialprozess der Indoeuropäisierung in Südosteuropa ähnelte, der sich dort rund zweieinhalb Jahrtausende früher abspielte (s. Kap. 6 u. 7).

Eine neue Elite etablierte sich, ihre Sprache und Kultur genossen konkurrenzloses Prestige und verbreiteten sich bei der einheimischen Bevölkerung. Der Prozess der Kultursymbiose entfaltete sich über Zwischenstadien von Zweisprachigkeit (mit Dravidisch oder einer Sprache der Ureinwohner, der Adivasi, als Primärsprache und Indo-Arisch als Zweitsprache). Die Sprache der Elite avancierte zum dominanten Kommunikationsmedium auf allen Ebenen und in allen Funktionen. Innerhalb weniger Generationen setzte ein massiver Sprachwechsel ein, in dessen Verlauf viele Muttersprachler die angestammte Sprache aufgaben und sich vollständig assimilierten.

Lange bevor dravidische Völker und später Indo-Arier nach Indien gelangten, siedelten dort die Ureinwohner, die Adivasi. Sie lebten von der Jagd und vom Fischfang. Noch im 4. Jahrtausend v. Chr. stellten sie die Mehrheit der Bevölkerung. Die Vorfahren der Adivasi, die auch als Stammesvölker (engl. aboriginal people/tribes) bezeichnet werden, sind von Westen her nach Südasien eingewandert. Im Hinblick auf ihre äußeren anthropologischen Merkmale ähneln sie den Aborigines Australiens oder den Melanesiern.

In prähistorischer Zeit waren die Adivasi über den ganzen indischen Subkontinent verbreitet. Sie verloren im Lauf der Zeit immer mehr von ihrem angestammten Land an die sie umgebende Mehrheitsbevölkerung, von der sie in unwirtliche Gebiete verdrängt wurden. Heute leben die Adivasi – es gibt immer noch mehr als 30 Stammesvölker – in zahlreichen isolierten Enklaven in den Wald- und Bergregionen Zentralindiens (Bundesstaaten Rajasthan, Madhya Pradesh) und Ostindiens (Bundesstaaten Orissa, Bihar, Westbengalen). Die bevölkerungsstärksten Populationen der Adivasi findet man in den südlichen Bundesstaaten Maharashtra und Andhra Pradesh.

Die Adivasi sprechen heute Sprachen verschiedener genealogischer Zugehörigkeit, darunter auch austroasiatische und sinotibetische Sprachen. Diejenigen, die seit Jahrtausenden in engem Kontakt mit dravidischen oder indo-arischen Völkern lebten, haben sich sprachlich assimiliert. Die Gond zum Beispiel sprechen eine dravidische Sprache, die Sprache der Bhil ist mit den indo-arischen Sprachen verwandt.

Die Konsequenzen des Sprachwechsels der dravidischen und Adivasi-Volksgruppen kann man bis heute an bestimmten Aussprachegewohnheiten ihrer Nachfahren erkennen, und dies betrifft die retroflexen Laute.

Ein Beispiel für Sprechgewohnheiten mit deutlich vor-arischen Ursprüngen ist die vom Britischen oder Amerikanischen abweichende Artikulation des Englischen im Munde von Indern, die diese Sprachen als Zweitsprache erworben haben. Ähnliche Abweichungen kann man für den Wandel der Sprachform der arischen Frühsiedler in der Verwendung durch Draviden und andere Populationen des indischen Subkontinents postulieren. Charakteristische Laute indischer Sprachen sind solche mit retroflexer Artikulationsbasis, die als komplementäre Serie das System der regulären Dentallaute erweitern, etwa t und ṭ, th und ṭh, d und ḍ, dh und ḍh, n und ṇ (Cardona 1992: 203). Die Position der Zunge beispielsweise bei der Artikulation des retroflexen [ṭ] ist an der hinteren Seite der oberen Schneidezähne, wobei sich die Zungenspitze nach oben «zurückbiegt» (daher «retroflex») und den Gaumen berührt. Die Artikulationsbasis der retroflexen Laute ist bei Ladefoged/Maddieson (1996: 22 f.) in phonetischen Laboraufnahmen veranschaulicht. Die Integration retroflexer Laute in das Lautsystem indischer Sprachen geht auf dravidischen Substrateinfluss zurück. Dadurch unterscheiden sich die indo-arischen Sprachen von den nah verwandten iranischen Sprachen, in denen es keine retroflexen Laute gibt.

Vom Clan zum Großreich

Über die politische Entwicklung in den Jahrhunderten nach der arischen Landnahme gibt es keine verlässlichen Angaben. In geschichtlichen Darstellungen Indiens wird die Zeit zwischen ca. 1700 und ca. 900 v. Chr. das Zeitalter der vedischen Kultur und die Periode von ca. 900 bis ca. 500 v. Chr. das «epische Zeitalter» genannt. Die alte Clanordnung der Steppennomaden hielt sich lange, und aus den Traditionen der Clans in ihren wechselseitigen Beziehungen entstanden lokale Organisationsformen, die sich allmählich zu unterschiedlichen Staatswesen wandelten. In der epischen Literatur findet man zwei Modelle staatlicher Organisation. Das ist zum einen das Modell absoluter Alleinherrschaft (Monarchie), wie es in der epischen Erzählung des *Ramayana* vorgestellt wird. Das andere Modell wird in Indien *gana-sangha* genannt, was sich aus den Komponenten *gana* (‹Clan›) und *sangha* (‹Organisation›) zusammensetzt. Diese historisch belegten Staatswesen waren politisch unabhängige, jeweils von einem bestimmten Clan kontrollierte Territorien. Die Clanherrschaft befand sich in einem ständigen Wechsel, da sich häufig Gruppen vom heimischen Clan trennten und eine selbständige Führungselite bildeten, die sich dann ein eigenes Territorium suchte, sich dort als Oberschicht etablierte und politische Kontrolle ausübte.

An der geographischen Verteilung der Territorien ist deutlich zu erkennen, dass die Stoßrichtung der arischen Landnahme nach Indien hinein ins Flusstal des Ganges und seine Anrainerregionen gerichtet war. Als Alexander der Große 327 v. Chr. mit seinem Heer in den Panjab einfiel, gab es dort zwei kleine Königreiche, das westliche Königreich von Ambhi und das östliche Königreich von Porus. Durch deren Territorien am Oberlauf des Indus und des Chenab marschierten Alexanders Truppen, zogen ins Flusstal und folgten dem Strom bis an seine Mündung.

Die Invasion Alexanders zerstörte das Kräftegleichgewicht der Clans und führte zur Zentralisierung politischer Macht, die in der Herrschaft des Maurya-Clans gipfelte. Ihren Ausgang nahm diese erste Reichsbildung der indischen Geschichte vom lokalen Königreich Magadha in der Ganges-Ebene (im heutigen Bihar), von wo die Dynastie der Maurya ihren Machtbereich beständig erweiterte. Hauptstadt des Maurya-Reichs war Pataliputra (das heutige Patna). Zur Zeit seiner maximalen Ausdehnung gehörte der größte Teil Indiens und Pakistans zu dessen Territorium. Der Gründer und erste Herrscher dieses Imperiums, Chandragupta Maurya, wird auch der «Caesar Indiens» genannt. Der berühmteste aller Maurya-Herrscher war der dritte Regent, Ashoka (reg. 268–232 v. Chr.), der auch als Ashoka der Große bekannt ist (Ahir 1995). Ashoka ließ sich um 260 v. Chr. auf einen verlustreichen Krieg mit dem Kalinga-Staat (im Gebiet des modernen Odisha) ein. Die Zahl der Toten soll sich auf etwa 100 000, die der Deportierten auf rund 150 000 Menschen belaufen haben. Die Schrecken dieses Krieges sollen den Herrscher derart erschüttert haben, dass er zum Buddhismus konvertierte, um zu Friedfertigkeit zu gelangen.

Ashoka widmete sich in der Folge dem buddhistischen Missionswerk (Seneviratna 1994). Er hinterließ insgesamt 33 Inschriften (*dharma* ‹Gesetz›), die teilweise in Steinstelen gemeißelt (im Gebiet von Odisha, auch in Nepal), teils auf Felswänden eingraviert sind: Berühmt sind die Inschriften der Barabar-Höhlen und eine zweisprachige, griechisch-aramäische Inschrift aus Kandahar (Nikam/McKeon 1959). Ashoka ließ sich in seinen Edikten unter seinen Lieblingsbeinamen feiern: Devanampriya («Der von den Göttern Geliebte») und Priyadarsin («Er, der einen jeden mit Anteilnahme betrachtet»).

Ashokas Edikte sind in den beiden ältesten Varianten der indischen Alphabetschrift aufgezeichnet, in der Kharosthi- und in der Brahmi-Schrift. Beide sind von der aramäischen Schrift abgeleitet, die damals über weite Teile des Nahen und Mittleren Ostens bis nach Nordwest-Indien verbreitet war. Das Aramäische diente als Kanzleisprache im diplomatischen Kontakt zwischen den Großreichen der Maurya und der Perser. Die meisten Texte Ashokas sind in Kharosthi abgefasst. Diese Schriftart kam allerdings später außer Gebrauch. Die zahlreichen neuindischen Alphabete sind sämtlich von der Brahmi-Schrift abgeleitet.

älteste Form der Brāhmi (3. Jh. v. Chr.)		
Kadamba-, Cālukyainschriften (5.–7. Jh.)	Pallava-, Coḷa-, Pāṇḍyainschriften (= Grantha-Typus, 5.–7. Jh.)	
Altkanaresisch (10. Jh.)	östliche Grantha (12. Jh.)	westliche Grantha (12. Jh.)
Telugu, Kanaresisch (ab 1500)	Tamil	Malayāḷam

Die Ausgliederung der indischen Schriften im Süden Indiens (Friedrich 2006: 4)

älteste Form der Brāhmi (3. Jh. v. Chr.)		
Gupta-Schrift (4./5. Jh.)		
Siddhamātṛkā oder Kuṭila-Schrift (6.–10. Jh.)		Śāradā-Schrift (6.–10. Jh.)
frühe bengalische Schrift bengalische Schrift (17. Jh.) assamesische Schrift (19. Jh.) Maithilī-Schrift Oṛiyā-Schrift	frühe Devanāgarī Devanāgarī Kaithī-Schrift Moḍī-Schrift (17. Jh.) Gujarātī-Schrift	Laṇḍā-Schnellschrift Gurmukhī-Schrift (17. Jh.)

Die Ausgliederung der indischen Schriften im Norden Indiens

Vom Vedischen zum Sanskrit

Das Sanskrit gehört wie das Hethitische, Mykenisch-Griechische und Avestische zu den ältesten indoeuropäischen Schriftsprachen. Als gesprochene Sprache wurde das vedische Sanskrit mit den arischen Einwanderern im 17. Jahrhundert v. Chr. in den Nordwesten Indiens transferiert und verbreitete sich mit den Eroberungen der arischen Einwanderer in ganz Nordindien. Zur Zeit seines Transfers unterschied sich dieses Altindische noch wenig von dem nah verwandten Iranisch (z. B. Avestisch). Die früheste Manifestation des Altindischen ist das Vedische, eine archaische Form des Sanskrit.

Spätestens um 500 v. Chr. hatte sich das gesprochene Sanskrit gegenüber dem älteren Vedischen so weit verändert, dass die Sprecher des zeitgenössischen Sanskrit die vedischen Texte nicht mehr ohne Weiteres verstehen konnten. Die seit der zweiten Hälfte des 1. Jahrtausends v. Chr. verwendete Schriftsprache ist das Klassische Sanskrit. Es wurde als Schriftsprache konserviert, als Muttersprache kam es bereits vor der Zeitenwende außer Gebrauch. Die gesprochene Sprache entwickelte sich weiter zu den Varianten des Prakrit der mittelindischen Periode (s. u.).

Als Sprache der sozialen und politischen Elite verbreitete sich das Sanskrit während der Periode der Fremdherrschaft in Indien, als skythische Herrscher (Dynastie der Shaka), die Gupta und «neuen» Ksatriya den Norden des Landes regierten (bis ins 10. Jahrhundert). In jenen Teilreichen fungierte das Sanskrit als Amts- und Kanzleisprache.

Das älteste erhaltene Werk in Sanskrit ist gleichzeitig die älteste Grammatik dieser Sprache, der um 400 v. Chr. entstandene Traktat *Astadhyayi* von Panini, eine Sammlung von acht Unterweisungen. Die ältesten erhaltenen Inschriften in Sanskrit stammen erst aus dem 2. Jahrhundert v. Chr. (Inschriften des Rudradaman, Herrscher der Shaka-Dynastie). Zwischen dem Ende des 4. und dem Ausgang des 5. Jahrhunderts n. Chr. erlebte das klassische Schrifttum seine Blütezeit. In dieser Zeit wurden die drei alten Veden (*Rig-Veda, Yajur-Veda, Sâma-Veda*) und der jüngere (*Atharva-Veda*) aufgezeichnet. Generationen von Literaten dienten die Hymnensammlungen der Veden als Inspirationsquelle für neue Werke. Dieses Schrifttum aus späterer Zeit wird – zusammen mit den alten Texten – zum Gesamtkorpus der «vedischen Literatur» gezählt (Frédéric 1987: 1122 ff.). Die Literatur in klassischem Sanskrit umfasst aber auch lyrische Dichtung, literarische Prosawerke und eine verzweigte Sachprosa mit Werken zur Philosophie und Rhetorik, zu verschiedenen wissenschaftlichen Bereichen wie Medizin, Astronomie und Mathematik sowie zu juristischen Fragen (*dharma sutras*, Abhandlungen über religiöses Gewohnheitsrecht). Eine besondere Rolle für die kulturelle Identität der Hindu besitzen die beiden Nationalepen, das *Mahabharata* («Die große Erzählung von den Bharata») und das *Ramayana* («Erzählung über Rama»).

Zum Schrifttum in Sanskrit gehört auch eine umfassende Literatur über grammatische Fragen. Von den ältesten Werken ist nichts erhalten; lediglich der Name eines von den Hindu verehrten Grammatikers (Sakatayana) ist tradiert. Das älteste erhaltene Werk dieser Tradition ist der Traktat von Panini. Die grammatische Tradition ist motiviert durch das Auseinanderdriften der heiligen Sprache der Veden und der Alltagssprache. Als das vedische Sanskrit für die Sprecher der Umgangssprache immer weniger verständlich wurde, ergab sich die Notwendigkeit, die heilige Sprache zu kodifizieren und ihre Strukturen exakt zu beschreiben.

Sanskrit war und ist die heilige Sprache des Hinduismus. Als Schriftmedium hinduistischer Texte und als Bildungssprache hat es seine Vitalität bis in unsere Zeit bewahrt. Seine Rolle im Hinduismus ist vergleichbar mit der historischen Rolle des Lateinischen in Westeuropa vor rund 200 Jahren. Bis heute wird Sanskrit in Tempelritualen (in Mantras und in Stotras «Lobeshymnen») sowie in individuellen Gebeten verwendet. Als Schriftsprache für praktische literarische Zwecke ist Sanskrit allerdings nurmehr selten in Gebrauch. All India Radio sendet einmal täglich eine Nachrichtensendung in Sanskrit.

Das Sanskrit hat Impulse für terminologische Innovationen gegeben und den Kulturwortschatz der neuindischen Sprachen (z. B. Hindi, Bengalisch) entscheidend geprägt, entweder in Form direkter Entlehnungen oder in Gestalt von Lehnprägungen. Auch die Syntax und die Phraseologie vieler moderner Sprachen ist vom Sanskrit überformt worden. Die Ausstrahlung des Sanskrit macht sich ebenfalls in den dravidischen Sprachen (z. B. Tamilisch, Telugu) Südindiens bemerkbar.

Auch für die Buddhisten ist Sanskrit eine historische Bildungssprache. Elemente des Sanskrit finden sich im Wortschatz vieler Sprachen außerhalb Indiens, wo sich der Buddhismus verbreitet hat (z. B. Birmanisch, Khmer, Tibetisch, Chinesisch; s. u.). Über chinesische Vermittlung sind Sanskrit-Ausdrücke der religiösen Sphäre und damit indoeuropäische Elemente bis ins Koreanische und Japanische gelangt.

Das Prakrit und seine Nachfolger

Prakrit (von altind. *prakrta-* ‹natürlich; ungeschliffen›) ist ein Sammelname für lokale Sprachvarianten der mittelindischen Sprachperiode, die sich vor allem in lautlicher Hinsicht voneinander unterscheiden (Pischel 1900). Das jüngere mittelindische Sprachstadium unterscheidet sich vom älteren indischen Stadium, das vom Sanskrit repräsentiert wird, durch eine Vereinfachung des Flexionssystems, durch die Assimilation von Konsonantengruppen und teilweise durch den Schwund intervokalischer Konsonanten. Die jüngste der Prakrit-Varianten ist das Apabhramsa, das entwicklungsmäßig zwischen den mittelindischen und den neuindischen Sprachen steht.

Die schriftliche Überlieferung in Prakrit setzte im 3. Jahrhundert v. Chr. ein. Ashoka, der Begründer des ersten indischen Großreichs, wählte die zeitgenössischen Sprachvarianten als offizielle Schriftmedien und lehnte gleichzeitig die damalige Hochsprache, das archaisierende Sanskrit, ab. Die berühmten Edikte des Ashoka sind in zahlreichen lokalen Prakrit-Varianten verfasst. Amtssprachliche Funktion übernahm das Prakrit auch später, und zwar im 3. Jahrhundert n. Chr. in Zentralasien (Nija-Prakrit). In gesprochener Form kamen die Prakrit-Sprachen gegen Ende des 1. Jahrtausends unserer Zeitrechnung außer Gebrauch. In der Spätzeit der schriftlichen Verwendung von Prakrit-Varianten verloren diese an Prestige.

Inschriften in den verschiedenen Prakrit-Varianten sind aus der Zeit zwischen dem 3. Jahrhundert v. Chr. und dem 4. Jahrhundert n. Chr. überliefert. Zum Korpus der Prakrit-Literatur gehören die in der Variante Pali verfassten Werke sowie der Kanon der jainistischen religiösen Texte in der mittelindischen Sprache Ardhamagadhi. Die Sammlung der heiligen Schriften des Jainismus, der *Agamas* aus dem 5. Jahrhundert n. Chr., ist der Kanon einer auch heute noch bestehenden indischen Religion, deren Anhänger die höchste Autorität des Veda nicht anerkennen und Mahavira (gest. um 477 v. Chr.) als den größten Verkünder ihrer Lehre verehren.

Von allen Varianten des Mittelindischen ist Pali am weitesten verbreitet. In gesprochener Form wurde Pali seit etwa 500 v. Chr. verwendet. Damals bildete sich die buddhistische Tradition heraus, die jahrhundertelang – wie die ältere hinduistische in Sanskrit – mündlich überliefert wurde. Seit dem 1. Jahrhundert v. Chr. wurde Pali auch verschriftlicht. Eigenprofil erlangte das Pali über ein sakrales Textgenre, den buddhistischen Pali-Kanon (*Pali-bhasa).* Die Sprachform, in der die Texte des Theravada-Buddhismus verfasst sind, wird verallgemeinernd ebenfalls Pali genannt. Als sakrale Sprache des Buddhismus lebt Pali bis heute weiter, als gesprochene Sprache zur Rezitation buddhistischer Texte wird es allerdings nur noch selten gebraucht.

Hauptverbreitungsgebiet des Pali waren die heutigen Länder Sri Lanka (früher Ceylon), Myanmar (Burma), Thailand (Siam), Kambodscha (Kampuchea) und Laos. Bereits vor der Zeitenwende war Pali in Ceylon heimisch, um 1000 verbreitete es sich auch in Südostasien. In Sri Lanka und Thailand ist die alte Tradition bis heute am lebendigsten geblieben.

Aus dem mittelindischen Kontinuum (ca. 600 v. Chr. – ca. 1000 n. Chr.) der Prakrit-Sprachen Nordindiens haben sich die modernen indischen

Sprachen herausgebildet (Berger 1995). Diejenigen Prakrit-Sprachen, die bis ins Mittelalter als Schriftsprachen verwendet wurden, kamen abgesehen von Pali mit seinen altertümlichen sprachlichen Eigenheiten alle außer Gebrauch. Seit dem 10. Jahrhundert gliedern sich die zahlreichen neuindischen Sprachen aus, von denen es insgesamt 219 gibt. Dies sind rund die Hälfte aller lebenden indoeuropäischen Sprachen. Die sprecherreichste der neuindischen Sprachen ist Hindi.

Untergegangene indische Sprachen:
- Pali (Sakralsprache des Buddhismus in Südostasien)
- Sanskrit (Sakral- und Bildungssprache des Hinduismus; Bildungssprache des Buddhismus)

Moderne indische Sprachen:
- Zentrale indische Sprachen: Gujarati, Hindi, östliches Panjabi, Urdu, u. a.; Romani (Zigeunerisch in Europa)
- Östliche indische Sprachen: Bengalisch, Bihari, Maithili, Oriya, u. a.
- Nördliche indische Sprachen: Dogri-Kangri, Nepali, u. a.
- Südliche indische Sprachen: Konkani, Marathi, u. a.
- Nuristanische Sprachen: Ashkun, Prasuni, u. a.
- Singhalesisch-maledivische Gruppe: Maledivisch, Singhalesisch, Veddah.

Indische Sprachen in Südostasien

Seit der Zeit, die in Europa als klassische Antike bezeichnet wird, sind in Südostasien kulturelle Einflüsse von außen wirksam gewesen. Von Norden her wurden chinesische Kulturmuster importiert, von Westen breitete sich, zeitlich etwas später, indischer Einfluss aus. Der Name «Indochina» für den südostasiatischen Großraum spiegelt diese historischen Verhältnisse wider. Die beiden großen Kulturdrifts, deren Elemente in Südostasien zu einem untrennbaren kulturellen Amalgam verschmolzen sind, waren sehr unterschiedlich motiviert. Im Unterschied zu chinesischen Machtansprüchen war der indische Einfluss in Indochina weder politisch motiviert noch haben die Machthaber Indiens je versucht, ihre Herrschaft bis nach Südostasien militärisch auszudehnen.

Die ältesten Kontakte zu Indien gehen auf den antiken indischen Fernhandel zurück. Indische Kaufleute überquerten mit den Winterwinden

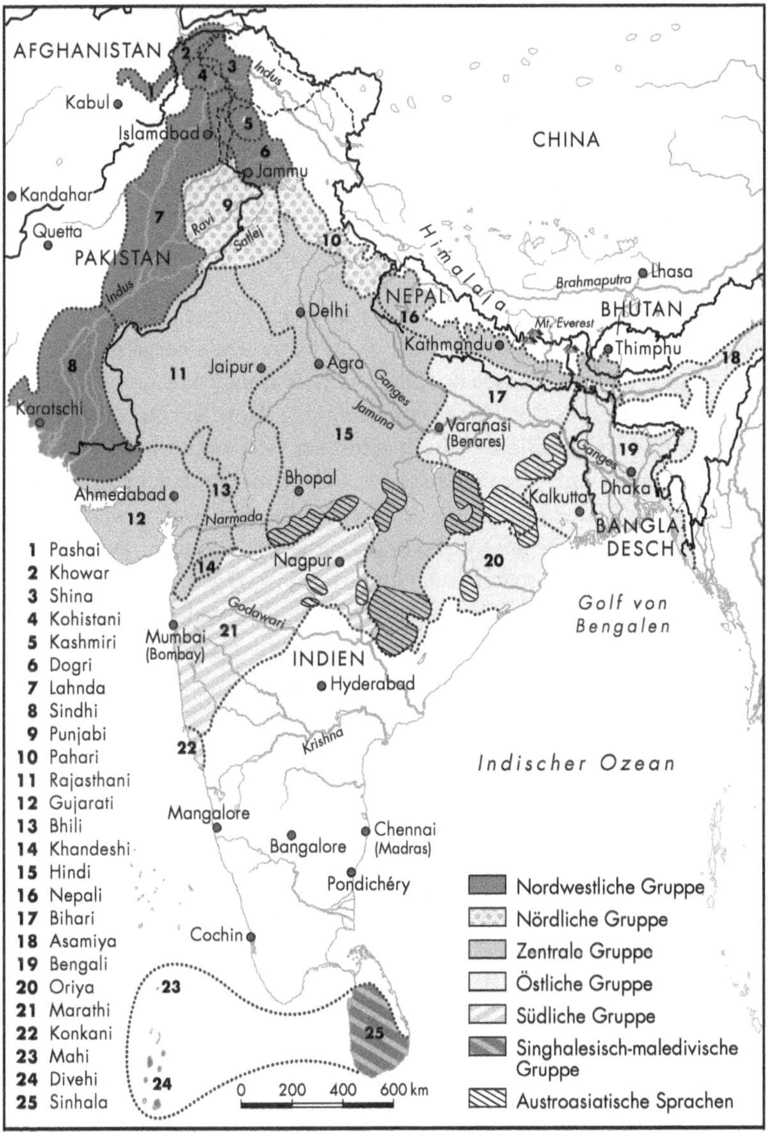

Die Verbreitung der indoarischen Sprachen

den Golf von Bengalen und segelten bis in die Meerenge von Malakka. Seit dem 2. Jahrhundert v. Chr. bestanden Handelskontakte zwischen Indien und der malaiischen Halbinsel (Harris/Zainal 1990: 8). In Häfen entlang der Festlandküste warteten die Händler auf den Wechsel der Windrichtung bis zum Einsetzen des Sommermonsuns. Über diese Handelsstützpunkte (z. B. Moulmein Thaton im Reich der Mon in Südburma) gelangten Waren, Religionen wie Hinduismus und Buddhismus sowie andere Kulturgüter, etwa Schriftlichkeit und sakrale Architektur, in die damaligen städtischen Zentren Indochinas.

Vom 1. bis 6. Jahrhundert n. Chr. bestand das indisierte Königreich Fu Nan, das sich vom Süden Vietnams bis in die zentrale Bergregion und in das Gebiet der kambodschanischen Stadt Phnom Penh erstreckte und dessen Hauptstadt Oc Eo im Mekongdelta lag. Dort wurden chinesische, indische und westasiatische Waren gefunden, was darauf hindeutet, dass damals bereits die Fernhandelsrouten regelmäßig befahren wurden (Whitehouse/Whitehouse 1990: 204 f.). Die Fu Nan waren wahrscheinlich ein Zusammenschluss malayo-indonesischer Stämme, deren Kultur von Naturreligionen, später vom Hinduismus geprägt war.

Die Beeinflussung durch die Sprachen Indiens hat sich sehr unterschiedlich ausgewirkt. In manchen Bereichen wurde der einheimische Wortschatz überformt und ersetzt, in anderen Bereichen blieben alte lexikalische Elemente erhalten, wobei Neologismen bestimmte Bezeichnungsfunktionen von diesen übernahmen. Auf diese Weise bildete sich im Zuge der terminologischen Innovationen eine vielschichtige Synonymik heraus.

Die lexikalischen Strukturen der Sprachen Südostasiens sind seit zwei Jahrtausenden von den Sprachen des Buddhismus (Sanskrit, Pali) beeinflusst worden. Die folgenden zentralen Kulturwörter des Khmer spiegeln diese Erweiterung wider:

> *nimit* (< Pali) ‹sichtbares Zeichen›; ‹Vorzeichen, Omen›; ‹Erscheinung, Bild›, sekundär auch ‹Grund, Ursache› (also ein Vorzeichen als Ursache einer Entwicklung), davon abgeleitet *nimitaru:p* ‹Symbol› (in abstrakter Bedeutung), *nimitaha:et* ‹Symptom›; *ne:em* (< Sanskrit) ‹Name; Benennung, Bezeichnung; Wort› (auch gramm. Nomen); *nikhoandasah* (< Sanskrit) ‹Semantik›; *thoam* (< Pali) ‹Gesetz, Recht; Tugend; (religiöse) Lehre; Natur, Art und Weise; Gebet›, dazu zahlreiche Ableitungen für wichtige Begriffe wie ‹Pflicht›, ‹Moralität›, ‹Charakter›, ‹Norm›, ‹Gesetz›, ‹Verfassung›, ‹Rechtswissenschaft› (Gaudes 1985: 546 ff.).

Spätestens mit der Verbreitung buddhistischer Schriften in Sanskrit und Pali wurde die Entwicklung der höheren Bildung in den südostasiatischen

Regionalkulturen abhängig von der Schrifttradition der großen Kultursprachen. Nicht nur die Adaption indischer Alphabete in Burma, Thailand, Kampuchea und Laos, sondern auch die gleichgerichtete Ausbildung des Kulturwortschatzes in den Regionalsprachen sind ein konkreter Ausdruck dieses Trends zu kultureller Konvergenz in Indochina.

Vor der Zeit der Schriftlichkeit gab es in Indochina nur ein rudimentäres System von Kerbzeichen. Die alte Tradition hat sich im Ausdruck des Khmer für ‹Kerbholz›, *khnac*, erhalten. Durch den indischen Einfluss kam es zu zahlreichen Erweiterungen des Zeichengebrauchs und seiner visuellen Kodierung. Die folgenden Ausdrücke aus dem Khmer illustrieren dies:

> *kat* (< Pali) ‹schriftlich festhalten›, *koantha* (< Pali) ‹Buch›, *kumpi:* (< Pali) ‹heiliger Traktat›, *nopon* (< Pali) ‹Ziffer›, *banci* (< Sanskrit) ‹Liste›, *chan* (< Sanskrit) ‹Poesie, Vers›, *bat* (< Sanskrit) ‹Text› u. a.

Zu den indoeuropäischen Wörtern des Khmer gehören auch solche, die im heutigen Sprachgebrauch wegen ihrer breiten Bedeutungspalette eine hohe Frequenz haben, z. B. *ban* (< Pali) ‹Zettel, Schein; Bon, Ticket; Karte; Ausweis›. Von *ban* sind viele Ableitungen gebildet worden, die alles bezeichnen, was wie eine Karte oder ein Schein aussieht (z. B. Kassenzettel, Postkarte, Speisekarte, Fahrschein).

In bestimmten Bereichen koexistieren einheimische und entlehnte Ausdrücke. Dies spiegelt sich in der Dualität der Grundzahlwörter im Khmer. Neben der einheimischen Reihe gibt es eine weitere, deren Bezeichnungen aus dem Sanskrit und Pali entlehnt sind. Sie sind auf ihre Verwendung im Zusammenhang mit buddhistischen Texten oder Gebeten festgelegt: ‚2': *pi*: (Erbwort im Khmer): *to:u* (Lehnwort im Khmer aus dem Sanskrit); ‚3': *bei*: *teka* (< Pali); ‚5: *pram*: *panca* (< Sanskrit).

Westlich von Indien ist die Sprache der Mon in Südburma wahrscheinlich am frühesten mit den Sprachen Indiens, insbesondere mit dem Sanskrit und Pali, in Berührung gekommen. Wahrscheinlich setzten solche Kontakte bereits im 3. Jahrhundert v. Chr. ein und stehen im Zusammenhang mit der buddhistischen Mission nach Suvannabhumi, die von König Ashoka, dem bedeutendsten Herrscher der indischen Maurya-Dynastie, im 3. Jahrhundert v. Chr. initiiert wurde (U Tin Htway 1983: 371). Die Mon beeinflussten die Kultur der Burmesen, die erst im Verlauf des 9. Jahrhunderts in ihrer neuen Heimat sesshaft wurden.

Seit dem Mittelalter sind Tausende von Lehnwörtern aus dem Sanskrit und Pali in den Wortschatz des Burmesischen übernommen worden, und zwar in den verschiedensten Bereichen, vom Religiösen über die sozialen Verhältnisse bis hin zur modernen Technik:

> burmes. *sattva* ‹Person› < Sanskrit *sattva*; *samuddara* ‹Meer› < Sanskrit *samudra*; *yantara* ‹Maschine› < Sanskrit *yantra*; burmes. *ratana* ‹etwas Wertvolles› < Pali *ratana*; burmes. *loka* ‹Menschheit; Universum› < Pali *loka*; burmes. *suriya* ‹Sonne› < Pali *suriya* u. a.

In umgekehrter Richtung haben nur wenige Kulturwörter ihren Weg nach Indien und Europa genommen. Ein Beispiel ist die Bezeichnung für ‹Ingwer›. Der Ursprung dieses Wortes, das über die Vermittlung dravidischer und indischer Sprachen ins Altgriechische als *zingíberi* übernommen wurde, ist in Protoformen südostasiatischer Sprachen zu suchen (Ross 1958: 148, Beekes 2010: 510): burmesisch *khyan* (gesprochen: [dzin]), Thai *khin*, Khmer *khni*, vietnamesisch *gù´ng*, usw. Auch der Ausdruck für ‹Zimt›, der dem Altgriechischen (*kínnamomon*) über das Phönizische vermittelt wurde, stammt vermutlich aus Südostasien (Beekes 2010: 700 f.).

Die aus Indien importierte Alphabetschrift in Indochina geht auf die indische Brahmi-Schrift zurück. Deren Adaptionen, die im 11. bis 13. Jahrhundert entstanden, fasst man unter der Bezeichnung «Pali-Schriften» zusammen. In den meisten Staaten des südostasiatischen Festlandes werden bis heute Adaptionen der älteren Pali-Schrift verwendet.

Obwohl in Nordvietnam keine der indischen Schriften jemals mit der chinesischen Schrift oder dem lateinischen Alphabet zur Schreibung des Vietnamesischen rivalisiert hat, waren im Süden des Landes indische Schriften in Gebrauch. Aus dem Frühmittelalter stammen Sanskrit-Inschriften. Die Cham (bzw. Lin Yi) sind ein austroasiatisches Volk, das eine malaiische Sprache spricht. Seit den ersten Jahrhunderten unserer Zeitrechnung gründeten sie im südöstlichen Indochina verschiedene Reiche, die in Kunst, Religion und Schrifttradition stark indisch beeinflusst waren (Wulf 1991: 261 ff.). Unter anderem wurde eine indische Alphabetvariante verwendet, die in Steininschriften und in späten Manuskripten überliefert ist. Noch heute ist diese südindische Schriftvariante bei den Cham in Gebrauch.

Einen regional geprägten Schreibstil findet man schon in den Sanskrit-Inschriften Kampucheas (z. B. aus Phra-Pathom) aus dem 8. Jahrhundert. Damals stand das Reich der Khmer in kultureller Blüte, in Religion und Kunst beeinflusst vom Hinduismus. Zentrum war seit dem 9. Jahrhundert Angkor, wobei die politische Verwaltung des Reiches von Angkor Thom ausging, die religiöse Ausstrahlung vom Kultzentrum Angkor Wat, das später buddhistisch transformiert wurde.

Die älteste Schriftvariante in Myanmar zur Aufzeichnung buddhistischer Texte in Pali ist die *kyok-tsa* genannte «Steinschrift», deren früheste Inschrift auf dem Pfeiler von Myazedi aus der zweiten Hälfte des 11. Jahrhunderts überliefert ist. Kursive Varianten im mittelalterlichen Burma waren die Bücherschrift und die *tsa-lonh* genannte «Rundschrift», die auf Palmblättern eingeritzt wurde. Eine ebenfalls alte Abzweigung ist das peguanische Alphabet zur Schreibung der Sprache der Mon in Südburma (altpeguanische Schrift). Die alte Schrift Thailands (überliefert unter anderem im Boromat-Manuskript und im Patimokkha-Manuskript), deren Einführung auf König Ram Kamheng aus Sukhothai (älteste Inschrift auf einer Stele von 1292) zurückgeht, ist von dem älteren Schriftstil der *kyok-tsa* abgeleitet. In engem Zusammenhang mit der mittelalterlichen Schrift Thailands stehen die Schriftvarianten von Laos und Kampuchea. Die *aksar mul* genannte Schrift wurde in Kampuchea zur Schreibung des Pali verwendet, die Kursivform (*aksar crieng*) dient zur Schreibung des Khmer.

15. *Indoeuropäische Außenlieger in Westchina* *(2. Jahrtausend v. Chr.)*

Steppennomaden sind über Zentralasien hinaus bis ins südliche Sibirien migriert. Am Fuße des Altai-Gebirges entfaltete sich während der Bronzezeit (im 4. Jahrtausend v. Chr.) die Afanasevo-Kultur, die bis um die Mitte des 3. Jahrtausends v. Chr. Bestand hatte (s. Kap. 6). Aus jener Region zogen einige Gruppen von Steppennomaden in den Süden und ließen sich an der Peripherie des Tarim-Beckens nieder, wo sich die Taklimakan-Wüste ausdehnt, ein Ausläufer der Wüste Gobi. Die Gründe für diese lokale Migration sind bislang ungeklärt.

Das Geheimnis der Mumien von Ürümchi

In ihren neuen Wohnsitzen lebten jene Afanasevo-Leute nicht mehr an der Peripherie der indoeuropäischen Steppenkultur, sondern getrennt davon wie in einer Kulturoase, und sie standen auch nicht mehr im Kontakt zu anderen Indoeuropäern. Die Sonderstellung in einer abgelegenen geographischen Lage bedeutete aber keine Isolation von Kulturströmungen der weiteren Umgebung. Über den Außenlieger am Rand des Tarim-Beckens ist vergleichsweise mehr bekannt als über viele andere lokale Gruppen der Steppennomaden. Dies hängt zum einen mit den spektakulären Funden mumifizierter Leichname zusammen, aber auch mit den reichen Grabbeigaben, die wichtige Rückschlüsse auf uralte Handelskontakte ermöglichen.

Das Gebiet, über das sich die Taklimakan-Wüste erstreckt, ist heute administrativ Teil der Autonomen Region Xinjiang im Westen Chinas. Es ist das Kernland der Uighuren, eines Turkvolks mit islamischer Tradition. Allerdings migrierten die Uighuren erst im Mittelalter nach Xinjiang, und dies zu einer Zeit, als die alte indoeuropäische Regionalkultur längst untergegangen war. Es gab auch kaum noch sichtbare Zeugen der alten Kultur, und niemand ahnte, dass unter dem Sand Sensationelles auf seine Entdeckung wartete.

Chinesische Archäologen fanden in den 1970er Jahren zahlreiche Mumien in Erdgräbern. Sie waren in der extremen Trockenheit sehr gut konserviert geblieben. Erhalten haben sich nicht nur die Textilien, in die die Toten eingehüllt waren, auch die Gesichtszüge der Leichname sind bis ins Detail erkennbar geblieben. Was die Sensation dieser Funde ausmacht, ist aber vor allem die Tatsache, dass die anthropologische Charakteristik der Mumien nicht auf chinesische oder anderweitig asiatische Herkunft weist. Vielmehr stammten die Menschen jener Region und jener Zeitepoche von europäischen Bevölkerungsgruppen ab, wiesen also europide Merkmale auf.

Mehr als hundert Mumien hat man inzwischen ausgegraben. Die ältesten datieren in die Zeit um 2000 v. Chr., vermutlich sind sie aber noch älter. Man hat die Leichenfunde nach der Hauptstadt der Region Xinjiang benannt, daher sind sie als «Mumien von Ürümchi» weltweit bekannt geworden (Barber 1999).

Die individualistischen Merkmale von einigen dieser Mumien sind so eindrucksvoll, dass Forscher ihnen Namen gegeben haben. Eine der männlichen Mumien hebt sich von anderen durch eine Gesichtsbemalung mit abstrakten Motiven ab. Dies ist der Cherchen-Mann, zu dessen Körpermerkmalen mittelbraunes Haar, ein kurzer Kinnbart und ein Schnurrbart gehörten. Der Unterkiefer ist mit Hilfe eines gewebten Bandes mit dem Schädel fest verbunden geblieben. Als die berühmteste weibliche Mumie gilt die «Schöne von Loulan» mit ihrem kunstvoll geflochtenen, schulterlangen Haar. Ihre Gesichtszüge lassen noch im Tod ein Lächeln erkennen.

Das bislang vollständigste Grab ist im Jahr 2003 geöffnet worden. Dort fand man reiche Beigaben. Der mumifizierte Leichnam ist als der einer Frau identifiziert worden, von der man annimmt, dass sie die Rolle einer Schamanin in der Gesellschaft der Ürümchi-Leute innehatte. Darauf weisen Besonderheiten ihrer Kleidung und verschiedene Utensilien, die sich mit schamanistischen Traditionen in anderen Regionen Eurasiens assoziieren lassen. Die Existenz weiblicher Schamanen in Eurasien ist nicht ungewöhnlich. Die ersten Schamanen waren nach der Mythologie einiger Völker Zentralasiens und Sibiriens Frauen. Diese Rolle der Frauen hat sich durch die Jahrhunderte erhalten, bis heute obliegt Schamaninnen zum Beispiel bei den Kleinvölkern in Sibirien die Aufgabe einer rituellen Aufrechterhaltung des Gemeinschaftssinns. Sogar in der modernen Industriegesellschaft sind Frauen als Heilerinnen und Wahrsagerinnen angesehen, beispielsweise in Korea (Haarmann/Marler 2008: 67 f.).

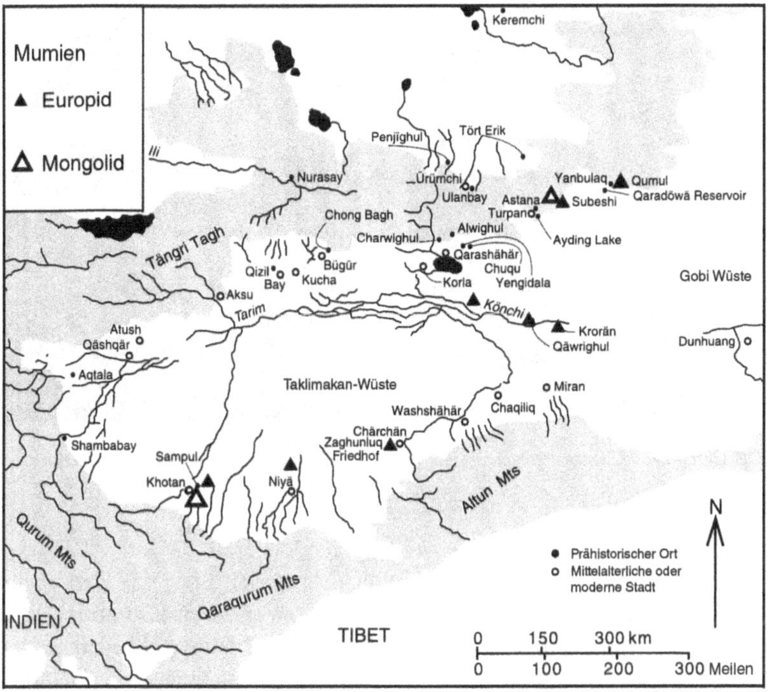

Fundstätten von Mumien der Ürümchi-Leute aus dem 2. und 1. Jahrtausend v. Chr. am Rande der Taklimakan-Wüste

Unter den Beigaben im Grab der Schamanin sind auch einige Geräte aus Bronze, woraus man schließen kann, dass den Leuten von Ürümchi die Metallverarbeitung und der Bronzeguss bekannt waren. Die Bronzefunde jener Region datieren ins frühe 2. Jahrtausend v. Chr. und stellen möglicherweise ein Verbindungsglied dar zwischen Zentralasien und China. Die Kunst der Metalllegierung (d.h. von Bronze aus Kupfer und Zinn) ist von den Chinesen erst während der Zeit der Shang-Dynastie (um ca. 1200 v. Chr.) adaptiert worden. Zwar datieren die ältesten Berichte über die Seidenstraße ins 1. Jahrtausend v. Chr., doch spricht die Kenntnis des Metallgusses bei den Ürümchi-Leuten dafür, dass Chinesen mit den Leuten aus Zentralasien bereits lange vorher Handel getrieben haben (Kuzmina 2008: 88 ff.). Chinesische Bevölkerungsgruppen sind erst um die Wende vom zweiten zum ersten Jahrtausend v. Chr. in der Region von Ürümchi bezeugt.

Die Mumie der «Schönen von Loulan» (ca. 1800 v. Chr.): Original und Versuch einer Gesichtsrekonstruktion

Die Herkunft der Leute von Ürümchi lässt sich über das Zwischenstadium der Afanasevo-Kultur aus dem Westen erklären (Liu 2001). Ihre materielle Hinterlassenschaft, wie sie sich aus den Grabbeigaben rekonstruieren lässt, weist auf keinen bestimmten regionalen Kulturkomplex der Steppennomaden. Vielmehr findet man Parallelen zu verschiedenen Regionalkulturen Europas, so etwa in den Textilmustern zu den Kelten, während andere Eigenschaften Anklänge an germanische und proto-arische Traditionen erkennen lassen. So disparat die Kulturvergleiche auch sein mögen, sie alle weisen auf Affinitäten mit dem Westen.

Neueste DNA-Untersuchungen haben die Vermutungen von der europäischen Herkunft der Ürümchi-Leute endgültig bestätigt (Zhang u.a. 2010). Die größten Ähnlichkeiten im genomischen Profil bestehen zu prähistorischen Populationen des östlichen Europa. In der DNA-Struktur können auch Zusatzkomponenten identifiziert werden, die auf spätere Beziehungen nach Indien sowie ins chinesische Kernland deuten. Man geht heute davon aus, dass die Vorfahren der Leute von Ürümchi wohl in mehreren Migrationsschüben aus westlicher Richtung ins Tarim-Becken gelangt sind. Die Annahme, dass sich prähistorische Ost-West-Kontakte bereits im 2. Jahrtausend v. Chr. rings um das Tarim-Becken mit seinen alten Karawanenrouten entfaltet haben, ist berechtigt.

Welche Sprache die prähistorischen Bewohner der Region von Ürümchi sprachen, ist nicht bekannt, da deren Kultur keine Schrift verwendete. Die materielle Hinterlassenschaft allerdings macht Beziehungen zu den Tocharern (s. u.) wahrscheinlich. Die Tocharer sind einige Jahrhunderte später im Tarim-Becken bezeugt. Ihre Sprache wurde geschrieben, und die Texte weisen das Tocharische eindeutig als indoeuropäisch aus. Es bieten sich zwei Erklärungsmöglichkeiten für die Beziehungen der Tocharer zu den Leuten von Ürümchi. Die Tocharer könnten aus der fernen südrussischen Steppe ins Tarim-Becken migriert sein. In dem Fall wären sie entfernt mit den Ürümchi-Leuten verwandt. Es ist auch denkbar, dass die Tocharer direkte Nachkommen der Indoeuropäer sind, die wegen ihrer Mumien soviel Aufmerksamkeit erregt haben. Man darf erwarten, dass die Verwandtschaftsverhältnisse beider Gruppen durch die zukünftige Forschung abgeklärt werden und damit die Realität einer prähistorischen Präsenz von Europäern im Westen Chinas abgesichert wird.

Tocharische Sprache und Kultur

Auf der Basis der Afanasevo-Kultur gewannen tocharische Kultur und Sprache gegen Ende des 1. Jahrtausends v. Chr. Eigenprofil. In den Freskenmalereien der Höhlenklöster von Kucha (Qizil und Qumtura) gibt es Darstellungen der Tocharer. Es waren hochgewachsene Menschen mit blonden oder rötlichen Haaren.

Die Sprache dieser Tocharer tritt in den Texten in zwei elementaren Varianten auf, die Tocharisch A und B genannt werden. Eine dritte Variante (Tocharisch C) ist nur aus Lehnwörtern im Prakrit (der mittelindischen Sprachform) bekannt. Das tocharische Schrifttum ist überwiegend buddhistischen Inhalts. Im frühen Mittelalter war der Buddhismus die Hauptreligion der Völker in der von den Chinesen Xinjiang genannten Region (Xu 1996).

Tocharisch ist ein eigener Sprachzweig der indoeuropäischen Sprachfamilie. «Das Tocharische hat viele sehr archaische Eigenheiten des Proto-Indoeuropäischen bewahrt, und es besteht weitgehend Einigkeit darüber, dass es der zweitälteste Zweig nach dem Anatolischen ist» (Parpola 2012a: 137). Engere verwandtschaftliche Beziehungen des Tocharischen sind solche zu westlichen indoeuropäischen Sprachen (Mallory/Adams 1997: 590 ff.). Im Wortschatz fallen etliche tocharisch-germanische Parallelen auf (vgl. tochar. A *want* ‹Wind› : deutsch *Wind*, tochar. A *ek* ‹Auge› : schwed. *öga* ‹Auge›).

Das rekonstruierte Proto-Tocharische bildete sich um 500 v. Chr. aus. Von den beiden inschriftlich bekannten Varianten des Tocharischen zeigt Tocharisch B konservativere Eigenheiten als Tocharisch A, das sämtliche Endsilben aufgegeben hat. Die Wörter in Tocharisch A sind daher in der Regel um eine Silbe kürzer als die in Tocharisch B (z. B. ‹Pferd› tochar. B *yakwe* : tochar. A *yuk*). Texte in Tocharisch A und Tocharisch B sind in der Zeit zwischen dem 6. und 8. Jahrhundert n. Chr. entstanden. Es handelt sich dabei um Schriftdokumente (Papiermanuskripte, hölzerne Tafeln, Graffiti auf Höhlenwänden), die in den Klosterruinen entlang der nördlichen Route der Seidenstraße gefunden wurden (Malzahn 2007).

16. Experimente mit der Schrift: Von Linear B bis Ogham

(1700 v. Chr. – 500 n. Chr.)

Die Kultur der prähistorischen Steppennomaden war schriftlos, dennoch kannten sie einfache visuelle Kommunikationssysteme. Sie besaßen Clanzeichen und Statussymbole (Szepter mit Pferdekopfverzierung) und wahrscheinlich auch Marken zur Identifizierung ihres Herdenbesitzes. Mit der Schriftkultur wurden die Indoeuropäer erst vertraut über ihren Kontakt mit Nachbarvölkern außerhalb der Steppe. Überall dort, wo sich indoeuropäische Eliten etablierten und ihre Sprache zum Instrument politischer Kontrolle gemacht wurde, adaptierte die Elite Schrift. Das haben die Mykener in Griechenland gemacht, die Hethiter in Anatolien, die Perser im Iran und die Inder an der östlichen Peripherie des indoeuropäischen Verbreitungsgebiets.

Die in den alten Regionalkulturen verwendeten Schriften sind adaptiert, d.h. sie stehen jeweils in Abhängigkeit zu einer anderen Schrift. Diese Abhängigkeit ist in den meisten Fällen direkt an den Zeichenformen zu erkennen, die sich von Vorbildern ableiten. Beispielsweise leitet sich die gotische Schrift von der griechischen Unzialschrift ab; dies lässt sich anhand eines Vergleichs griechischer und gotischer Schriftzeichen aufzeigen. Andere Schriften der Indoeuropäer stehen in Abhängigkeit zum Organisationsprinzip eines Vorbildes, selbst wenn die Zeichenformen originär sind. Ein Beispiel dafür ist das keltische Ogham, das sein alphabetisches Prinzip dem Vorbild der Lateinschrift verdankt, und dies, obwohl die Zeichenformen von Ogham originär keltische Schöpfungen sind. Die anatolische Hieroglyphenschrift passt sich dem zeitgenössischen Schreibprinzip an, das in anderen historischen Schriften vertreten war (z.B. in der Keilschrift). Auch in diesem Fall sind die Schriftzeichen originär und nicht adaptiert (s.u.).

Im Kreis der indoeuropäischen Regionalkulturen ist die griechische Schrifttradition die älteste und gleichzeitig diejenige mit der längsten Kontinuität. In der einen wie der anderen Hinsicht ist dies auch ein

Weltrekord. Allgemein wird das Chinesische als älteste Schriftsprache der Welt angesehen. Die altchinesische Schriftlichkeit setzt allerdings erst rund fünfhundert Jahre später ein als die griechische, und zwar im 12. Jahrhundert v. Chr. Für die griechische Schrifttradition gilt Kontinuität seit dem 17. Jahrhundert v. Chr., obwohl diese Erkenntnis außerhalb von Expertenkreisen kaum bekannt ist. Selbst viele Forscher, die sich mit der Geschichte von Linear B und der griechischen Alphabetschrift beschäftigen, sind sich der besonderen Entwicklungsbedingungen der griechischen Literalität nicht bewusst. Die Schrifttradition des Griechischen stellt sich im Licht der neueren Forschung als ein Langzeitprozess dar, der trotz Schriftwechsel kontinuierlich seit mehr als 3500 Jahren andauert (s. u.). Das Griechische als Ausdrucksform einer Mosaikkultur ist die älteste bis heute verwendete Schriftsprache der Welt.

Nach ihrer Organisationsform vertreten die Schriftsysteme in den frühen indoeuropäischen Regionalkulturen zwei Typen, den Typ der Silbenschrift und den Typ der Alphabetschrift.

Silbenschriften

Die Silbenschriften setzen sich jeweils aus Silbenzeichen zusammen, und in den meisten werden als Zusatzkomponente Logogramme (Wortzeichen) verwendet. Das Kyprisch-Syllabische ist die einzige Silbenschrift, die keine Logogramme verwendet.

Linear B zur Schreibung des Mykenisch-Griechischen

Die älteste von Indoeuropäern verwendete Schriftart ist Linear B, mit der das Mykenisch-Griechische geschrieben wurde. Traditionelle Darstellungen der altägäischen Kulturen beschränken sich darauf, Linear B mit der minoischen Schrift Linear A als dessen Quelle zu assoziieren. Über deren Herkunft wird bestenfalls spekuliert, und die Ursprünge der Schriftkultur in Südosteuropa bleiben für die meisten in mysteriöses Dunkel gehüllt. Dabei wird die Tradition beider Linearschriften erst verständlich, wenn man diese einbettet in das zivilisatorische Netzwerk der altbalkanisch-altägäischen Konvergenzen.

Zur Charakteristik der griechischen Mosaikkultur gehört auch das alteuropäische Erbe in der Domäne der Schriftlichkeit. Das von den Phöniziern übernommene Alphabet war nicht die erste Schrift, die die Griechen verwendeten. Das Alphabet ist die jüngste der griechischen Schriftsysteme, eine technologische Innovation in einer Domäne, die den Griechen bereits Jahrhunderte vorher vertraut war.

Was die visuelle Kommunikation betrifft, so finden wir in den altkretischen Notationssystemen einen Nachklang Alteuropas. Hierzu gehören die Verwendung von Tonstempeln mit dekorativen Mustern und Kultursymbolen (*pintaderas*), die Zahlenschreibung mit Hilfe von Strich- und Punktzeichen, der Transfer von Schrifttechnologie (zwischen 40% und 50% des Zeicheninventars der minoischen Linearschrift Linear A weisen auf Äquivalenzen mit der Donauschrift) sowie die Funktionen der Schrift im Dienst der Religion.

Bereits im 17. Jahrhundert v. Chr. ist das Frühgriechische inschriftlich dokumentiert. Die älteste Aufzeichnung ist eine Inschrift aus dem heiligen Bezirk von Delphi. Die Sprache ist ein frühes Mykenisch, eine Variante des Ostgriechischen. Die mykenischen Griechen schrieben ihre Sprache mit einer Linearschrift (Linear B), die mit den nahöstlichen Schriftsystemen nichts zu tun hatte. Linear B gehört zum Kreis der altägäischen Schriftsysteme. Seine Ableitung aus der minoischen Schrift (Linear A) ist unumstritten. Sowohl Linear A als auch Linear B stehen in der Kulturtradition der Großregion, die neuerdings als balkanisch-ägäische Konvergenzzone bekannt ist.

Inschriften in Linear B gibt es viele. Die Texte sind in den weichen Ton von Täfelchen geritzt, die dann hart gebrannt wurden. Eine andere Schreibtechnik war das Malen von Inschriften auf Vasen. Die meisten Texte in Linear B stammen aus zwei Zentren mykenischer Macht, aus Kreta (Palastarchiv von Knossos mit mehr als 3000 Tontafeln) und aus dem Stadtstaat Pylos im Südwesten der Peloponnes (Palastarchiv mit mehr als 1000 Tontafeln) (Hooker 1995, Ilievski 2000).

Früher setzte man den Beginn der Schrifttradition in Linear B auf das 16. Jahrhundert v. Chr. an (Bennett 1996). Lange wurde die Ansicht vertreten, die ältesten Schriftdokumente stammten aus Kreta. Dort sind Tontafeln gefunden worden, die im Vernichtungsfeuer des Palastes von Knossos unbeabsichtigt hart gebrannt wurden und damit für die Nachwelt erhalten blieben. Der Fund einer Weihinschrift in Linear B in der Kultstätte von Olympia auf dem griechischen Festland wie auch die inzwischen exakte Datierung des Vulkanausbruchs auf Thera (Santorini) machen eine Revision älterer Annahmen erforderlich.

Die Weihinschrift von Olympia stammt aus der Mitte des 17. Jahrhunderts v. Chr., was bedeutet, dass Linear B viel älter ist als bisher angenom-

Alteuropäisches Zeichen	Referenz-Nummer	Linear B Zeichen	Lautwert
	OE 105		e
	OE 118		je
	OE 229		te

Konvergenzen im Zeichenrepertoire von Linear B und der Donauschrift (ohne Parallelen in Linear A)

men. Außerdem steht jetzt fest, dass die Mykener bereits mit der minoischen Schrift (Linear A) auf dem Festland experimentiert hatten, bevor sie Nordkreta besetzten. Eine Bestätigung dafür findet man im Zeichenschatz der mykenisch-griechischen Linearschrift selbst. Es gibt einige Zeichen, die eindeutig auf Parallelen mit alteuropäischen Zeichen weisen, allerdings ohne Äquivalenzen im minoischen System Linear A.

Nach Kreta gelangten die Mykener nicht erst im 15. Jahrhundert v. Chr., sondern bereits eineinhalb Jahrhunderte früher. Die Ankunft der Mykener in Kreta wird allgemein für die Zeit nach dem Vulkanausbruch auf Thera angesetzt. Die frühere Datierung des Ausbruchs ist revidiert worden, es wird die Zeit um 1625 v. Chr. angenommen. Als die Mykener in Kreta landeten und im Palast von Knossos ihre Macht etablierten, waren sie bereits mit der Schrift der Minoer vertraut und hatten schon ihr eigenes Schriftsystem davon abgeleitet.

Texte in Linear B sind auf verschiedene Schriftträger geschrieben worden. Von diesen sind aber nur die Tontafeln erhalten. Der größte Teil ist wohl auf vergänglichem Material wie Leder oder Palmblättern geschrieben worden und ging dann verloren. Ganz sicher hat es aber solche Texte gegeben, denn die Schriftart Linear B zeigt kursive Eigenschaften (z. B. in den Vaseninschriften), was darauf hindeutet, dass sie sich für vielerlei Zwecke außerhalb der Palastbürokratie eignete. Auf Textfragmenten aus der mykenischen Kulturmetropole Theben sind Namenformen zu erkennen, die vielleicht auf eine mykenische Version des aus der griechischen Mythologie bekannten Demeter-Mythos weisen.

Verglichen mit der späteren Alphabetschrift ist die Schreibung des Griechischen mit dem Syllabar Linear B ziemlich umständlich. Die Zeichen von Linear B geben die griechische Lautung nur unvollkommen wieder. Vokallängen werden gar nicht bezeichnet, Konsonantenhäufungen finden nur in wenigen Sonderzeichen ihre Entsprechung. Das Lautsystem und die Silbenstrukturen des Minoischen waren offensichtlich einfacher als die des Mykenisch-Griechischen. Dies wird deutlich bei der Lesung von Linear B-Syllabogrammen und ihrer Assoziation mit griechischen Wörtern. Insofern ist es recht umständlich, eine Sprache mit zahlreichen Konsonantenclustern wie das Griechische mit dem Linear B-Syllabar zu schreiben: z. B. Linear B tu-ka-te für griech. *thugater* ‹Tochter›, i-je-re-ja für *hiereia* ‹Priesterin›, ti-ri-po für *tripos* ‹Dreifuß›, ka-ko für *chalkos* ‹Bronze›, Pa-ki-ja-ne für Sphagianes (Name einer Region im Stadtstaat Pylos).

Trotz der mangelnden Präzision in der Lautwiedergabe wurde Griechisch jahrhundertelang mit Linear B geschrieben. Als die Griechen mit Schrift in Kontakt kamen und zu experimentieren begannen, waren ihnen lediglich die kretischen Schriften vertraut. Insofern gab es zu diesen keine realen Alternativen. Die Hälfte des Zeichenbestandes von Linear B ist aus dem Inventar von Linear A übernommen, die übrigen Zeichen sind Neuschöpfungen.

Das Kyprisch-Syllabische zur Schreibung des Griechischen in Altzypern

Im 13. Jahrhundert v. Chr. kam Linear B auf Kreta außer Gebrauch, und im Verlauf des 12. Jahrhunderts v. Chr. brach die schriftliche Überlieferung des Mykenisch-Griechischen auch auf dem Festland ab. Nach traditioneller Auffassung in der Antikenforschung fiel das Griechentum nach dem Niedergang der mykenischen Vorherrschaft in die Schriftlosigkeit zurück und durchlebte ein «dunkles Zeitalter». Bis heute behaupten Forscher, dieses Zeitalter habe von ca. 1050 bis ca. 750 v. Chr. angedauert (Robb 1994: 21, Bintliff 2012: 210, Fox 2013: 285). Sowohl das Konzept des «dunklen Zeitalters» als auch das der angeblichen Schriftlosigkeit sind ein Mythos. Es lohnt sich, nach der Realität dahinter zu suchen. Dazu muss man die Antwort auf eine entscheidende Frage finden: Wurde das Griechische in der Zeit zwischen 1050 und 750 v. Chr. geschrieben?

Die Schrifttradition des Frühgriechischen endet nicht, nur verlagerte sich nach dem Zusammenbruch der mykenischen Macht das Kulturschaffen nach Zypern. In der Tat wurde das Griechische in jener Periode geschrieben, aber nicht auf dem Festland, sondern bei den Griechen, die nach dem Zusammenbruch der mykenischen Macht in mehreren Wellen nach Zypern geflohen waren und dort schon bald die Mehrheit der lokalen Bevölkerung stellten. Die Sprache jener zyprischen Griechen war eine

Variante des Arkadischen, und die Heimat ihrer Sprecher war Arkadien im Norden der Peloponnes (Reyes 1994: 11 f.). Das Arkadisch-Zyprische war die Basis für eine regionale Schriftsprache.

Die Kultur Altzyperns ist aufgrund der engen Beziehungen zur Ägäis ebenfalls mit dem Kreis der altägäischen Kulturen assoziiert. Es ist zu vermuten, dass die Systeme visueller Kommunikation, die in dieser Konvergenzzone vor der Einführung der Alphabetschrift in Gebrauch waren, in historisch-kultureller Wechselbeziehung zueinander standen, mit der Donauschrift als ältestem System und dem Kyprisch-Syllabischen als jüngster Manifestation.

Die minoische Kultur strahlte weit ins östliche Mittelmeer aus, ihre Einflüsse sind auch in Zypern nachzuweisen. Handelsgüter gelangten nicht direkt von Kreta aus nach Zypern, vielmehr wurden die Waren in der Hafenstadt Ugarit (Ras Schamra) an der syrischen Küste umgeschlagen. Unter den minoischen Waren war auch ein besonderes Kulturgut, das den Zyprern vermittelt wurde: die altkretische Linearschrift. Die auffälligen Ähnlichkeiten zwischen Linear A und der ältesten kyprischen Linearschrift rechtfertigen deren Namen «Kypro-Minoisch» vollauf.

Die lokale Schrifttradition auf Zypern setzte um 1500 v. Chr. mit Texten in der kypro-minoischen Schrift ein. Mit dieser Schrift wurde das Eteokyprische geschrieben, eine nicht-indoeuropäische Sprache. Es gibt noch eine jüngere Schrift Zyperns, die sich länger gehalten hat als die älteren Schriftarten, das Kyprisch-Syllabische. Die ältesten Zeugnisse in dieser Schrift stammen aus dem 11. Jahrhundert v. Chr. Damit wurden sowohl das Eteokyprische als auch das Griechische geschrieben. Die mykenische Kultur ging zwar auf dem griechischen Festland und in der Ägäis unter, lebte aber noch Jahrhunderte auf Zypern weiter. Bis ins 1. Jahrtausend v. Chr. wurden mykenische Kulturtraditionen auf der Insel bewahrt.

Die historischen Abhängigkeiten zwischen den altägäischen Linearschriften (Linear A und B) und den altkyprischen Schriftarten (Kypro-Minoisch, Kyprisch-Syllabisch) verdeutlichen die engen kulturellen Kontakte im östlichen Mittelmeerraum (Haarmann 1995: 110 ff.). Schrifthistorisch ist der Entwicklungssprung beeindruckend, der bei der Ausbildung der jüngsten zyprischen Schriftart festzustellen ist. Die ägäischen Schriftsysteme und das Kypro-Minoische sind Silbenschriften mit einer logographischen Zusatzkomponente. Dies bedeutet, dass Wörter mit Hilfe von Silbenzeichen geschrieben und zusätzlich Logogrammzeichen verwendet wurden. Logogramme dienten dazu, bestimmte Grundbegriffe ohne Be-

Das Kyprisch-Syllabische zur Schreibung des Griechischen

rücksichtigung ihrer Lautung zu bezeichnen (z. B. Warenbenennungen). Solchermaßen charakterisiert sind auch alle anderen bekannten Silbenschriften Kleinasiens und Mesopotamiens (Varianten der Keilschrift, anatolische Hieroglyphen).

Logogramme fehlen völlig in der kyprisch-syllabischen Schrift, die ihren Namen eben nach ihrem charakteristischen und exklusiven Schreibprinzip (phonetische Schreibung mit Silbenzeichen) erhalten hat. Als eine rein phonetische Schriftart ist das Kyprisch-Syllabische die am weitesten entwickelte Silbenschrift der Alten Welt.

Die griechische Schriftlichkeit in kyprisch-syllabischer Schrift setzte sich bis in die klassische Antike fort. Eine Zeitlang konkurrierte die lokale kyprische Schrift mit dem Alphabet, musste dann aber mehr und mehr Funktionen an die neue Schrifttechnologie abgeben. Die letzten griechischen Inschriften in kyprisch-syllabischer Schrift datieren ins 3. Jahrhundert v. Chr.

Die anatolische Hieroglyphenschrift

Zu den alten Originalschriften gehört auch die Hieroglyphenschrift, die zur Schreibung des Luwischen verwendet wurde. Im Anfangsstadium der Entzifferung nahm man an, die Texte in Hieroglyphenschrift seien Hethitisch. Dementsprechend wurde diese Schriftart als «hethitische» Hieroglyphen kategorisiert. Inzwischen gilt als gesichert, dass es sich bei der Sprache dieser Texte um das Luwische handelt. Texte in Hieroglyphen-Luwisch (in der Hauptsache Steininschriften) datieren in die Zeit zwischen 1300 und 700 v. Chr. (Payne 2015).

Der Zeichenschatz der Hieroglyphenschrift setzte sich zusammen aus Wortzeichen (Logogrammen), aus Determinativen (mit Hinweis auf die Bedeutungsgruppe eines Wortes im Text) und aus Zeichen mit silbischem Wert.

In dieser Schrift sind Texte auf Königssiegeln und Zeremonialinschriften auf Stein (in Heiligtümern) verfasst worden. Aus dem gesamten Zeitraum des hieroglyphen-luwischen Schrifttums sind mehr als 450 Einzelzeichen überliefert. Zur Schreibung eines Textes reichten zwischen 150 und 200 Zeichen aus.

Inschriften in Hieroglyphen-Luwisch sind in den Bergheiligtümern im südlichen Anatolien und im nördlichen Syrien schon seit Anfang des 19. Jahrhunderts gefunden worden. Auch aus dem westlichen Kleinasien (in Karabel und Akpinar) stammen entsprechende Funde. Aber erst die Funde der zweisprachigen (phönizisch-luwischen) Inschriften von Karatepe (Südanatolien) aus dem ausgehenden 8. Jahrhundert v. Chr. ermöglichten eine Entzifferung der Steininschriften.

1995 ist bei Grabungen in Troja ein luwisch beschriftetes Bronzesiegel entdeckt worden – das einzige bekannte Schriftdenkmal aus Troja über-

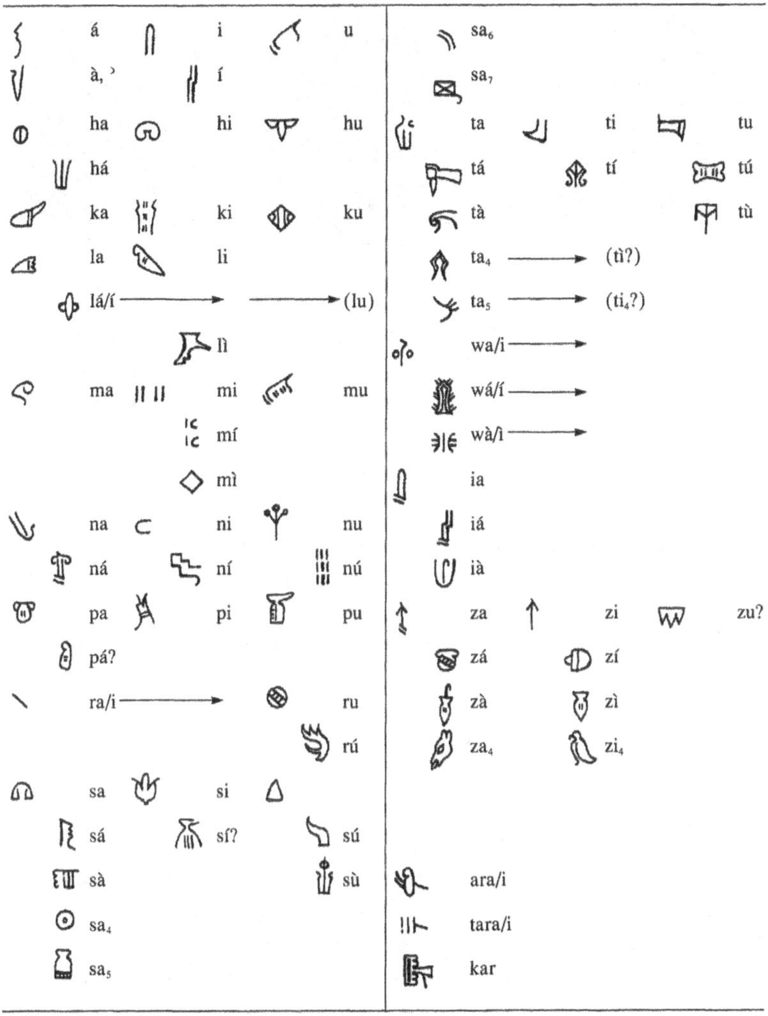

Die anatolische Hieroglyphenschrift

haupt. Die Entstehungszeit des Siegels wird auf ca. 1130 v. Chr. datiert. Troja (hethit. Wilusa, griech. Ilion) war im 13. Jahrhundert v. Chr. ein Vasallenstaat des Hethiterreichs; um 1200 v. Chr. wurde es im Krieg mit den Mykenern zerstört. Es ist bemerkenswert, dass das Siegel in eine spätere Periode datiert. Dafür gibt es bisher keine Erklärung.

Ein beschriftetes Siegel aus Troja (VIIb)

Die Periode, während der das Luwische als Schriftsprache verwendet wurde, zieht sich über mehr als 800 Jahre hin, vom 16. Jahrhundert bis ca. 700 v. Chr. Das Luwische wurde nicht nur in der Hieroglyphenschrift geschrieben, sondern auch in einer Variante der sumerischen Keilschrift (s. Kap. 12).

Die persische Version der Keilschrift

Das Persische wurde in mehreren Schriftsystemen aufgezeichnet. Die älteste Schriftart war eine Variante der Keilschrift, die zur Aufzeichnung des Altpersischen diente. Sie unterschied sich von anderen Varianten dieses Schrifttyps dadurch, dass die Zahl der Logogrammzeichen auf ein Minimum reduziert war. In den älteren Texten gibt es nur ein Logogramm, damit wird der Begriff ‹König› bezeichnet. In späteren Texten waren einige weitere Ganzwortzeichen in Gebrauch, und zwar für Provinz, Land, Gott und für den Hauptgott des Zoroastrismus, Ahura Mazda (s. Kap. 13).

Die ältesten altpersischen Keilschrifttexte stammen aus der Regierungszeit von Dareios I. (reg. 522–486 v. Chr.), die jüngsten aus der Periode, als Artaxerxes (reg. 358–338 v. Chr.) herrschte. Die Schrifttradition der Keilschrift in Persien brach ab, nachdem Alexander der Große die Perser besiegt hatte. Für einige Zeit dominierten das Griechische (als Bildungssprache) und das Aramäische (als Verwaltungssprache) den Schriftgebrauch

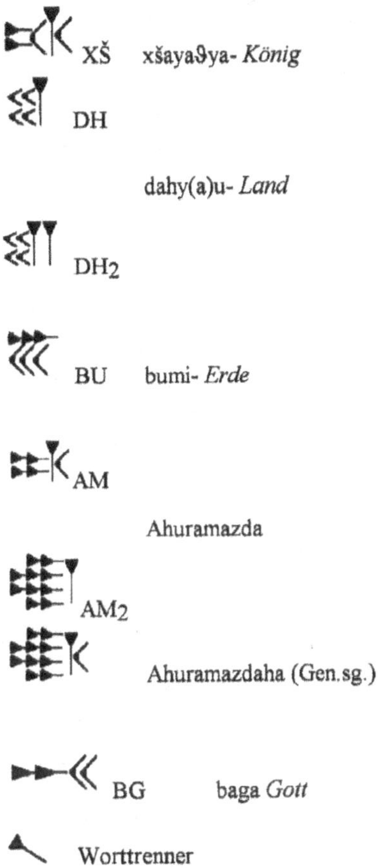

Logogramme in der persischen Keilschrift

in Persien, bevor diese Kommunikationsmedien von dem in Pehlevi-Schrift geschriebenen Persisch abgelöst wurden (s. u.).

Die Königsinschriften von Dareios I. wurden jeweils in drei Sprachen (Persisch, Elamisch, Babylonisch) ausgeführt, alle in Keilschrift. Jede dieser Sprachen hat ihre eigene Adaption der Keilschriftzeichen. Der Vergleich der Keilschrifttexte von Persepolis war die Ausgangsbasis für die erfolgreiche Entzifferung der Keilschrift durch Grotefend und Rawlinson Anfang des 19. Jahrhunderts. Die Inschriften von Persepolis weisen eine Besonderheit auf, die sich nur denjenigen erschließt, die die Ruinen dieser alten Königsstadt besuchen. Viele der Inschriften an den großen Toren sind so hoch platziert, dass man beim Hindurchgehen den Wortlaut der Texte von weit unten nicht erkennen kann. Diese Zeremonialinschriften waren offensichtlich nicht zum Lesen für die Menschen gedacht, sondern für die Kommunikation des Herrschers mit den Göttern bestimmt.

Alphabetschriften

Ab dem 8. Jahrhundert v. Chr. gewöhnten sich die Indoeuropäer an Schriften nach dem alphabetischen Prinzip. Von diesen ist die griechische Adaption der phönizischen Schrift die älteste Version einer europäischen Alphabetschrift. Entgegen einer allgemein verbreiteten Lehrmeinung, wonach der griechische Zeichenbestand komplett aus der phönizischen Schrift entlehnt sei, ist in der modernen Schriftforschung der Nachweis erbracht worden, dass die griechische Schrift auch Anleihen bei älteren ägäischen Linearschriften gemacht hat.

Das «griechische» Alphabet – eine minoisch-griechische Kooperation

Die Experimente mit der Alphabetschrift auf der Basis der phönizischen Schrift führten zur Entstehung des griechischen Alphabets, mit dessen Buchstaben (im Gegensatz zur nahöstlichen Alphabetversion) nicht nur Konsonanten, sondern auch Vokale geschrieben wurden. Diese Schriftadaption war eine Innovation der Schrifttechnologie für die Griechen, sie bedeutete aber keineswegs einen absoluten Neubeginn für ihre Schriftlichkeit.

Bereits im ausgehenden 2. Jahrtausend v. Chr. hatten die Phönizier rege Handelskontakte mit Zypern und Kreta. Die Kenntnis der phönizischen Schrift auf Kreta geht mindestens auf das ausgehende 10. Jahrhundert v. Chr. zurück. In diese Zeit wird die älteste phönizische Inschrift der Insel datiert. Schriftfunde aus jüngster Zeit machen die Annahme wahrscheinlich, dass im Kulturmilieu Kretas die älteste Adaption der phönizischen Schrift in Europa stattfand.

Traditionellerweise wird die Übernahme der phönizischen Schrift im ägäischen Raum als typisch griechische Kulturinnovation verstanden. Das Bild der damaligen interkulturellen Kontakte im östlichen Mittelmeer ist jedoch komplexer. Man muss sich fragen, wozu denn die Handel treibenden Griechen die Schrift brauchten, wenn doch der Warenaustausch jahrhundertelang ohne Schriftgebrauch funktioniert hatte. Zudem sind die ältesten erhaltenen, in alphabetischer Schreibweise aufgezeichneten Dokumente in griechischer Sprache gar keine Kaufverträge, Inventarlisten oder sonstige Wirtschaftstexte, sondern Grab- und Weihinschriften und Fragmente episch-poetischer Sprache. Aus den damaligen Handelskontakten erklärt sich die frühe Schriftadaption somit nicht unmittelbar.

Die griechische Schrift ist außerdem kein reiner phönizischer Kulturimport. Womöglich hat die altägäische Schrifttradition Impulse für den Entstehungsprozess des griechischen Alphabets vermittelt. Entgegen älteren Auffassungen, wonach die dorische Eroberung von Kreta im 11. Jahrhundert v. Chr. die völlige Vernichtung der minoisch-mykenischen Mischkultur zur Folge gehabt hätte, deuten neuere archäologische Funde eher darauf hin, dass sich auf der Insel eine griechisch-minoische kulturelle Symbiose entfaltete, deren Träger die Eteokreter (späte Nachkommen der Minoer), mykenische Griechen und dorische Einwanderer waren (Haarmann 1995: 131 ff.). Es gibt indirekte Hinweise auf die Kooperation von Griechen und Eteokretern. Ein Vermächtnis der Minoer, das von den Griechen übernommen wurde, war zum Beispiel die Gesetzgebung. Die ältesten überlieferten Gesetze stammen aus Kreta, und es lassen sich Ausdrücke vorgriechischer Herkunft in der Rechtssprache nachweisen (Jeffery 1990: 53 f.).

Die Erneuerung der Schriftlichkeit auf der Basis der damals verfügbaren modernsten Technologie, dem phönizischen Alphabet, war in einem multikulturellen Milieu wie dem Kretas durchaus zu erwarten. Die Erinnerung an die Periode der voralphabetischen Schriftlichkeit (in Linear A und B) war dort noch lebendig, und von den Griechen auf Zypern war bekannt, dass sie ihre Sprache in einem der kyprischen Syllabare aufzeichneten. Das, was man traditionellerweise vom «dunklen Zeitalter» Griechenlands nach dem Verfall der mykenischen Zivilisation berichtet, ist ein Klischee, das nicht auf die Verhältnisse Kretas zutrifft und ebenso wenig auf das griechische Kulturmilieu Zyperns.

An der Ausarbeitung der ältesten Alphabetversion auf Kreta, die für das 10., spätestens 9. Jahrhundert v. Chr. angesetzt werden kann, waren mit Sicherheit Eteokreter und Griechen beteiligt, denn zu den ältesten Inschriften in der neuen Schrift gehören solche in Eteokretisch, also in einer nichtgriechischen Sprache (Duhoux 1981: 288). Das Verdienst, das erste vollständige Alphabet (mit Buchstaben zur Bezeichnung sowohl von Konsonanten als auch von Vokalen) geschaffen zu haben, gebührt den Vertretern jenes kulturellen Kontaktmilieus auf Kreta, keineswegs ausschließ-

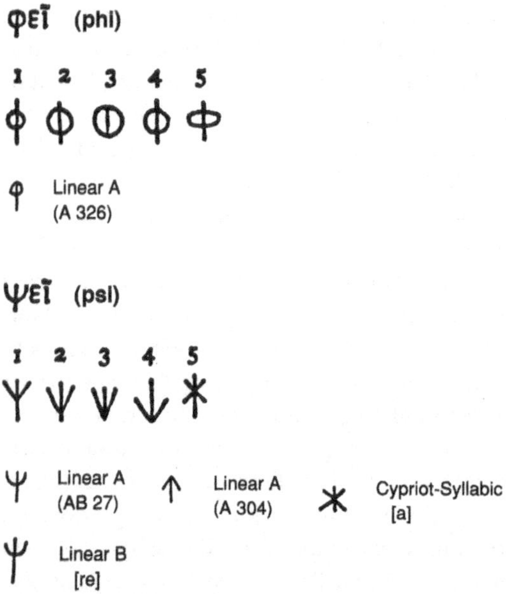

Altägäische Äquivalenzen zu den Zeichenformen für die Schreibung der griechischen Laute Phi und Psi

lich den Griechen, die diesen Ruhm später einseitig für sich in Anspruch genommen haben.

Die Positionen im Alphabet, die für bestimmte dem Phönizischen eigene, dem Eteokretischen und Griechischen dagegen fremde Laute reserviert waren, wurden mit Vokalen besetzt. Auf diese Weise wurden bestimmte Konsonanten und Halbkonsonanten mit den griechischen Vokalen assoziiert, und zwar Aleph mit Alpha, He mit Epsilon, Heta mit Eta, Jodh mit Iota, Ajin mit Omikron. Zu den Innovationen des eteokretisch-griechischen Alphabets gehörten auch die Zusatzzeichen Phi, Chi und Psi, für die es weder in der phönizischen Schrift noch in irgendeiner anderen Schriftvariante des Nahen Ostens Vorbilder gibt. Diese Zeichen wurden nach dem Steinbruchprinzip aus dem Inventar der alten kretischen Linearsysteme selektiert und in das Repertoire der Buchstaben übernommen.

Das auf Kreta perfektionierte vollständige Alphabet entpuppt sich in seiner Verknüpfung mit der griechischen Sprache als kultureller Exportschlager im Mittelmeerraum und darüber hinaus. Die ersten Nichtgriechen, die sich der neuen Schreibtechnologie bedienten, waren die Etrusker, die ihre Schriftversion wahrscheinlich über ihre regen Kontakte zum

Handelszentrum Chalkis auf Euböa adaptierten. Gegen Ende des 7. Jahrhunderts v. Chr. gelangte die Schriftlichkeit über etruskische Vermittlung zu den Latinern (s. Kap. 8). Die Lateinschrift sollte sich zum erfolgreichsten Schriftsystem aller Zeiten mit globaler Verbreitung entwickeln.

Die regionalen Adaptionen vom griechischen Alphabet hatten ganz unterschiedliche Anwendungsbereiche und Ausstrahlung. Die gotische Schrift (adaptiert zur Schreibung des Westgotischen) des 4. Jahrhunderts blieb auf diese Sprache beschränkt, während die im 9. Jahrhundert ausgebildeten slawischen Schriften (Glagolitisch, Kyrillisch) interregionale Verbreitung fanden. Das kyrillische Alphabet wird in verschiedenen regionalen Varianten verwendet (Rehder 2012: 14 f. zu Sonderzeichen des Kyrillischen in den Slawinen), von denen die russische die bedeutendste ist. In Russland werden auch zahlreiche nicht-russische Sprachen mit der Kyrillica geschrieben.

Seit den Anfängen der Verschriftung des Mykenisch-Griechischen hat es für das Griechische insgesamt sieben schriftsprachliche Varianten in drei verschiedenen Schriftsystemen gegeben:

- Mykenisch-Griechisch in Linear B (17.–12. Jh. v. Chr.)
- Kyprisches Griechisch in kyprisch-syllabischer Schrift (11.–3. Jh. v. Chr.)
- Altgriechisch in regionalen Varianten (in Alphabetschrift) (8.–4. Jh. v. Chr.)
- Koiné: gemeingriechische Schriftsprache der hellenistischen Periode (zweite Hälfte des 4. Jh. v. Chr. – 4. Jh. n. Chr.)
- Mittelgriechisch/Byzantinisch (5. Jh. n. Chr. – 1453)
- Klassische attische Schriftsprache/Katharevussa (Mitte des 1. Jh. v. Chr. – Neuzeit)
- Griechische Volkssprache/Dimotiki (seit dem 17. Jh.).

Die persische Pehlevi-Schrift

Mit dem Beginn der Arsakiden-Herrschaft in Persien (ab 256 v. Chr.) avancierte das Aramäische, das vorher als Verkehrssprache im Mittleren Osten weite Verbreitung hatte, zur Staatssprache. Die einheimische Sprache der Perser, das Persische in seinem mitteliranischen Entwicklungsstadium, wurde als Kultursprache aufgebaut und mit Hilfe einer Adaption der Alphabetschrift modernisiert. Die Pehlevi-Schrift leitet sich vom aramäischen Alphabet ab. In der älteren Pehlevi-Schrift treten die Eigenschaften auf, die typisch sind für die aramäische Version der semitischen

Alphabetschrift: das Fehlen von Vokalzeichen und Linksläufigkeit des Schriftduktus.

Die Pehlevi-Schrift hat verschiedene funktionale Varianten ausgebildet, eine für Münzlegenden und eine andere für Zeremonialinschriften. Es werden auch chronologische Varianten des Schriftgebrauchs unterschieden, so das ältere (nordwestliche) Pehlevi während der Arsakiden-Dynastie (bis 226 n. Chr.) und das jüngere (südwestliche) Pehlevi der Sassanidenära (bis 642 n. Chr.). Das umfangreichste Schrifttum in Pehlevi-Schrift sind die Avesta-Texte, die heiligen Schriften des Zoroastrismus. Die Schriftvariante dieser Texte wird Avesta-Pehlevi genannt. Das Besondere der Avesta-Schrift ist, dass mit ihr auch Vokale bezeichnet werden.

In offiziellen Funktionen war die Pehlevi-Schrift bis zur Periode der islamischen Landnahme im 7. Jahrhundert n. Chr. in Gebrauch. In einer speziellen Variante, dem Buch-Pehlevi, ist diese Alphabetschrift bis ins 14. Jahrhundert tradiert worden (Skjærvø 1996: 524 ff.).

Germanische Runen

Germanische Völker haben seit der Zeitenwende in ständigem Kontakt mit der Welt der Schriftlichkeit gestanden. Dies waren in der Hauptsache das Lateinische im Westen und das Griechische im Osten. Griechische Schrift und Schrifttum waren die Inspirationsquelle für die Experimente mit einem Schriftsystem für das Gotische (s. u. zur westgotischen Schrift). Im Westen fungierte die Lateinschrift als Modell für die Schaffung der Runen bei den Germanen. Die Schöpfer der germanischen Runen haben sich dabei nicht nur an der lateinischen Basisschrift orientiert. Einige Besonderheiten in der Zeichenkomposition weisen auch auf die Kenntnis regionaler Alphabete aus Norditalien zur Schreibung vorrömischer Sprachen. Diese Schriftvarianten weisen Spezifika des etruskischen Alphabets auf, das seinerseits das Vorbild für die Lateinschrift war.

Die germanischen Runen sind keine direkte Ableitung von der lateinischen Schrift. Der Vorbildcharakter bezieht sich auf die Schreibung von Sprachlauten des Germanischen nach dem alphabetischen Prinzip, wobei jeweils ein Buchstabenzeichen zur Wiedergabe eines Lautes dient. Die Reihenfolge der Runen, wie sie in den Quellen zu finden ist, ist unabhängig von der Buchstabenordnung im lateinischen Alphabet. Nach der Anordnung der ersten sechs Buchstaben werden die verschiedenen Systeme der Runen als Futhark-Alphabete bezeichnet. Das älteste Runenalphabet, das gemeingermanische (nordwestgermanische) Futhark, setzt sich aus insgesamt 24 Zeichen zusammen. Im Unterschied zur Benennung der Buchstaben des lateinischen Alphabets haben die Runen des Futhark Namen. Dies sind jeweils Wörter, deren Anfangslaut dem Lautwert der betreffenden Rune entspricht, die damit benannt wird.

ᚠ	*fehu	Reichtum
ᚢ	*ūruz	Aurochse
ᚦ	*þurisaz	Riese
ᚨ	*ansuz	Gottheit
ᚱ	*raiþō	reiten
	*kaunaz	Geschwür
ᚲ	*kēnaz	Fackel
	*kanō	Kahn
ᚷ	*geƀō	Geschenk
ᚹ	*wunjō	Freude
ᚺ	*hagalaz	Heil
ᚾ	*nauþiz	Notwendigkeit, Not
ᛁ	*isa-	Eis
ᛃ	*jēra-	Ernte
ᛇ	*eihwaz	Eibe
ᛈ	*perþ	Bedeutung unbekannt
ᛉ	*algiz	möglicherweise ‹Riedgras›
ᛊ	*sōwulō	Sonne
ᛏ	*teiwaz	der Gott Tyr (altengl. Tiw)
ᛒ	*ƀerkana-	Birkenzweig
ᛖ	*ehwaz	Pferd
ᛗ	*mannaz	Mann
ᛚ	*laguz	Wasser
ᛜ	*inguz	der Gott Ing
ᛞ	*đagaz	Tag
ᛟ	*ōþila	Erbbesitz, geerbtes Land

Das gemeingermanische Futhark: Die Runen, ihre Lautwerte und Namen

Dieses Runenalphabet entstand im 1. Jahrhundert n. Chr., die ältesten beschrifteten Objekte stammen von Fundorten im Süden Dänemarks und in Schleswig-Holstein. Inschriftenfunde sind verstreut über weite Teile Mittel- und Westeuropas, und ihre Entstehung steht wohl in Zusammenhang mit den Bewegungen germanischer Stammesgruppen während der Völkerwanderung. Die Runeninschriften der Frühzeit sind sämtlich kurz und inhaltlich mit sprachmagischen Funktionen assoziiert. Die Schriftträger sind mobile Objekte. Runeninschriften auf Steinen stammen erst aus dem Mittelalter. Seit dem 6. Jahrhundert wurden Runen auch für kurze Mitteilungen auf Nachrichtenstöcken (im Altnordischen *rúnakefli* genannt) verwendet. Die meisten solcher Stöcke stammen aber erst aus der Zeit ab dem 12. Jahrhundert.

Die gemeingermanischen Runen werden so benannt, weil sie in den ersten Jahrhunderten unserer Zeitrechnung bei allen Germanen verbreitet waren. Mit der Ausbildung des ersten skandinavischen Runenalphabets, des dänischen Futhark, im 8. Jahrhundert fand ein radikaler Wandel statt. Der Bestand an Runenzeichen wurde drastisch reduziert. Das dänische Futhark verwendete lediglich 16 Runenzeichen. Die älteste Version dieses Runenalphabets findet sich auf dem Stein von Gørlev. In Südschweden entstand eine andere Variante des Futhark mit ebenfalls reduzierter Zeichenform: die Rök-Runen, benannt nach einer Inschrift auf dem Runenstein von Rök (Östergötland) aus der ersten Hälfte des 9. Jahrhunderts.

Im frühen 11. Jahrhundert entstand die jüngste skandinavische Variante des Runenalphabets, eine Mischung aus dem dänischen und schwedischen Futhark (Spurkland 2001). Dieses Alphabet, das norwegische Futhark, verbreitete sich mit den Wikingern weit über das ursprüngliche Siedlungsgebiet germanischer Völker hinaus bis nach Russland im Osten und Island und Grönland im Nordwesten. Aus Amerika ist keine authentische Inschrift in Runen bekannt. Die dortigen Inschriftenfunde sind entweder umstritten oder wurden als Fälschungen entlarvt. Die meisten aller Runeninschriften sind im norwegischen Futhark abgefasst (Sawyer 2000). Es handelt sich dabei überwiegend um Inschriften auf Gedenksteinen aus Granit, auf Findlingen, die wegen ihrer Größe und Unverrückbarkeit erhalten geblieben sind. Im späten Mittelalter verdrängte die Lateinschrift die norwegischen Runen, die aber für Kalendereintragungen in einigen abgelegenen Gegenden Schwedens noch bis in die Neuzeit Verwendung fanden.

Varianten eines insularen Runenalphabets waren auf den britischen Inseln und in Irland in Gebrauch. In der angelsächsischen Runenschrift stieg die Zahl der Zeichen auf zunächst 28, später 31. Diese Variante zeigt Besonderheiten im Zeichenschatz, die auf den Gebrauch der Runen (z. B. die o-Rune) im friesischen Gebiet zwischen dem 5. und 7. Jahrhundert weisen. Die angelsächsischen Runen wurden sowohl zur Beschriftung von

Objekten verwendet (z. B. ein in der Themse gefundenes Schwert aus dem 9. Jahrhundert) als auch zur Abfassung ganzer Codices (z. B. ein erhaltenes Manuskript aus dem 10. Jahrhundert). Die Verbreitung des Christentums in Britannien beschränkte den Gebrauch der Runen auf Gedenkinschriften, Rätsel und Namenschreibungen in Manuskripten. Cynewulf, ein Dichter des frühen 9. Jahrhunderts, signierte einige seiner Gedichte mit seinem Namenszug in Runenschrift.

Die Verwendung von Runenzeichen im Dienst der Sprachmagie war zu allen Zeiten populär, solange die Runenschrift verbreitet war. Die Erinnerung daran ist in der Moderne wiederbelebt worden, so sind «Zauberrunen» fester Bestandteil der esoterischen Pop-Kultur.

Ogham: Eine Schriftschöpfung der Inselkelten

Der Name dieses von den Inselkelten entwickelten Schriftsystems ist assoziiert mit dem Namen des Gottes Ogmios (Oghma), der in altirischen Quellen als Schöpfer benannt wird. Die genaue Entstehungszeit dieser Schrift ist bis heute ungeklärt. Mit Sicherheit war Ogham im 4. Jahrhundert n. Chr. in Gebrauch. In jene Zeit datieren Grabsteine mit Inschriften in Ogham. Möglicherweise wurde die Schrift aber schon im 2. Jahrhundert n. Chr. verwendet, und zwar für die Beschriftung von Wurfhölzern zum Zweck der Wahrsagung. Sicher ist, dass Ogham im kulturellen Milieu der vorchristlichen Ära entstand.

Die Region, in der Ogham entwickelt wurde und von wo die meisten der beschrifteten Gedenksteine stammen, ist Irland. Hier sind rund 300 Inschriften gefunden worden, die Fundorte von weiteren 60 sind verstreut auf der Insel Man in der Irischen See, im Südwesten von Wales und vereinzelt in Schottland.

Die Komposition der Zeichen der Ogham-Schrift sowie die Funktionen der Zeichen weisen auf das lateinische Alphabet als Vorbild. Die Lateinschrift war während der römischen Kolonialzeit in Britannien verbreitet. Irland lag außerhalb der von den Römern kontrollierten keltischen Gebiete, und der Kontakt mit der Schriftlichkeit war für die keltische Bevölkerung Irlands über den Handel mit dem benachbarten Britannien gegeben. Die Einteilung der Zeichen zur Benennung der einzelnen Buchstaben in vier Gruppen entspricht der zeitgenössischen Gruppierung der Buchstaben der Lateinschrift durch römische Grammatiker.

Die Schriftrichtung von Ogham war vertikal, die Kanten der Gedenksteine markierten die Trennlinie für die Anordnung der Striche zur Realisierung individueller Zeichenformen. Die Verwendung von Ogham für die Beschriftung von Gedenksteinen orientiert sich ebenfalls an einer entsprechenden zeitgenössischen Tradition bei den Römern, wo lateinische Inschriften auf den Grabsteinen erschienen. Ogham wurde für Gedenkinschriften einige Jahrhunderte lang verwendet. Die beschrifteten Steine in Wales sind von irischen Kolonisten gesetzt worden, die in vorchristlicher Zeit nach Wales migrierten. Auch während der frühchristlichen Ära wurde Ogham für Grabinschriften verwendet. Es entstanden auch zweisprachige Inschriften mit irischem Text (in Ogham) und mit lateinischem Text (in Lateinschrift).

Der Schriftbesitz von Ogham gehörte zum Geheimwissen der Druiden. Dafür spricht die Verwendung für divinatorische Zwecke. Es sind auch Fluchformeln in Ogham bekannt, in denen der Gott Oghma um Hilfe für Schadenzauber angerufen wird. Ogham war eine Schrift mit magischen Funktionen. Dies trifft auch auf die Gedenkinschriften zu, in denen teilweise mythische Ahnen verehrt werden (z.B. die Göttin Dovinia als Begründerin des Clans der Corcu Duibne).

Es sind keine Texte erhalten, die sich auf die Sozialordnung und das Rechtswesen der Inselkelten beziehen. Dafür gibt es einen kulturhistorischen Grund. Das Wissen über das Gewohnheitsrecht gehörte zu den Privilegien der gelehrten Druiden, es durfte nur mündlich vom Lehrer an den Schüler weitergegeben werden. Die Gelehrten wurden *filid* genannt, und sie waren dem Tabu unterworfen, die druidischen Gesetze nur oral zu memorieren (Mytum 1992: 54). Erst nachdem sich das Christentum auch unter den *filid* verbreitet hatte, verlor Ogham das Flair des Magischen, und seine Funktionen wurden vom Tabu der Verwendung für juridische Texte befreit. Aufzeichnungen der druidischen Rechtsgrundlagen in Ogham stammen aus christlicher Zeit.

Im frühmittelalterlichen Irland war das Kulturschaffen zweisprachig und digraphisch. Irisch (Altirisch) wurde für Grabinschriften, Besitzdokumente und Landmarkierungen verwendet und in Ogham geschrieben. Als Medium der christlichen Literatur diente das Lateinische in Lateinschrift. Bis in die erste Hälfte des 7. Jahrhunderts v. Chr. wurden Texte in Ogham produziert. Ab dann wurden Texte ausschließlich in lateinischer Schrift abgefasst (verwendet für beide Kultursprachen der Insel).

Wulfila und die gotische Schrift

Von den ostgermanischen Sprachen war allein das Gotische als Schriftsprache mit einem eigenen Schriftsystem kodifiziert. In gotischer Sprache ist ein beachtliches Schrifttum entstanden, von dem allerdings nur Reste erhalten sind. Von den anderen ostgermanischen Sprachen ist nur das Burgundische sporadisch geschrieben worden. Unsere Kenntnis der übrigen Sprachen basiert auf Namenmaterial (Personennamen, Ortsnamen).

Die Schriftart, in der die bibelgotischen Texte geschrieben wurden, ist eine Adaption der zeitgenössischen griechischen Unzialschrift, d. h. dieses speziellen, im 4. Jahrhundert verbreiteten Schrifttyps. Dies jedenfalls gilt für die große Mehrheit der Buchstabenzeichen. Die enge Anlehnung an das griechische Musteralphabet ist außer an der äußeren Gestalt einzelner Buchstaben auch daran zu erkennen, dass die Zahlenwerte, die den gotischen Buchstaben zugeordnet werden, identisch mit denen im Griechischen sind.

Einige Buchstaben sind offensichtlich unter dem Einfluss der lateinischen Schrift geformt worden, so die Zeichen für /h/,/r/ und /s/. Zur Erklärung der Formen einiger anderer Buchstaben greift man zu Recht auf den Zeichenbestand des Runenalphabets zurück. Dies betrifft die Buchstaben zur Schreibung von /th/,/j/,/u/,/f/ und /o/. Die Schreibung von /o/ mit einem Runenzeichen ist bemerkenswert, denn man hätte hier ohne Weiteres die Anlehnung an den entsprechenden griechischen Buchstaben erwartet. Offensichtlich war die Rune für /o/ wegen des Merkworts **othal* ‹Erbbesitz› so weit bekannt, dass man

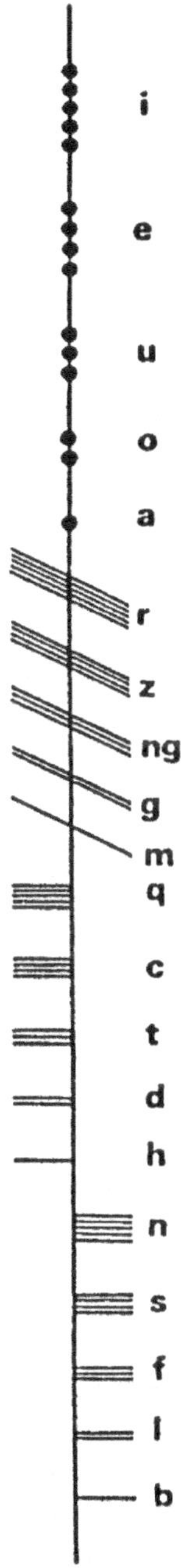

Das Zeichenrepertoire der Ogham-Schrift

diese starke visuelle Assoziation für die Komposition des Zeicheninventars ausgenutzt hat.

1	a	𐌰	*aza* **ahsa* ‹Achse›
2	b	𐌱	*bercna* **bairkan* ‹Birkenreis›
3	g	𐌲	*geuua giba* ‹Gabe›
4	d	𐌳	*daaz dags* ‹Tag›
5	e	𐌴	*eyz* **aitus* (?) ‹Pferd› (?)
6	*q*	𐌵	*quertra* **qairþra* ‹Köder›
7	z	𐌶	*ezec* (oder *ezet*) (??)
8	h	𐌷	*haal* **hagl* ‹Hagel›
9	*þ*	𐌸	*thyth þiuþ* ‹Gutes›
10	i	𐌹̈ 𐌹	*iiz* **eis* ‹Eis›
20	k	𐌺	*chozma* **kusma* ‹Geschwür› (?)
30	l	𐌻	*laaz* **lagus* ‹Wasser›
40	m	𐌼	*manna manna* ‹Mensch›
50	n	𐌽	*noicz nauþs* ‹Not›
60	j	𐌾	*gaar jer* ‹Jahr›
70	u	𐌿	*uraz* **ūrus* ‹Auerochs›
80	p	𐍀	*pertra* **pairþra* ?
90		𐍁	
100	r	𐍂	*reda* **raida* ‹Wagen› (?)
200	s	𐍃	*sugil sauil* ‹Sonne›
300	t	𐍄	*tyz* **teiws* ‹Gott›
400	w	𐍅	*uuinne winja* (**wunja* ?) ‹Weideplatz› (‹Wonne› ?)
500	f	𐍆	*fe faihu* ‹Fahrhabe›
600	x	𐍇	*enguz* **iggws* ‹Mann›
700	*h*	𐍈	*uuaer* **hair* ‹Kessel›
800	o	𐍉	*utal* **oþal* ‹Erbbesitz›
900		𐍊	

Die gotische Schrift und die Benennung der Buchstaben

Als Schriftschöpfer der gotischen Schrift gilt allgemein Wulfila (um 311–383), der Bischof der Tervingi-Vesi, der Waldgoten (Wolfram 2013). Allerdings ist damit zu rechnen, dass es Ansätze für eine Schriftadaption für das Gotische bereits vorher gegeben hat, denn die christliche Lehre hatte sich schon vor Wulfilas Zeit in Dacien verbreitet, und insofern bestand Bedarf, Bibeltexte zu übersetzen und aufzuzeichnen. Wulfila war allerdings ein bleibender Erfolg mit der Konsolidierung des gotischen Schriftsystems beschieden (Lazarova 2013). Er hatte die christlichen Goten aus Transsilvanien in die römische Provinz Moesia geführt, wo sie sich am Fuß des Haemusgebirges auf heute bulgarischem Gebiet niederließen. Kulturzentrum war Nicopolis (das heutige Stari Nikup) (Milev 2013).

Keiner der von Wulfila selbst verfassten Texte ist erhalten geblieben. Auch andere zeitgenössische Texte in gotischer Sprache sind verschollen, von spärlichen, auf dem Balkan gefundenen Runeninschriften abgesehen. Nach einem Hiatus von mehr als hundert Jahren setzte die gotische Schriftlichkeit in der ersten Hälfte des 6. Jahrhunderts n. Chr. wieder ein, und zwar nachdem sich die kulturellen Aktivitäten der Goten nach Norditalien verlagert hatten. Hier wurden Abschriften älterer Texte redigiert. Sämtliche berühmten Codices wurden dort entdeckt, von denen die meisten wohl auch in jener Region aufgezeichnet wurden. Als Entstehungszeit dieser Codices ist die erste Hälfte des 6. Jahrhunderts anzusetzen, die Periode der Ostgotenherrschaft in Italien. In dem Maße, wie sich die ostgotische Herrschaft in Italien konsolidierte, blühte in den Kulturzentren Norditaliens die gotische Schriftkultur auf. Das gotische Kulturschaffen ist insbesondere mit dem Kloster Bobbio verbunden, das später auch ein Zentrum des Geisteslebens für die Langobarden und die irischen Missionare werden sollte.

Das Gros der erhaltenen Handschriften ist einsprachig gotisch, einige aber sind gotisch-lateinische Bilinguen. Sicher ist ein Teil der Texte außerhalb Italiens aufgezeichnet worden. Allein das Milieu im Tolosanischen Reich der Westgoten in Südwest-Frankreich bot damals die Voraussetzungen für ein bikulturelles und bilinguales Kulturschaffen mit Gotisch und Lateinisch als Kultursprachen (z. B. die Bilingue des Codex Carolinus).

In den Codices sind zwei Varianten der gotischen Schrift vertreten, die als Schrifttyp I und II unterschieden werden. Der ältere Typ I ist eine halbkursive Schriftart, wobei sich die Buchstaben nach rechts neigen. Der jüngere Typ II ist der häufigste in den Handschriften. Die Buchstabenformen dieser Schriftart sind auffällig steil. Besonders sorgfältig ausgefeilt ist der Schriftduktus des Typs II im prächtigen, nach seiner Silberschrift benannten Codex Argenteus (Friesen u. a. 1927). Zu den erhaltenen gotischen Handschriften gehören die folgenden (nach Stutz 1966: 16 ff.): Codex Argenteus, Codex Carolinus, Codices Ambrosiani (A, B, C, D, E), Codex Taurinensis, Codex Vaticanus, Codex Gissensis.

Die armenische Schrift und das frühe Christentum

Die Armenier haben die längste Zeit ihrer Geschichte mit Schriftkultur gelebt. Jahrhunderte bevor das Armenische als Schriftsprache verwendet wurde, waren in den Gebieten mit armenischer Bevölkerung verschiedene Kultursprachen in Gebrauch, von denen das Griechische und Aramäische die häufigsten waren. Ende des 2. Jahrhunderts n. Chr. brachten christliche Missionare aus Syrien die Kunde von der neuen Religion nach Armenien. Die christliche Lehre fand bereitwillig Aufnahme in einem Land, das an multikulturelle Strömungen gewöhnt war. Bereits 303 n. Chr. wurde das Christentum Staatsreligion im Königreich Armenien, Jahrzehnte früher als im Römischen Reich. Eine Schlüsselrolle für die Festigung christlicher Institutionen und Bildung in Armenien kommt dem Erzbischof Sahak dem Großen zu (gest. 439).

Die Schriftschöpfung des armenischen Alphabets (*aybuben* genannt) geht auf Bischof Mesrop Mastoc' (gest. 440) zurück. Vorbild für diese Schriftvariante ist das griechische Alphabet, obwohl für den Gelehrten womöglich auch andere zeitgenössische Schriften wie das syrische Alphabet und die persische Pehlevi-Schrift als Inspirationsquellen eine Rolle gespielt haben. Als Entstehungszeit für das armenische Alphabet wird das Jahr 406 n. Chr. genannt. Ursprünglich setzte sich die Schrift aus 36 Zeichen zusammen. Davon waren 30 Konsonantenzeichen und 6 Vokalzeichen. Im 12. Jahrhundert wurden zwei Zeichen hinzugefügt, jeweils für einen Vokal und für einen Konsonanten (zur Schreibung von f in Lehnwörtern). «Die Schrift passt sich dem Lautsystem der Sprache so perfekt an, dass sie von Anbeginn bis heute intakt geblieben ist» (Sanjian 1996: 356).

Entsprechend dem griechischen Vorbild wurden die armenischen Buchstaben auch als Zahlzeichen verwendet. Diese Konvention wurde mit der Annahme des Systems der arabischen Zahlzeichen im 17. Jahrhundert aufgegeben.

Der älteste längere Text in der neuen Schrift war die Übersetzung der Bibel ins Armenische. Bis ins 12. Jahrhundert wurde das Altarmenische, die klassische Schriftsprache (*grabar* ‹das geschriebene Wort›), verwendet. Auch das Mittelarmenische (12.–15. Jahrhundert) wurde mit demselben Alphabet geschrieben. Die moderne Schriftsprache wurde im 17. Jahrhundert standardisiert.

Epilog: Die indoeuropäische Globalisierung

Die Globalisierung berührt uns alle. Wir denken dabei an unsere moderne Welt mit globaler Kommunikation, Welthandel, Wirtschafts- und Finanzkrisen, Weltpolitik und internationalen Krisen. Aber die Globalisierung ist ein viel älteres Phänomen. Wann setzte sie ein?

Menschen betrieben schon Fernhandel, als sie noch in dörflichen Gemeinschaften lebten. Im Nahen Osten entfaltete sich bereits im 8. Jahrtausend v. Chr., als es noch keine Städte gab, ein Überlandhandel, der Mesopotamien, Palästina und Anatolien einschloss. Bereits im 7. Jahrtausend v. Chr. florierte der Handel mit Obsidian, dessen Routen von der Kykladeninsel Melos ausgingen. Über diese Routen wurde die begehrte Handelsware aufs europäische Festland ebenso wie nach Kleinasien gehandelt. In derselben Region blühte ungefähr zur gleichen Zeit der Handel mit Spondylus-Muscheln auf; dieses Material zur Schmuckherstellung wurde über eine Distanz von bis zu dreitausend Kilometern (von der ägäischen Küste bis ins Innere Frankreichs) gehandelt. Allerdings hatten diese frühen Handelskontakte keine so ausgeprägten kulturellen Konsequenzen für die beteiligten Menschen, dass man schon von Globalisierung sprechen könnte.

Wenn man als eine Art Minimaldefinition von Globalisierung die interkontinentale Reichweite zugrunde legt, dann lassen sich aber für die frühe Geschichte der Indoeuropäer mehrere Aspekte benennen, die den Globalisierungsprozess beeinflusst haben:

Globale Verkehrstechnik: Die Verwendung von Pferd und Wagen sowie des Pferds als Reittier förderte die Mobilität lokaler Bevölkerungsgruppen und erweiterte deren Aktionsradius erheblich. Am Anfang standen Erkundungen unbekannten Terrains durch berittene Abteilungen, denen dann der Tross mit Wagen folgte. Auf diese Weise konnten sich ganze Clans über größere Distanzen bewegen. Auf welch hohes Niveau sich die Mobilität der Steppennomaden bereits im 1. Jahrtausend v. Chr. entwickelt hatte, kann man an der Ausdehnung des skythischen Nomadenreichs ermessen, das sich von der Ukraine bis in die Region des Altaigebirges erstreckte. Die Ursprünge der Seidenstraße, die China mit dem Westen verband, sind in der Periode zu suchen, in der Steppennomaden die eurasische Steppe und Zentralasien kontrollierten (Kuzmina 2008).

Waffentechnologie: Wohl keine andere technische Innovation hatte einen solch entscheidenden Einfluss auf die Kriegsführung in der Antike wie der von Pferden gezogene zweirädrige Streitwagen. In kürzester Zeit verbreitete sich diese Erfindung in Europa (Mykener), Anatolien (Hethiter), im Mittleren Osten (Mitanni, Perser), in Ägypten und in Indien (Arier).

Globale Kommunikation: Als Folge der Eroberungen Alexanders des Großen eröffneten sich für die griechische Kultur und Sprache bis dahin ungeahnte Perspektiven vor allem im Osten. Es war der Beginn des hellenistischen Zeitalters. Griechisch avancierte zur Zweitsprache für viele Einheimische in Westasien und Nordafrika, es etablierte sich als Bildungssprache und als Amtssprache in den Städten der Nachfolgereiche Alexanders außerhalb Europas: Kleinasien und Mittlerer Orient unter den Seleukiden, Ägypten unter den Ptolemäern, das Graeco-Baktrische Reich in Zentralasien (ca. 250–125 v. Chr.) und das Indo-Griechische Königreich (180 v. Chr. – 10 n. Chr.) in Westindien. Als Handels- und Bildungssprache war Griechisch auf drei Kontinenten in Gebrauch: von Zentralasien bis nach Nubien, rings ums Schwarze Meer und in den Ländern des nördlichen Mittelmeeres. Im 1. Jahrhundert v. Chr. trat das Lateinische, ebenfalls eine indoeuropäische Sprache, die Nachfolge des Griechischen in der globalen Kommunikation an.

Die antiken Sprachen und Reiche sind untergegangen, aber gerade in der Neuzeit wird die Globalisierung wieder von indoeuropäischen Leitsprachen und Leitkulturen geprägt. Diese Fernwirkungen der frühen indoeuropäischen Globalisierung können jedoch nicht mehr Gegenstand dieses Buches sein.

Bibliographie

Achilli, A. u. a. (2007). Mitochondrial DNA variation of modern Tuscans supports the Near Eastern origin of Etruscans, in: American Journal of Human Genetics 80: 759–768

Adelung, F. von (1815). Catherinens der Großen Verdienste um die vergleichende Sprachenkunde. St. Petersburg (Nachdruck mit Einleitung und bio-bibliographischem Register von H. Haarmann. Hamburg 1976)

Adone, D. (1994). The acquisition of Mauritian Creole. Philadelphia

Agostiniani, L. (2012). Sulla grafia e la lingua delle iscrizioni anelleniche di Lemnos, in: Bellelli: 169–194

Ahir, D. C. (1995). Asoka the Great. Delhi

Aikhenvald, A. Y./Dixon, R. M. W. (Hg.) (2001). Areal diffusion and genetic inheritance. Problems in comparative linguistics. Oxford & New York

Akurgal, E. (2001). The Hattian and Hittite civilizations. Ankara

Allen, D. S. (2013). Why Plato wrote. Malden, MA & Oxford

Allen, N. J./Callan, H./Dunbar, R./James, W. (Hg.) (2011). Early human kinship. From sex to social reproduction. Malden, Massachusetts & Oxford

Ammon, U./Haarmann, H. (Hg.) (2008). Wieser Enzyklopädie – Sprachen des europäischen Westens, 2 Bde. Klagenfurt

Anderson, D. E./Goudie, A. S./Parker, A. G. (2007). Global environments through the quaternary. Exploring environmental change. Oxford

Andronicos, M. (1997). Vergina – The royal tombs and the ancient city. Athen

Anthony, D. W. (2007). The horse, the wheel and language. How Bronze-Age riders from the Eurasian steppes shaped the modern world. Princeton & Oxford

– (2008). A new approach to language and archaeology. The Usatovo culture and the separation of Pre-Germanic, in: Journal of Indo-European Studies 36: 1–51

– (2009a). The rise and fall of Old Europe, in: Anthony 2009b: 28–57

– (Hg.) (2009b). The lost world of Old Europe – The Danube valley 5000–3500 BC. Princeton, New Jersey & Oxford

Arnold, E. R./Greenfield, H. J. (2006). The origins of transhumant pastoralism in temperate South Eastern Europe. A zooarchaeological perspective from the central Balkans. Oxford

Aruz, J. u. a. (Hg.) (2000). Oro-il mistero dei Sarmati e degli Sciti. Mailand

Babian, G. (2001). The relations between the Armenian and Georgian churches (according to the Armenian sources, 300–610). Antelias (Libanon)

Bader, F. (1989). «Pan», in: Revue de Philologie 63: 7–46

Bailey, G./Spikins, P. (Hg.) (2008). Mesolithic Europe. Cambridge & New York

Bakró-Nagy, M. Sz. (1979). Die Sprache des Bärenkultes im Obugrischen. Budapest

Baldi, P. (1987). Indo-European languages, in: Comrie: 19–55

Ballantyne, T. (2002). Orientalism and race. Aryanism in the British Empire. New York

Bammesberger, A. (Hg.) (1988). Die Laryngaltheorie und die Rekonstruktion des indogermanischen Laut- und Formensystems. Heidelberg

Bammesberger, A./Vennemann, T. (Hg.) (2003). Languages in prehistoric Europe. Heidelberg (2. Aufl.)

Bammesberger, A./Waxenberger, G. (Hg.) (2006). Das Futhark und seine einzelsprachlichen Weiterentwicklungen. Berlin & New York
Barber, E. W. (1991). Prehistoric textiles. The development of cloth in the Neolithic and Bronze Ages. Princeton, New Jersey
– (1999). The mummies of Ürümchi. Did Europeans migrate to China 4,000 years ago? London & Oxford
Barham, L./Mitchell, P. (2008). The first Africans. African archaeology from the earliest toolmakers to most recent foragers. Cambridge & New York
Barta, G. u. a. (1994). History of Transylvania. Budapest
Bartlett, R. (1993). The making of Europe. Conquest, colonization and cultural change 950–1350. London
Bátori, I. (1980). Russen und Finnougrier. Kontakt der Völker und Kontakt der Sprachen. Wiesbaden
Beck, H. (Hg.) (1989). Germanische Rest- und Trümmersprachen. Berlin & New York
Beekes, R. S. P. (2003). The origin of the Etruscans. Amsterdam
– (2003). «Indo-European or substrate? Phatne and keryx», in: Bammesberger/Vennemann: 109–115
– (2010). Etymological dictionary of Greek, 2 Bde. Leiden & Boston
– (2011). Comparative Indo-European linguistics. An introduction. Amsterdam & Philadelphia (2. Aufl.)
Bell-Fialkoff, A. (Hg.) (2000). The role of migration in the history of the Eurasian steppe. London
Bellelli, V. (Hg.) (2012). Le origini degli Etruschi – Storia, archeologia, antropologia. Rom
Bellwood, P./Renfrew, C. (Hg.) (2002). Examining the farming/language dispersal hypothesis. Cambridge
Bennett, E. L. (1996). Aegean scripts, in: Daniels/Bright: 125–133
Benson, H. H. (Hg.) (2009). A companion to Plato. Malden, Massachusetts & Oxford
Berger, H. (1995). Die Vielfalt der indischen Sprachen, in: Rothermund 1995b: 101–110
Bernal, M. (1987–2006). Black Athena. Afroasiatic roots of classical civilization, 3 Bde. Piscataway, New Jersey
Bintliff, J. (2012). The complete archaeology of Greece. From hunter-gatherers to the 20th century A. D. Malden, MA & Oxford
Blok, J. H. (1995). The early Amazons. Modern & ancient perspectives on a persistent myth. Leiden, New York & Köln
Boardman, J./Griffin, J./Murray, O. (Hg.) (1988). Greece and the Hellenistic world. Oxford & New York
Boardman, J. (2015). The Greeks in Asia. London
Bobonich, Chr. (Hg.) (2011). Plato's Laws. A critical guide. Cambridge & New York
Bollée, A. (1993). Dictionnaire étymologique des créoles français de l'Océan Indien. Hamburg
Bolmarcich, S. (2010). Demes, in: Gagarin/Fantham: 390
Bomgardner, D. L. (2000). The story of the Roman amphitheatre. London & New York
Bomhard, A. R. (2008). Reconstructing Proto-Nostratic. Comparative phonology, morphology, and vocabulary, 2 Bde. Leiden
– (2014). A comprehensive introduction to Nostratic comparative linguistics. With special reference to Indo-European, 4 Bde. https://archive.org/stream/BomhardAComprehensiveIntroductionToNostraticComparativeLinguistics/Bomhard%20-%20A%20Comprehensive%20Introduction%20to%20Nostratic%20Comparative%20Linguistics_djvu.txt (letzter Zugriff: 3.8.2015)

Bóna, I. (1994). From Dacia to Transylvania. The period of the great migrations (271–895), in: Barta u. a.: 62–106
Bonnefoy, Y. (Hg.) (1992). Greek and Egyptian mythologies. Chicago & London
Boyle, K./Renfrew, C./Levine, M. (Hg.) (2002). Ancient interactions. East and west in Eurasia. Cambridge
Brandenstein, W. (1964). Handbuch des Altpersischen. Wiesbaden
Bremmer, J. N. (Hg.) (1990). Interpretations of Greek mythology. London
Breyer, G. (1993). Etruskisches Sprachgut im Lateinischen unter Ausschluss des spezifisch onomastischen Bereiches. Leuven
Bright, W. (Hg.) (1992). International encyclopedia of linguistics, 4 Bde. New York & Oxford
Briquel, D. (2004). Les visions antiques de l'origine des Étrusques: barbares, quasi-Hellènes ou Grecs à part entière?, in: Annali della Fondazione per il museo «Claudio Faina» XI: 9–30
Brown, B. (2012). «Homer, funeral contests and the origins of the Greek city», in: Phillips and Pritchard: 123–162
Bryant, E. (2001). The quest for the origins of Vedic culture. The Indo-Aryan migration debate. New York
Budinsky, A. (1881). Die Ausbreitung der lateinischen Sprache über Italien und die Provinzen des römischen Reiches. Berlin (Nachdruck: Walluf bei Wiesbaden 1973)
Budja, M. (2005). The process of Neolithisation in South-eastern Europe. From ceramic female figurines and cereal grains to entoptics and human nuclear DNA polymorphic markers, in: Documenta Praehistorica XXXII: 53–72
– (2007). The 8200 calBP ‹climate event› and the process of neolithisation in south-eastern Europe, in: Documenta Praehistorica XXXIV: 191–201
Burkert, W. (1985). Greek religion. Archaic and classical. Cambridge, Massachusetts & Oxford
Burroughs, W. J. (2005). Climate change in prehistory. The end of the reign of chaos. Cambridge & New York
Busse, S. (Hg.) (2010). Amazonen. Geheimnisvolle Kriegerinnen. Historisches Museum der Pfalz (Speyer) – Ausstellungskatalog. Wolfratshausen
Butrimas, A. (Hg.) (2001). Baltic amber. Vilnius
Çabej, E. (1976). Albanische Beiträge zur Kenntnis des lateinischen Wortschatzes, in: Bollettino dell'Atlante linguistico mediterraneo 13–15: 365–377
Calo Lourido, F. (2010). Os Celtas. Unha (re)visión dende Galicia. Vigo
Camporeale, G. (1992). La romanizzazione, in: Parlavecchia/Rasponi: 102–109
Canevascini, S. (Hg.) (2001). Die Lepontier. Zürich
Carandini, A. (2011). Res publica: Come Bruto cacciò l'ultimo re di Roma. Mailand
Cardona, G. (1992). Indo-Aryan languages, in: Bright 2: 202–206
Carpelan, Chr./Parpola, A. (2001). Emergence, contacts and dispersal of Proto-Indo-European, Proto-Uralic and Proto-Aryan in archaeological perspective, in: Carpelan u. a. 2001: 55–150
Carpelan, Chr./Parpola, A./Koskikallio, P. (Hg.) (2001). Early contacts between Uralic and Indo-European. Linguistic and archaeological considerations. Helsinki
Carpooran, A. (2005). Diksioner morisien, Quatre Bornes. Mauritius
Castleden, R. (2000). King Arthur. The truth behind the legend. London & New York
Cavalli-Sforza, L. (2000). Genes, peoples, and languages. New York
Cavalli-Sforza, L. L./Menozzi, P./Piazza, A. (1994). The history and geography of human genes, Princeton, NJ
Cavruc, V./Chiricescu, A. (Hg.) (2006). Sarea, timpul di omul (catalog de expozitie). Sfîntu Gheorghe

Ceka, N. (2013). The Illyrians to the Albanians. Tirana
Chaniotis, A. (2009). Travelling memories in the Hellenistic world, in: Hunter/Rutherford: 249–269
Chantraine, P. (2009). Dictionnaire étymologique de la langue grecque. Histoire des mots. Paris: Klinksieck (2. Aufl.)
Chi, J. Y. (Hg.) (2008). Wine, worship, and sacrifice. The golden graves of ancient Vani. Princeton, NJ
Coleman, J. A. (2007). The dictionary of mythology. An A-Z of themes, legends and heroes. London
Coleman, R. G. G. (1992). Latin, in: Bright 2: 313–320
Comrie, B. (Hg.) (1987). The major languages of Eastern Europe. London
Comsa, M. (1986). Romanen – Walachen – Rumänen, in: Herrmann 1986: 123–142
Connelly, J. B. (2007). Portrait of a priestess. Women and ritual in ancient Greece. Princeton, NJ
– (2014). The Parthenon enigma. A new understanding of the West's most iconic building and the people who made it. New York
Craig Melchert, H. (1996). Anatolian hieroglyphs, in: Daniels/Bright 1996: 120–124
Cultraro, M. (2011). I Micenei. Archeologia, storia, società dei Greci prima di Omero. Rom (5. Aufl.)
– (2012). Ex parte orientis. I Teresh e la questione dell'origine anatolica degli Etruschi, in: Bellelli: 105–141
Cunliffe, B. (1997). The ancient Celts. Oxford & New York
– (2008). Europe between the oceans 9000 BC-AD 1000. New Haven & London
Curnow, T. J. (2001). What language features can be ‹borrowed›?, in: Aikhenvald/ Dixon: 412–436
Daniels, P. T./Bright, W. (Hg.) (1996). The world's writing systems. New York & Oxford
Danver, S. L. (Hg.) (2011). Popular controversies in world history. Investigating history's intriguing questions, 4 Bde. Santa Barbara, CA; Denver, CO & Oxford
Davies, Norman. (1996). Europe. A history. Oxford & New York
Davies, W. V. (Hg.) (1991). Egypt and Africa. Nubia from prehistory to Islam. London
Davis, G. (2009). Vikings in America. Edinburgh
Davison, K./Dolukhanov, P. M./Sarson, G. R./Shukurov, A./Zaitseva, G. I. (2007). A pan-European model of the Neolithic, in: Documenta Praehistorica XXXIV: 139–154
DeFrancis, J. (1977). Colonialism and language policy in Viet Nam. The Hague & Paris
Delamarre, X. (2003). Dictionnaire de la langue gauloise. Paris (2. Aufl.)
Dergachev, V. A. (2002). Two studies in defence of the migration concept, in: Boyle u. a.: 93–112
– (2007). O skipetrakh, o loshadiakh, o vojne. Etiudy v zashchitu migratsionnoj kontseptsii M. Gimbutas. St. Petersburg
Dexter, M. R. (1980). s. Robbins, M. 1980
– (2012). Substrate continuity in Indo-European religion and iconography: Seals and figurines of the Indus Valley culture and historic Indic female figurines, in: Huld u. a.: 197–219
Dickinson, O. (1994). The Aegean Bronze Age. Cambridge & New York
– (2006). The Aegean from Bronze Age to Iron Age. London & New York
Dihle, A. (1994). A history of Greek literature. From Homer to the Hellenistic period. London & New York
Dilcher, G./Distler, E.-M. (Hg.) (2006). Leges – gentes – regna. Zur Rolle von germanischen Rechtsgewohnheiten und lateinischer Schrifttradition bei der Ausbildung der frühmittelalterlichen Rechtskultur. Berlin

Dimitrov, K. (2007). Stone scepters type zoomorphic scepters from Sozopol. Steppe influences on the West Black Sea coast in the beginning of the IV mill. BC, in: Stefanovich/Angelova: 145–158

Dittmar, J. (1989). Thailand und Burma. Tempelanlagen und Königsstädte zwischen Mekong und Indischem Ozean. Köln (6. Aufl.)

Dolgopolsky, A. (1998). The Nostratic macrofamily and linguistic paleontology. Cambridge

– (2008). Nostratic dictionary. Cambridge

Dolukhanov, P. (1996). The early Slavs. Eastern Europe from the initial settlement to the Kievan Rus. London & New York

Donald, M. (1991). Origins of the modern mind. Three stages in the evolution of culture and cognition. Cambridge, MA & London

Draşovean, F./Popovici, D. N. (2008). Neolithic art in Romania. Bukarest

Drew-Bear, T./Thomas, C. M./Yildizturan, M. (1999). Phrygian votive steles. Ankara

Duhoux Y. (1981). «Les Étéocrétois et l'origine de l'alphabet grec.», in: L'Antiquité Classique 50: 287–294

Duridanov, I. (1999). Thrakisch, Dakisch, Illyrisch, in: Hinrichs: 733–759

Ebbinghaus, E. (1996). The Gothic alphabet, in: Daniels/Bright: 290–293, 296

Ehrenberg, M. (1992). Women in prehistory. London (2. Aufl.)

Eichenseer, C. (1989). Leben und Sterben des Lateins. Ansätze einer Neubelebung, in: Fodor/Hagège/IV: 189–219

Ekschmitt, W. (1984). Die sieben Weltwunder. Ihre Erbauung, Zerstörung und Wiederentdeckung. Mainz

Elizarenkova, T. Y./Toporov, V. N. (1976). The Pali language. Moskau

Ellinger, P. (1992). Artemis, in: Bonnefoy: 145–149

Elliott, R. W. V. (1996). The Runic script, in: Daniels/Bright: 333–339

Erdemgil, S. (1989). Ephesos. Izmir

Erdkamp, P. (Hg.) (2013). The Cambridge companion to ancient Rome. Cambridge & New York

Facchetti, G. (2000). L'enigma svelato della lingua etrusca. Rom

– (2008). Etruskisch, in: Ammon/Haarmann: 221–235

Falileyev, A./Gohil, A. E./Ward, N. (2010). Dictionary of Continental Celtic placenames. A Celtic companion to the Barrington Atlas of the Greek and Roman world. Aberystwyth

Fansa, M./Burmeister, S. (Hg.) (2004). Rad und Wagen. Der Ursprung einer Innovation. Wagen im Vorderen Orient und Europa. Mainz

Fine, J. V. A. (1983). The ancient Greeks. A critical history. Cambridge, Massachusetts & London

Fodor, I./Hagège, C. (Hg.) (1983). Language reform/La réforme des langues/Sprachreform, Bd. III. Hamburg

– (1989). Language reform/La réforme des langues/Sprachreform, Bd. IV. Hamburg

Fortunato, L. (2011). A phylogenetic approach to the history of cultural practices, in: Allen u.a: 189–199

Fox, M. (2013). The riddle of the labyrinth. The quest to crack an ancient code. New York

Fox, R. L. (2008). Travelling heroes. Greeks and their myths in the epic age of Homer. London

Frédéric, L. (1987). Dictionnaire de la civilisation indienne. Paris

Friedrich, E. (2006). Einführung in die indischen Schriften, Teil I: Devanagari. Hamburg (2. Aufl.)

Friesen, O. von u. a. (Hg.) (1927). Codex argenteus Upsaliensis jussu senatus universitatis phototypice editus. Uppsala

Fuller, D. (2002). An agricultural perspective on Dravidian historical linguistics. Archaeological crop packages, livestock and Dravidian crop vocabulary, in: Bellwood/Renfrew: 191–213

Gagarin, M./Fantham, E. (Hg.) (2010). The Oxford encyclopedia of ancient Greece and Rome, Bd. 1. Oxford

Gantz, T. (1993). Early Greek myth. A guide to literary and artistic sources, 2 Bde. Baltimore & London

Gaudes, R. (1985). Wörterbuch Khmer-Deutsch, 2 Bde. Leipzig

Gheorghiu, D./Skeates, R. (Hg.) (2008). Prehistoric stamps – Theory and experiments. Bukarest

Gifford-Gonzalez, D. (2005). Pastoralism and its consequences, in: Stahl: 187–224

Gimbutas, M. (1982). The goddesses and gods of Old Europe 7000 to 3500 B.C. Myths, legends and cult images. London (2. Aufl.; 1. Aufl. 1974)

– (1991). The Civilization of the Goddess. The World of Old Europe. San Francisco

– (1992). Die Ethnogenese der europäischen Indogermanen. Innsbruck

Gladwell, M. (2000). The tipping point. How little things can make a big difference. Boston & London

Godelier, M. (2011). The metamorphoses of kinship. London & New York

Goebl, H./Nelde, P. H./Stary, Z./Wölck, W. (Hg.) (1996–1997). Kontaktlinguistik/Contact Linguistics/Linguistique de contact, 2 Teilbde. Berlin & New York

Gold der Thraker. Archäologische Schätze aus Bulgarien. Mainz 1979

Gould, R. A. (2011). Archaeology and the social history of ships. Cambridge & New York (2. Aufl.)

Grandazzi, A. (2013). The emergence of the city, in: Erdkamp: 8–25

Green, M. (1992). Dictionary of Celtic myth and legend. London

Greenberg, J. H. (2000–2002). Indo-European and its closest relatives. The Eurasiatic language family, 2 Bde. (I: Grammar, II: Lexicon). Stanford

Gronenborn, D. (Hg.) (2005). Klimaveränderung und Kulturwandel in neolithischen Gesellschaften Mitteleuropas, 6700 –2200 v. Chr. Mainz

Grünthal, R./Kallio, P. (Hg.) (2012). A linguistic map of prehistoric northern Europe. Helsinki

Haak, W. u.a. (2015). Massive migration from the steppe was a source for Indo-European languages in Europe, in: Nature 14317. http://www.nature.com/nature/journal/vaop/ncurrent/pdf/nature14317.pdf

Haarmann, H. (1979). Der lateinische Einfluss in den Interferenzzonen am Rande der Romania. Vergleichende Studien zur Sprachkontaktforschung. Hamburg

– (1992). Universalgeschichte der Schrift. Frankfurt (2. Aufl.)

– (1995). Early civilization and literacy in Europe. An inquiry into cultural continuity in the Mediterranean world. Berlin & New York

– (1996). Aspects of early Indo-European contacts with neighboring cultures, in: Indogermanische Forschungen 101: 1–14

– (1997). Lorenzo Hervás y Panduro als Sprachkontaktforscher, in: Moelleken/Weber: 203–213

– (1998). Basque ethnogenesis, acculturation, and the role of language contacts, in: Fontes Lingvae Vasconvm – Stvdia et docvmenta 77: 25–42

– (1999). Das Wörterbuchprojekt Katharinas der Großen: Ein Paradebeispiel aufklärerischer Kulturpolitik in Rußland, in: European Journal for Semiotic Studies 11: 207–258

– (2003). Language, economy and prestige in the context of Baltic-Fennic contacts, in: Studia Indogermanica Lodziensia 5: 87–102

– (2004). Elementare Wortordnung in den Sprachen der Welt. Hamburg

– (2006). Weltgeschichte der Sprachen. Von der Frühzeit des Menschen bis zur Gegenwart. München
– (2007). Indo-Europeanization. The seven dimensions in the study of a never-ending process. Documenta Praehistorica XXXIV: 155–175
– (2010). Die Indoeuropäer. Herkunft, Sprachen, Kulturen. München
– (2011a). Das Rätsel der Donauzivilisation. Die Entdeckung der ältesten Hochkultur Europas. München (2. Aufl. 2012)
– (2011b). Writing as technology and cultural ecology. Explorations of the human mind at the dawn of history. Frankfurt, Berlin & New York
– (2012). Indo-Europeanization – day one. Elite recruitment and the beginnings of language politics. Wiesbaden
– (2013). Mythos Demokratie. Antike Herrschaftsmodelle im Spannungsfeld von Egalitätsprinzip und Eliteprinzip. Frankfurt, Berlin, Brüssel & New York
– (2014). Roots of ancient Greek civilization. The influence of Old Europe. Jefferson, NC
– (2015). Myth as source of knowledge in early western thought. The quest for historiography, science and philosophy in Greek antiquity. Wiesbaden
Haarmann, H./Marler, J. (2008). Introducing the Mythological Crescent. Ancient beliefs and imagery connecting Eurasia with Anatolia. Wiesbaden
Habermehl, P. (1997). Petron, in: Schütze: 519–522
Hadas-Lebel, J. (2004). Le bilinguisme étrusco-latin. Contribution à l´étude de la romanisation de l´Étrurie. Louvain, Paris & Dudley, MA
Hajdú, P./Domokos, P. (1987). Die uralischen Sprachen und Literaturen. Hamburg
Hajnal, I. (2014). Der epische Hexameter im Rahmen der Homer-Troia-Debatte. http://sprawi.uibk.ac.at/files/hajnal/b42_hexameter.pdf
Hall, J. M. (2002). Hellenicity between ethnicity and culture. Chicago & London
Hall, N. (1980). The moon and the virgin: Reflections on the archetypal feminine. New York
Hansen, M. H./Nielsen, T. H. (2004). An inventory of archaic and classical poleis. Oxford
Harding, E. U. (1993). Kali – The black goddess of Dakshineswar. York Beach, ME
Hardy, D. A. u. a. (Hg.) (1990). Thera and the Aegean world III, Bd. I: Archaeology. London
Harris, D. R. (Hg.) (1996). The origins and spread of agriculture and pastoralism in Eurasia. London
Harris, M./Zainal, Z. (1990). History and culture of Malaysia. Kuala Lumpur, Singapur & Brunei
Haspelmath, M./M. S. Dryer/D. Gil/B. Comrie (Hg.) (2005). The world atlas of language structures. Oxford
Heather, P. (1996). The Goths. Oxford & Cambridge, MA
Helck, W. (1971). Betrachtungen zur Großen Göttin und den ihr verbundenen Gottheiten. München & Wien
Henson, D. (2006). The origin of the Anglo-Saxons. Hockwold-cum-Wilton
Herrmann, J. (Hg.) (1986). Welt der Slawen. Geschichte, Gesellschaft, Kultur. München
Hiller, S. (1990). The miniature frieze in the West House – Evidence for Minoan poetry?, in: Hardy u. a.: 229–234
Hinrichs, U. (1999a). Die sogenannten ‹Balkanismen› als Problem der Südosteuropa-Linguistik und der Allgemeinen Sprachwissenschaft, in: Hinrichs 1999b: 429–462
– (Hg.) (1999b). Handbuch der Südosteuropa-Linguistik. Wiesbaden
– (2004a). Vorbemerkungen zum analytischen Sprachtyp in Europa, in: Hinrichs 2004b: 17–31

– (Hg.) (2004b). Die europäischen Sprachen auf dem Wege zum analytischen Sprachtyp. Wiesbaden
– (Hg.) (2009). Eurolinguistik – Entwicklungen und Perspektiven. Wiesbaden
Hock, W. (2009). Das Urslavische, in: Rehder: 17–34
Hodder, I. (2006). Çatalhöyük – The leopard's tale. Revealing the mysteries of Turkey's ancient ‹town›. London
Höllmann, T. O. (2004). Die Seidenstraße. München
Holm, H. J. (2009). Albanische Basiswortlisten und die Stellung des Albanischen in den indogermanischen Sprachen, in: Zeitschrift für Balkanologie 45: 171–205
Hosking, R. F./Meredith-Owens, G. M. (Hg.) (1966). A handbook of Asian scripts. London
Huld, M. E. (2000). Reinventing the wheel. The technology of transport and Indo-European expansions, in: Jones-Bley u. a.: 95–114
Huld, M. E./Jones-Bley, K./Miller, D. (Hg.) (2012). Archaeology and language. Indo-European studies presented to James P. Mallory. Washington
Humfress, C. (2005). Law and legal practice in the Age of Justinian, in: Maas: 161–184
Hunter, R./Rutherford, I. (Hg.) (2009). Wandering poets in ancient Greek culture. Travel, locality and pan-Hellenism. Cambridge & New York
Hutterer, C. J. (2002). Die germanischen Sprachen. Ihre Geschichte in Grundzügen. Wiesbaden (Nachdruck der 4. Aufl. von 1997)
Hyllested, A. (2014). Word exchange at the gates of Europe. Five millennia of language contact. Kopenhagen
Ilievski, Petar (2000). Zhivotot na mikencite vo nivnite pismeni svedoshtva, so poseben osvrt kon onomastickite i prosopografski izvodi (The life of the Mycenaeans from their own records, with special regard to the onomastic and prosopographic deductions). Skopje
Insler, S. (1975). The Gathas of Zarathustra. Leiden
Isager, S./Skydsgaard, J. E. (1992). Ancient Greek agriculture. An introduction. London & New York
Itkonen, E./Kulonen, U.-M. (2001). Suomen sanojen alkuperä – Etymologinen sanakirja, Bd. 2. Helsinki
Jacobsen, K. A. (Hg.) (2012). Brill's encyclopedia of hinduism, Bd. IV: Handbook of Oriental studies, section two: India, Bd. 22/4. Leiden
Janin, Valentin Lavrent'evic (1986). Ladoga und Nowgorod, in: Herrmann, 210–214
Janka, M./Schäfer, Chr. (Hg.) (2002). Platon als Mythologe. Neue Interpretationen zu den Mythen in Platons Dialogen. Darmstadt
Jayakar, P. (1990). The Earth Mother. Legends, goddesses, and ritual arts of India. San Francisco & New York
Jeffery L. H. (1990). The local scripts of archaic Greece. A study of the origins of the Greek alphabet and its development from the eighth to the fifth centuries B. C. Oxford
Jenkins, I. (1994). The Parthenon frieze. London
Jennings, J. (2011). Globalization and the ancient world. New York
Jones, N. (2004). Rural Athens under the democracy. Philadelphia
Jones-Bley, K./Huld, M. E./Volpe, A. della/Dexter, M. R. (Hg.) (2000). Proceedings of the 11th annual UCLA Indo-European conference, Los Angeles, June 4–5, 1995. Washington, D. C.
Jordan, D. R. (2000). New Greek curse tablets (1985 – 2000), in: Greek, Roman, and Byzantine Studies 41: 5–46
– (2008). Proceedings of the 19th annual UCLA Indo-European conference, Los Angeles, November 2–3, 2007, Washington, D. C.

Kaliff, A./Munkhammar, L. (Hg.) (2013). Wulfila 311–2011. International Symposium (Uppsala University June 15–18, 2011). Uppsala
Kallio, P. (2012). The prehistoric Germanic loanword strata in Finnic, in: Grünthal/Kallio: 225–238
Kausen, E. (2012). Die indogermanischen Sprachen. Hamburg
Keay, J. (2000). India. A history. London
Kenoyer, J. M. (1998). Ancient cities of the Indus valley civilization. Oxford
Keyt, D. (2009). Plato on justice, in: Benson: 341–355
Kiparsky, V. (1963). Russische historische Grammatik, Bd. I: Die Entwicklung des Lautsystems. Heidelberg
Kiparsky, V. (1975). Russische historische Grammatik, Bd. III: Entwicklung des Wortschatzes. Heidelberg
Kloekhorst, A. (2008). Etymological dictionary of the Hittite inherited lexicon. Leiden
Kloss, H. (1969). Grundfragen der Ethnopolitik im 20. Jahrhundert. Wien & Stuttgart
König, E./van der Auwera, J. (Hg.) (1994). The Germanic languages. London & New York
Koivulehto, J. (1991). Uralische Evidenz für die Laryngaltheorie. Wien
Koch, H. (2010). Persepolis and its surroundings. Teheran (2. Aufl.)
Kolga, M./Tõnurist, I./Vaba, L./Viikberg, J. (2001). The red book of the peoples of the Russian empire. Tallinn
Kortmann, Bernd/Auwera, J. van deer (Hg.) (2011). The languages and linguistics of Europe. A comprehensive guide. Berlin & New York
Krause, A. (2005). Die Geschichte der Germanen. Frankfurt & New York
Krause, W. (1953). Handbuch des Gotischen. München
Kristiansen, K. (1998). Europe before history. Cambridge & New York
Kroonen, G. (2012). Non-Indo-European root nouns in Germanic. Evidence in support of the agricultural substrate hypothesis, in: Grünthal/Kallio: 239–260
Kühnel, J. (1990). Hexameter, in: G. und I. Schweikle: 199–200
Kuhrt, A. (1995). The ancient Near East c. 3000–330 BC, 2 Bde. London & New York
Kuryłowicz, J./Mayrhofer, M. (1986). Indogermanische Grammatik. Heidelberg
Kuzmina, E. E. (2008). The prehistory of the Silk Road. Philadelphia
Ladefoged, P./Maddieson, I. (1996). The sounds of the world's languages. Oxford & Malden, MA
Lambropoulos, V. (1993). The rise of eurocentrism. Anatomy of interpretation. Princeton, NJ
Lancel, S. (1995). Carthage – A history. Oxford & Cambridge, MA
Latacz, J. u. a. (Hg.) (2001). Troia – Traum und Wirklichkeit. Stuttgart
Lazarova, S. (2013). The Gothic alphabet of Bishop Wulfila and the Cyrillic alphabet culture, in: Kaliff/Munkhammar 2013: 137–143
Lee, J. K. (2003). Mauritius. Its Creole language. The ultimate Creole phrase book and dictionary. London (2. Aufl.)
Lefkowitz, M. R./MacLean Rogers, G. (Hg.) (1996). Black Athena revisited. Chapel Hill, NC
Lehmann, W. P. (1994). Gothic and the reconstruction of proto-Germanic, in: König/van der Auwera: 19–37
Lehtinen, T. (2007). Kielen vuosituhannet. Suomen kielen kehitys kantauralista varhaissuomeen. Helsinki
L'Estrac, J. C. de (2007). Mauriciens – Enfants de mille races. Au temps de l'île de France. Port-Louis, Mauritius
Linke, U. (1999). Blood and nation. The European aesthetics of race. Philadelphia
Liu, X. (2001). Migration and settlement of the Yuezhi-Kushan. Interaction and in-

terdependence of nomadic and sedentary societies, in: Journal of world history 12: 261–292
Liukkonen, K. (1999). Baltisches im Finnischen. Helsinki
Lordkipanidze, N. (2008). Medea's Colchis, in: Chi: 23–27
Lubotsky, A. (2001). The Indo-Iranian substratum, in: Carpelan u. a. 2001: 301–317
Lücke, H.-K./Lücke, S. (1999). Antike Mythologie – Ein Handbuch. Der Mythos und seine Überlieferung in Literatur und bildender Kunst. Reinbek bei Hamburg
Lutzhöft, H.-J. (1971). Der Nordische Gedanke in Deutschland 1920–1940. Stuttgart
Maas, M. (Hg.) (2005). Age of Justinian. Cambridge & New York
MacMullen, R. (2000). Romanization in the time of Augustus. New Haven & London
Madsen, J. M. (2009). Eager to be Roman. Greek response to Roman rule in Pontus and Bithynia. London
Maisels, Ch.K. (1999). Early civilizations of the Old World. The formative histories of Egypt, the Levant, Mesopotamia, India and China. London & New York
Makkay, J. (2001). The earliest Proto-Indo-European-Proto-Uralic contacts. An Upper Palaeolithic model, in: Carpelan u. a. 2001: 319–343
Malandra, W. (1983). An introduction to ancient Iranian religion. Minneapolis
Malkin, I. (2011). A small Greek world. Networks in the ancient Mediterranean. Oxford & New York
Mallory, J. P. (1989). In search of the Indo-Europeans. Language, archaeology and myth. London
– (2013). The origin of the Irish. London
Mallory, J. P./Adams, D. Q. (Hg.) (1997). Encyclopedia of Indo-European culture. London & Chicago
– (2006). The Oxford introduction to Proto-Indo-European and the Proto-Indo-European world. Oxford & New York
Mallory, J. P./Mair, V. H. (2000). The Tarim mummies. Ancient China and the mystery of the earliest peoples from the West. London
Malnati, L./Manfredi, V. (1991). Gli Etruschi in Val Padana. Mailand
Malzahn, M. (Hg.) (2007). Instrumenta Tocharica. Heidelberg
Mamonov, A. E. (1995). Elšanskij kompleks stoianki Čekalino IV, in: Drevnie kul'tury leso-stepnogo povolž'ja, 3–25. Samara
Manco, J. (2013). Ancestral journeys. The peopling of Europe from the first venturers to the Vikings. London
Maran, J. (2004). Kulturkontakte und Wege der Ausbreitung der Wagentechnologie im 4. Jahrtausend v. Chr., in: Fansa/Burmeister: 429–442
Marchand, S. L. (2009). German orientalism in the Age of Empire. Religion, race, and scholarship. Washington, D. C. & Cambridge
Marchesini, S. (2009). Le lingue frammentarie dell'Italia antica. Manuale per lo studio delle lingue preromane. Mailand
Marinatos, N. (1993). Minoan religion. Ritual, image, and symbol. Columbia, South Carolina
Marler, J./Dexter, M. R. (Hg.) (2009). Signs of civilization. Neolithic symbol system of Southeast Europe. Sebastopol, CA
Marler, J./Haarmann, H. (Hg.) (2006). The Black Sea Flood. An interdisciplinary investigation. The Journal of Archaeomythology 2 (Sonderausgabe)
Mayor, A. (2014). The Amazons. Lives & legends of warrior women across the ancient world. Princeton, NJ
McIntosh, J. R. (2008). The ancient Indus valley. New perspectives. Santa Barbara, CA
McKitterick, R. (1994). Carolingian culture. Emulation and innovation. Cambridge & New York

Meid, W. (1993). Die erste Botorrita-Inschrift. Innsbruck
Meier-Brügger, M. (2010). Indogermanische Sprachwissenschaft. Berlin (9. Aufl.)
Meillet, A. (1923). Les origines indo-européennes des mètres grecs. Paris
Meister, K. (1921). Die homerische Kunstsprache. Leipzig
Melchert, H. C. (1996). Anatolian hieroglyphs, in: Daniels/Bright: 120–124
Menis, G. C. (Hg.) (1991). Italia longobarda. Venedig
Metzner-Nebelsick, C. (2004). Studien zur bronze- und früheisenzeitlichen Herrschaftssymbolik zwischen Skandinavien, Karpatenbecken, Kaukasus und den Steppen Eurasiens am Beispiel des Stilkreises von Michalków. Berlin
Meyer, P. (2004). Social evolution, in: Wuketits/Antweiler: 121–169
Mihăescu, H. (1978). La langue latine dans le sud-est de l'Europe. Bukarest & Paris
Milev, R. (2013). Wulfila's cultural heritage in Bulgaria and the eastern Orthodox tradition, in: Kaliff/Munkhammar: 125–135
Miller, Stephen G. (2012). The organization and functioning of the Olympic Games, in: Phillips/Pritchard: 1–40
Moelleken, W./Weber, P. J. (Hg.) (1997). Neue Forschungsarbeiten zur Kontaktlinguistik. Bonn
Moreno, A. (2012). Feeding the democracy. The Athenian grain supply in the fifth and fourth centuries BC. Oxford
Morpurgo Davies, A./Duhoux, Y. (Hg.) (1988). Linear B. A 1984 survey. Louvain-la-Neuve
Müller, F. (Hg.) (2009). Kunst der Kelten 700 v. Chr.-700 n. Chr. Stuttgart
Mytum, H. (1992). The origins of early Christian Ireland. London & New York
Neumann, G. (2001). Der große Nachbar in Anatolien: Die Hethiter, in: Latacz u. a.: 46–50
Nikam, N. A./McKeon, R. (1959). The edicts of Asoka. Chicago
Nikolov, V. (Hg.) (2008). Provadia-Solnitsata. Prehistoric salt-producing center. Sofia
Nissen, H. J. (1988). The early history of the ancient Near East 9000–2000 B. C. Chicago & London
Noble, V. (2013). The double goddess. Women sharing power. Rochester, VT
O'Flaherty, W. D. (2000). The Rig Veda. An anthology. New Delhi
Oakley, J. H. (2013). The Greek vase. Art of the storyteller. London
Ober, J. (2008). Democracy and knowledge. Innovation and learning in classical Athens. Princeton, NJ & Oxford
Özgür, M. E. (1989). Perge. Istanbul (2. Aufl.)
Okuka, M. (Hg.) (2002). Wieser Enzyklopädie – Sprachen des europäischen Ostens. Klagenfurt
Olrik, A. (1922). Ragnarök. Berlin & Leipzig
Osborne, R. (1985). Demos, the discovery of classical Attika. Cambridge & New York
– (1996). Greece in the making, 1200–479 B. C. New York
Ostler, N. (2007). Ad infinitum – A biography of Latin. New York
Parker, R. (1990). Myths of early Athens, in: Bremmer: 187–214
Parkin, R. (1997). Kinship. An introduction to the basic concepts. Oxford & Malden, MA
Parlavecchia, P./Rasponi, S. (Hg.) (1992). Gli Etruschi e l'Europa. Mailand
Parpola, A. (1988). The coming of the Aryans to Iran and India and the cultural and ethnic identity of the Dasas, in: Studia Orientalia (Helsinki) 64: 195–302
– (1994). Deciphering the Indus script. Cambridge
– (2008). Proto-Indo-European speakers of the late Tripolye culture as the inventors of wheeled vehicles. Linguistic and archaeological considerations of the PIE homeland problem, in: Jones-Bley u. a.: 1–59

– (2012a). Formation of the Indo-European and Uralic (Finno-Ugric) language families in the light of archaeology: Revised and integrated ‹total› correlations, in: Grünthal/Kallio: 119–184
– (2012b). Indus civilization (-1750 BCE), in: Jacobsen: 3–18
Parzinger, H. (2006). Die frühen Völker Eurasiens. Vom Neolithikum bis zum Mittelalter. München
– (2014). Die Kinder des Prometheus. Eine Geschichte der Menschheit vor der Erfindung der Schrift. München
Payne, A. (2015). Schrift und Schriftlichkeit. Die anatolische Hieroglyphenschrift. Wiesbaden
Pelikan, J. (1996). Mary through the centuries. Her place in the history of culture. New Haven
Pentikäinen, J. (2007). Golden king of the forest. The lore of the northern bear. Helsinki
Pernicka, E./Anthony, D. W. (2009). The invention of copper metallurgy and the Copper Age of Old Europe, in: Anthony 2009b: 162–177
Pfiffig, A. J. (1989). Einführung in die Etruskologie. Probleme, Methoden, Ergebnisse. Darmstadt (3. Aufl.)
Phillips, D. J. (2012). Athenian political history. A Panathenaic perspective, in: Phillips/Pritchard: 197–232
Phillips, D. J./Pritchard, D. (Hg.) (2012). Sport and festival in the ancient Greek world. Swansea
Piattoni, S. (2010). The theory of multi-level governance. Conceptual, empirical, and normative challenges. Oxford & New York
Pischel, R. (1900). Grammatik der Prakrit-Sprachen. Straßburg
Pötscher, W. (1990). Aspekte und Probleme der minoischen Religion. Hildesheim, Zürich & New York
Poliakov, L. (1993). Der arische Mythos. Zu den Quellen von Rassismus und Nationalismus. Hamburg
Polomé, E. C. (1997). Pastoral god, in: Mallory/Adams 1997: 415
Poma, G. (2009). Le istituzioni politiche del mondo romano. Bologna (2. Aufl.)
Popko, M. (2008). Völker und Sprachen Altanatoliens. Wiesbaden
Poruciuc, A. (1995). Archaeolinguistica – Trei studii interdisciplinare. Bukarest
– (2010). Prehistoric roots of Romanian and Southeast European traditions. Sebastopol, CA
Posner, R. (1996). The Romance languages. Cambridge & New York
Prescott, C./Glørstadt, H. (Hg.) (2012). Becoming European. Oxford & Oakville, CT
Pringle, H. (2006). The master plan. Himmler's scholars and the holocaust. London
Pronk-Tiethoff, S. (2013). The Germanic loanwords in Proto-Slavic. Amsterdam & New York
Pulsiano, Ph. (Hg.) (1993). Medieval Scandinavia. An encyclopedia. New York & London
Raulwing, P. (2000). Horses, chariots and Indo-Europeans. Foundations and methods of chariotry research from the viewpoint of comparative Indo-European linguistics. Budapest
Redgate, A. E. (1999). The Armenians. Oxford
Rehder, P. (Hg.) (2009). Einführung in die slavischen Sprachen. Darmstadt (7. Aufl. 2012)
Renfrew, C. (1987). Archaeology & language. The puzzle of Indo-European origins. London
– (1999). Time depth, convergence theory, and innovation in Proto-Indo-European.

‹Old Europe› as a PIE linguistic area, in: Journal of Indo-European Studies 27: 257–293
Renfrew, C./Boyle, K. (Hg.) (2000). Archaeogenetics. DNA and the population prehistory of Europe. Cambridge
Reyes, A. T. (1994). Archaic Cyprus. A study of the textual and archaeological evidence. Oxford
Rich, J./Shipley, G. (Hg.) (1993). War and society in the Greek world. London & New York
Rifkin, M. J. (2007). A spatial analysis of Neolithic cultures throughout Eastern, Central and Northern Europe in relation to Proto-Germanic, in: Journal of Indo-European Studies 35: 53–81
Rihll, T. (1993). War, slavery, and settlement in early Greece, in: Rich/Shipley: 77–107
Rix, H. (1984). Etr. mekh rasnal = lat. res publica, in: Studi di antichità in onore di Guglielmo Maetzke (Rom): 455–468
Rjabinin, E. A. (1997). Finno-ugorskie plemena v sostave drevnej Rusi. St. Petersburg
Robb, K. (1994). Literacy and paideia in ancient Greece. New York &Oxford
Robbins, M. (1980). The assimilation of pre-Indo-European goddesses into Indo-European society, in: Journal of Indo-European Studies 8: 19–29 (s. Dexter)
Roelcke, Th. (Hg.) (2003). Variationstypologie – Variation Typology. Ein sprachtypologisches Handbuch der europäischen Sprachen in Geschichte und Gegenwart – A typological handbook of European languages past and present. Berlin & New York
Roselli, D. K. (2011). The theater of the people. Spectators and society in ancient Athens. Austin, TX
Ross, A. S. C. (1958). Etymology, with special reference to English. London
Rothermund, D. (1995a). Epochen der indischen Geschichte, in: Rothermund 1995b: 77–100
– (Hg.) (1995b). Indien. Kultur, Geschichte, Politik, Wirtschaft, Umwelt. München
Rousseva, R. (Hg.) (2006). National Museum of History – Catalogue. Sofia
Ruhlen, M. (1994). On the origin of languages. Studies in linguistic taxonomy. Stanford
Ruijgh, C. J. (1988). «Le mycénien et Homère», in: Morpurgo Davies/Duhoux: 143–190
Rybakov, B. (2001). Jazyčestvo drevnej Rusi. Moskau
Rzetelska-Feleszko, E. (2009). Das Elb- und Ostseeslavische, in: Rehder: 165–170
Sampson, A. (2009). Incised symbols in Neolithic and Bronze Age Greece and their relation to the Old European script, in: Marler/Dexter: 187–192
Sanjian, A. K. (1996). The Armenian alphabet, in: Daniels/Bright: 356–363
Sansoni, U. (2015). The rock art of Indo-European cultures. Concordances, logics and possible common values, in: Expression 7: 75–89
Sarhimaa, A. (1999). Syntactic transfer, contact-induced change, and the evolution of bilingual mixed codes (focus on Karelian-Russian language alternation). Helsinki
Sawyer, B. (2000). The Viking-age rune-stones. Custom and commemoration in early medieval Scandinavia. Oxford
Scarre, Chr. (2005a). Holocene Europe, in: Scarre 2005b: 392–431
– (Hg.) (2005b). The human past. World prehistory & the development of human societies. London
Scharf, C. (1995). Katharina II., Deutschland und die Deutschen. Mainz
Schiltz, E. A. (2006). Two chariots. The justification of the best life in the Katha Upanishad and Plato's Phaedrus, in: Philosophy East and West 56: 451–468
Schiltz, V. (1994). Die Skythen und andere Steppenvölker. 8. Jahrhundert v. Chr. bis 1. Jahrhundert n. Chr. München

Schjødt, J. P. (1993). Loki, in: Pulsiano: 394–395

Schmidt, W. (Hg.) (1970). Geschichte der deutschen Sprache. Berlin

Schmidt-Wiegand, R. (1989). Die Malbergischen Glossen, eine frühe Überlieferung germanischer Rechtssprache, in: Beck: 157–174

Schroeder, J. L. (1998). The Vestal and the fasces. Hegel, Lacan, property, and the feminine. Berkeley, Los Angeles & London

Schütze, O. (Hg.) (1997). Metzler Lexikon antiker Autoren. Stuttgart & Weimar

Schweikle, G. und I. (Hg.) (1990). Metzler Literaturlexikon. Begriffe und Definitionen. Stuttgart (2. Aufl.)

Scott, D. M. (2007). Indo-European languages. http://www.danshort.com/ie/iecentum.htm

Seaford, R. (2004). Money and the early Greek mind. Homer, philosophy, tragedy. Cambridge & New York

Séfériadès, M. (2007). Complexity of the processes of Neolithization. Tradition and modernity of the Aegean world at the dawn of the Holocene period (11–9 kyr), in: Quaternary International 167: 177–185

Selvon, S. (2005). A comprehensive history of Mauritius. From the beginning to 2001, Port-Louis, Mauritius (2. Aufl.)

Semino, O. u. a. (2000). The genetic legacy of Paleolithic Homo sapiens sapiens in extant Europeans: A Y chromosome perspective, in: Science 290: 1155–1159

Seneviratna, A. (Hg.) (1994). King Asoka and Buddhism: Historical and literary studies. Kandy (Sri Lanka)

Sidrys, R. V. (2001). Roman imports among the West Balts. Commerce or beads for the natives?, in: Butrimas: 157–169

Sievers, W. (Hg.) (1894). Europa. Eine allgemeine Landeskunde. Leipzig & Wien

Sims-Williams, P. (2006). Ancient Celtic place-names in Europe and Asia Minor. Oxford

Skjærvø, P. O. (1996). Aramaic scripts for Iranian languages, in: Daniels/Bright: 515–535

– (2005). An introduction to Old Persian. Cambridge, MA (2. Aufl.)

Slavchev, V. (2009). The Varna Eneolithic cemetery in the context of the late Copper Age in the East Balkans, in: Anthony 2009b: 192–210

Sparreboom, M. (1985). Chariots in the Veda. Leiden

Spikins, P. (2008). Mesolithic Europe. Glimpses of another world, in: Bailey/Spikins: 1–17

Spurkland, T. (2005). Norwegian runes and runic inscriptions. Oslo

Stahl, A. B. (Hg.) (2005). African archaeology. Malden, Massachusetts & Oxford

Stearns, M. (1989). Das Krimgotische, in: Beck: 175–194

Stefanovich, M./Angelova, Ch. (Hg.) (2007). PRAE – In honorem Henrieta Todorova. Sofia

Stipa, G. (1990). Finnisch-ugrische Sprachforschung von der Renaissance bis zum Neupositivismus. Helsinki

Stolz, T. (1991). Sprachbund im Baltikum? Estnisch und Lettisch im Zentrum einer sprachlichen Konvergenzlandschaft. Bochum

Stoneman, R. (2011). The ancient oracles – Making the gods speak. New Haven & London

Strid, J. P. (2013). Retracing the Goths, in: Kaliff/Munkhammar: 41–54

Strunk, K. (2003). Vorgriechisch/'Pelasgisch'. Neue Erwägungen zu einer älteren Substrathypothese, in: Bammesberger/Vennemann: 85–98

Stutz, E. (1966). Gotische Literaturdenkmäler. Stuttgart

Szemerényi, O. (1996). Einführung in die vergleichende Sprachwissenschaft. Darmstadt (4. Aufl.)

Szlezák, T. A. (2012). Homer oder die Geburt der abendländischen Dichtung. München
Tagliavini, C. (1973). Einführung in die romanische Philologie. München
Talbert, J. A. (Hg.) (2000). The Barrington Atlas of the Greek and Roman world. Princeton, NJ
Tanner, M. (1993). The last descendants of Aeneas. The Hapsburgs and the mythic image of the emperor. New Haven/London
Teinonen, M./Virtanen, T. (Hg.) (1999). Ingrians and neighbours. Focus on the eastern Baltic Sea region. Helsinki
Thieme, H. (Hg.) (2007). Die Schöninger Speere. Mensch und Jagd vor 400 000 Jahren. Stuttgart
Thonemann, P. (Hg.) (2013). Roman Phrygia. Culture and society. Cambridge & New York
Tischler, J. (1990). Hundert Jahre kentum-satem-Theorie. Indogermanische Forschungen 95: 63–98
Thun, H. (1997). Spanien, in: Goebl u. a. 1997: 1270–1285
Trask, R. L. (1997). The history of Basque. London & New York
Tristram, H. L. C. (2009). Analytisierung der inselkeltischen Sprachen (und des Englischen), in: Hinrichs 2009: 255–280
U Tin Htway (1983). Word-borrowing and word-making in modern South Asian languages, in: Fodor/Hagège 1983: 367–381
Vainio, R. (1999). Latinitas and barbarisms according to the Roman grammarians. Attitudes towards language in the light of grammatical examples. Turku
Valavanis, P. (2013). The Acropolis through its museum. Wandering among the monuments on the Sacred Rock and the great achievements. Athen
Vasilev, I. B. (2003). Chvalynskaja Eneolitičeskaja kul'tura Volgo-Ural'skoj stepi i lesostepi (nekotorye itogi issledovanija), in: Voprosy Archeologii Povolž'ja 3: 61–99. Samara
Vasilev, I. B./Matveeva, G. I. (1979). Mogil'nik u s. S'ježee na R. Samare, in: Sovetskaja Archeologija 4: 147–166
Veenker, W. (1967). Die Frage des finnougrischen Substrats in der russischen Sprache. Bloomington & The Hague
Videjko, M. J. (2003). Trypil's'ka tsivilizatsiia. Kiev (2. Aufl.)
– (2008). Ukraina. Ot Tripol'ia do Antov. Kiev
Vonderach, A. (2008). Anthropologie Europas. Völker, Typen und Gene vom Neandertaler bis zur Gegenwart. Graz
Watkins, C. (2001). An Indo-European linguistic area and its characteristics. Ancient Anatolia. Areal diffusion as a challenge to the comparative method?, in: Aikhenvald/Dixon: 44–63
Wegner, I. (2000). Hurritisch. Eine Einführung. Wiesbaden
Weizsäcker, C. F. von (1992). Zeit und Wissen. München & Wien
Werner, D. S. (2012). Myth and philosophy in Plato's Phaedrus. Cambridge
West, M. L. (2007). Indo-European poetry and myth. Oxford & New York
Whitehouse, D./Whitehouse, R. (1990). Archäologischer Weltatlas. Köln
Wiemer, B./Wälchli, B. (2012). Contact-induced grammatical change. Diverse phenomena, diverse perspectives, in: Wiemer u. a.: 3–66
Wiemer, B./Wälchli, B./Hansen, B. (Hg.) (2012). Grammatical replication and borrowability in language contact. Berlin & New York
Wiles, D. (1997). Tragedy in Athens. Performance space and theatrical meaning. Cambridge & New York
Wilkes, J. (1992). The Illyrians. Oxford & Cambridge, MA
Williams, G./Pentz, P./Wemhoff, M. (Hg.) (2014). Vikings – life and legend. London

Wilson, S. (1998). The means of naming: A social and cultural history of personal naming in western Europe. London & Bristol
Winkler, E. (2002). Merja, in: Okuka: 959–960
Wolfram, H. (2001). Die Goten. Von den Anfängen bis zur Mitte des sechsten Jahrhunderts – Entwurf einer historischen Ethnographie. München (4. Aufl.)
– (2013). Vulfila pontifex ipseque primas Gothorum minorum, in: Kaliff/Munkhammar: 25–32
Wuketits, F. M./Antweiler, Chr. (Hg.) (2004). Handbook of evolution, Bd. 1: The evolution of human societies and cultures. Weinheim
Wulf, A. (1991). Vietnam. Pagoden und Tempel im Reisfeld – Im Fokus chinesischer und indischer Kultur. Köln
Xu, W. (1996). The Tokharians and Buddhism, in: Studies in Central and East Asian Religions 9: 1–17
Zhang, F. u. a. (2010). Prehistorical East-West admixture of maternal lineages in a 2,500-year-old population in Xinjiang, in: American Journal of Physical Anthropology 142: 314–320
Zvelebil, M. (1996). The agricultural frontier and the transition to farming in the circum-Baltic region, in: Harris 1996: 323–345
– (2008). Innovating hunter-gatherers. The Mesolithic in the Baltic, in: Bailey/Spikins 18–59

Nachweis der Karten und Abbildungen

Seite 20: Haarmann 2010: 13 | *27:* Zvelebil 2008: 23 | *29:* Anthony 2007: 84 | *32:* Cunliffe 2008: 105 | *34:* Schiltz 1994: 197 | *51:* Schmidt 1970, Tafel 2 | *53:* Baldi 1987: 26 | *70:* Gimbutas 1991: 353 | *72:* Beekes 2011: 354 | *78:* Mallory 1989: 123 | *88:* Müller 2009: 144 | *98:* Videjko 2008: 80 | *99:* Kuzmina 2008: 135 | *100:* Parpola 2012a: 126 | *103:* Kuzmina 2008: 154 | *110:* Gimbutas 1991: 359 | *113:* Dergachev 2007: 147 | *114, 115:* Manco 2013: 146–147 | *118:* Gimbutas 1991: 92 | *119:* Slavchev 2009: 195 | *128:* Gimbutas 1991: 368 | *129:* Gimbutas 1991: 385 | *141:* Kuzmina 2008: 178 | *145:* Anthony 2007: 12 | *146:* Herrmann 1986: 13 (mit Modifikationen) | *151:* Mayor 2014: 103 | *167:* Ober 2008: 228 | *180:* Ilievski 2000: 83 | *182:* Mallory/Adams 1997: 241 | *186:* Marchesini 2009, Tav. I | *195:* Cunliffe 2008: 285 | *215:* © Peter Palm, Berlin (nach Comsa 1986: 127) | *218:* Andronicos 1997: 190 | *227:* Mallory 2013: 176 | *231:* Les dossiers d'archéologie 326 (mars/avril 2008): 94 | *254:* Herrmann 1986: 16 | *269:* Watkins 2001: 50 | *272:* Erdemgil 1989: 134 | *276:* Koch 2010: 3 | *279:* Schiltz 1994: 173 | *282:* Foto: Harald Haarmann | *287:* Koch 2010: 109 | *291:* Keay 2000: 11 | *293:* © Peter Palm, Berlin (nach Mallory 1989: 230) | *295:* Mallory/Mair 2000: 325 | *298:* © akg-images/Jean-Louis Nou | *304:* Friedrich 2006: 5 | *309:* © Peter Palm, Berlin | *317:* Mallory/Mair 2000: 179 | *318:* Mallory/Mair 2000: 182 | *324:* Haarmann 2015: 123 | *327:* Haarmann 1995, fig. 138 | *329:* Craig Melchert 1996: 122 | *330:* Neumann 2001: 47 | *331:* Koch 2010: 11 | *334:* Haarmann 2015: 132 | *337:* Elliott 1996: 334 | *341:* Haarmann 1992: 467 | *342:* Krause 1953: 59f.

Register

Ethnien, Kulturen, Sprachen, Schriften